1만단어를 위한 1만개의 퀴즈 1 : 기초 일본어 + JLPT N3

1판 1쇄 2019년 3월 2일

저   자 Mr. Sun 어학연구소
펴 낸 곳 OLD STAIRS
출판 등록 2008년 1월 10일 제313-2010-284호
이 메 일 oldstairs@daum.net

가격은 뒷면 표지 참조
ISBN 978-89-97221-82-0
        978-89-97221-81-3 (세트)

1만**단어**를 위한
1만개의 **퀴즈**

①

Mr. Sun 어학연구소

정답!

세상 모든 단어를 퀴즈로 배워라!

기초 일본어+
JLPT N3

VOCA
QUIZ

JLPT
N5

家 ~ 丈

5일 만에 정복하는
JLPT 5급 수준 단어

家 いえ

Q. 사람이나 동물이 살기 위해 지은 건물을 家 라고 한다.

Q. 할아버지는 지붕에 기와를 얹은 기와 家 에 살았단다.

명 집

ふるいいえ
古い家   낡은 집

子供 こども

Q. 그는 子供 였을 때부터 영리해서 영재라고 불렸죠.

Q. 우리는 子供 였을 때부터 친구 사이야.

명 아이

こどもたち
子供たち   아이들

男の子 おとこのこ

Q. 여자아이와 男の子 를 차별하는 건 시대착오적이다.

Q. 치마를 입고 있어서 男の子 가 아닌 줄 알았어.

명 사내아이

おとこのこむけ
男の子向け   남자아이용

女の子 おんなのこ

Q. 저기 있는 조그만 女の子 가 제 딸입니다.

Q. 그 女の子 는 인형을 안고 자요.

명 여자아이

かわいいおんなのこ
可愛い女の子   귀여운 여자아이

母 はは

Q. 저는 아빠보다 母 를 더 닮았어요.

Q. 母 는 아빠보다 늦게 퇴근하세요.

명 엄마

ははのひ
母の日   어머니의 날

父 ちち

Q. 父 는 정년퇴직하신 뒤 영 기운이 없으시다.

Q. 父 가 퇴근하실 때 맛있는 거 사 오신대.

명 아빠

ちちとはは
父と母   아빠와 엄마

家族 かぞく

Q. 우리 家族 는 아빠, 엄마, 형, 나까지 4명이야.

Q. 잃어버린 강아지가 家族 의 품으로 돌아왔다.

명 가족

ごにんかぞく
五人家族   5인 가족

友達 ともだち

Q. 그 모임에서 좋은 友達 를 만들었다.

Q. 학교에서 제일 친한 友達 가 누구니?

명 친구

がっこうのともだち
学校の友達   학교 친구

＊ 友人 보다 친근한 표현

お姉さん おねえさん

Q. 오빠 대신 お姉さん 이 있었으면 좋겠다.

Q. お姉さん 만 둘 있는 세 남매의 막내입니다.

명 언니, 누나

おねえさんのけっこんしき
お姉さんの結婚式   언니의 결혼식

Q _____   **A** _____

お兄さん おにいさん

^{Q.} 제 위로 누나와 お兄さん 이 한 명씩 있어요.

^{Q.} 아버지의 손위 お兄さん 을 큰아버지라고 부른다.

명 형, 오빠

> おにいさんのめがね
> **お兄さんの眼鏡**　　　　　　형의 안경

弟 おとうと

^{Q.} 큰형과 저, 弟 이렇게 삼 형제입니다.

^{Q.} 제가 장녀고 아래로 여동생과 弟 가 한 명씩 있습니다.

명 남동생

> おとうとのたんじょうび
> **弟の誕生日**　　　　　　남동생 생일

妹 いもうと

^{Q.} 남동생 대신 妹 가 있었으면 좋겠다.

^{Q.} 세 자매 중 둘째이며 언니와 妹 가 한 명씩 있습니다.

명 여동생

> いもうとのたんじょうび
> **妹の誕生日**　　　　　　여동생 생일

先生 せんせい

^{Q.} 저는 자라서 학생들을 가르치는 先生 가 되고 싶어요.

^{Q.} 우리 반 담임 先生 는 학생들에게 관심이 많다.

명 선생님

> かんこくごのせんせい
> **韓国語の先生**　　　　　　한국어 선생님

上¹ うえ

^{Q.} 식탁 上 에 쌓인 빈 접시들.

^{Q.} 사다리를 타고 지붕 上 로 올라갔다.

명 위

> つくえのうえ
> **机の上**　　　　　　책상 위

下¹ した

^{Q.} 상자를 침대 下 에 숨겼다.

^{Q.} 우리 집은 맨 下 층이라 마음 놓고 뛰어다닐 수 있다.

명 아래, 밑

> したのかい
> **下の階**　　　　　　아래층

前 まえ

^{Q.} 웨딩촬영하기 前 에 피부관리를 받고 있다.

^{Q.} 창업하기 前 에 많은 공부가 필요하다.

명 앞, 앞서, 먼저

> すこしまえに
> **少し前に**　　　　　　조금 전에

後ろ うしろ

^{Q.} 앞문이 닫혔으니 後ろ 에 있는 문으로 들어오세요.

^{Q.} 이상한 소리가 나서 後ろ 를 돌아보았다.

명 뒤, 뒤쪽, 등

> うしろをむく
> **後ろを向く**　　　　　　뒤를 돌아보다

左 ひだり

^{Q.} 심장은 左 가슴에 있다.

^{Q.} 그는 사고로 左 팔을 잃고 오른팔만 사용합니다.

명 왼쪽

> ひだりとみぎ
> **左と右**　　　　　　왼쪽과 오른쪽

Q ——————————————— A ———————————————

右 みぎ

q. 왼쪽 손이 하는 일을 右 손이 모르게 하라.

q. 대부분 右 손을 주로 사용한다.

명 오른쪽

ひだりとみぎ
左と右　　　　　　　　왼쪽과 오른쪽

昨日¹ きのう

q. 昨日 는 비가 오더니, 오늘은 하늘이 맑네.

q. 오늘도 昨日 와 마찬가지인 일상.

명 어제

きのうのできごと
昨日の出来事　　　　어제 있었던 일

今日 きょう

q. 今日 는 실패했지만, 내일은 해내고 말 거야.

q. 어제부터 시작된 무더위는 今日 도 기승을 부렸다.

명 오늘

きょうはしっぱいした
今日は失敗した　　　오늘은 실패했다

明日¹ あした

q. 明日 의 날씨는 맑을 것으로 보인다.

q. 明日 는 만나기 어려우니까 모레 보자.

명 내일

あしたははやでする
明日は早出する　　　내일은 일찍 나간다

* 원래 あす 와 달리 '내일 아침'을 뜻했음

朝 あさ

q. 오늘은 朝 일찍 일어났어요.

q. 우리는 매일 朝 에 만나서 함께 등교한다.

명 아침

あさからばんまで
朝から晩まで　　　　아침부터 밤까지

昼 ひる

q. 昼 와 밤이 바뀐 생활은 너무 힘들어.

q. 야행성 동물들은 昼 에 자고 밤에 사냥한다.

명 낮, 점심

ひるま
昼間　　　　　　　　낮 동안

夜 よる

q. 환절기에는 낮과 夜 의 일교차가 크니까 감기를 조심해.

q. 늦은 夜 에 친구와 만나 가볍게 한잔했다.

명 밤, 저녁

ひるとよる
昼と夜　　　　　　　낮과 밤

午前 ごぜん

q. 午前 9시부터 영업합니다.

q. 오후엔 바빠서 午前 중에 만났으면 해요.

명 오전

ごぜんじゅうじ
午前10時　　　　　　오전 10시

午後 ごご

q. 오전에는 바쁘니 午後 에 할게요.

q. 나른한 午後 에는 낮잠이 최고야.

명 오후

ごごのてんき
午後の天気　　　　　오후의 날씨

春 はる

- Q. 겨울이 가고 春 가 왔어요.
- Q. 벚꽃과 개나리는 春 에 핍니다.

명 봄

じんせいのはる
人生の春 인생의 봄

夏 なつ

- Q. 夏 에는 가족들과 해수욕장에 놀러 가기로 했다.
- Q. 봄과 가을 사이에 夏 가 있어요.

명 여름

なつまつり
夏祭り 여름 축제

秋 あき

- Q. 여름과 겨울 사이에 秋 가 있어요.
- Q. 빨갛게 물든 단풍잎이 하나둘 떨어지는 秋 가 되었다.

명 가을

あきのそら
秋の空 가을 하늘

冬 ふゆ

- Q. 크리스마스는 사계절 중 冬 에 있습니다.
- Q. 눈이 내리는 계절 冬.

명 겨울

ふゆやすみ
冬休み 겨울방학

水 みず

- Q. 水 를 만난 물고기.
- Q. 화분에 水 를 뿌렸어요.

명 물

あまみず
雨水 빗물

物 もの

- Q. 교실에서 지갑을 주웠는데 누구의 物 인지 아는 사람?
- Q. 쓸모없는 物 를 버리지 못하고 계속 쌓아두는 성격이야.

명 것, 물건

よけいもの
余計物 쓸모없는 물건

話 はなし

- Q. 무슨 일이 있었던 거야? 나한테 話 해 봐.
- Q. 話 하자면 길어. 한 번 들어 볼래?

명 이야기, 말

はなしのないよう
話の内容 이야기의 내용

おばあさん

- Q. 아버지의 어머니를 おばあさん 이라고 해요.
- Q. おばあさん 이 수십 년 간 운영하신 원조 맛집.

명 할머니

おばあさんのたいちょう
おばあさんの体調 할머니의 몸 상태

おじいさん

- Q. 아버지의 아버지를 おじいさん 이라고 해요.
- Q. 증조 おじいさん 은 한국전쟁 때 돌아가셨다.

명 할아버지

ひいおじいさん
曾おじいさん 증조할아버지

Q ——————————— A ———————————

一人 ひとり

Q. 一人 가 먹기엔 너무 많은 양이다.

Q. 다른 사람 도움 없이 너 一人 가 이걸 다 했다고?

몡 한 사람 😊

ひとりぶん
一人分　　　　　　　　　1인분

二人 ふたり

Q. 결혼은 二人 가 하나가 되는 거야.

Q. 二人 다 자격이 없어서 3자에게 맡겼어.

몡 두 사람 "👥"

ふたりのなか
二人の仲　　　　두 사람의 사이

人¹ ひと

Q. 한 人 당 입장료는 얼마인가요?

Q. 다양한 인종의 人 가 있으며, 그들 모두는 평등해야 한다.

몡 사람

ひとのけはい
人の気配　　　　　　　인기척

大人 おとな

Q. 빨리 자라서 大人 가 되고 싶어.

Q. 군대 다녀오더니 더 大人 스러워졌네.

몡 어른 😊

おとなげない
大人げない　　　어른답지 않다

頭¹ あたま

Q. 頭 부터 발끝까지 잘 차려입었다.

Q. 힘으로 해결하려 들지 말고 頭 를 쓰란 말이야.

몡 머리 👤

あたまのなか
頭の中　　　　　　　머릿속

顔 かお

Q. 그는 놀라서 顔 가 창백해졌다.

Q. 세수하고 나서 顔 에 선크림을 발랐다.

몡 얼굴

えがお
笑顔　　　　　　　웃는 얼굴

目¹ め

Q. 目 를 뜨고 앞을 봐!

Q. 그의 目 에서 눈물이 흘렀다.

몡 (신체 부위인) 눈 👁

めをとじる
目を閉じる　　　　눈을 감다

★ 접사로 쓰여 '~째'라는 순서를 나타내기도 함

鼻 はな

Q. 鼻 는 냄새를 맡는 기관이다.

Q. 鼻 는 호흡도 할 수 있고, 냄새도 맡을 수 있다.

몡 코 👃

はなぢ
鼻血　　　　　　　코피

口 くち

Q. 손으로 口 를 가리고 하품했다.

Q. 口 에 있는 음식을 삼키고 나서 말하렴.

몡 입 👄

くちもと
口元　　　　　　　입가

耳 みみ

Q. 토끼의 **耳** 는 길고 쫑긋 서 있어요.

Q. **耳** 는 소리를 듣는 기관이다.

명 귀

みみなり 耳鳴り	이명, 귀울림

体 からだ

Q. 건강한 **体** 에 건강한 정신이 깃든다.

Q. **体** 가 약해서 쉽게 병을 앓는다.

명 몸

からだがふるえる 体が震える	몸이 떨린다

御中¹ おなか

Q. 뭘 잘못 먹었는지 **御中** 가 아프다.

Q. 뷔페에 가서 **御中** 가 터지도록 먹었다.

명 (신체 부위인) 배

おなかいっぱい 御中いっぱい	배부름

手 て

Q. 두 **手** 를 모아 기도했다.

Q. 정답을 아는 사람은 **手** 를 드세요.

명 손

てにいれる 手に入れる	손에 넣다

足 あし

Q. 신발도 안 신고 맨 **足** 로 나가다.

Q. 이 일에서 **足** 를 빼기는 이미 너무 늦었어.

명 발

あしのうら 足の裏	발바닥

声 こえ

Q. 문밖에서 누군가의 **声** 가 들린다.

Q. 목감기에 걸려서 **声** 가 쉬었어.

명 목소리

うたごえ 歌声	노랫소리

歌 うた

Q. 그 가수는 한 곡의 **歌** 로 유명해졌어요.

Q. 그녀는 노래방에서 온종일 **歌** 를 불렀습니다.

명 노래

こもりうた 子守歌	자장가

音楽 おんがく

Q. 라디오에서 흘러나오는 **音楽**.

Q. 취미는 헤드폰을 끼고 **音楽** 를 감상하는 것.

명 음악

おんがくかんしょう 音楽鑑賞	음악 감상

国 くに

Q. 대한민국은 민주주의 **国** 다.

Q. 한국은 세계 유일의 분단 **国** 다.

명 나라[국가]

となりのくに 隣の国	이웃 나라

Q

名前 なまえ

- Q. 선생님은 차례차례 名前 를 부르며 출석을 체크했다.
- Q. 태어난 아이에게 名前 를 지어주었다.

御飯 ごはん

- Q. 넌 빵을 좋아하는구나. 한국인은 御飯 심이지!
- Q. 입맛이 없어도 아침 御飯 을 꼭 챙겨 먹어라.

料理 りょうり

- Q. 난 이탈리아 料理 가 입에 잘 맞아.
- Q. 뷔페식당에 갔더니 다양한 料理 가 가득했다.

食べ物 たべもの

- Q. 아프리카의 食べ物 부족 상황이 심각해.
- Q. 며칠을 굶었습니다. 뭐든 좋으니 食べ物 좀 주세요.

野菜 やさい

- Q. 野菜 와 육류를 골고루 먹어야 한다.
- Q. 작은 텃밭에서 野菜 를 키우고 있어요.

塩 しお

- Q. 천일염은 염전에서 만드는 방식의 塩 다.
- Q. 塩 를 많이 넣었나 봐. 엄청나게 짜!

肉 にく

- Q. 채식주의자들은 肉 를 먹지 않습니다.
- Q. 肉 와 채소를 골고루 먹는 것이 건강에 좋다.

果物 くだもの

- Q. 토마토는 채소일까, 果物 일까?
- Q. 바나나와 망고 같은 열대 果物 를 좋아해요.

服 ふく

- Q. 비 때문에 服 가 다 젖어서 갈아입어야겠다.
- Q. 반소매 티셔츠는 여름에 입는 服 다.

A

명 이름
なまえのゆらい
名前の由来 　　　이름의 유래

명 밥, 식사
ごはんのじゅんび
御飯の準備 　　　밥 준비

명 요리
りょうりきょうしつ
料理教室 　　　요리 교실

명 음식
すきなたべもの
好きな食べ物 　　　좋아하는 음식

명 채소
やさいいため
野菜炒め 　　　야채 볶음

명 소금
しおらーめん
塩ラーメン 　　　소금 라면

명 고기
にくしょく
肉食 　　　육식

명 과일
くだものないふ
果物ナイフ 　　　과일칼

명 옷
ふくをきる
服を着る 　　　옷을 입다

色 いろ

ᵠ 일곱 色 무지개.
ᵠ 기분 전환을 위해 머리카락 色 를 염색했다.

명 색깔

いろをぬる
色を塗る   색을 칠하다

靴 くつ

ᵠ 양말을 신고 나서 靴 를 신으세요.
ᵠ 방 안에 靴 를 신고 들어와서 발자국이 가득해.

명 신발

くつばこ
靴箱   신발장

絵 え

ᵠ 대충 그렸지만, 특징이 살아있는 絵.
ᵠ 글과 絵 가 함께 있어 아이들이 보기 좋은 동화책.

명 그림

にがおえ
似顔絵   초상화

近く ちかく

ᵠ 슬리퍼를 신고 近く 에 있는 편의점에 갔다 왔다.
ᵠ 기차역 近く 에 호텔이 많아요.

명 근처

いえのちかく
家の近く   집 근처

花 はな

ᵠ 花 가 피고 나비가 모여들었다.
ᵠ 향기 좋은 花 다발을 선물 받았어요.

명 꽃

はなびたいかい
花火大会   불꽃놀이

木 き

ᵠ 내일 지구가 멸망한다 해도 한그루의 사과 木 를 심겠다.
ᵠ 원숭이도 木 에서 떨어질 때가 있다.

명 나무

きのえだ
木の枝   나뭇가지

天気 てんき

ᵠ 이렇게 맑은 天気 에는 소풍을 하러 가야죠.
ᵠ 내일 天気 예보를 보고 우산을 미리 챙겼다.

명 날씨

てんきよほう
天気予報   일기예보

緑 みどり

ᵠ 신호등의 색이 緑 로 바뀌었으니 건너도 돼.
ᵠ 소나무의 잎은 사시사철 緑 색이다.

명 녹색

ふかいみどり
深い緑   짙은 녹색

動物 どうぶつ

ᵠ 나는 動物 중에서 강아지가 제일 좋아.
ᵠ 동물원에서 여러 動物 를 구경했어.

명 동물

どうぶつえん
動物園   동물원

Q ———————————— A ————————————

犬 いぬ

ᑫ 우리 犬 는 낯선 사람을 보면 짖어요.

ᑫ 犬 는 멍멍, 고양이는 야옹.

명 개 🐻

いぬごや
犬小屋　　　　　　　　　개집

猫 ねこ

ᑫ 야옹야옹 우는 猫.

ᑫ 猫 는 쥐의 천적이다.

명 고양이 🐱

ねこだらけ
猫だらけ　　　　　고양이투성이

鳥 とり

ᑫ 鳥 처럼 하늘을 날고 싶다.

ᑫ 타조는 날 수 없는 鳥 지만 치타보다 빨리 달릴 수 있다.

명 새 🐦

とりがとぶ
鳥が飛ぶ　　　　　　　새가 날다

卵 たまご

ᑫ 황금 卵 를 낳는 닭의 배를 가르는 짓이야.

ᑫ 찜질방에 가서 삶은 玉子 와 식혜를 먹었다.

명 달걀 🥚

たまごやき
卵焼き　　　　　　　계란말이

＊표기 차이 玉子: 음식 재료로서의 달걀을 표기할 때
주로 쓰이나 혼용 가능

本 ほん

ᑫ 도서관에서 本 을 빌려 왔다.

ᑫ 本 은 마음의 양식이다.

명 책 📖

ほんだな
本棚　　　　　　　　　책장

紙 かみ

ᑫ 레시피를 적어둔 紙 를 잃어버렸어.

ᑫ 세계 최초의 紙 는 이집트의 파피루스이다.

명 종이 📄

しろいかみ
白い紙　　　　　　　흰 종이

椅子 いす

ᑫ 椅子 에 너무 오래 앉아있으면 건강에 좋지 않다.

ᑫ 팔걸이가 있는 椅子 가 편해요.

명 의자 🪑

ながいす
長椅子　　　　　　　긴 의자

時計 とけい

ᑫ 이 時計 는 5분 느리다.

ᑫ 초침 소리를 싫어해서 디지털 時計 를 사용한다.

명 시계 ⏰

でじたるとけい
デジタル時計　　　　디지털 시계

お金 おかね

ᑫ 여행을 위해 お金 를 모으는 중이야.

ᑫ 제 계좌에 お金 가 정확히 얼마나 있나요?

명 돈 💵

おかねがかかる
お金がかかる　　　　　돈이 들다

駅 えき

Q. 저는 다음 駅 에서 내려요.

Q. 지하철 駅 에서 기다려. 금방 갈게.

명 역, 정거장

えきまえ	
駅前	역 앞

鞄 かばん

Q. 모든 과목의 교과서를 다 넣었더니 鞄 이 너무 무겁다.

Q. 학생이면서 鞄 안에 책 한 권도 안 들어있다.

명 가방

かばんのなか	
鞄の中	가방 안

川 かわ

Q. 우리 이 川 에서 수영해도 되나요?

Q. 배를 타고 아마존 河 를 건너기로 했다.

명 강

かわのながれ	
川の流れ	강줄기

★ 표기 차이 河: 강의 규모가 거대한 경우 쓰임

海 うみ

Q. 커다란 고기잡이배가 먼 海 로 나갔습니다.

Q. 태평양, 대서양은 うみ 입니다.

명 바다

うみべ	
海辺	해변, 바닷가

山 やま

Q. 아름다운 단풍으로 유명한 설악 山.

Q. 우리나라는 山 에서 등산을 즐기는 사람이 많다.

명 산

やまにのぼる	
山に登る	산에 올라가다

風 かぜ

Q. 갑작스레 분 風 에 모자가 날아가고 말았다.

Q. 風 가 살랑살랑 불어와 땀을 식혀 주었다.

명 바람

かぜがふく	
風が吹く	바람이 불다

後¹ あと

Q. 식사가 끝난 後 에 차를 한잔했다.

Q. 지금은 사람들이 많으니까 後 에 말해줄게.

명 다음, 후

あとのれっしゃ	
後の列車	다음 열차

★ 시간상으로 나중일 때 씀

後² あと

Q. 혹시 나에게 무슨 일이 생기면 後 를 부탁하네.

Q. 아버지의 後 를 이어 회장 자리를 이어받았다.

명 뒤, 후

あとしまつ	
後始末	뒤처리

★ '후임'이나 '후손' 등을 뜻함

所¹ ところ

Q. 어두운 所 에서 책을 읽었더니 눈이 피로했다.

Q. 경치도 좋고 음식도 맛있고, 이 所 가 바로 지상낙원이네!

명 곳, 장소

くらいところ	
暗い所	어두운 곳

Q _____ A _____

中 なか

^Q 바다의 中 에는 아직도 밝혀지지 않은 생물이 많다.

^Q 깊은 산 中 옹달샘 누가 와서 먹나요.

명 가운데, 중, 안, 속

ふかいやまのなか
深い山の中　　　　　깊은 산속

門 もん

^Q 門 열기 전에 노크하라고 했지!

^Q 외출할 땐 門 을 잘 잠그세요.

명 문

もんをひらく
門を開く　　　　　문을 열다

部屋 へや

^Q 이 집에는 部屋 가 몇 개 있나요?

^Q 집 밖은커녕 部屋 밖으로도 나오지 않는 사람.

명 방

へやばんごう
部屋番号　　　　　방 번호

鍵 かぎ

^Q 鍵 를 잃어버려서 집에 못 들어가고 있어.

^Q 이 문제를 풀 鍵 를 쥔 사람.

명 열쇠

あいかぎ
合鍵　　　　　여벌 열쇠

窓 まど

^Q 야구공이 날아와 교실 窓 가 깨졌다.

^Q 비가 오나 궁금해서 窓 를 열고 밖을 내다보았다.

명 창문

まどぎわ
窓際　　　　　창가

雨 あめ

^Q 雨 가 억수같이 퍼붓는다.

^Q 우산을 안 가져왔는데 雨 가 내리다니!

명 비

あめがあがる
雨が上がる　　　　　비가 개다

今 いま

^Q 今 바로 갈 테니까 어디 가지 말고 기다려.

^Q 今 가 몇 시냐고 묻길래 손목시계를 보고 알려주었다.

명 지금

いまどき
今時　　　　　요즘

いくら

^Q 무게가 いくら 정도 나가나요?

^Q 이건 가격이 いくら 인가요?

명 얼마

いくらですか　　　　　얼마입니까

次 つぎ

^Q 次 의 역은 강남역입니다. 내리실 문은 왼쪽입니다.

^Q 목적지를 지나쳐서 서둘러 次 의 정거장에서 내렸다.

명 다음, 버금

つぎのえき
次の駅　　　　　다음 역

皆 みんな

^{Q.} 피자를 먹으러 가자는 말에 皆 가 만장일치로 동의했다.

^{Q.} 皆 함께 모여서 먹으니까 더 맛있어.

명 모두

みんないっしょ
皆一緒 　　　　　　　　　모두 함께

毎日 まいにち

^{Q.} 양치질은 毎日 의 일과 중 하나이다.

^{Q.} 어릴 때부터 毎日 쓴 일기장은 내 보물이다.

명 매일

ふあんなまいにち
不安な毎日 　　　　　　　불안한 매일

男 おとこ

^{Q.} 男 와 여자의 차이.

^{Q.} 이제 男 들도 화장하는 시대이다.

명 남자

おとこのかた
男の方 　　　　　　　　　남자분

お母さん おかあさん

^{Q.} 저는 아버지보다 お母さん 을 더 닮았어요.

^{Q.} 자취를 하니 お母さん 이 해 주신 밥이 그립다.

명 어머니

おかあさんとおとうさん
お母さんとお父さん 　　어머니와 아버지

お父さん おとうさん

^{Q.} 나는 어머니보다 お父さん 을 많이 닮았다.

^{Q.} お父さん 의 어머니를 할머니라고 부릅니다.

명 아버지

おとうさんのとけい
お父さんの時計 　　　　아버지의 시계

兄弟 きょうだい

^{Q.} 유비, 관우, 장비는 피가 이어지지 않은 의 兄弟 다.

^{Q.} 아기돼지 삼 兄弟 가 집을 짓는 유명한 동화.

명 남자 형제

きょうだいしまい
兄弟姉妹 　　　　　　　형제자매

飲(み)物 のみもの

^{Q.} 음식과 飲(み)物 를 준비했어요.

^{Q.} 목말라 죽겠어! 아무거나 飲(み)物 좀 줘.

명 마실 것

のみものこうにゅう
飲み物購入 　　　　　　음료수 구입

来月 らいげつ

^{Q.} 来月 에 군대 가니까 이번 달은 질릴 때까지 놀아야지.

^{Q.} 이번 달 일한 월급은 来月 에 나와요.

명 다음 달

らいげつのけいかく
来月の計画 　　　　　　다음 달 계획

庭 にわ

^{Q.} 그 저택에는 庭 를 전문적으로 관리하는 정원사가 있다.

^{Q.} 庭 에 심은 나무에서 열매가 열렸다.

명 정원, 뜰

にわをつくる
庭を造る 　　　　　　　정원을 꾸미다

何番 なんばん

Q. 본사 전화번호는 何番 인가요?

Q. 우리 대기 번호는 何番 이야?

명 몇 번

> なんばんですか?
> 何番ですか?　　　　몇 번입니까?

何回 なんかい

Q. 이제까지 일본에 何回 가봤나요?

Q. 이 영화는 何回 를 봐도 재미있다.

명 몇 회, 몇 번

> なんかいもくりかえす
> 何回も繰り返す　　　몇 번이고 반복하다

二十(歳) はたち

Q. 우리나라는 보통 二十(歳) 에 군대를 가.

Q. 갓 성인이 된 二十(歳) 의 풋풋함.

명 20세[스무 살]

> はたちぜんご
> 二十歳前後　　　　스무 살 전후

大勢 おおぜい

Q. 공항에는 그를 반기는 大勢 의 팬들이 있었다.

Q. 예상을 뛰어넘는 大勢 의 참가자들이 모였다.

명 많은 수

> おおぜいのひと
> 大勢の人　　　　많은 사람

横¹ よこ

Q. 横 와 세로의 길이를 재다.

Q. 고개를 横 로 저었다.

명 가로, 옆

> よことたて
> 横と縦　　　　횡과 종

横² よこ

Q. 강아지가 내 横 에 나란히 누워서 잠들었다.

Q. 横 로 누워서 새우잠을 자는 버릇이 있다.

명 곁, 옆

> よこからくちをだす
> 横から口を出す　　　옆에서 말참견하다

今週 こんしゅう

Q. 今週 는 7일째 연속 운동을 달성했어.

Q. 今週 는 시간이 안 될 것 같은데 다음 주는 어때?

명 이번 주

> こんしゅうのとうばん
> 今週の当番　　　이번 주 당번

来週 らいしゅう

Q. 来週 는 이번 주보다 더 바쁠 거야.

Q. 이번 주는 선약이 있어서 안 되지만, 来週 는 시간이 있어.

명 다음 주

> らいしゅうのにちようび
> 来週の日曜日　　　다음 주 일요일

お茶¹ おちゃ

Q. お茶 한 잔 드릴까요? 보성에 여행 갔다가 사 온 거예요.

Q. 생수 말고 옥수수수염을 넣어 끓인 お茶 를 드릴게요.

명 (마시는) 차

> おちゃのかい
> お茶の会　　　　다과회

お茶² おちゃ

Q. 나머지는 이따가 하시고 슬슬 お茶 로 합시다.

Q. 그렇게 공부만 하다가 쓰러지겠다. 잠깐 お茶 로 하자.

명 일하는 도중에 잠깐 쉼

おちゃにする
お茶にする　　　　차를 마시며 휴식하다

＊ 데이트를 권유하는 의미에서
お茶に誘う おちゃにさそう 라고 표현하기도 함

一階 いっかい

Q. 호텔 一階 에 있는 로비에서 만나기로 했다.

Q. 一階 와 2층 사이의 천장이 꽤 높았다.

명 1층

ちかいっかい
地下一階　　　　지하 일 층

風邪 かぜ

Q. 비를 맞고 왔더니 다음날 風邪 에 걸렸어.

Q. 風邪 에 걸려서 콧물과 재채기가 난다.

명 감기

かぜぐすり
風邪薬　　　　감기약

建物 たてもの

Q. 주차장은 建物 의 지하에 있습니다.

Q. 이 建物 는 지금 보수 공사 중이라 문이 닫혀 있다.

명 건물

がんじょうなたてもの
頑丈な建物　　　　튼튼한 건물

結婚 けっこん

Q. 結婚 은 인생의 두 번째 시작이라고 한다.

Q. 그들의 섣부른 結婚 은 결국 이혼으로 끝났다.

명 결혼

けっこんいわい
結婚祝い　　　　결혼 축하

位¹ くらい

Q. 그는 젊은 나이에 장관의 位 에 올랐다.

Q. 황제의 位 에 걸맞은 위엄을 보였다.

명 지위, 계급

こうていのくらい
皇帝の位　　　　황제의 지위

＊ 발음 차이 ぐらい

牛肉 ぎゅうにく

Q. 소의 고기를 牛肉 라고 해요.

Q. 돼지고기 말고 비싼 牛肉 사주세요.

명 소고기

ぎゅうにくのすてーき
牛肉のステーキ　　　　소고기 스테이크

鳥肉 とりにく

Q. 인류는 약 4,000년 전부터 鳥肉 를 먹기 위해 닭을 길렀다.

Q. 鳥肉 를 이용한 요리 중에서도 특히 치킨을 좋아한다.

명 새고기, 닭고기

とりにくのりょうり
鳥肉の料理　　　　닭고기 요리

勉強 べんきょう

Q. 학창 시절에는 시키는 대로 勉強 만 열심히 했다.

Q. 영어를 勉強 하신 지는 얼마나 되었나요?

명 공부

べんきょうちゅう
勉強中　　　　공부 중

公園 こうえん

Q. 公園 으로 산책하러 가자.
Q. 사람들이 公園 벤치에 앉아 있다.

몡 공원

こくりつこうえん
国立公園　　　　　　　　국립 공원

お菓子 おかし

Q. お菓子 를 많이 먹으면 충치가 생겨요.
Q. お菓子 중에서는 감자 칩을 제일 좋아해.

몡 과자

ふくろいりのおかし
袋入りのお菓子　　　　봉지에 든 과자

警官 けいかん

Q. 警官 이 도로에서 음주운전을 단속하고 있다.
Q. 순찰하던 警官 이 수상한 인물을 발견하고 검문을 했다.

몡 경관[경찰관]

けいかんのばっじ
警官のバッジ　　　　　경찰관의 배지

教室 きょうしつ

Q. 일찍 등교했더니 教室 안에 아무도 없었다.
Q. 教室 가 하나뿐인 시골의 작은 학교.

몡 교실

りょうりきょうしつ
料理教室　　　　　　　요리 교실

角¹ かど

Q. 아이가 테이블의 角 에 부딪히지 않게 조심하세요.
Q. 이불을 개지 않고 방의 角 에 밀어두었다.

몡 모서리, 구석

つくえのかど
机の角　　　　　　　　책상 모서리

蕎麦 そば

Q. 국어 시간에 이효석의 蕎麦 꽃 필 무렵에 대해 배웠다.
Q. 모밀은 蕎麦 의 방언이다.

몡 메밀, 메밀국수

ひやしそば
冷やし蕎麦　　　　　　냉메밀

外国人 がいこくじん

Q. 명동에는 外国人 관광객들이 많이 있다.
Q. 그녀는 어학당에 다니는 外国人 유학생이다.

몡 외국인

がいこくじんりゅうがくせい
外国人留学生　　　　外国人 유학생

気力 きりょく

Q. 더는 걸을 気力 가 없다.
Q. 어린아이들은 気力 가 왕성해서 못 당하겠어.

몡 기력

きりょくがない
気力がない　　　　　　기력이 없다

花瓶 かびん

Q. 花瓶 에 꽃을 꽂고 물을 채웠다.
Q. 花瓶 에 꽂혀 있는 꽃들이 시들었네요.

몡 꽃병

はなをかびんにさす
花を花瓶に挿す　　　　꽃을 꽃병에 꽂다

Q ——————— A ———————

先週 せんしゅう

ᵠ 先週 에 내내 쉬어서 이번 주는 밀린 업무가 쌓여있다.

ᵠ 先週 에 돈을 많이 썼으니 이번 주는 좀 자제해야겠다.

图 지난주

せんしゅうまつ
先週末   지난 주말

南 みなみ

ᵠ 남한을 南 Korea, 북한을 North Korea 라고 합니다.

ᵠ 겨울에도 따뜻한 南 쪽 나라.

图 남쪽

みなみあふりか
南アフリカ   남아프리카

来年 らいねん

ᵠ 올해보다 来年 이 더 걱정이야.

ᵠ 벌써 연말이야. 来年 에 나이를 먹으면 21살이지.

图 내년

らいねんのもくひょう
来年の目標   내년 목표

夕飯 ゆうはん

ᵠ 점심을 너무 늦게 먹어서 夕飯 은 걸렀다.

ᵠ 夕飯 을 차리고 있는데 아버지가 치킨을 사 오셨다.

图 저녁밥

ゆうはんをたべる
夕飯を食べる   저녁밥을 먹다

姉 あね

ᵠ 오빠 대신 姉 가 있었으면 좋겠다.

ᵠ 제 위로 형과 姉 가 한 명씩 있습니다.

图 언니, 누나

じつのあね
実の姉   친언니

雪 ゆき

ᵠ 雪 가 내리는 화이트 크리스마스.

ᵠ 간밤에 내린 雪 가 쌓여 길이 미끄럽다.

图 눈

ゆきだるま
雪達磨   눈사람

伯母さん おばさん

ᵠ 우리 엄마와 伯母さん 은 자매인데도 성격이 정말 달라요.

ᵠ 叔母さん 의 남편을 이모부라고 한다.

图 백모, 이모, 고모

おかあさんとおばさん
お母さんと伯母さん   엄마와 이모

★ '아버지 혹은 어머니'의 누나 혹은 언니
★ 표기 차이 叔母さん '아버지나 어머니'의 여동생

階段 かいだん

ᵠ 엘리베이터가 고장이 나서 階段 으로 걸어 올라갔다.

ᵠ 건강을 위해 에스컬레이터 대신 階段 을 이용한다.

图 계단, 단계

きゅうなかいだん
急な階段   가파른 계단

先月 せんげつ

ᵠ 先月 와 비교하면 이달은 적자다.

ᵠ 先月 에 입사했으니 이제 두 달째.

图 전월[지난달]

せんげつのきゅうりょう
先月の給料   지난달 급여

Q ——————————— A ———————————

今月 こんげつ

명 금월[이달]

Q. 지난달보다 今月 급여가 약간 적었다.

Q. 今月 에 돈을 많이 써서 다음 달엔 아껴 써야 한다.

명 금월[이달]

こんげつのししゅつ
今月の支出　　　　　이번 달 지출

大学 だいがく

Q. 大学 에서 의학을 전공했다.

Q. 수능을 마치고 이번에 大学 에 합격했어요.

명 대학

だいがくせいかつ
大学生活　　　　　대학 생활

上着 うわぎ

Q. 더워서 上着 를 벗고 속옷만 입고 있다.

Q. 양복 上着 와 바지를 한 번에 맞췄다.

명 겉옷, 윗도리

ながめのうわぎ
長めの上着　　　　　긴 겉옷

一時 いちじ

Q. 어릴 적 부모님께 반항하기도 했지만 一時 의 방황이었다.

Q. 연주가 끝나자 사람들은 一時 에 일어나 손뼉을 쳤다.

명 일시[한순간/잠깐], 동시

いちじに
一時に　　　　　일시에, 동시에

東 ひがし

Q. 해는 東 에서 뜬다.

Q. 우리나라의 東 에 일본이 있습니다.

명 동쪽

ひがしにほん
東日本　　　　　동일본

薬 くすり

Q. 병원의 처방도 받지 않고 맘대로 薬 를 먹으면 위험하다.

Q. 감기 薬 가 효과가 있었는지 편안한 표정으로 자고 있다.

명 약, 병 치료제

くすりをのむ
薬を飲む　　　　　약을 먹다

毎晩 まいばん

Q. 毎晩 자기 전에 꾸준히 일기를 썼어.

Q. 毎晩 짖어대는 개 때문에 잠을 못 자.

명 매일 밤

まいばんうんどうする
毎晩運動する　　　매일 밤 운동한다

★ 부사로 쓰여 '밤마다'를 뜻하기도 함

何時 いつ

Q. 서울에는 何時 쯤 놀러 올래?

Q. 저는 何時 든지 좋습니다. 편하신 날짜로 잡아주세요.

명 언제

いつでもよい
何時でも良い　　　언제든지 좋다

★ なんじ 로 읽으면 '몇 시'를 뜻하여 시간을 묻는 말로 쓰임

多く おおく

Q. 多く 의 인구를 먹여 살리기에는 식량이 부족했다.

Q. 多く 의 물고기를 잡은 어부가 의기양양하게 귀환했다.

명 많음

ほんをおおくよむ
本を多く読む　　　책을 많이 읽다

小母さん おばさん

Q. 어머니는 이웃 小母さん 들과 놀러 가셨다.
Q. 우리 하숙집 小母さん 은 요리 솜씨가 대단하시다.

명 아주머니

まかないのおばさん
賄いの小母さん　　　　주방 아주머니

余り あまり

Q. 심심한 余り 혼자서 요리에 도전해보기로 했다.
Q. 부인의 죽음을 슬퍼한 余り 식음을 전폐하기도 했다.

명 남은 것, 나머지

つれづれのあまり
徒然の余り　　　　심심한 나머지

幾つ いくつ

Q. 자녀분이 올해로 幾つ 살입니까?
Q. 만원이면 幾つ 개나 살 수 있을까요?

명 몇

おいくつですか?
お幾つですか?　　　　몇 살입니까?

明後日¹ あさって

Q. 내일은 바쁘지만 明後日 에는 여유가 있어.
Q. 내일부터 내리는 비는 다음날인 明後日 까지 계속됩니다.

명 모레

あさってまでつづく
明後日まで続く　　　　모레까지 계속된다

問題 もんだい

Q. 동네에서 유명한 問題 아야. 항상 말썽을 일으키지.
Q. 너무 어려운 問題 라서 정답을 확인했어.

명 문제

もんだいてん
問題点　　　　문제점

休み やすみ

Q. 休み 시간에 커피를 한잔하며 쉬었다.
Q. 겨울 休み 에는 온천여행을 가자.

명 휴가, 휴식, 방학

やすみじかん
休み時間　　　　쉬는 시간

百 ひゃく

Q. 百 점 만점에 90점이니 준수한 성적이다.
Q. 내가 百 방으로 알아보고 있으니까 조금만 참아.

명 백

ひゃくてん
百点　　　　백 점

番号 ばんごう

Q. 기차에 올라 좌석 番号 를 확인했다.
Q. 전화 番号 좀 알려줄래?

명 번호 12345 67890

でんわばんごう
電話番号　　　　전화번호

病院 びょういん

Q. 감기가 유행해서 病院 을 찾은 사람이 많다.
Q. 아플 땐 病院 에 가서 의사의 진료를 받아야 합니다.

명 병원

びょういんににゅういん
病院に入院　　　　병원에 입원

Q / A

台所 だいどころ

ᵠ 아버지가 台所 에서 요리하고 계신다.

ᵠ 냉장고와 오븐은 台所 에 있어.

명 부엌

だいどころようひん
台所用品 　　　　　　주방용품

北 きた

ᵠ 서울은 부산의 北 방향에 있습니다.

ᵠ 나침반의 바늘은 항상 北 방향을 향해 있다.

명 북쪽

きたはんきゅう
北半球 　　　　　　북반구

石鹸 せっけん

ᵠ 볼일을 본 후엔 石鹸 으로 깨끗하게 손을 씻자.

ᵠ 샴푸가 없어 石鹸 을 문질러서 머리를 감았다.

명 비누

せんたくせっけん
洗濯石鹸 　　　　　　세탁비누

会社員 かいしゃいん

ᵠ 아버지는 사무직 会社員 이시고 어머니는 가정주부세요.

ᵠ 지하철 안은 출근하는 会社員 들로 발 디딜 틈이 없었다.

명 회사원

へいぼんなかいしゃいん
平凡な会社員 　　　　　　평범한 회사원

辞書 じしょ

ᵠ 모르는 단어는 辞書 에서 찾는다.

ᵠ 영한 辞書 은 영어 단어를 한국어로 풀이한 것이다.

명 (언어에 관한) 사전

にほんごじしょ
日本語辞書 　　　　　　일본어 사전

写真 しゃしん

ᵠ 여권용 写真 을 찍어야 해.

ᵠ 어릴 적에 찍은 写真 을 보며 추억에 젖었다.

명 사진

しゃしんさつえい
写真撮影 　　　　　　사진 촬영

散歩 さんぽ

ᵠ 강아지를 데리고 공원에 散歩 하러 갔다.

ᵠ 매일 새벽 散歩 삼아 약수터에 가서 물을 떠 온다.

명 산책

つきよのさんぽ
月夜の散歩 　　　　　　달밤의 산책

店 みせ

ᵠ 손님이 많은 店 여서 일찌감치 가야 해.

ᵠ 저 신발 店 에서 구두를 살 거야.

명 가게[상점]

みせをだす
店を出す 　　　　　　가게를 내다

誕生日 たんじょうび

ᵠ 誕生日 를 축하해. 벌써 스무 살이네?

ᵠ 친구의 誕生日 라서 케이크와 선물을 준비했다.

명 생일

たんじょうびけーき
誕生日ケーキ 　　　　　　생일 케이크

Q —————————— A ——————————

図書館 としょかん

Q. 図書館 에서 책을 빌렸다.

Q. 시립 図書館 은 누구든 이용할 수 있어요.

명 도서관

としょかんのししょ
図書館の司書 도서관의 사서

西 にし

Q. 오늘은 해가 西 에서 뜨겠구나.

Q. 해가 질 무렵이 되자 西 하늘이 붉게 물들었다.

명 서쪽

にしにしずむ
西に沈む 서쪽으로 지다

買(い)物 かいもの

Q. 백화점에 가서 買(い)物 를 했다.

Q. 나는 買(い)物 할 때 시장보다는 마트가 편하다.

명 쇼핑[물건을 삼]

かいものりすと
買い物リスト 쇼핑 리스트

宿題 しゅくだい

Q. 방학 宿題 가 밀려서 뒤늦게 몰아서 하는 중이야.

Q. 宿題 를 내줄 테니 집에서 꼭 풀어오세요.

명 숙제

しゅくだいていしゅつ
宿題提出 숙제 제출

時間 じかん

Q. 네가 올 줄 알고 한 時間 동안이나 여기서 기다렸어.

Q. 부산까지 기차로 몇 時間 걸리나요?

명 시간

じかんひょう
時間表 시간표

弁当 べんとう

Q. 어머니가 소풍 弁当 로 김밥을 싸주셨다.

Q. 우리 학교는 급식이 없어서 弁当 를 싸 와서 먹는다.

명 도시락

べんとうばこ
弁当箱 도시락통

食堂 しょくどう

Q. 직원 食堂 에서 점심을 먹었다.

Q. 내가 아는 단골 食堂 가 있는데 거기서 먹자.

명 식당

がいしゃのしょくどう
会社の食堂 회사 식당

晩御飯 ばんごはん

Q. 집에 먹을 것도 없는데 晩御飯 은 밖에서 먹을까요?

Q. 오늘 퇴근하고 나서 晩御飯 같이 드실래요?

명 저녁 식사

ばんごはんのめにゅー
晩御飯のメニュー 저녁 식사 메뉴

朝御飯 あさごはん

Q. 지각할 것 같아서 朝御飯 을 먹지 않고 나갔다.

Q. 朝御飯 으로 간단하게 시리얼을 먹었다.

명 아침 식사

あさごはんをたべる
朝御飯を食べる 아침밥을 먹는다

昼御飯 ひるごはん

Q. 昼御飯 을 너무 늦게 먹어서 저녁은 걸렀다.

Q. 정오가 되어 昼御飯 을 먹으러 밖에 나왔다.

명 점심 식사

きょうのひるごはん
今日の昼御飯　　　　　오늘의 점심밥

新聞 しんぶん

Q. 新聞 1면에 보도된 큰 사건이야.

Q. 저는 학교 新聞 기자로 활동 중입니다.

명 신문

しんぶんしゃ
新聞社　　　　　신문사

毎朝 まいあさ

Q. 毎朝 지각하던 친구가 결국 교무실에 불려갔다.

Q. 毎朝 일찍 일어나 조깅을 하니 건강이 좋아졌다.

명 매일 아침

まいあさはをみがく
毎朝歯を磨く　　　매일 아침 이를 닦다

眼鏡 めがね

Q. 시력이 나빠져서 眼鏡 를 써야 한대.

Q. 할아버지는 렌즈가 두꺼운 돋보기 眼鏡 를 쓴다.

명 안경

めがねのたま
眼鏡の玉　　　　　안경알

★ 표기 차이 メガネ

先¹ さき

Q. 맨 先 에 제목이 쓰여 있어요.

Q. 영화관에서 先 좌석을 발로 차면 안 돼요.

명 앞

さきをこす
先を越す　　　　　앞지르다

靴下 くつした

Q. 무좀에 걸려서 발가락 靴下 를 신고 있다.

Q. 샌들을 신을 때는 靴下 를 신지 않아도 돼.

명 양말

くつしたをぬぐ
靴下を脱ぐ　　　　양말을 벗다

洋服 ようふく

Q. 티셔츠, 청바지 등은 서양에서 유래된 洋服 다.

Q. 블라우스, 스커트 등은 서양에서 유래된 洋服 다.

명 옷

できあいのようふく
出来合いの洋服　　　기성복

★ 현대적인 서양식 의복 전반을 지칭함

医者 いしゃ

Q. 너 자꾸 떼쓰면 医者 선생님 불러서 주사 놔달라고 한다!

Q. 아플 땐 医者 에게 진료를 받아야 합니다.

명 (직업인) 의사

おいしゃさん
お医者さん　　　　의사 선생님

仕事 しごと

Q. 아빠는 仕事 가 바쁘셔서 늦으신대.

Q. 파트타임 仕事 를 구해 볼까 생각 중이야.

명 일, 업무

しごとのないよう
仕事の内容　　　　작업 내용

池 いけ

ᵠ 池 에 핀 연꽃.

ᵠ 池 안에서 헤엄치는 비단잉어들이 보였다.

📛 연못

いけのほとり
池の辺   연못가

鉛筆 えんぴつ

ᵠ 먼저 鉛筆 로 가볍게 스케치를 한 뒤에 붓을 들었다.

ᵠ 鉛筆 로 쓴 글씨는 지우개로 지울 수 있어.

📛 연필 ✏️

えんぴつけずり
鉛筆削り   연필깎이

葉書 はがき

ᵠ 잡지의 애독자 葉書 를 보내면 추첨을 통해 선물을 준다.

ᵠ 박물관에서 산 기념 葉書 에 편지를 써서 보냈다.

📛 엽서

きねんはがき
記念葉書   기념엽서

英語 えいご

ᵠ 영국에 오래 살아서 英語 를 잘한다.

ᵠ 나는 英語 라고는 OK와 Thank you밖에 모른다.

📛 영어

えいごきょういく
英語教育   영어교육

兄 あに

ᵠ 제 위로 언니와 兄 가 한 명씩 있어요.

ᵠ 아버지의 손위 兄 를 큰아버지라고 불러요.

📛 형, 오빠 👀

あにといもうと
兄と妹   오빠와 여동생

今年 ことし

ᵠ 今年 의 아카데미 대상은 누가 탈까?

ᵠ 今年 에도 좋은 일들만 있기를 빕니다!

📛 올해

ことしのけいかく
今年の計画   올해 계획

傘 かさ

ᵠ 오늘 비 온다고 하니 傘 챙겨라.

ᵠ 왜 비를 맞고 계세요? 傘 같이 쓰실래요?

📛 우산 ☂️

かさをさす
傘を差す   우산을 쓰다

牛乳 ぎゅうにゅう

ᵠ 아침 식사는 牛乳 에 시리얼을 말아서 간단하게 먹었어요.

ᵠ 우리는 젖소에게서 牛乳 를 얻습니다.

📛 우유

ぎゅうにゅうびん
牛乳瓶   우유병

切手 きって

ᵠ 편지 봉투에 切手 를 붙이고 우체통에 넣었다.

ᵠ 우정국에서 신년맞이 切手 를 발행했다.

📛 우표

きってあつめ
切手集め   우표 수집

Q — A

円 えん

Q. 円 화 환율이 내렸을 때 미리 환전해 두었다.

Q. 일본의 만 円 권에 인쇄된 인물은 후쿠자와 유키치이다.

📖 (일본의 화폐 단위인) 엔

えんか
円貨　　　　　　　　　　　엔화

銀行 ぎんこう

Q. 銀行 에서 새 통장을 만들었다.

Q. 우리 동네 銀行 에 강도가 들었대!

📖 은행

ぎんこうこうざ
銀行口座　　　　　　　은행 계좌

意味 いみ

Q. 그 단어의 意味 를 알고 싶으면 국어사전을 찾아봐라.

Q. 동의어는 같은 意味 를 지닌 단어라는 뜻이다.

📖 의미

いろんないみ
色んな意味　　　　　　다양한 의미

隣 となり

Q. 이사 후 隣 에 떡을 나누었어요.

Q. 隣 자리에 앉은 사람이 내 어깨에 기대 잠들었다.

📖 이웃(집), 옆

となりのせき
隣の席　　　　　　　　　옆자리

★ 사람과 사람 등, 같은 성질의 것이 이웃했을 때 씀

魚 さかな

Q. 호수에서 낚은 魚 를 가지고 캠핑장으로 돌아왔다.

Q. 갓 잡은 魚 를 손질해 초밥을 만들었다.

📖 생선

とりたてのさかな
取り立ての魚　　　　갓 잡은 물고기

★ '안주'에서 유래되었으나, 현재 うお 보다 일반적으로 씀

入(り)口 いりぐち

Q. 入(り)口 가 닫혀 있으니 뒷문으로 들어가자.

Q. 入(り)口 를 막고 서 있지 마라.

📖 입구

いりぐちふきん
入り口付近　　　　　　입구 근처

去年 きょねん

Q. 去年 이 올해보다 훨씬 더웠어.

Q. 去年 이맘때쯤이니까 1년 정도 됐네.

📖 작년

きょねんまつ
去年末　　　　　　　　　작년말

作文 さくぶん

Q. 너의 作文 에는 맞춤법 오류가 너무 많아.

Q. 국어 시간에 부모님을 주제로 作文 을 했다.

📖 작문

さくぶんこんくーる
作文コンクール　　　글짓기 대회

雑誌 ざっし

Q. 매달 패션 雑誌 를 보면서 트렌드를 파악하고 있다.

Q. 저희 패션 雑誌 를 정기구독하고 푸짐한 선물 받으세요.

📖 잡지

しゅうかんざっし
週刊雑誌　　　　　　　주간 잡지

八百屋 やおや

Q. 정육점에서 고기를 사고 八百屋 에서 채소를 샀다.

Q. 시장에 있는 八百屋 에서 김치 담글 배추를 주문했다.

> **명 채소 가게, 채소 장수**
>
> やおやのうりごえ
> **八百屋の売り声**   야채 장수의 외침 소리

夕方 ゆうがた

Q. 야간 경비는 夕方 6시쯤 출근합니다.

Q. 이제 아침이랑 夕方 에는 바람이 제법 차다.

> **명 저녁, 해질녘**
>
> ゆうがたにたいきんする
> **夕方に退勤する**   저녁에 퇴근한다

小父さん

Q. 小父さん 이라고 부르지 매! 형이라고 불러.

Q. 중년 남성을 부를 때 일반적으로 小父さん 이라고 한다.

> **명 아저씨**
>
> よそのおじさん
> **余所の小父さん**   다른 집 아저씨
>
> ★ 부모님의 남자 형제 혹은 부모님의 여자 형제의 남편을
> 뜻하기도 함

電気 でんき

Q. 겨울에는 가스 요금이, 여름에는 電気 요금이 걱정이다.

Q. 콘센트에 장난하다가 電気 에 감전되는 사고가 일어났다.

> **명 전기**
>
> でんきがつうじる
> **電気が通じる**   전기가 통하다

電車 でんしゃ

Q. 거기까지는 버스보다는 電車 가 좋다.

Q. 만원 電車 가 역에 도착하자 어떻게든 몸을 밀어 넣었다.

> **명 전차**
>
> でんしゃにのる
> **電車に乗る**   전차를 타다

節倹 せっけん

Q. 전기세 節倹 을 위해 쓰지 않는 콘센트를 뽑자.

Q. 낭비를 멈추고 節倹 을 실천하자.

> **명 절약**
>
> せっけんのこころがまえ
> **節倹の心構え**   절약하는 마음가짐

一週間 いっしゅうかん

Q. 주말 없이 一週間 내내 일했다.

Q. 6박 7일 一週間 의 세계여행.

> **명 일주일**
>
> いっしゅうかんかかる
> **一週間かかる**   일주일 걸리다

財布 さいふ

Q. 財布 를 물에 빠뜨려서 안에 든 돈이 다 젖었다.

Q. 財布 에 돈이 하나도 없어.

> **명 지갑**
>
> ながざいふ
> **長財布**   장지갑

病気 びょうき

Q. 발병 원인이 알려지지 않은 病気.

Q. 사망으로 이어질 수 있는 치명적인 病気.

> **명 질병**
>
> びょうきみまい
> **病気見舞**   병문안

Q ———————————————— A

喫茶店 きっさてん

Q. 喫茶店 에서 커피를 주문했다.

Q. 喫茶店 에서 차 한잔하며 대화를 나눴다.

명 찻집

えきまえのきっさてん
駅前の喫茶店　　　　　　　역 앞 카페

机 つくえ

Q. 机 위에 참고서만 늘어놓고 공부는 안 했다.

Q. 공부하려고 机 앞에 앉았지만 영 집중이 되지 않았다.

명 책상

つくえのうえ
机の上　　　　　　　　　책상 위

千 せん

Q. 일본의 千 엔은 한국의 만원과 비슷한 금액이다.

Q. 가슴이 千 갈래 만 갈래로 찢어지는 듯 아프다.

명 천

せんえん
千円　　　　　　　　　　천 엔

車 くるま

Q. 먼 거리이므로 직접 車 를 몰고 가기로 했다.

Q. 車 뒷좌석에 타면 멀미를 심하게 하는 편이다.

명 차·수레의 총칭

くるまにのる
車に乗る　　　　　　　　차를 타다

一番 いちばん

Q. 달리기 시합에서 결승선을 一番 으로 통과했다.

Q. 一番 좋은 품질을 공급하는 회사의 자부심.

명 최고, 최초

いちばんのおかねもち
一番のお金持ち　　　　　최고의 부자

出口 でぐち

Q. 비상 出口 는 항상 열려 있어야 합니다.

Q. 지하철 몇 번 出口 에서 만날까?

명 출구

ひじょうでぐち
非常出口　　　　　　　　비상 출구

交番 こうばん

Q. 지구대와 交番 에서 근무하는 순경들.

Q. 수상한 사람을 근처 交番 에 신고했다.

명 파출소

こうばんのまえ
交番の前　　　　　　　　파출소 앞

奥さん おくさん

Q. 자네 혼자 오지 말고 奥さん 과 아이들도 함께 오게.

Q. 이렇게 늦게 들어가면 奥さん 이 화내지 않으세요?

명 부인

おとなりのおくさん
お隣の奥さん　　　　　　이웃집 부인

★ 타인의 아내에 대한 경칭

手紙 てがみ

Q. 정성스럽게 쓴 고백 手紙 를 보냈다.

Q. 어머니께서 선물과 함께 手紙 를 써서 보내셨어요.

명 편지

いっつうのてがみ
一通の手紙　　　　　　　한 통의 편지

切符 きっぷ

- Q. 입장 切符 를 보여주셔야 입장이 가능합니다.
- Q. 부산에 내려갈 일이 생겨서 기차 切符 를 예매했어요.

명 표

きっぷうりば
切符売り場 　　　　　　매표소

空¹ そら

- Q. 구름 한 점 없는 空.
- Q. 空 에 떠 있는 해.

명 하늘

あおぞら
青空 　　　　　　파란 하늘

地下鉄 ちかてつ

- Q. 地下鉄 노선도를 잘 확인해 보세요.
- Q. 지하에서 다니는 철도를 地下鉄 라고 부른다.

명 지하철

ちかてつのえき
地下鉄の駅 　　　　　　지하철역

学校 がっこう

- Q. 오늘 学校 에서 친구들이랑 무슨 일 있었니?
- Q. 学校 에 다니는 동안은 싫어도 교복을 입어야 한다.

명 학교

がっこうへいく
学校へ行く 　　　　　　학교에 가다

留学生 りゅうがくせい

- Q. 해외에서 공부하러 온 留学生 와 친구가 되었다.
- Q. 외국인 留学生 는 취업비자가 아닌 학생비자를 받는다.

명 유학생

ちゅうごくじんりゅうがくせい
中国人留学生 　　　　　　중국인 유학생

漢字 かんじ

- Q. 천자문은 오랫동안 漢字 를 배우기 위한 교재로 쓰였다.
- Q. 漢字 를 많이 알면 일본어 배우기 쉬워.

명 한자

かんじてすと
漢字テスト 　　　　　　한자시험

生徒 せいと

- Q. 하교 시간이 되자 生徒 들이 줄지어 교문을 빠져나왔다.
- Q. 저는 고등학교 2학년 生徒 입니다.

명 학생

せいとかい
生徒会 　　　　　　학생회

★ 좁은 뜻으로는 '중학생, 고등학생'을 뜻함

学生 がくせい

- Q. 그녀는 일본에서 온 교환 学生 야.
- Q. 저는 대학에서 공부하는 学生 입니다.

명 학생

がくせいしょう
学生証 　　　　　　학생증

★ 좁은 뜻으로는 '대학생'을 뜻함

飛行機 ひこうき

- Q. 공항 활주로에 飛行機 가 착륙했다.
- Q. 飛行機 를 타고 유럽 여행을 떠났다.

명 비행기

ひこうきのちけっと
飛行機のチケット 　　　　　　비행기티켓

Q ———————— A ————————

紅茶 こうちゃ

Q. 나는 紅茶 중에서 얼그레이를 제일 좋아해.
Q. 紅茶 를 우려낸 뒤 우유를 부어 밀크티를 만들었다.

いっぱいのこうちゃ
一杯の紅茶　　　　　　한잔의 홍차

映画館 えいがかん

Q. 조조 영화를 보러 혼자 映画館 에 갔다.
Q. 영화는 映画館 에 가는 것보다 혼자 집에서 보는 게 좋다.

명 영화관
えいがかんにいく
映画館に行く　　　　　영화관으로 가다

電話 でんわ

Q. 친구한테 電話 를 걸었는데 통화중이었다.
Q. 電話 통화 시간을 좀 줄여라.

명 전화기
でんわばんごう
電話番号　　　　　　　전화번호

会社 かいしゃ

Q. 경영난에 빠진 会社 를 살리기 위한 노력.
Q. 나는 5년 전 이 会社 에 입사했다.

명 회사
かいしゃいん
会社員　　　　　　　　회사원

夏休み なつやすみ

Q. 夏休み 에 바다에 놀러 다니느라 방학 숙제도 못 했어.
Q. 夏休み 때 가족들과 해수욕장에 갔어.

명 여름 방학, 여름 휴가
なつやすみのしゅくだい
夏休みの宿題　　　　　여름방학 숙제

エレベーター えれべーたー

Q. エレベーター 가 고장 나서 계단으로 내려왔어.
Q. 5층 건물인데 エレベーター 가 없다니!

명 승강기　　　　　유래 elevator [엘리베이터]
えれべーたーのぼたん
エレベーターのボタン　엘리베이터 버튼

カメラ かめら

Q. 필름 カメラ 로 찍은 사진을 인화했다.
Q. 요즘은 핸드폰 カメラ 도 사진이 잘 찍힌다.

명 사진기　　　　　유래 camera [카메라]
かめらまん
カメラマン　　　　　　카메라맨

カレンダー かれんだー

Q. カレンダー 에 부모님과 친구들의 생일을 표시해 두었다.
Q. 이 カレンダー 에는 음력 날짜도 표시되어 있어요.

명 달력　　　　　유래 calender [캘린더]
ことしのかれんだー
今年のカレンダー　　　올해 달력

シャツ しゃつ

Q. 출근하기 위해 シャツ 를 입고 넥타이를 맸다.
Q. 목이 답답해서 シャツ 의 단추를 하나 풀었다.

명 셔츠　　　　　유래 shirt [셔츠]
しゃつのぼたん
シャツのボタン　　　　셔츠 단추

ストーブ すとーぶ

ᵠ 전기 ストーブ 는 회사나 매장에서 난방용으로 쓰인다.

ᵠ 가스비 절약을 위해 전기 ストーブ 로 난방을 하고 있다.

명 난로 　유래 stove [스토브]

でんきすとーぶ
電気ストーブ　　전기스토브

スポーツ すぽーつ

ᵠ スポーツ 중에서 야구를 가장 좋아해.

ᵠ 야구도 축구도 안 봐. スポーツ 에 별로 관심이 없거든.

명 운동 　유래 sports [스포츠]

すぽーつようひん
スポーツ用品　　스포츠용품

ズボン ずぼん

ᵠ 여자는 ズボン 을 입는데 왜 남자는 치마를 안 입을까?

ᵠ 키가 작아서 ズボン 을 사면 접거나 수선해서 입는다.

명 바지

はんずぼん
半ズボン　　반바지

ティーシャツ てぃーしゃつ

ᵠ 검은색 ティーシャツ 와 청바지 차림의 스티브 잡스.

ᵠ ティーシャツ 를 오래 입었더니 목 부분이 늘어났다.

명 티셔츠 　유래 T-shirt [티셔츠]

はんそでてぃーしゃつ
半袖ティーシャツ　　반소매 티셔츠

デパート でぱーと

ᵠ デパート 는 백 가지가 넘는 재화를 판매한다는 뜻이다.

ᵠ 삼풍 デパート 붕괴사고는 전 국민에게 충격을 주었다.

명 백화점
유래 department store [디파트먼트 스토어]

でぱーとしょうひんけん
デパート商品券　　백화점 상품권

ドア どあ

ᵠ 방 ドア 좀 살살 닫아라.

ᵠ 외출할 때는 ドア 를 잘 잠그세요.

명 문 　유래 door [도어]

どあのぶ
ドアノブ　　문손잡이

トイレ といれ

ᵠ トイレ 는 대·소변을 배출하기 위한 시설이다.

ᵠ トイレ 변기 위에 올라가서 볼일을 보는 개가 있대.

명 화장실 　유래 toilet [토일렛]

といれのそうじ
トイレの掃除　　화장실 청소

＊ 손을 씻는다는 뜻에서
お手洗い おてあらい 라고 에둘러 표현하는 경우가 많음

ナイフ ないふ

ᵠ ナイフ 를 휘두르며 위협하는 강도를 제압한 경찰.

ᵠ 스테이크를 먹을 때에는 ナイフ 와 포크가 필요해.

명 작은 칼 　유래 knife [나이프]

ないふとふぉーく
ナイフとフォーク　　나이프와 포크

ノート のーと

ᵠ 수업 시간에 필기한 ノート 좀 빌려줘.

ᵠ 메모를 위해 작은 ノート 를 항상 들고 다녀요.

명 공책 　유래 note [노트]

のーとぱそこん
ノートパソコン　　노트북 컴퓨터

Q _____   A _____

バス　ばす

Q. 한 시간 간격으로 오는 バス 를 놓쳐서 택시를 탔어.
Q. 여행을 갈 때 バス 를 탈지, 기차를 탈지 고민 중이다.

명 버스 　　유래 bus [버스]

ばすてい
バス停　　버스정류장

パン　ぱん

Q. 프랑스 パン 하면 떠오르는 바게트는 정말 단단하다.
Q. 밥 말고 パン 이 주식인 나라들도 많아요.

명 빵　　유래 bread [빵]

しょくぱん
食パン　　식빵

ボールペン　ぼーるぺん

Q. ボールペン 으로 쓰면 지울 수 없으니까 연필로 쓰세요.
Q. 이 ボールペン 은 끊김 없이 잘 써져서 좋아.

명 볼펜　　유래 ballpoint pen [볼포인트 펜]

さんしょくぼーるぺん
三色ボールペン　　삼색 볼펜

ホテル　ほてる

Q. 가족 여행을 위해 ホテル 에 방을 예약했다.
Q. 바닷가 근처의 ホテル 에 묵으며 경치를 감상했다.

명 호텔　　유래 hotel [호텔]

かんこうほてる
観光ホテル　　관광호텔

テーブル　てーぶる

Q. 점원이 テーブル 위에 밑반찬을 놓고 갔다.
Q. 식사 시 지켜야 할 예의를 テーブル 매너라고 한다.

명 탁자　　유래 table [테이블]

てーぶるまなー
テーブルマナー　　테이블 매너

タバコ　たばこ

Q. 길에 タバコ 꽁초를 버리지 마세요.
Q. 걸어가면서 タバコ 를 피우지 마세요.

명 담배　　유래 tobacco [타바코]

たばこをすう
タバコを吸う　　담배를 피우다

テープ　てーぷ

Q. 깨진 창문 유리는 일단 셀로판 テープ 로 붙여 놨어.
Q. 어릴 적 자주 듣던 추억의 카세트 テープ 를 발견했다.

명 테이프　　유래 tape [테이프]

せっちゃくてーぷ
接着テープ　　접착테이프

ハンカチ　はんかち

Q. 밖에서는 ハンカチ 로 입을 막고 재채기해라.
Q. ハンカチ 로 흐르는 땀을 닦았다.

명 손수건　　유래 handkerchief [행커치프]

はんかちをもつ
ハンカチを持つ　　손수건을 지니다

アメリカーノ　あめりかーの

Q. 에스프레소에 물을 섞으면 アメリカーノ 가 된다.
Q. 쓴맛의 에스프레소를 희석해서 마시는 アメリカーノ.

명 아메리카노　　유래 americano [아메리카노]

あいすあめりかーの
アイスアメリカーノ　　아이스 아메리카노

クラス くらす

Q. 처음으로 비행기 퍼스트 クラス 를 타게 되어 들떴다.
Q. 선생님이 수업하러 クラス 에 들어오셨다.

명 학급, 등급 　유래 class [클래스]

ふぁーすとくらす
ファーストクラス　퍼스트 클래스

ポケット ぽけっと

Q. 지갑이 없어서 급한 대로 돈을 ポケット 에 쑤셔 넣었다.
Q. 빙판길에서는 바지 ポケット 에서 손을 빼고 걷자.

명 호주머니　유래 pocket [포켓]

ぽけっとをさぐる
ポケットを探る　호주머니를 뒤지다

コーヒー こーひー

Q. 매일 아침 모닝 コーヒー 한 잔을 마신다.
Q. 잠을 쫓으려 コーヒー 를 마셨어.

명 커피　유래 coffee [커피]

こーひーめーかー
コーヒーメーカー　커피 메이커

ペン ぺん

Q. 메모할 종이와 ペン 을 준비하세요.
Q. 틀린 문제는 빨간 ペン 으로 표시를 해두었다.

명 펜　유래 pen [펜]

ぺんさき
ペン先　펜촉

スカート すかーと

Q. 이 날씨에 スカート 를 입으면 너무 춥지 않아?
Q. 데이트 때 スカート 를 입을지 바지를 입을지 고민이다.

명 치마　유래 skirt [스커트]

みにすかーと
ミニスカート　미니스커트

シャワー しゃわー

Q. 땀을 많이 흘려서 집에 오자마자 シャワー 를 했다.
Q. 찬물로 シャワー 를 하면 전신의 혈액순환에 도움이 된다.

명 샤워　유래 shower [샤워]

しゃわーるーむ
シャワールーム　샤워룸

ゼロ ぜろ

Q. 성공 가능성이 ゼロ 인 무모한 도전.
Q. 한 골도 넣지 못하고 3대 ゼロ 로 완패했다.

명 영　유래 zero [제로]

ぜろかろりー
ゼロカロリー　제로 칼로리

スプーン すぷーん

Q. 아기에게 スプーン 으로 이유식을 먹여요.
Q. 한식은 スプーン 과 젓가락으로 먹는다.

명 숟가락　유래 spoon [스푼]

てぃーすぷーん
ティースプーン　티 스푼

ネクタイ ねくたい

Q. 양복에 어울리는 ネクタイ 를 골라서 맸다.
Q. 면접 보기 전에 ネクタイ 매는 법을 배우고 있어.

명 넥타이　유래 necktie [넥타이]

ねくたいのむすびかた
ネクタイの結び方　넥타이 매는 방법

Q ——————————— A ———————————

テレビ てれび

Q. 주말에는 온종일 소파에 누워 テレビ 만 봤어.

Q. 리모컨으로 テレビ 채널을 이리저리 돌렸다.

명 텔레비전 유래 television [텔레비전]

てれびばんぐみ テレビ番組	텔레비전 방송

テスト てすと

Q. 이곳에서 시력과 청력을 テスト 하겠습니다.

Q. 이번 기말 テスト 결과 어땠어? 점수 잘 받았어?

명 검사, 시험 유래 test [테스트]

てすとようし テスト用紙	시험 용지

コピー こぴー

Q. 작품의 무단 コピー 행위는 법으로 금지됩니다.

Q. 사람 수만큼 자료를 コピー 해서 나눠주었다.

명 사본, 복사 유래 copy [카피]

こぴーようし コピー用紙	복사 용지

グラス ぐらす

Q. 이 음료는 색이 예쁘니 グラス 에 따라 마셔야지.

Q. 실수로 와인 グラス 하나를 깨뜨렸다.

명 유리컵 유래 glass [글라스]

わいんぐらす ワイングラス	와인잔

レストラン れすとらん

Q. レストラン 에서 스테이크를 먹었다.

Q. 가족들과 고급 レストラン 에서 식사했다.

명 레스토랑 유래 restaurant [레스토랑]

ふぁみりーれすとらん ファミリーレストラン	패밀리레스토랑

タクシー たくしー

Q. 지각할 것 같아서 タクシー 를 탔다.

Q. 밤늦게 タクシー 를 타면 할증 요금이 붙는다.

명 택시 유래 taxi [택시]

たくしーだい タクシー代	택시비

ボタン ぼたん

Q. 첫 ボタン 을 잘못 끼웠어.

Q. 셔츠 손목의 ボタン 이 떨어져 잠글 수가 없었다.

명 단추 유래 button [버튼]

ぼたんをはめる ボタンを嵌める	단추를 끼우다

コート こーと

Q. 비가 온다고 해서 트렌치 コート 를 입고 우산도 챙겼다.

Q. 한 벌의 모피 コート 를 만들기 위해 많은 동물이 희생돼.

명 외투 유래 coat [코트]

とれんちこーと トレンチコート	트렌치코트

ギター ぎたー

Q. 취미로 ギター 치는 법을 배우고 있어.

Q. 밴드에서 일렉 ギター 를 치고 있습니다.

명 기타 유래 guitar [기타]

ぎたーをひく ギターを弾く	기타를 치다

カップ かっぷ

Q. 뜨거운 커피를 머그 カップ 에 따랐다.

Q. 종이로 된 용기 안에 든 カップ 라면을 샀다.

명 (손잡이가 달린) 컵 유래 cup [컵]

わーるどかっぷ
ワールドカップ 월드컵

コップ こっぷ

Q. 정수기에서 종이 コップ 에 물을 따라 마셨다.

Q. 양치질을 하고 コップ 에 담은 물로 입을 헹궜다.

명 컵 유래 cup [컵]

かみこっぷ
紙コップ 종이컵

★ 식기 이외의 용도를 가진 컵에 쓰이는 경향이 있음

セーター せーたー

Q. 할머니가 직접 짜 주신 セーター.

Q. セーター 를 입으면 정전기가 많이 난다.

명 스웨터 유래 sweater [스웨터]

せーたーをあむ
セーターを編む 스웨터를 뜨다

サマー さまー

Q. サマー 에는 해수욕장에서 물놀이를 해야지.

Q. 스프링, サマー, 펄, 윈터.

명 여름 유래 summer [섬머]

さまーばけーしょん
サマーバケーション 여름 방학

ラジオ らじお

Q. 노래가 제대로 나올 때까지 ラジオ 의 주파수를 맞췄다.

Q. 차 안에서 ラジオ 를 들었어요.

명 라디오 유래 radio [라디오]

らじおほうそう
ラジオ放送 라디오 방송

アパート あぱーと

Q. 우리 アパート 에는 20개의 동이 있다.

Q. 고층 アパート 의 최상층에 살고 있다.

명 아파트 유래 apartment [아파트먼트]

こうそうあぱーと
高層アパート 고층 아파트

ファミリー ふぁみりー

Q. 우리 ファミリー 는 4명이야.

Q. 집을 나갔던 강아지가 ファミリー 의 품으로 돌아왔다.

명 가족 유래 family [패밀리]

ふぁみりーさいず
ファミリーサイズ 패밀리 사이즈

ボックス ぼっくす

Q. 장난감을 ボックス 에 담아서 정리했다.

Q. 택배 보낼 물건을 ボックス 안에 넣어서 접수했다.

명 상자 유래 box [박스]

あいすぼっくす
アイスボックス 아이스박스

グレープ ぐれーぷ

Q. 와인은 과일 중에서도 주로 グレープ 를 가지고 만든다.

Q. 직접 グレープ 를 수확하고 와인도 마시는 여행 상품.

명 포도 유래 grape [그레이프]

ぐれーぷじゅーす
グレープジュース 포도 주스

Q _____ A _____

ブラック　ぶらっく

Q. 설탕조차 타지 않은 ブラック 커피를 마셨다.

Q. 사고 원인을 파악하기 위해 ブラック 박스를 확인했다.

명 검은색　유래 black [블랙]

ぶらっくぼっくす
ブラックボックス　블랙박스

ドリーム　どりーむ

Q. 돌아가신 할머니가 어젯밤 내 ドリーム 속에 나오셨어.

Q. 이번 국가대표 선수팀은 완벽한 ドリーム 팀이다.

명 꿈　유래 dream [드림]

どりーむちーむ
ドリームチーム　드림팀

コアラ　こあら

Q. 오스트레일리아를 대표하는 동물은 コアラ 이다.

Q. コアラ 는 나무 위에 살며 유칼립투스 잎을 먹는다.

명 코알라　유래 koala [코알라]

こあらのえさ
コアラの餌　코알라의 먹이

バゲット　ばげっと

Q. バゲット 빵은 프랑스어로 막대기, 지팡이라는 의미이다.

Q. 프랑스 하면 생각나는 バゲット 빵은 매우 단단하다.

명 바게트　유래 baguette [바게트]

おいしいばげっと
おいしいバゲット　맛있는 바게트

ホットドッグ　ほっとどっぐ

Q. ホットドッグ 는 기다란 빵에 소시지를 끼워 만든다.

Q. 허리가 긴 개와 비슷해 ホットドッグ 라 지었다는 음식.

명 핫도그　유래 hot dog [핫 도그]

ほっとどっぐとこーら
ホットドッグとコーラ　핫도그와 콜라

マジック　まじっく

Q. 마술사가 マジック 를 부리자 환호성이 터져 나왔다.

Q. マジック 처럼 허공에서 갑자기 나타났다.

명 마법, 요술　유래 magic [매직]

まじっくみらー
マジックミラー　매직미러

マナー　まなー

Q. 공공장소에서는 マナー 를 지켜주세요.

Q. 공연장에서는 전화를 マナー 모드로 변경해 주세요.

명 예의범절　유래 manner [매너]

まなーもーど
マナーモード　매너 모드

ライン　らいん

Q. 결승 ライン 에 먼저 도착하면 이긴다.

Q. 식당 앞에서 사람들이 ライン 을 서서 기다리고 있다.

명 선, 열, 줄　유래 line [라인]

すたーとらいん
スタートライン　출발선

ラスト　らすと

Q. 그가 죽기 전 ラスト 로 남긴 말.

Q. 더는 시간이 없어. 이게 ラスト 기회야.

명 마지막, 끝　유래 last [라스트]

らすとちゃんす
ラストチャンス　라스트 찬스

ロング ろんぐ

- Q. 날이 선선해져서 **ロング** 스커트를 꺼내 입었다.
- Q. 농구 시합 종료 직전 **ロング** 슛 성공으로 역전을 했다.

명 긺, 오램 유래 long [롱]

ろんぐさいず
ロングサイズ 롱 사이즈

ワン わん

- Q. 위아래가 한 벌로 된 옷이라 **ワン** 피스라고 부른다.
- Q. 나는 이 가게의 요리 실력이 넘버 **ワン** 이라고 생각해.

명 하나 유래 one [원]

なんばーわん
ナンバー**ワン** 넘버 원

置く おく

- Q. 여기에 열쇠 **置く** 하고 갈 테니 꼭 챙기렴.
- Q. 그 상자요? 택배 기사가 **置く** 하고 가던데요.

1통 두다

にもつをおく
荷物を**置く** 짐을 두다

帰る かえる

- Q. 형이 긴 여행을 마치고 **帰る** 했어요.
- Q. 동심으로 返る 해서 아이처럼 신나게 놀았다.

1통 (있던 장소에) 돌아가다, 돌아오다

いえにかえる
家に**帰る** 집에 돌아가다

＊ 표기 차이 返る: 원래대로 돌아오다

齧る¹ かぶる

- Q. 개가 장난감을 **齧る** 했다.
- Q. 옛날에는 배가 아프면 벌레가 속을 **齧る** 한다고 생각했다.

1통 덥석 물다

むしがかぶる
虫が**齧る** 벌레가 물다

死ぬ しぬ

- Q. 병에 걸려 앓던 고양이가 결국 **死ぬ** 했다.
- Q. 사람은 나이가 들면 언젠가는 **死ぬ** 한다.

1통 죽다

ねこがしぬ
猫が**死ぬ** 고양이가 죽다

磨く¹ みがく

- Q. 자기 전에 새로 산 칫솔로 이를 **磨く** 했다.
- Q. 더러워진 구두를 깨끗하게 **磨く** 했다.

1통 문질러 닦다

くつをみがく
靴を**磨く** 신발을 닦다

磨く² みがく

- Q. 열심히 요리실력을 **磨く** 해서 최고의 요리사가 되었다.
- Q. 날이 무뎌진 칼을 **磨く** 하니 새것처럼 되었다.

1통 갈다, 연마하다

かたなをみがく
刀を**磨く** 칼을 갈다

困る こまる

- Q. 경제적으로 **困る** 한 상황이다.
- Q. 그 질문은 대답하기 **困る** 하다.

1통 곤란하다, 괴로움을 겪다

がくひにこまる
学費に**困る** 학비 마련에 어려움을 겪다

分(か)る わかる

ᵠ 너는 친구니까 내 마음 分(か)る 하지?

ᵠ 상대성이론을 分(か)る 하기 쉽게 설명해 줄게요.

1급 알다, 이해하다 1+1=?

すぐわかる
すぐ分かる   금방 알다

歌う うたう

ᵠ 피아노를 치며 노래를 歌う 했다.

ᵠ 무대에 서서 노래를 歌う 하는 가수.

1급 (노래를) 부르다

げんきにうたをうたう
元気に歌を歌う   힘차게 노래하다

咲く さく

ᵠ 유채꽃밭에 꽃들이 가득 咲く 해 있다.

ᵠ 올봄에도 벚꽃이 흐드러지게 咲く 했다.

1급 (꽃이) 피다

さくらがさく
桜が咲く   벚꽃이 피다

有る ある

ᵠ 그에게는 최신 스마트폰이 有る 하다.

ᵠ 그는 상당한 재산을 가지고 有る 하다.

1급 (가지고) 있다

もんだいがある
問題が有る   문제가 있다

★ 구어체에서는 주로 물건 등 생물이 아닌 것에 쓰임

被る かぶる

ᵠ 남의 죄를 억울하게 被る 하고 감옥에 갔다.

ᵠ 머리에 복면을 被る 한 강도가 담을 넘었다.

1급 뒤집어쓰다

みずをかぶる
水を被る   물을 뒤집어쓰다

座る すわる

ᵠ 일어서있지 말고 다들 자리에 座る 해 주세요.

ᵠ 제가 옆자리에 座る 해도 될까요?

1급 앉다

らくにすわる
楽に座る   편하게 앉다

言う¹ いう

ᵠ 솔직하게 言う 해 봐. 정말 네가 안 했어?

ᵠ 그는 집중할 때 혼자서 중얼중얼 言う 하는 버릇이 있다.

1급 말하다

しょうじきにいう
正直に言う   솔직하게 말하다

★ 넓은 뜻으로 혼잣말을 중얼거리는 경우도 포함

会う あう

ᵠ 다음 주 일요일에 역에서 会う 하자.

ᵠ 길에서 우연히 친구를 会う 했다.

1급 만나다

みちであう
道で会う   길에서 만나다

吸う すう

ᵠ 담배 연기를 간접적으로 吸う 하지 않도록 주의해라.

ᵠ 헬륨 가스를 吸う 하면 우스운 목소리가 나온다.

1급 들이마시다, 빨다

くうきをすう
空気を吸う   공기를 들이마시다

返す かえす

ⁿ· 도서관에서 빌린 책을 返す 해야 한다.

ⁿ· 모든 계획을 백지로 返す 하기로 하다.

1통 (본래의 주인 혹은 장소에) 되돌리다

ほんをかえす
本を返す　　　　　책을 돌려주다

要る いる

ⁿ· 참을성이 要る 한 작업.

ⁿ· 건강을 위해 매일 충분한 수면이 要る 하다.

1통 필요하다

こんきのいるしごと
根気の要る仕事　　　끈기가 필요한 일

呼ぶ よぶ

ⁿ· 친구가 손을 흔들며 크게 내 이름을 呼ぶ 했다.

ⁿ· 우리 강아지는 이리 오라고 呼ぶ 하면 달려와.

1통 부르다

なまえをよぶ
名前を呼ぶ　　　　　이름을 부르다

出す だす

ⁿ· 제 돈을 出す 하고 먹은 솔직한 감상입니다.

ⁿ· 과제물을 出す 하지 못해 학점이 걱정돼.

1통 내다

かねをだす
金を出す　　　　　　돈을 내다

登る のぼる

ⁿ· 건강을 위해 주말마다 산에 登る 합니다.

ⁿ· 원숭이가 나무를 登る 한다.

1통 올라가다

やまにのぼる
山に登る　　　　　　산에 오르다

飛ぶ とぶ

ⁿ· 새가 하늘을 飛ぶ 했다.

ⁿ· 비행기가 높이 飛ぶ 했다.

1통 날다

そらをとぶ
空を飛ぶ　　　　　　하늘을 날다

始(ま)る はじまる

ⁿ· 수업이 始(ま)る 하니까 조용히 해 주세요.

ⁿ· 상영이 곧 始(ま)る 합니다. 자리에 앉아주세요.

1통 시작되다

じゅぎょうがはじまる
授業が始まる　　　　수업이 시작되다

遊ぶ あそぶ

ⁿ· 아이들이 공을 가지고 遊ぶ 하고 있다.

ⁿ· 우리 집에서 遊ぶ 할래? 새로 산 게임도 있어.

1통 놀다

いちにちじゅうあそぶ
一日中遊ぶ　　　　　온종일 놀다

泳ぐ およぐ

ⁿ· 아직 개헤엄으로만 泳ぐ 할 수 있다.

ⁿ· 구명조끼를 입고 바다에서 泳ぐ 했다.

1통 수영하다

うみでおよぐ
海で泳ぐ　　　　　　바다에서 수영하다

Q ———————————— A ————————————

書く かく

Q. 이력서를 단 한 줄도 書く 하지 못했다.

Q. 시험지 맨 위에 이름을 書く 하세요.

1동 (글씨를) 쓰다

かみにかく
紙に書く　　　　　　종이에 쓰다

乗る のる

Q. 버스를 乗る 하고 학교에 갑니다.

Q. 말을 乗る 하는 것을 승마라고 해요.

1동 타다, 실리다

ちかてつにのる
地下鉄に乗る　　　　지하철에 타다

話す はなす

Q. 어떻게 된 일인지 나한테 話す 해 봐.

Q. 정말 억울하겠다. 내가 선생님께 직접 話す 해볼게.

1동 이야기하다

じかにはなす
直に話す　　　　　　직접 이야기하다

★ 듣는 상대가 있을 때 씀

行く¹ いく

Q. 오후에 쇼핑센터에 行く 할 거야.

Q. 슬슬 약속 시각이라서 行く 해야 해. 또 올게.

1동 구어체 가다

はやくいく
早く行く　　　　　　빨리 가다

降る ふる

Q. 올겨울엔 유독 눈이 많이 降る 한다.

Q. 비가 많이 降る 하니 우산을 꼭 들고 나가라.

1동 내리다, 떨어지다

あめがふる
雨が降る　　　　　　비가 내리다

開く¹ あく

Q. 총알을 맞은 식탁에 구멍이 開く 했다.

Q. 남쪽으로 창문이 開く 한 집이 좋다.

1동 뚫리다, 나다

あながあく
穴が開く　　　　　　구멍이 뚫리다

開く² あく

Q. 이 가게는 술집이라서 오후 6시에 開く 한다.

Q. 자물쇠를 모두 제거하자 비로소 잠긴 문이 開く 했다.

1동 열리다

どあがあく
ドアが開く　　　　　문이 열리다

待つ まつ

Q. 왜 나를 待つ 하지 않고 먼저 간 거야?

Q. 여기서 30분이나 버스를 待つ 했어.

1동 기다리다

ばすをまつ
バスを待つ　　　　　버스를 기다리다

歩く あるく

Q. 강아지와 산책을 나와서 거리를 歩く 했어.

Q. 歩く 해서 갈 수 있는 가까운 거리입니다.

1동 걷다, 산책하다

もちあるく
持ち歩く　　　　　　가지고 다니다

閉(ま)る しまる

- Q. 은행은 오후 네 시에 문이 閉(ま)る 한다.
- Q. 사람들이 탑승한 뒤 열차 문이 閉(ま)る 했다.

1등 꼭 닫히다

どあがしまる
ドアが閉まる　　　　　도어가 닫히다

撮る とる

- Q. 이곳은 영화를 撮る 하는 세트장입니다.
- Q. 여행지에서 친구들과 사진을 撮る 했다.

1등 찍다

しゃしんをとる
写真を撮る　　　　　사진을 찍다

入る はいる

- Q. 이제 준비되었으니 안으로 入る 하셔도 됩니다.
- Q. 면접에 합격에 회사에 入る 했다.

1등 들어오다, 들어가다

べやにはいる
部屋に入る　　　　　방에 들어가다

洗う あらう

- Q. 2주에 한 번씩 세차장에 가서 차를 洗う 합니다.
- Q. 식사 전에는 꼭 손을 洗う 하세요.

1등 씻다

さらをあらう
皿を洗う　　　　　접시를 닦다

休む やすむ

- Q. 오늘은 피곤해서 밖에 안 나가고 집에서 休む 해야겠다.
- Q. 계속 달렸더니 힘들어. 조금만 休む 하고 가자.

1등 쉬다

ちゃんとやすむ
ちゃんと休む　　　　　제대로 쉬다

飲む のむ

- Q. 차를 한 잔 飲む 하며 휴식을 취했다.
- Q. 치킨을 먹으며 맥주를 飲む 했다.

1등 마시다, 삼키다

びーるをのむ
ビールを飲む　　　　　맥주를 마시다

持つ もつ

- Q. 창밖에 비가 내리길래 우산을 持つ 하고 나왔다.
- Q. 그렇게 많은 돈을 持つ 하고 있진 않아요.

1등 쥐다, 들다, 가지다

にもつをもつ
荷物を持つ　　　　　짐을 들다

押す おす

- Q. 자석의 같은 극끼리는 서로 押す 한다.
- Q. 당기지 말고 押す 해서 열어주세요.

1등 밀다

せなかをおす
背中を押す　　　　　등을 밀다 (격려하다)

曲(が)る まがる

- Q. 나이를 먹어서 허리가 曲(が)る 한 노인.
- Q. 구불구불 曲(が)る 한 산길을 걸어 올라갔다.

1등 구부러지다, 삐뚤어지다

みぎにまがる
右に曲がる　　　　　오른쪽으로 구부러지다

Q ─────────── A ──────────

立つ たつ
Q. 의자에서 立つ 해서 발표를 시작했다.
Q. 우두커니 立つ 하고 있지 말고 앉아라.

1등 서다
ほうていにたつ
法廷に立つ　　　　　　법정에 서다

消す¹ けす
Q. 전등을 消す 하고 잠자리에 들었다.
Q. 이제 TV를 消す 하고 공부하러 가렴.

1등 끄다
ひをけす
火を消す　　　　　　불을 끄다

消す² けす
Q. 주번이 칠판의 글씨를 消す 했다.
Q. 섬유 탈취제를 뿌려서 옷에 밴 냄새를 消す 했다.

1등 지우다, 없애다
じをけす
字を消す　　　　　　글씨를 지우다

作る つくる
Q. 제 손으로 직접 作る 했어요.
Q. 내 기회는 내가 스스로 作る 하는 거야.

1등 만들다
にんぎょうをつくる
人形を作る　　　　　인형을 만들다

聞く きく
Q. 지금부터 말하는 내용을 잘 聞く 하세요.
Q. 좋아하던 가수의 신곡을 聞く 하고 실망했다.

1등 듣다
おんがくをきく
音楽を聞く　　　　　음악을 듣다

買う かう
Q. 집에 오는 길에 우유 좀 買う 해 올래?
Q. 필요한 것을 다 買う 하고도 돈이 남았다.

1등 사다
やすくかう
安く買う　　　　　　값싸게 사다

上がる あがる
Q. 엘리베이터가 만원이어서 계단을 上がる 했다.
Q. 수습 기간이 끝나 월급이 上がる 해서 기쁘다.

1등 오르다, 올라가다
ねだんがあがる
値段が上がる　　　　가격이 오르다

習う ならう
Q. 주말 수영 교실에 다니면서 수영을 習う 하고 있다.
Q. 쿠킹 클래스에서 빵 굽는 법을 習う 했다.

1등 익히다, 배우다
いけばなをならう
生け花を習う　　　　꽃꽂이를 배우다

読む よむ
Q. 주말에는 카페에서 혼자 책을 読む 했다.
Q. 아침에 신문을 読む 하다 충격적인 기사를 발견했다.

1등 읽다
ほんをよむ
本を読む　　　　　　책을 읽다

貸す かす

Q. 필통을 집에 놓고 온 친구에게 펜을 貸す 했어요.

Q. 집세가 부족해서 친구에게 돈을 貸す 했다.

1동 빌려주다

へやをかす
部屋を貸す　　　　　　　　방을 빌려주다

終(わ)る おわる

Q. 내일이면 축제가 終(わ)る 한다니. 너무 아쉬워.

Q. 오늘 수업은 終(わ)る 했다. 집에 가자.

1동 끝나다

ぜんぶおわる
全部終わる　　　　　　　　전부 끝나다

使う つかう

Q. 집 창고에 한 번도 使う 하지 않은 물건들이 쌓여 있다.

Q. 문제를 푸느라 너무 머리를 使う 했다.

1동 사용하다, 쓰다

あたまをつかう
頭を使う　　　　　　　　　머리를 쓰다

住む すむ

Q. 한때 이민을 해서 런던에 住む 한 적이 있어요.

Q. 저는 부모님과 함께 住む 하고 있어요.

1동 살다, 거처하다

きんじょにすむ
近所に住む　　　　　　　　근처에 살다

売る うる

Q. 혹시 커피 말고 다른 음료도 売る 하나요?

Q. 나라를 売る 한 매국노라는 욕을 들었다.

1동 팔다

たかくうる
高く売る　　　　　　　　　비싸게 팔다

掛(か)る¹ かかる

Q. 미술관의 중앙에 내 그림이 掛(か)る 했다.

Q. 예쁜 커튼이 掛(か)る 하니 방이 더 화사해 보인다.

1동 (커튼·그림 등이) 걸리다

えがかかる
絵が掛かる　　　　　　　　그림이 걸리다

掛(か)る² かかる

Q. 물고기들이 그물에 掛(か)る 했다.

Q. 야생동물이 덫에 掛(か)る 했다.

1동 (덫·그물·술수·최면 등에) 걸리다

わなにかかる
罠に掛かる　　　　　　　　함정에 걸리다

掛(か)る³ かかる

Q. 공사가 완료되려면 제법 시간이 掛(か)る 할 것이다.

Q. 그림을 완성하려면 열흘이 더 掛(か)る 할 것 같습니다.

1동 (시간·날짜·비용 등이) 걸리다

じかんがかかる
時間が掛かる　　　　　　　시간이 걸리다

掛(か)る⁴ かかる

Q. 뭐 마음에 掛(か)る 하는 일이라도 있니?

Q. 작별 인사를 못 한 것이 못내 마음에 掛(か)る 했다.

1동 (마음에) 걸리다

きにかかる
気に掛かる　　　　　　　　마음에 걸리다

Q ——————— A

掛(か)る⁵ かかる

^{q.} 저 자물쇠가 掛(か)る 한 방에는 뭐가 있나요?

^{q.} 금고에 掛(か)る 한 보안 장치를 풀 사람이 필요하다.

1동 (자물쇠가) 걸리다 🔒

じょうがかかる
錠が掛かる　　　　　　자물쇠가 걸리다

掛(か)る⁶ かかる

^{q.} 몇 번 시도한 끝에 드디어 차에 시동이 掛(か)る 했다.

^{q.} 시동이 掛(か)る 하자 엔진에서 이상한 소리가 났다.

1동 (시동·작동 등이) 걸리다

えんじんがかかる
エンジンが掛かる　　　시동이 걸리다

覚える おぼえる

^{q.} 옛날에 여기서 함께 놀았던 거 おぼえる 해?

^{q.} 20년 전 일이지만 아직도 생생하게 覚える 한다.

2동 기억하다

よくおぼえる
良く覚える　　　　　　잘 기억하다

★ '배우다, 익히다'를 뜻하기도 함

出る でる

^{q.} 그만 내 방에서 出る 해줄래?

^{q.} 건물을 出る 하자마자 비가 내렸어.

2동 나가다, 나다

へやからでる
部屋から出る　　　　　방에서 나가다

上げる あげる

^{q.} 급여를 上げる 해 주시면 더 열심히 일할게요.

^{q.} 질문 있는 사람은 손을 上げる 해 주세요.

2동 올리다

かおをあげる
顔を上げる　　　　　　얼굴을 들다

寝る ねる

^{q.} 너무 졸려서 눕자마자 寝る 했어.

^{q.} 베개가 바뀌면 잘 寝る 하지 못하는 편이야.

2동 잠자다, 눕다

はちじかんねる
八時間寝る　　　　　　8시간 자다

見せる みせる

^{q.} 남들에게 아름답게 見せる 하기 위해 화장을 한다.

^{q.} 계산하라는 친구에게 텅 빈 지갑을 열어 見せる 했다.

2동 보이다

すがたをみせる
姿を見せる　　　　　　모습을 보이다

入れる いれる

^{q.} 동전을 기계에 入れる 하시오.

^{q.} 안 쓰는 장난감을 상자에 入れる 해서 보관했다.

2동 넣다

はこにいれる
箱に入れる　　　　　　상자에 넣다

食べる たべる

^{q.} 맛있게 잘 食べる 했니? 이 닦고 학교 가야지.

^{q.} 채식주의자들은 고기를 食べる 하지 않는다.

2동 먹다

ごはんをたべる
ご飯を食べる　　　　　밥을 먹다

見る みる

Q. 소파에 앉아 TV를 見る 했다.

Q. 앞을 見る 하고 걸어야지! 그러다 다치면 어떻게 해.

2동 보다

まえをみる
前を見る　　　　　　앞을 보다

開ける あける

Q. 들어갈 수 있게 문 좀 開ける 해 주실래요?

Q. 구급차가 지나가게 길을 開ける 해 주세요.

2동 열다

まどをあける
窓を開ける　　　　　창을 열다

降りる¹ おりる

Q. 버스가 완전히 정차한 후에 降りる 하시기 바랍니다.

Q. 차가 비탈길에서 빠른 속도로 下りる 했다.

2동 (탈 것에서) 내리다, (지위에서) 물러나다

くるまをおりる
車を降りる　　　　　차에서 내리다

★ 표기 차이 下りる: 위에서 아래로 내려가다

降りる² おりる

Q. 사회적 물의를 일으키고 연극의 주역에서 降りる 했다.

Q. 실력이 좀처럼 늘지 않아 학원을 降りる 했다.

2동 도중에 포기하다, 그만두다

しゅやくをおりる
主役を降りる　　　　주역을 그만두다

答える こたえる

Q. 그는 내 질문에 答える 하지 않고 자리를 떴다.

Q. 선생님 말씀에 기운차게 네 하고 答える 했다.

2동 대답하다

しつもんにこたえる
質問に答える　　　　질문에 대답하다

締める しめる

Q. 안전띠를 締める 해 주십시오.

Q. 상자를 끈으로 잘 締める 해라.

2동 죄다, 매다

ねくたいをしめる
ネクタイを締める　　넥타이를 매다

浴びる あびる

Q. 양동이의 물을 浴びる 했다.

Q. 보안관은 무법자들의 총탄 세례를 浴びる 하고 쓰러졌다.

2동 뒤집어쓰다, 받다

にっこうをあびる
日光を浴びる　　　　햇볕을 쬐다

起きる おきる

Q. 어떻게 그런 일이 起きる 했지?

Q. 아침에 起きる 하고 밤에 잔다.

2동 일어나다, 기상하다

じけんがおきる
事件が起きる　　　　사건이 일어나다

閉める しめる

Q. 추우니 문 좀 閉める 해줘.

Q. 뚜껑을 잘 閉める 해서 보관했다.

2동 (문 따위를) 닫다

みせをしめる
店を閉める　　　　　가게 문을 닫다

生(ま)れる　うまれる

Q. 아이가 生(ま)れる 하자 집안은 경사 분위기였다.

Q. 시골에서 生(ま)れる 하고 성장했어요.

2동 태어나다

いもうとがうまれる
妹が生まれる　여동생이 태어나다

借りる　かりる

Q. 필통을 집에 놓고 와서 친구의 펜을 借りる 했어요.

Q. 은행에서 돈을 借りる 했다.

2동 빌리다

てをかりる
手を借りる　손을 빌리다 (도움을 받다)

教える　おしえる

Q. 학교에서는 선생님들이 다양한 과목을 教える 합니다.

Q. 외국인에게 한국어를 教える 하는 한국어 선생님.

2동 가르치다, 알리다

みちをおしえる
道を教える　길을 가르쳐 주다

消える　きえる

Q. 흔적도 없이 消える 했다.

Q. 인어공주는 결국 물거품이 되어 消える 하고 말았다.

2동 꺼지다, 사라지다

ひがきえる
火が消える　불이 꺼지다

あげる

Q. 숙제를 또 안 했어? 이번만 내가 대신해 あげる.

Q. 선배가 너한테 あげる 하는 선물이래.

2동 주다

ぷれぜんとをあげる
プレゼントをあげる　선물을 주다

* 나 또는 남이 남에게 주는 경우에 씀.
그러나 윗사람에게는 쓰면 안 됨

居る¹　いる

Q. 오늘은 계속 집에 居る 하니까 언제든 찾아와.

Q. 몸은 교실에 居る 하지만 마음은 운동장에 있다.

2동 있다

いえにいる
家に居る　집에 있다

来る¹　くる

Q. 친구가 점심쯤에 놀러 来る 하기로 했다.

Q. 이 시간에 来る 하는 버스가 없으니 택시를 타야겠어.

3동 오다

ばすがくる
バスが来る　버스가 오다

為る　する

Q. 지금부터 이야기를 為る 할 테니까 잘 들어.

Q. 바둑을 두고 싶다고? 내가 상대가 為る 하겠네.

3동 하다

はなしをする
話を為る　이야기를 하다

* **발음 차이** なる : 상용한자에서는 허용치 않으나 종종 쓰임

暑い　あつい

Q. 暑い 한 날씨 때문에 열사병으로 쓰러졌다.

Q. 여름이 되니까 날씨가 정말 暑い 하다.

い형 덥다

あついなつ
暑い夏　더운 여름

甘い¹ あまい

ㅇ 이 과자 너무 甘い 해! 설탕을 얼마나 넣은 거야?

ㅇ 당 딸린다. 甘い 한 사탕 하나 먹어야겠어.

い형 **달다**

あまいおかし
甘いお菓子

단 과자

甘い² あまい

ㅇ 잘못해도 혼내지 않는 부모의 甘い 한 태도가 문제다.

ㅇ 적을 甘い 하게 보다가 큰코다친다.

い형 **무르다, 후하다**

こにあまいおや
子に甘い親

자식에게 무른 부모

強い つよい

ㅇ 고집이 強い 해서 쉽게 자신의 주장을 굽히지 않는다.

ㅇ 이걸 옮기려면 힘이 強い 해야 합니다.

い형 **강하다, 세다**

つよいちーむ
強いチーム

강한 팀

弱い よわい

ㅇ 강자에게 弱い 하고 약자에게 강한 사람.

ㅇ 선풍기 바람이 너무 弱い 해서 더 세게 틀었다.

い형 **약하다**

いがよわい
胃が弱い

위가 약하다

赤い あかい

ㅇ 고백하려고 赤い 한 장미 백 송이를 샀다.

ㅇ 부끄러워서 赤い 하게 물든 얼굴.

い형 **붉다**

あかいばら
赤いバラ

빨간 장미

大きい おおきい

ㅇ 골목 끝에 동네에서 가장 大きい 하고 높은 집이 있다.

ㅇ 어릴 땐 이 옷이 大きい 했었는데 이제 작아서 못 입겠어.

い형 **크다, 중대하다**

おおきいけいかく
大きい計画

큰 계획

煩い¹ うるさい

ㅇ 공사하는 소리가 너무 煩い 해요.

ㅇ 모기가 앵앵대는 소리가 煩い 해서 잘 수가 없다.

い형 **시끄럽다, 귀찮다**

うるさいこえ
煩い声

시끄러운 목소리

＊ 부정적이고 공격적인 뉘앙스로 씀

煩い² うるさい

ㅇ 그는 맛에 煩い 한 사람이라 같이 밥 먹기 피곤해.

ㅇ 煩い 한 아버지이지만 그만큼 자식을 생각하는 분이야.

い형 **까다롭다, 번거롭다**

あじにうるさいひと
味に煩い人

맛에 까다로운 사람

危ない あぶない

ㅇ 앞을 안 보고 걸으면 危ない 해.

ㅇ 밤길은 危ない 하니 조심히 돌아가.

い형 **위험하다, 위태롭다**

いのちがあぶない
命が危ない

생명이 위험하다

Q _____

短い みじかい

Q. 군인처럼 短い 하게 깎은 헤어스타일.

Q. 1박 2일의 短い 한 여행이었지만 추억을 많이 만들었다.

広い ひろい

Q. 마음이 広い 하고 이해심이 많은 사람.

Q. 한없이 広い 한 초원.

良い¹ いい

Q. 그거 정말 良い 한 생각이다!

Q. 여행에서 良い 한 시간 보냈어요?

良い² よい

Q. 그거 정말 良い 한 생각입니다!

Q. 여행에서 良い 한 시간 보내셨어요?

難しい むずかしい

Q. 내가 풀기엔 難しい 한 문제다.

Q. 그는 힘들고 難しい 한 일은 회피하려 한다.

無い ない

Q. 나는 귀신 따윈 無い 하다고 생각한다.

Q. 명단에 無い 한 사람은 참석할 수 없습니다.

長い ながい

Q. 날이 선선해져서 長い 한 소매의 옷을 꺼내 입었다.

Q. 너무 長い 한 머리카락을 짧게 잘랐다.

新しい あたらしい

Q. 내가 좋아하는 작가의 新しい 한 소설이 나왔어.

Q. 헌 신발은 버리고 新しい 한 신발을 사야 할 때가 되었어.

忙しい いそがしい

Q. 눈코 뜰 새 없이 忙しい 한 농번기의 하루.

Q. 지금은 내가 좀 忙しい 하니 이따 다시 통화하자.

A _____

い형 짧다

みじかいいのち
短い命　　　　　　　　짧은 수명

い형 넓다

ひろいへや
広い部屋　　　　　　　넓은 방

い형 **구어체** 좋다

いいけいかく
良い計画　　　　　　　좋은 계획

★ '다른 것보다 우수하다'는 뜻을 나타냄
★ **표기 차이** 好い, 善い, 宜い, 吉い, 佳い

い형 **문어체** 좋다

よいてんき
良い天気　　　　　　　좋은 날씨

★ '다른 것보다 우수하다'는 뜻을 나타냄
★ **표기 차이** 好い, 善い, 宜い, 吉い, 佳い

い형 어렵다

むずかしいもんだい
難しい問題　　　　　　어려운 문제

い형 없다, 않다

なにもない
何も無い　　　　　　　아무것도 없다

い형 길다

かみがながい
髪が長い　　　　　　　머리가 길다

い형 새롭다

あたらしいきょうかしょ
新しい教科書　　　　　새로운 교과서

い형 바쁘다

いそがしいまいにち
忙しい毎日　　　　　　바쁜 매일

薄い うすい

Q. 뒷면이 다 비치는 薄い 한 종이.
Q. 평소엔 귀찮아서 화장을 薄い 하게 하고 다닌다.

い형 얇다

うすいかみ
薄い紙   얇은 종이

明るい あかるい

Q. 아침이 오자 하늘이 점점 明るい 해졌다.
Q. 저는 어두운색 말고 明るい 한 색을 좋아해요.

い형 밝다

みらいがあかるい
未来が明るい   장래가 밝다

楽しい たのしい

Q. 같이 노니까 더 楽しい 한 것 같아.
Q. 친구들과 놀이공원에서 楽しい 한 시간을 보냈다.

い형 즐겁다

たのしいいちにち
楽しい一日   즐거운 하루

軽い かるい

Q. 무거운 짐은 내가 들 테니까 네가 軽い 한 짐을 들어.
Q. 軽い 한 상처가 나서 연고만 발랐다.

い형 가볍다

にもつがかるい
荷物が軽い   짐이 가볍다

低い ひくい

Q. 그는 키가 低い 하지만 달리기는 반에서 1등이다.
Q. 내가 쓰기에는 너무 작고 低い 한 책상.

い형 낮다, 작다

せがひくい
背が低い   키가 작다

美味しい おいしい

Q. 제철이라 더 美味しい 한 딸기.
Q. 이 과자 美味しい 하다! 어디서 사온거야?

い형 맛있다

おいしいたべもの
美味しい食べ物   맛있는 음식

多い おおい

Q. 밤하늘에 떠 있는 多い 한 별들.
Q. 파티장에는 多い 한 사람들이 모여 떠들썩했다.

い형 많다

けっこうおおい
結構多い   제법 많다

早い はやい

Q. 벌써 성공을 말하는 것은 早い 한 감이 있다.
Q. 벌써 혼자 걷다니 회복이 早い 하구나.

い형 이르다

まだはやい
まだ早い   아직 이르다

黄色い きいろい

Q. 봄이 되어 黄色い 한 개나리가 피었다.
Q. 은행잎이 黄色い 하게 물드는 가을.

い형 노랗다

きいろいはな
黄色い花   노란 꽃

小さい ちいさい

^{Q.} 小さい 한 아이가 장난감을 가지고 논다.

^{Q.} 큰 것보단 小さい 한 게 더 맘에 들어요.

い형 작다

こえがちいさい
声が小さい 　　　　　목소리가 작다

少ない すくない

^{Q.} 少ない 한 사람들만 차이를 깨달을 만큼 비슷했다.

^{Q.} 다행히 少ない 한 손해만 보고 끝났다.

い형 적다

かせぎがすくない
稼ぎが少ない 　　　　　벌이가 적다

白い しろい

^{Q.} 부모님의 머리에 白い 한 머리카락이 하나둘 늘어간다.

^{Q.} 白い 한 웨딩드레스를 입은 아름다운 신부.

い형 희다

はだがしろい
肌が白い 　　　　　피부가 하얗다

悪い わるい

^{Q.} 悪い 한 습관은 버리자.

^{Q.} 오늘은 미세먼지가 심해 공기질이 悪い 하다.

い형 나쁘다

わるいやつ
悪いやつ 　　　　　나쁜 녀석

暗い くらい

^{Q.} 暗い 한 길을 혼자 걷는 것은 위험하다.

^{Q.} 暗い 한 밤하늘에 별이 반짝인다.

い형 어둡다

ひょうじょうがくらい
表情が暗い 　　　　　표정이 어둡다

可愛い かわいい

^{Q.} 아기가 정말 可愛い 해요. 웃는 것 좀 봐.

^{Q.} 저 새끼고양이 너무 可愛い 하다!

い형 귀엽다

かわいいむすめ
可愛い娘 　　　　　귀여운 딸

黒い くろい

^{Q.} 불판 위에 오래 올려놓은 고기가 黒い 하게 탔다.

^{Q.} 장례식장엔 黒い 한 색의 옷을 입고 간다.

い형 검다

くろいかみ
黒い髪 　　　　　검은 머리카락

汚い きたない

^{Q.} 흙이 잔뜩 묻은 汚い 한 빨랫감을 세탁기에 넣었다.

^{Q.} 하수구로 汚い 한 물이 흘러간다.

い형 더럽다

じがきたない
字が汚い 　　　　　글씨가 더럽다

寒い さむい

^{Q.} 寒い 한 극지방에 사는 북극곰.

^{Q.} 모든 것이 얼어버릴 것 같은 寒い 한 겨울밤.

い형 춥다

ちょっとさむい
ちょっと寒い 　　　　　조금 춥다

Q _____

A _____

狭い せまい

- Q. 집이 너무 狭い 해서 발을 뻗고 누울 수가 없어.
- Q. 자동차 한 대도 지나갈 수 없는 狭い 한 길.

い형 좁다

せまいみち
狭い道　　　　　　　　　　좁은 길

痛い いたい

- Q. 눈이 痛い 할 정도로 독서에 집중했다.
- Q. 감기에 걸려서 목이 痛い 할 때는 생강차가 좋다.

い형 아프다

はがいたい
歯が痛い　　　　　　　　　이가 아프다

遠い とおい

- Q. 遠い 한 길 오느라 힘들었지?
- Q. 까마득히 遠い 한 이국땅.

い형 멀다

とおいむかし
遠い昔　　　　　　　　　　먼 옛날

不味い¹ まずい

- Q. 영국 음식은 不味い 한 음식의 대명사가 되었다.
- Q. 비싼 요리였지만 너무 不味い 해서 화가 났다.

い형 맛없다

まずいりょうり
不味い料理　　　　　　　　맛없는 요리

不味い² まずい

- Q. 답변하기 不味い 한 질문은 은근슬쩍 넘겼다.
- Q. 두 사람이 헤어져서 만남을 주선한 나만 不味い 하네.

い형 좋지 않다, 난처하다

まずいじたい
不味い事態　　　　　　　　난처한 사태

重い おもい

- Q. 짐이 너무 重い 해서 혼자 들 수 없다.
- Q. 그는 입이 重い 해서 소문내고 다닐 사람이 아니다.

い형 무겁다

つみがおもい
罪が重い　　　　　　　　　죄가 무겁다

面白い おもしろい

- Q. 정말 面白い 한 만화책이다.
- Q. 들어본 이야기였지만 코미디언이 하니까 더 面白い 했다.

い형 재미있다

おもしろいはなし
面白い話　　　　　　　　　재미있는 이야기

古い ふるい

- Q. 이 한옥은 우리 동네에서 가장 古い 한 집이야.
- Q. 古い 한 골동품을 모으는 취미.

い형 오래되다

ふるいたてもの
古い建物　　　　　　　　　오래된 건물

高い たかい

- Q. 저렇게 高い 한 곳에 어떻게 올라갔지?
- Q. 그 물건은 값이 高い 한 만큼 질이 좋다.

い형 높다, (키가) 크다, (값이) 비싸다

ねだんがたかい
値段が高い　　　　　　　　가격이 비싸다

Q ——— A ———

遅い おそい

Q. 재난 초기의 遅い 한 대응이 피해를 키웠다고 한다.
Q. 자고 있었어요? 遅い 한 시간에 전화해서 미안해요.

い형 늦다, 느리다

あしがおそい
足が遅い   발걸음이 느리다

丸い まるい

Q. 지구가 丸い 하다는 발견.
Q. 럭비공은 丸い 하지 않다.

い형 둥글다

まるいつき
丸い月   둥근 달

★ 입체가 둥근 것을 뜻함

近い ちかい

Q. 그 친구와 나는 가족보다도 近い 한 사이다.
Q. 그건 불가능에 近い 한 일이다.

い형 가깝다

かんせいがちかい
完成が近い   완성이 가깝다

速い はやい

Q. 차들이 速い 한 속도로 고속도로를 달린다.
Q. 더 速い 하게 갈 수 있는 지름길을 알고 있어.

い형 빠르다

あしがはやい
足が速い   발걸음이 빠르다

青い あおい

Q. 青い 한 눈의 서양인.
Q. 구름 한 점 없는 青い 한 하늘.

い형 파랗다

あおいそら
青い空   파란 하늘

安い やすい

Q. 할인 중이길래 安い 한 가격에 샀어.
Q. 安い 한 게 비지떡이다.

い형 (값이) 싸다

やさいがやすい
野菜が安い   야채가 싸다

辛い¹ からい

Q. 고추를 잔뜩 넣어서 辛い 한 음식.
Q. 떡볶이가 辛い 하지만 맛있었어.

い형 맵다, 얼얼하다

からいたべもの
辛い食べ物   매운 음식

賑やかだ にぎやかだ

Q. 관광객들로 賑やかだ 한 명동 거리.
Q. 그는 賑やかだ 한 사람이라 같이 있으면 나도 힘이 난다.

な형 활기차다

にぎやかなまち
賑やかな町   활기찬 마을

奇麗だ¹ きれいだ

Q. 그녀는 이제껏 본 중에 가장 奇麗だ 한 여자야.
Q. 너무 奇麗だ 한 옷이지만 그만큼 가격이 비쌌다.

な형 예쁘다

きれいなはな
奇麗な花   예쁜 꽃

奇麗だ² きれいだ

Q. 이건 奇麗だ 한 물이라 끓이지 않고 마셔도 돼.

Q. 물때 하나 보이지 않는 奇麗だ 한 주방이다.

な형 깨끗하다

きれいなみず
奇麗な水 　　　　깨끗한 물

上手だ じょうずだ

Q. 그는 上手だ 한 피아노 연주자다.

Q. 사람들을 즐겁게 하는 데 上手だ 한 사람.

な형 솜씨가 좋다

じょうずなひと
上手な人 　　　　능숙한 사람

好きだ すきだ

Q. 내가 好きだ 하는 색은 빨간색이다.

Q. 내가 好きだ 하는 스포츠는 야구야. 같이 보러 갈래?

な형 좋아하다

すきなひと
好きな人 　　　　좋아하는 사람

大好きだ だいすきだ

Q. 나는 아이스크림을 大好きだ 해서 배탈 날 때까지 먹었다.

Q. 너의 大好きだ 한 영화가 뭐니? 이번에 보러 가자.

な형 매우 좋아하다

だいすきなさくひん
大好きな作品 　매우 좋아하는 작품

大丈夫だ だいじょうぶだ

Q. 뜨거운 물을 따라도 大丈夫だ 한 유리컵이야.

Q. 안전설계가 잘 되어 지진이 나도 大丈夫だ 한 건물입니다.

な형 괜찮다, 걱정 없다

だいじょうぶなたてもの
大丈夫な建物 　걱정 없는 건물

暇だ ひまだ

Q. 손님이 없어 暇だ 한 매장을 보니 걱정이 되었다.

Q. 시골에 내려가 暇だ 한 삶을 살고 싶다.

な형 한가하다

ひまなとき
暇な時 　　　　시간 있을 때

元気だ げんきだ

Q. 元気だ 한 상태를 유지하려면 운동을 꾸준히 하라.

Q. 감기 한 번 안 걸릴 정도로 元気だ 한 아이.

な형 건강하다

げんきなむすこ
元気な息子 　　　건강한 아들

静かだ しずかだ

Q. 또 소란이야? 이곳은 하루도 静かだ 한 날이 없네.

Q. 쥐죽은 듯이 静かだ 한 집안.

な형 조용하다

しずかなへや
静かな部屋 　　　　조용한 방

丈夫だ じょうぶだ

Q. 매일같이 근육 단련을 해서 丈夫だ 한 사람.

Q. 워낙 丈夫だ 한 금고라서 드릴도 소용이 없었다.

な형 건강하다, 견고하다

じょうぶなはしら
丈夫な柱 　　　　튼튼한 기둥

色色だ いろいろだ

Q. 회사에 필요한 色色だ 한 물품을 주문했다.

Q. 色色だ 한 고기를 먹을 수 있는 고기 뷔페.

な형 여러 가지다, 다양하다 △◎□

いろいろなしなもの
色色な品物　　　　　여러 가지 물품

* 오도리지 色々だ

嫌いだ きらいだ

Q. 嫌いだ 한 음식이라면 강요하지 않을게요.

Q. 어릴 적부터 오이가 嫌いだ 해서 먹지 못했어.

な형 싫다

きらいなばしょ
嫌いな場所　　　　　싫어하는 장소

* 줄곧 가지고 있던 불쾌감을 나타냄

嫌だ いやだ

Q. 찌는 것처럼 더워. 정말 嫌だ 한 날씨야.

Q. 오늘은 너무 피곤해서 나가기 嫌だ 한 날이야.

な형 싫다

いやなかんじ
嫌な感じ　　　　　　싫은 느낌

* 상황에 따라서 갖는 불쾌감을 나타낼 때 씀

便利だ べんりだ

Q. 휴대가 便利だ 한 제품이어서 자주 들고 나간다.

Q. 역세권이라 교통이 便利だ 한 아파트.

な형 편리하다

べんりなきのう
便利な機能　　　　　편리한 기능

あんな

Q. あんな 인간일 거라곤 생각도 못 했다.

Q. 누가 あんな 속 좁은 사람이랑 결혼하겠어.

형(연체사) 저런

あんなおとこ
あんな男　　　　　　저런 남자

そんな

Q. そんな 얄팍한 술수에 넘어가지 않아.

Q. そんな 까닭으로 두 명밖에 모이지 않았다.

형(연체사) 그러한

そんなひと
そんな人　　　　　　그런 사람

大きな おおきな

Q. 골고루 먹지 않으면 大きな 한 어른이 될 수 없어.

Q. 처음 하는 일이라 大きな 한 부담감을 느꼈다.

형(연체사) 큰, 중요한

おおきなこえ
大きな声　　　　　　큰 목소리

こんな

Q. 그날도 こんな 비 오는 날이었어.

Q. 그 문제는 こんな 식으로 풀어보면 어떨까?

형(연체사) 이런

こんなふうに
こんな風に　　　　　이런 식으로

其の その

Q. 전에 말한 其の 영화? 나는 아직 안 봤어.

Q. 이번 여행은 완벽 其の 자체였어!

형(연체사) 그

そのまま
其のまま　　　　　　그대로

Q ———————————— A ————————————

同じ おなじ

- Q. 나랑 동생은 同じ 학교에 다녀서 자주 마주친다.
- Q. 우리는 同じ 집에 산다.

형(연체사) 같은

おなじひ
同じ日　　　　　　　　　　　　같은 날

何様な どんな

- Q. 둘 중 何様な 색깔이 더 좋아?
- Q. 부자가 되기 위해 何様な 일이든 가리지 않고 하겠어.

형(연체사) 어떤

どんなことでも
何様な事でも　　　　　　　어떤 일이든지

小さな ちいさな

- Q. 小さな 아이가 장난감을 가지고 논다.
- Q. 큰 것보단 小さな 것이 더 맘에 들어요.

형(연체사) 작은

ちいさなこども
小さな子供　　　　　　　　작은 어린아이

彼の あの

- Q. 彼の 사람이 유명한 바람둥이라며?
- Q. 두 사람은 彼の 날 싸우고 난 뒤로 사이가 좋지 않다.

형(연체사) 저, 그

あのさくひん
彼の作品　　　　　　　　　　저 작품

此の この

- Q. 此の 책이 저 책보다 비싸.
- Q. 此の 색 말고 다른 색은 없어? 너랑 안 어울려.

형(연체사) 이, 최근의

このへん
此の辺　　　　　　　　　　　이 근처

何の どの

- Q. 何の 지역에서 발생한 사건이래?
- Q. 이 중에 何の 옷이 제일 어울리는 것 같아?

형(연체사) 어느

どのくらい
何の位　　　　　　　　　　　어느 정도

済みません すみません

- Q. 済みません 하지만 도와드릴 일이 없네요.
- Q. 済みません, 저희도 주문할게요.

형용사 표현 죄송합니다, 실례합니다, 저기요

ほんとうにすみません
本当に済みません　　　　정말 죄송합니다

★ '동사+조동사+조동사' 구조의 연어

初めまして はじめまして

- Q. 初めまして. 저는 홍길동이라고 합니다.
- Q. 初めまして. 오늘부터 출근하기로 한 김철수입니다.

형용사 표현 처음 뵙겠습니다

みなさん、はじめまして
皆さん、初めまして　　여러분, 처음 뵙겠습니다

★ '동사+부사' 구조의 연어

早く はやく

- Q. 가능한 早く 하게 진행하자.
- Q. 세계 시장 상황은 早く 하게 변화한다.

부 급히, 빨리, 아침 일찍

あさはやく
朝早く　　　　　　　　　　　아침 일찍

Q

ここに
- 그 상자는 바로 ここに 놓아주세요.
- 내 친구는 아마 ここに 있을 거예요.

何時も いつも
- 何時も 같은 자리를 지키고 있는 사자 바위.
- 그 가게는 하루도 빠짐없이 何時も 열려 있다.

何故 なぜ
- 何故 계약을 취소하셨나요? 이유라도 알려주세요.
- 何故 결혼을 하셨습니까? 참고하고 싶어서요.

段段 だんだん
- 段段 사람들이 몰려들더니 인산인해가 되었다.
- 날씨가 段段 추워져서 겨울옷을 꺼내야겠어.

真っ直ぐ まっすぐ
- 나는 돌려 말하지 않고 真っ直ぐ 하게 말했다.
- 그는 자신의 범죄 사실을 真っ直ぐ 하게 자백했다.

未だ¹ まだ
- 未だ 새벽 6시밖에 안 됐으니 더 자도 돼.
- 한참 전에 출발했다고 들었는데 未だ 도착을 안 했어.

沢山 たくさん
- 밤하늘에 沢山 떠 있는 별들.
- 저는 이미 沢山 먹었습니다. 더는 못 먹어요.

時時 ときどき
- 다들 바쁜지라 時時 만나서 저녁을 먹는 정도다.
- 술은 안 좋아하지만, 時時 기분 좋을 땐 한잔합니다.

ゆっくり
- 시간은 많으니까 ゆっくり 하세요.
- 다리가 아픈 친구를 신경 쓰면서 ゆっくり 걸었다.

A

여기에
> ここにすわりなさい
> **ここに座りなさい**　　여기 앉아라

언제나
> いつもおくれる
> **何時も遅れる**　　언제나 늦는다

어째서, 왜
> なぜなくのか
> **何故泣くのか**　　어째서 우느냐
> ★ 윗사람과 대화할 때도 씀

점점
> だんだんさむくなる
> **段段寒くなる**　　점점 추워지다
> ★ 오도리지 段々

똑바로, 숨김없이
> まっすぐなみち
> **真っ直ぐな道**　　곧은 길

아직
> まだはちじだ
> **未だ八時だ**　　아직 8시이다

많음, 충분함
> たくさんもらう
> **沢山もらう**　　많이 받다

가끔, 때때로
> ときどきあめ
> **時時雨**　　가끔 비 내림
> ★ 오도리지 時々

천천히, 충분히
> ゆっくりやすむ
> **ゆっくり休む**　　충분히 쉬다

如何して[1] どうして

Q. 졸업하고 나서 앞으로 如何して 좋을지 모르겠어.

Q. 이 사태를 如何して 해결하면 좋을까?

🔲 어떻게

どうしてよいのか
如何してよいのか　　　어찌해야 좋은가

★ 추측이나 의심을 담아 부정적인 뜻으로 쓰이기도 함

如何して[2] どうして

Q. 약속한 시각이 지났는데 如何して 안 오는 거지?

Q. 아까부터 如何して 아무 말도 안 하니?

🔲 왜

どうしておくれたの?
如何して遅れたの?　　　왜 늦었니?

もっと

Q. 둘 다 써보니까 그것보다 이게 もっと 좋더라.

Q. 남들보다 もっと 많은 돈을 벌고 싶었다.

🔲 더

もっとくわしく
もっと詳しく　　　더 구체적으로

大変 たいへん

Q. 월드컵 결승전에 大変 한 인파가 몰렸다.

Q. 대구의 여름은 大変 하게 더워.

🔲 몹시, 대단히

ゆきがたいへんふった
雪が大変降った　　　눈이 많이 내렸다

迚も とても

Q. 迚も 추운 날씨라서 옷을 세 겹 입고 나갔다.

Q. 그건 迚も 받아들일 수 없는 제안이므로 거절하겠습니다.

🔲 매우, 도저히

とてもさむい
迚も寒い　　　매우 춥다

直ぐ すぐ

Q. 5분만 기다려 주세요! 直ぐ 도착합니다.

Q. 돈 좀 빌려줘. 直ぐ 갚을게!

🔲 곧, 바로, 금방

すぐはらをたてる
直ぐ腹を立てる　　　금방 화를 낸다

少し すこし

Q. 少し 맵지만, 이 정도면 먹을 만 하네요.

Q. 사탕을 먹으려고 봤더니 少し 밖에 남아있지 않았다.

🔲 조금

すこしまえに
少し前に　　　조금 전에

一寸[1] ちょっと

Q. 국에 소금을 一寸 넣어서 먹으렴.

Q. 그가 떠나고 一寸 뒤에 그를 찾는 사람이 왔다.

🔲 조금

ちょっとあやしい
一寸怪しい　　　좀 수상하다

一寸[2] ちょっと

Q. 여기서 一寸 기다려 주십시오.

Q. 근처에 온 김에 一寸 들렀습니다.

🔲 잠깐

ちょっとのあいだ
一寸の間　　　잠깐 동안

どうぞ

ᵔ 여러분, どうぞ 편하게 쉬었다 가시기 바랍니다.

ᵔ どうぞ 잘 부탁드립니다.

부 아무쪼록, 부디, 어서

どうぞよろしく

아무쪼록 잘 부탁해요

如何¹ どう

ᵔ 만약 그가 배신자라면 如何 하시겠습니까?

ᵔ 앞으로 如何 하면 좋을지 고민 중이다.

부 어떻게

どうしますか
如何しますか

어떻게 하시겠습니까

又 また

ᵔ 안녕히 가세요. 又 만납시다.

ᵔ 힘든 봉사활동이었지만 이것도 又 추억이다.

부 또, 또한

またあいましょう
又会いましょう

또 만납시다

貴方 あなた

ᵔ 貴方 는 사랑받기 위해 태어난 사람.

ᵔ 범인은 바로 貴方 입니다. 순순히 자백하세요.

대명사 당신, 귀하

あなたらしいですね
貴方らしいですね

당신답네요

此処 ここ

ᵔ 지금 내가 있는 此処 가 어디인지 전혀 모르겠어.

ᵔ 그늘도 있고 평평하니 此処 에 텐트를 치는 게 좋겠다.

대명사 여기

そこここ
其処此処

여기저기

其れ それ

ᵔ 가족들이 행복하게 사는 것. 제 소원은 其れ 뿐입니다.

ᵔ 너무 잘 팔려서 남은 건 其れ 하나뿐입니다. 사실래요?

대명사 그것

それはよかった
其れは良かった

그것참 다행이다

其処 そこ

ᵔ 其処 에서 기다리고 있어. 내가 데리러 갈게.

ᵔ 네가 있는 가게로 오라고? 其処 가 어딘데?

대명사 거기

そこにある
其処にある

거기에 있어

何 なに

ᵔ 네 이름이 何 이니?

ᵔ 어둠 속에 何 인가가 있다.

대명사 무엇, 무슨

なにかあった?
何かあった?

무슨 일 있었어?

＊ 발음 차이 なん : 접두에 붙어 '몇'으로 쓰이기도 함

誰 だれ

ᵔ 여기에 둔 내 지우개 誰 가 가져갔어?

ᵔ 저 아저씨는 誰 에요?

대명사 누구

だれですか
誰ですか

누구세요

皆さん みなさん

Q. 신사 숙녀 皆さん.

Q. 제가 상을 받은 건 팬 皆さん 의 응원 덕분입니다.

대명사 여러분

> みなさんおしずかに
> 皆さんお静かに　　　여러분 조용히

★ みなさま 보다 스스럼없는 표현

何方[1] どなた

Q. 여보세요. 실례지만 何方 이신가요?

Q. 처음 뵙는 분인 것 같은데 何方 이신가요?

대명사 어느 분, 누구 ⑦

> どなたですか
> 何方ですか　　　　누구세요

何方[2] どちら

Q. 지금 사장님이 안 계십니다. 실례지만 何方 님이신가요?

Q. 저기 계신 분은 何方 이신가요?

대명사 어느 분 ⑦

> どちらさまですか
> 何方様ですか　　　누구세요

★ だれ 보다 정중한 표현

何方[3] どちら

Q. 오늘은 何方 에 가십니까?

Q. 오늘 식사는 何方 에서 하십니까?

대명사 어디 ♀♀

> どちらにいかれますか?
> 何方に行かれますか?　어디에 가십니까?

★ どこ 보다 정중한 표현

何方[4] どちら

Q. 何方 의 음식이 마음에 드셨습니까?

Q. 何方 를 선택하셔도 금액은 비슷합니다.

대명사 어느 쪽

> どちらにしますか?
> 何方にしますか?　어느 것으로 하시겠습니까?

★ どれ 보다 정중한 표현

何方[5] どっち

Q. 레몬 사탕이랑 딸기 사탕 중에 何方 가 마음에 들어?

Q. 두 가지 메뉴 중 何方 를 고를지 고민된다.

대명사 어느 쪽

> どっちがただしいか
> 何方が正しいか　　어느 쪽이 옳은가

★ どちら 보다 격식 없는 표현으로
둘 중 하나를 선택해야 할 때 주로 쓰임

何れ[1] どれ

Q. 세 가지 중에 何れ 가 마음에 들어?

Q. 할 일이 많아서 何れ 부터 손을 대야 할 지 모르겠어.

대명사 어느 것

> どれくらい
> 何れくらい　　어느 만큼, 얼마만큼

★ 세 개 이상에서 하나를 선택할 때 씀

彼方[1] あちら

Q. 이걸 彼方 로 옮겨 주시겠습니까?

Q. 저기 계신 彼方 는 누구십니까?

대명사 저쪽, 저분

> あちらにあります
> 彼方にあります　　저기에 있습니다

★ あっち 보다 정중한 표현

彼処 あそこ

Q. 이 상자 좀 彼処 로 옮겨 줄래?

Q. 기사님! 여기 말고 彼処 에 내려주세요.

대명사 저기

> あそこにある
> 彼処にある　　저기에 있어

Q —————————————— A ——————————————

其方¹ そちら

ᵠ 지금 其方 에 찾아뵙겠습니다. 잠시만 기다려주세요.

ᵠ 여긴 지금 너무 추워요. 其方 도 겨울에는 춥나요?

대명사 (방향 혹은 사람을 가리키는) 그쪽

そちらへうかがいます
其方へ伺います　　그쪽으로 찾아뵙겠습니다

★ そっち 혹은 そこ 보다 정중한 표현

何処 どこ

ᵠ 이쪽으로 오시기 전에는 何処 에서 사셨나요?

ᵠ 아침부터 何処 를 그렇게 급히 가세요?

대명사 어디

どこにでも
何処にでも　　　　　어디든지

此れ これ

ᵠ 此れ 는 제 연필입니다.

ᵠ 此れ 는 서비스입니다. 돈은 내실 필요 없습니다.

대명사 이것

これしかない
此れしかない　　　　이것밖에 없다

私¹ わたし

ᵠ 私 가 직접 만든 레시피야. 한 번 따라 해 봐.

ᵠ 윌 스미스는 영화 '私 는 전설이다' 에서 주연을 맡았다.

대명사 저, 나

わたしはでんせつだ
私は伝説だ　　　　　나는 전설이다

はい

ᵠ 설문지의 はい 와 아니오 중에 하나만 체크하세요.

ᵠ はい, 알겠습니다.

감동사 네

はい、わかりました
はい、分かりました　　네, 알겠습니다

いいえ

ᵠ 다 됐냐고요? いいえ, 아직 준비 안 됐어요.

ᵠ 네 혹은 いいえ 로 대답하세요.

감동사 아니오

いいえ、ちがいます
いいえ、違います　　아니요, 아닙니다

今日は こんにちは

ᵠ 今日は. 주말은 잘 보내셨어요?

ᵠ 今日は. 어제랑 달리 날씨가 참 좋네요.

감동사 낮 인사

みなさん、こんにちは
皆さん、今日は　　　여러분, 안녕하세요

★ '오늘은'이라는 뜻으로 쓸 때는 일반적으로 きょう 라고 읽음

今晩は こんばんは

ᵠ 今晩は. 이렇게 저녁에 만나는 건 처음이네.

ᵠ 今晩は 회식이 있어서 집에 늦게 갈 것 같아.

감동사 밤 인사

こんばんはさむい
今晩は寒い　　　　오늘 저녁은 춥다

★ '오늘 밤은'이라는 뜻으로 쓰이기도 함

どうも

ᵠ 저번에는 どうも 신세 졌습니다. 제가 한 번 대접할게요.

ᵠ 이렇게 배려해 주시다니 どうも 감사합니다!

감동사 정말, 매우

どうもありがとう
　　　　　　　　　정말 고마워

どう

- 그는 どうどう 하며 말을 멈춰 세웠다.
- どうどう, 말을 멈추시오!

감동사 워워

どうどうとまれ
どうどう止まれ　　워워 멈춰라

＊ 말에게 멈추라고 하는 소리를 뜻함

然様なら さようなら

- 그럼, 然様なら. 인연이 있다면 다시 만나겠지.
- 헤어질 때 然様なら 라고 말했다.

감동사 안녕, 안녕히 (가십시오)

さようなら、またあした
然様なら、また明日　　안녕, 내일 보자

もしもし

- 전화를 받고 もしもし 라고 말했다.
- 전화를 받자 그는 もしもし 란 말도 없이 용건부터 말했다.

감동사 여보세요

もしもし、やまだです
もしもし、山田です　　여보세요, 야마다입니다

イエス いえす

- 그는 거절할 줄 모르는 イエス 맨이다.
- 영어라곤 イエス 와 No 밖에 말할 줄 모른다.

감동사 예 　　유래 yes [예스]

いえすかのーか
イエスかノーか　　예스냐 노냐

でも

- 목이 마르니 뭐 でも 마시고 싶다.
- 만나주신다면 몇 시간이 でも 기다리겠습니다.

조사 ～라도, ～지라도

まんにひとつでも
万に一つでも　　만에 하나라도

位² くらい

- 4박 5일이라면 여행 비용은 얼마 位 들까요?
- 책상의 두께는 어느 位 인가요?

조사 정도, 만큼, 지위, 계급

いちどくらい
一度位　　한 번 정도

＊ 발음 차이 ぐらい

丈¹ だけ

- 먹고 싶은 丈 마음껏 먹어라.
- 나무와 건물의 크기가 비슷했다. 그 丈 큰 나무였다.

조사 ～만큼

どれだけ
何れ丈　　얼마만큼

丈² だけ

- 너에게 丈 이야기하는 거니까 비밀 지켜.
- 하고 싶은 말이 많지만, 이것 丈 말하겠습니다.

조사 ～만

これだけは
此れ丈は　　이것만은

丈³ だけ

- 그냥 한번 말해본 것 丈 다.
- 갑작스러운 사고 소식에 당황할 丈 였다.

조사 ～뿐, ～따름

いってみただけだ
言って見た丈だ　　말해봤을 뿐이다

이쯤에서
알아두어야 할
몇 가지

인칭대명사

1인칭 단수	私 わたし	저, 나
	私 わたくし	저, 나 *わたし보다 정중한 말투
	僕 ぼく	나 *남자 말투
	俺 おれ	나 *거친 남자 말투
	私(儂) わし	나 *나이 먹은 남성이 사용
	内 うち	나 *관서 방언으로 여성 혹은 어린이가 사용
	我 われ	나 *문어체, 아랫사람을 부를 때 2인칭 단수로 쓰이기도 함
	自分 じぶん	자기, 자신 *남성이 격식을 차릴 때 쓰는 표현
2인칭 단수	貴方 あなた	당신, 귀하
	貴方 あんた	너 *あなた보다 스스럼없는 표현
	君 きみ	너, 자네 *같은 또래 혹은 아랫사람을 부를 때 쓰임
	お前 おまえ	너 *君보다 스스럼없는 표현
	お宅 おたく	댁, 당신 *정중한 표현으로 상대 혹은 상대가 속한 집단을 뜻함
	其方 そなた	당신, 그쪽 *문어체, 아랫사람을 정중하게 부르는 표현
3인칭 단수	彼 かれ	그
	彼女 かのじょ	그녀
1인칭 복수	私達 わたしたち	우리들
	僕達 ぼくたち	우리들 *남자 말투
	俺達 おれたち	우리들 *거친 남자 말투
	我々 われわれ	우리들
2인칭 복수	貴方達 あなたたち	너희들 *성별 구분 없음
	貴方方 あなたがた	당신들 *貴方達보다 약간 정중한 표현
	君達 きみたち	너희들 *같은 또래 혹은 아랫사람을 부를 때 쓰임
	お前達 おまえたち	너희들 *君達보다 스스럼없는 표현
	皆さん みなさん	여러분 *貴方方보다 정중한 표현
	皆様 みなさま	여러분 *皆さん보다 정중한 표현
3인칭 복수	彼等 かれら	그들 *3인칭 복수의 경우 남성은 等(ら)를 주로 사용
	彼女達 かのじょたち	그녀들 *3인칭 복수의 경우 남성은 達(たち)를 주로 사용

숫자 세기

일본어 숫자를 배울 때는
보통 기수와 서수 2가지를 배웁니다.
'기수'와 '서수'라는 단어가
낯설게 느껴질 수 있지만,
우리말에서도 종종 사용하는 개념이니
어려울 것은 없습니다.

먼저 **기수**란 '일, 이, 삼......'과 같은
기본적인 숫자를 말합니다.
그리고 **서수**는 '첫 번째, 두 번째......'와 같은
순서를 나타내는 말로
'하나, 둘, 셋'과 같은 개념입니다.
일본어의 서수는 **1부터 10까지만**
사용하는 것이 일반적입니다.

기수		서수
いち 이치	1	ひとつ 히토츠
に 니	2	ふたつ 후타츠
さん 상	3	みっつ 밋츠
し 시	4	よっつ 욧츠
ご 고	5	いつつ 이츠츠
ろく 로쿠	6	むっつ 뭇츠
しち 시치	7	ななつ 나나츠
はち 하치	8	やっつ 얏츠
きゅう 큐우	9	ここのつ 코코노츠
じゅう 쥬우	10	とお 토오

0 零/ゼロ 레에/제로	1 一 이치	2 二 니	3 三 상	4 四 용(시)	5 五 고	6 六 로쿠	7 七 나나(시치)	8 八 하치	9 九 큐우
10 十 쥬우	11 十一 쥬우이치	12 十二 쥬우니	13 十三 쥬우상	14 十四 쥬우용	15 十五 쥬우고	16 十六 쥬우로쿠	17 十七 쥬우나나	18 十八 쥬우하치	19 十九 쥬우큐우
20 二十 니쥬우	21 二十一 니쥬우이치	22 二十二 니쥬우니	23 二十三 니쥬우상	24 二十四 니쥬우용	25 二十五 니쥬우고	26 二十六 니쥬우로쿠	27 二十七 니쥬우나나	28 二十八 니쥬우하치	29 二十九 니쥬우큐우
30 三十 산쥬우	31 三十一 산쥬우이치	32 三十二 산쥬우니	33 三十三 산쥬우상	34 三十四 산쥬우용	35 三十五 산쥬우고	36 三十六 산쥬우로쿠	37 三十七 산쥬우나나	38 三十八 산쥬우하치	39 三十九 산쥬우큐우
40 四十 욘쥬우	41 四十一 욘쥬우이치	42 四十二 욘쥬우니	43 四十三 욘쥬우상	44 四十四 욘쥬우용	45 四十五 욘쥬우고	46 四十六 욘쥬우로쿠	47 四十七 욘쥬우나나	48 四十八 욘쥬우하치	49 四十九 욘쥬우큐우
50 五十 고쥬우	51 五十一 고쥬우이치	52 五十二 고쥬우니	53 五十三 고쥬우상	54 五十四 고쥬우용	55 五十五 고쥬우고	56 五十六 고쥬우로쿠	57 五十七 고쥬우나나	58 五十八 고쥬우하치	59 五十九 고쥬우큐우
60 六十 로쿠쥬우	61 六十一 로쿠쥬우이치	62 六十二 로쿠쥬우니	63 六十三 로쿠쥬우상	64 六十四 로쿠쥬우용	65 六十五 로쿠쥬우고	66 六十六 로쿠쥬우로쿠	67 六十七 로쿠쥬우나나	68 六十八 로쿠쥬우하치	69 六十九 로쿠쥬우큐우
70 七十 나나쥬우	71 七十一 나나쥬우이치	72 七十二 나나쥬우니	73 七十三 나나쥬우상	74 七十四 나나쥬우용	75 七十五 나나쥬우고	76 七十六 나나쥬우로쿠	77 七十七 나나쥬우나나	78 七十八 나나쥬우하치	79 七十九 나나쥬우큐우
80 八十 하치쥬우	81 八十一 하치쥬우이치	82 八十二 하치쥬우니	83 八十三 하치쥬우상	84 八十四 하치쥬우용	85 八十五 하치쥬우고	86 八十六 하치쥬우로쿠	87 八十七 하치쥬우나나	88 八十八 하치쥬우하치	89 八十九 하치쥬우큐우
90 九十 큐우쥬우	91 九十一 큐우쥬우이치	92 九十二 큐우쥬우니	93 九十三 큐우쥬우상	94 九十四 큐우쥬우용	95 九十五 큐우쥬우고	96 九十六 큐우쥬우로쿠	97 九十七 큐우쥬우나나	98 九十八 큐우쥬우하치	99 九十九 큐우쥬우큐우

100 百 하쿠	200 二百 니햐쿠	300 三百 삼뱌쿠	400 四百 욘햐쿠	500 五百 고햐쿠	600 六百 롭퍄쿠	700 七百 나나햐쿠	800 八百 합퍄쿠	900 九百 큐우햐쿠

TIP 일의 자리에 있는 7은 **なな**와 **しち**, 어느 쪽으로든 읽을 수 있습니다.
따라서 17은 **じゅうしち**로도, **じゅうなな**로도 읽을 수 있습니다.
하지만 십의 자리 이상(70, 700 …)에서는 **しち**가 아닌 **なな**만 사용합니다.

사물의 개수 세기

기수를 활용한 표현

앞에서 배운 숫자를 활용해 이번에는 사물의 개수를 세어보겠습니다.
個는 '한 개, 두 개, 세 개'에서 개에 해당하는 표현입니다.

한 개 いっこ 一個	두 개 にこ 二個	세 개 さんこ 三個	네 개 よんこ 四個	다섯 개 ごこ 五個
여섯 개 ろっこ 六個	일곱 개 ななこ 七個	여덟 개 はっこ 八個	아홉 개 きゅうこ 九個	열 개 じゅっこ 十個

서수를 활용한 표현

사물의 개수를 셀 때 사용할 수 있는 표현이 한 가지 더 있습니다.
바로 '하나, 둘, 셋'과 같은 표현으로 우리가 "사과 한 개 주세요."라는 말을
"사과 하나 주세요."라는 말로 바꿔 쓸 수 있는 것과 같은 개념입니다.

하나 / 한 개 ひとつ 一つ	둘 / 두 개 ふたつ 二つ	셋 / 세 개 みっつ 三つ	넷 / 네 개 よっつ 四つ	다섯 / 다섯 개 いつつ 五つ
여섯 / 여섯 개 むっつ 六つ	일곱 / 일곱 개 ななつ 七つ	여덟 / 여덟 개 やっつ 八つ	아홉 / 아홉 개 ここのつ 九つ	열 / 열 개 とう 十

つ는 숫자 자체를 의미하며, 개라는 뜻도 있어서,
서수 표현을 그대로 사용함으로써 사물의 개수를 셀 수 있습니다.
이러한 서수 표현은 10까지만 사용하며, 11부터는 기수와 같습니다.

열한 개 じゅういっこ 十一個	열두 개 じゅうにこ 十二個	열세 개 じゅうさんこ 十三個	열네 개 じゅうよんこ 十四個	열다섯 개 じゅうごこ 十五個

2020 년 **1** 월
二千二十 年 一 月
にせんにじゅう ねん いち がつ

월요일	화요일	수요일	목요일	금요일	토요일	일요일
月曜日 げつようび	火曜日 かようび	水曜日 すいようび	木曜日 もくようび	金曜日 きんようび	土曜日 どようび	日曜日 にちようび
		1 초하루 ついたち 一日	2 ふつか 二日	3 みっか 三日	4 よっか 四日	5 いつか 五日
6 むいか 六日	7 なのか 七日	8 ようか 八日	9 ここのか 九日	10 とおか 十日	11 じゅう いちにち 十一日	12 じゅう ににち 十二日
13 じゅう さんにち 十三日	14 じゅう よっか 十四日	15 じゅう ごにち 十五日	16 じゅう ろくにち 十六日	17 じゅう しちにち 十七日	18 じゅう はちにち 十八日	19 じゅう くにち 十九日
20 스무날 はつか 二十日	21 にじゅう いちにち 二十一日	22 にじゅう ににち 二十二日	23 にじゅう さんにち 二十三日	24 にじゅう よっか 二十四日	25 にじゅう ごにち 二十五日	26 にじゅう ろくにち 二十六日
27 にじゅう しちにち 二十七日	28 にじゅう はちにち 二十八日	29 にじゅう くにち 二十九日	30 さんじゅう にち 三十日	31 さんじゅう いちにち 三十一日		

TIP
2일부터 10일까지는 '하나, 둘, 셋' 방식으로 읽고, 나머지는 모두 '일, 이, 삼' 방식으로 읽습니다.
1일과 20일은 특수 표현이므로 주의해야 합니다.
4는 **よん** 이지만 날짜에서는 모두 **よっか**로 고정되고,
9는 **きゅう** 지만 날짜에서는 모두 **くにち**로 고정됩니다.

날짜
관련 표현

년

1년	一年	いちねん
2년	二年	にねん
3년	三年	さんねん
4년	四年	よねん
5년	五年	ごねん
6년	六年	ろくねん
7년	七年	なな(しち)ねん
8년	八年	はちねん
9년	九年	きゅうねん
10년	十年	じゅうねん

달

한달	一月	ひとつき
두달	二月	ふたつき
석달	三月	みつき
넉달	四月	よつき
다섯달	五月	いつつき
여섯달	六月	むつき
일곱달	七月	ななつき
여덟달	八月	やつき
아홉달	九月	ここのつき
열달	十月	とつき

연간

1년간	一年間	いちねんかん
2년간	二年間	にねんかん
3년간	三年間	さんねんかん
4년간	四年間	よねんかん
5년간	五年間	ごねんかん
6년간	六年間	ろくねんかん
7년간	七年間	なな(しち)ねんかん
8년간	八年間	はちねんかん
9년간	九年間	きゅうねんかん
10년간	十年間	じゅうねんかん

주간

1주간	一週間	いっしゅうかん
2주간	二週間	にしゅうかん
3주간	三週間	さんしゅうかん
4주간	四週間	よんしゅうかん
5주간	五週間	ごしゅうかん
6주간	六週間	ろっしゅうかん
7주간	七週間	ななしゅうかん
8주간	八週間	はっしゅうかん
9주간	九週間	きゅうしゅうかん
10주간	十週間	じゅうしゅうかん

일간

1일간	一日間	いちにちかん
2일간	二日間	ふつかかん
3일간	三日間	みっかかん
4일간	四日間	よっかかん
5일간	五日間	いつかかん
6일간	六日間	むいかかん
7일간	七日間	なのかかん
8일간	八日間	ようかかん
9일간	九日間	ここのかかん
10일간	十日間	とおかかん

매~

매년	毎年	まいねん / まいとし
매월	毎月	まいげつ / まいつき
매주	毎週	まいしゅう
매일	毎日	まいにち

	해		달		주		일
재작년	一昨年 おととし	지지난달	先先月 せんせんげつ	지지난 주	先先週 せんせんしゅう	그저께	一昨日 おととい
작년	去年 / 昨年 きょねん / さくねん	지난달	先月 せんげつ	지난주	先週 せんしゅう	어제	昨日 きのう
올해	今年 ことし	이달	今月 こんげつ	이번 주	今週 こんしゅう	오늘	今日 きょう
내년	来年 らいねん	다음 달	来月 らいげつ	다음 주	来週 らいしゅう	내일	明日 あした
다다음 해	再来年 さらいねん	다다음 달	再来月 さらいげつ	다다음 주	再来週 さらいしゅう	모레	明後日 あさって

★ 그끄저께：一昨昨日 さきおととい ／ 글피：明明後日 しあさって

	월(양력)	월(음력)		개월
1월	一月 いちがつ	睦月 むつき	1개월	一ヶ月 いっかげつ
2월	二月 にがつ	如月 きさらぎ	2개월	二ヶ月 にかげつ
3월	三月 さんがつ	弥生 やよい	3개월	三ヶ月 さんかげつ
4월	四月 しがつ	卯月 うづき	4개월	四ヶ月 よんかげつ
5월	五月 ごがつ	皐月 さつき	5개월	五ヶ月 ごかげつ
6월	六月 ろくがつ	水無月 みなづき	6개월	六ヶ月 ろっかげつ
7월	七月 しちがつ	文月 ふみづき	7개월	七ヶ月 ななかげつ
8월	八月 はちがつ	葉月 はづき	8개월	八ヶ月 はっかげつ
9월	九月 くがつ	長月 ながつき	9개월	九ヶ月 きゅうかげつ
10월	十月 じゅうがつ	神無月 かんなづき	10개월	十ヶ月 じゅっかげつ
11월	十一月 じゅういちがつ	霜月 しもつき	11개월	十一ヶ月 じゅういっかげつ
12월	十二月 じゅうにがつ	師走 しわす	12개월	十二ヶ月 じゅうにかげつ

시간
관련 표현

10 시
十 時
じゅう じ

45 분
四十五 分
よんじゅうご ふん

시

1시	一時	いちじ
2시	二時	にじ
3시	三時	さんじ
4시	四時	よじ
5시	五時	ごじ
6시	六時	ろくじ
7시	七時	しちじ
8시	八時	はちじ
9시	九時	きゅうじ
10시	十時	じゅうじ
11시	十一時	じゅういちじ
12시	十二時	じゅうにじ

시간

한 시간	一時間	いちじかん
두 시간	二時間	にじかん
세 시간	三時間	さんじかん
네 시간	四時間	よじかん
다섯 시간	五時間	ごじかん
여섯 시간	六時間	ろくじかん
일곱 시간	七時間	しちじかん
여덟 시간	八時間	はちじかん
아홉 시간	九時間	きゅうじかん
열 시간	十時間	じゅうじかん

오늘 아침

今朝
けさ

오늘 밤

今晩 / 今夜
こんばん / こんや

분

1분	一分	いっぷん
2분	二分	にふん
3분	三分	さんぷん
4분	四分	よんぷん
5분	五分	ごふん
6분	六分	ろっぷん
7분	七分	ななふん
8분	八分	はっぷん
9분	九分	きゅうふん
10분	十分	じゅっぷん

15분	十五分	じゅうごふん
20분	二十分	にじゅっぷん
25분	二十五分	にじゅうごふん
30분	三十分	さんじゅっぷん
35분	三十五分	さんじゅうごふん
40분	四十分	よんじゅっぷん
45분	四十五分	よんじゅうごふん
50분	五十分	ごじゅっぷん
55분	五十五分	ごじゅうごふん

초

1초	一秒	いちびょう
2초	二秒	にびょう
3초	三秒	さんびょう
4초	四秒	よんびょう
5초	五秒	ごびょう
6초	六秒	ろくびょう
7초	七秒	ななびょう
8초	八秒	はちびょう
9초	九秒	きゅうびょう
10초	十秒	じゅうびょう

본문에 포함되지 않은 **단어**

교통

차·수레의 총칭	車 くるま
자전거	自転車 じてんしゃ
자동차	自動車 じどうしゃ
버스	バス ばす
저상 버스	ノンステップバス のんすてっぷばす
지하철	地下鉄 ちかてつ
기차	汽車 きしゃ
전차	電車 でんしゃ
열차	列車 れっしゃ
비행기	飛行機 ひこうき
밴 *상자 모양의 화물 자동차	バン ばん
트럭	トラック とらっく
덤프 카	ダンプ だんぷ
배	御中 ふね
요트	ヨット よっと
운송선	フェリー ふぇりー

JLPT
N4

10일 만에 정복하는
JLPT 4급 수준 단어

Q _____ **A** _____

売(り)場 うりば

Q. 티켓 売(り)場 앞에 손님들이 줄지어 서 있다.

Q. 기념품 売(り)場 는 어디에 있나요?

명 파는 곳

きっぷうりば
切符売り場　　　　　　　　매표소

表 おもて

Q. 그는 감정을 쉽게 表 에 드러내지 않는 성격이다.

Q. 그는 表 와 속이 다른 사람이야.

명 표면, 보이는 곳

おもてとうら
表と裏　　　　　　　　겉과 속

気¹ き

Q. 봄 気 이 완연해지자 농촌에서는 농사 준비가 한창이다.

Q. 왜 이렇게 気 가 없어? 힘내!

명 기운, 기력

さっばつのき
殺伐の気　　　　　　살벌한 기운

気² き

Q. 気 에 드는 제품이 있지만, 너무 비싸서 포기했어.

Q. 무서운 영화를 보는 건 気 가 썩 내키지 않는 일이었다.

명 기분, 감정, 마음

きがすすまない
気が進まない　　　마음이 내키지 않는다

気³ き

Q. 폭염 속에 밖에서 일하다 気 를 잃고 쓰러졌다.

Q. 딴생각을 하다 気 를 차렸을 때는 수업이 끝난 후였다.

명 정신, 의식

きをうしなう
気を失う　　　　　　정신을 잃다

ある日 あるひ

Q. ある日 그는 말없이 떠났다.

Q. 그 사건은 ある日 갑자기 일어났다.

명 어느 날

あるひとつぜん
ある日突然　　　　어느 날 갑자기

昼間 ひるま

Q. 昼間 업무가 야간 업무보다 편해요.

Q. 일은 어쩌고 昼間 부터 술을 마시고 있느냐.

명 주간, 낮

まっぴるま
真っ昼間　　　　　　　대낮

山野 さんや

Q. 소들이 山野 에서 풀을 뜯고 있다.

Q. 겨울이 되자 山野 에는 앙상한 가지만이 남았다.

명 산과 들

さんやのはな
山野の花　　　　　　산과 들의 꽃

筈 はず

Q. 내일 저녁까진 집에 도착할 筈 다.

Q. 우리 아이가 그런 짓을 할 筈 가 없습니다.

명 ~할 터, ~할 리

そんなはずはない
そんな筈はない　　　　그럴 리는 없다

語 ご

Q. 어려운 語 의 의미를 사전에서 찾아보았다.

Q. 독일 여행 전에 독일 語 를 조금이라도 알아 두자.

명 단어, 말

どいつご
ドイツ語 　　　　　　　 독일어

晩 ばん

Q. 晩 에 혼자 길을 걸어 다니면 위험해.

Q. 晩 에는 달과 별이 뜬다.

명 저녁때, 밤

きのうのばん
昨日の晩 　　　　　　　 어젯밤

一度 いちど

Q. 미안한데 다시 一度 말해 줄래?

Q. 일주일에 一度 세차해요.

명 한 번

もういちど
もう一度 　　　　　　　 다시 한번

何度 なんど

Q. 何度 나 설명을 해줘도 알아듣지를 못한다.

Q. 何度 인가 얼굴은 본 적 있지만 이름은 모르는 사람이야.

명 몇 번

なんどいっても
何度言っても 　　　　　 몇 번 말해도

参¹ さん

Q. 시합은 参 판 2선승제로 치러졌다.

Q. 서당 개 参 년이면 풍월을 읊는다.

명 셋, 삼

さんねん
参年 　　　　　　　　　 삼 년

参² さん

Q. 뒤풀이의 参, 불참 여부는 총무에게 알려주십시오.

Q. 학급 여행은 참가자들은 参 에 체크를 해서 제출하렴.

명 참가

さん、ふさん
参、不参 　　　　　　　 참, 불참

小鳥 ことり

Q. 크기가 5cm 정도인 벌새는 세계에서 가장 小鳥 이다.

Q. 참새처럼 小鳥 와 독수리처럼 큰 새는 먹이도 다르다.

명 작은 새

ことりたち
小鳥たち 　　　　　　　 작은 새들

正月 しょうがつ

Q. 正月 대보름에는 쥐불놀이를 한다.

Q. 正月 초하루에 떡국을 먹는다.

명 정월, 설

しょうがついちにち
正月一日 　　　　　　　 정월 초하루

森 もり

Q. 자작나무 森 에서 삼림욕을 했다.

Q. 잠자는 森 속의 공주.

명 수풀, 삼림, 숲

もりのなか
森の中 　　　　　　　　 숲속

Q _____ A _____

飴 あめ
- 엿기름을 넣고 푹 고아 만들어 달콤한 울릉도 호박 飴.
- 목 飴 를 물고 있으니 가래가 좀 덜한 것 같았다.

명 사탕, 엿 🍬
> のどあめ
> のど飴　　　　　　　　　목 사탕

線 せん
- 안전 線 앞에 서서 열차를 기다리는 사람들.
- 자를 대고 곧은 線 을 그렸다.

명 선, 줄 _____
> てんとせん
> 点と線　　　　　　　　　점과 선

手前¹ てまえ
- 나는 우선 내 手前 에 있는 책을 집어 들었다.
- 하나 남은 물건을 간신히 手前 로 끌어당겼다.

명 바로 앞, 자기에 가까운 쪽
> てまえにあるほん
> 手前にある本　　　　　　내 앞에 있는 책

側 がわ
- 側 의 책상에 앉은 짝꿍과 장난치다가 혼났다.
- 집회 인원은 주최 側 추산 10만 명이었다.

명 옆, 곁, 쪽, 측
> つうろがわのせき
> 通路側の席　　　　　　　통로 쪽 좌석

多分¹ たぶん
- 월세 생활을 벗어나려고 월급의 多分 을 저축하고 있다.
- 모임의 참석자는 多分 이 30대 이상 여성이었다.

명 정도가 많거나 큼
> たぶんのしゅっし
> 多分の出資　　　　　　　많은 출자

背 せい
- 누가 더 背 가 큰지 재 볼 테니까 등을 맞대고 서봐.
- 그 애는 고등학생인데 아직도 背 가 크는 모양이야.

명 높이, 키 ▯◯
> せがたかい
> 背が高い　　　　　　　　키가 크다
> ＊발음 차이 せ

一緒 いっしょ
- 바다에 놀러 갈 건데 애들 모아서 一緒 로 갈래?
- 연인들이 一緒 로 찾는 데이트 명소.

명 함께 함 ◖◗
> いっしょにいく
> 一緒に行く　　　　　　　같이 가다

(お)留守 (お)るす
- 노는 데 정신이 팔려서 공부를 (お)留守 로 하고 있었다.
- 일에만 신경 쓰느라 가족을 (お)留守 로 하고 있었다.

명 (다른 데 정신이 팔려) 할 일을 소홀히 함
> べんきょうがおるすになる
> 勉強がお留守になる　　공부를 소홀히 하다
> ＊일반적으로 なる 로 끝남

故意 こい
- 널 다치게 한 건 내 故意 가 아니었어.
- 살인 계획을 적은 노트가 발견되어 故意 성이 입증되었다.

명 고의[일부러 함]
> みひつのこい
> 未必の故意　　　　　　　미필적 고의

人² じん

Q. 그는 미국에서 온 외국 人 유학생이다.

Q. 사장의 대리 人 으로 부사장이 계약을 체결했다.

명 ~인 (사람)

がいこくじん
外国人   외국인

 ★ 발음 차이 にん

値段 ねだん

Q. 이 유물은 보존 상태가 좋아서 비싼 値段 으로 팔릴 거야.

Q. 품질은 별로인데 値段 이 너무 비싸다.

명 값[가격]

たかいねだん
高い値段   비싼 가격

平仮名 ひらがな

Q. 일본어는 한자와 平仮名, 가타카나를 섞어 쓴다.

Q. 平仮名 와 가타카나는 음은 같지만, 표기법이 다르다.

명 히라가나

ひらがなひょうき
平仮名表記   히라가나 표기

指 ゆび

Q. 왼손 네 번째 指 에 결혼반지를 끼고 있다.

Q. 새끼 指 를 걸고 약속하다.

명 손가락

ゆびをさす
指を指す   손가락으로 가리키다

歌手 かしゅ

Q. 저 歌手 는 노래를 잘 불러.

Q. 歌手 가 되기 위해 보컬 트레이닝을 받고 있다.

명 가수

かしゅでびゅー
歌手デビュー   가수 데뷔

骨 ほね

Q. 또 이런 짓을 하다 걸리면 그땐 骨 도 못 추릴 줄 알아라.

Q. 청어와 전어는 骨 가 많은 생선이다.

명 뼈, 가시

さかなのほね
魚の骨   생선의 가시 (뼈)

内¹ うち

Q. 자객은 아직 저택의 内 를 빠져나가지 못했을 것이다!

Q. 수입산 아닙니다. 100% 국 内 산 원료로 만들었습니다.

명 속, 안

へやのうち
部屋の内   방안

★ 접사일 때는 발음이 ない 로 변화함

内² うち

Q. 일이 끝나고 内 로 돌아가면 피로가 풀린다.

Q. 학교 마치고 内 에 놀러 올래?

명 집, 가정

うちのぼうず
内の坊主   우리 집 꼬마 녀석

家庭 かてい

Q. 선생님이 家庭 방문 상담을 위해 집에 찾아오셨다.

Q. 결혼해서 한 家庭 를 이루었다.

명 가정

かていふわ
家庭不和   가정불화

枝 えだ

Q. 나무 枝 에 앉은 새 한 마리.

Q. 나무에서 枝 하나를 꺾었다.

명 가지

きのえだ
木の枝   나뭇가지

久しぶり ひさしぶり

Q. 와, 너 정말 久しぶり 다. 그동안 뭐 하고 지냈어?

Q. 고등학교 졸업 후 久しぶり 에 보는 반가운 얼굴들.

명 오래간만

ひさしぶりのさいかい
久しぶりの再会   오래간만의 재회

醤油 しょうゆ

Q. 醤油 는 까만 액체로, 요리 간을 맞출 때 쓴다.

Q. 장모님께서 직접 담근 醤油 게장은 정말 맛있어.

명 간장

しょうゆらーめん
醤油ラーメン   간장 라멘

講堂 こうどう

Q. 비가 오면 학교 講堂 에 모여서 조회를 한다.

Q. 비가 와서 講堂 에 모여 교장 선생님의 훈화를 들었다.

명 강당

こうどうでのしゅうごう
講堂での集合   강당에서 집합

講義 こうぎ

Q. 그 교수의 講義 는 학생들에게 인기 있다.

Q. 교수가 되어 첫 講義 를 맡았다.

명 강의

こうぎにってい
講義日程   강의 일정

か月 かげつ

Q. 태어난 지 다섯 か月 밖에 안 된 갓난아기.

Q. 1년은 12 か月 이다.

명 ~개월

じゅうにかげつ
12か月   12개월

個人 こじん

Q. 이것은 나 個人 의 문제가 아니라 우리 모두의 문제다.

Q. 個人 의 자유를 침해하지 마라.

명 개인

こじんじょうほう
個人情報   개인 정보

居間 いま

Q. 居間 에는 소파와 TV를 두었어요.

Q. 居間 에서 가족들과 TV를 보다가 방으로 돌아왔다.

명 거실

しょくどうけんいま
食堂兼居間   식당 겸 거실

鏡 かがみ

Q. 鏡 가 깨지면 불길하다는 미신.

Q. 鏡 에 비친 내 모습을 바라보았다.

명 거울

かがみとぶらし
鏡とブラシ   거울과 빗

殆ど ほとんど

Q. 참석한 사람들 殆ど 가 동의하는 분위기였다.

Q. 이제 부상이 殆ど 나아서 움직일 수 있어.

명 대부분, 거의

ほとんどなおる
殆ど治る　　　　　　　　거의 낫다

欠席 けっせき

Q. 영호는 오늘 할머니 제사 때문에 학교를 欠席 했어요.

Q. 몸이 약해서 학교를 자주 欠席 했다.

명 결석

むだんけっせき
無断欠席　　　　　　　　무단결석

場合 ばあい

Q. 세상에! 뭐 이런 場合 가 다 있어?

Q. 비가 올 場合 에는 운동회가 취소됩니다.

명 경우

ばあいによる
場合による　　　　　　　경우에 따르다

場所 ばしょ

Q. 여기가 사건이 일어난 場所 인가요?

Q. 지금 서 있는 場所 에서 한 발자국도 움직이지 마.

명 장소, 곳

しずかなばしょ
静かな場所　　　　　　　조용한 장소

経済 けいざい

Q. 세계 経済 가 일시적인 불황을 맞고 있다.

Q. 급격한 経済 발전으로 선진국으로 발돋움했다.

명 경제

けいざいはってん
経済発展　　　　　　　　경제 발전

警察 けいさつ

Q. 도둑이 들어 警察 에 신고했다.

Q. 그 사건은 警察 가 수사하고 있습니다.

명 경찰

けいさつちょう
警察庁　　　　　　　　　경찰서

景色 けしき

Q. 아름다운 자연의 景色 에 넋을 잃었다.

Q. 창밖의 景色 를 구경하다.

명 경치

いなかのけしき
田舎の景色　　　　　　　시골의 경치

経験 けいけん

Q. 힘들지만 보람 있는 経験 이었습니다.

Q. 젊은 시절 해외를 돌아다니며 다양한 経験 을 했다.

명 경험

ながねんのけいけん
長年の経験　　　　　　　오랜 경험

御存じ ごぞんじ

Q. 정답을 御存じ 인 분께선 손을 들어 주십시오.

Q. 사용법을 御存じ 하고 계십니까? 설명해 드릴까요?

명 알고 계심

ごぞんじでしょうか
御存じでしょうか　　　　알고 계시는지요

Q

季節 きせつ
- 가을은 독서의 季節 다.
- 우리나라는 봄, 여름, 가을, 겨울의 사 季節 가 있다.

計画 けいかく
- 휴가 計画 는 세웠니?
- 범행 2주 전부터 치밀한 計画 를 세운 것으로 드러났다.

坂 さか
- 경사가 심한 坂 에서 넘어져 굴렀다.
- 아리랑 아리랑 아라리요. 아리랑 坂 를 넘어간다.

豚肉 ぶたにく
- 나는 소고기보다 豚肉 가 더 좋아요.
- 햄은 豚肉 에 첨가물을 넣어서 만든다.

鉤 かぎ
- 후크 선장의 한쪽 손은 鉤 이다.
- 낚시 鉤 는 물고기의 입이 걸리기 쉬운 형태로 휘어 있다.

故障 こしょう
- 엘리베이터가 故障 로 멈춰 섰다.
- 기계가 故障 가 났는지 전원이 들어오지 않는다.

会場 かいじょう
- 국제 박람 会場 에서 테러가 일어났다.
- 전시 会場 에 있던 전시품이 도난당했다.

公開 こうかい
- 그 정치인은 자신의 재산 公開 를 거부했다.
- 새로운 작품이 대중 앞에 公開 되었다.

工事 こうじ
- 바로 옆이 신축 건물 工事 현장이어서 몹시 시끄러웠다.
- 도로 확장 工事 중이라 이쪽 길로는 갈 수 없나 봐.

A

명 계절
きせつげんてい	
季節限定	계절 한정

명 계획
けいかくちゅうし	
計画中止	계획 중지

명 비탈, 고갯길, 경사
さかみち	
坂道	비탈길

명 돼지고기
ぶたにくのりょうり	
豚肉の料理	돼지고기 요리

명 갈고리
かぎでひっかける	
鉤で引っ掛ける	갈고리로 걸다

명 고장
こしょうのげんいん	
故障の原因	고장의 원인

명 회장
てんじかいじょう	
展示会場	전시회장

* 모임을 하는 곳을 이르는 말

명 공개
こうかいそうさ	
公開捜査	공개 수사

명 공사
こうじちゅう	
工事中	공사 중

工業 こうぎょう

- Q. 이곳은 공장이 모여 있는 **工業** 단지입니다.
- Q. **工業** 폐수를 몰래 강에 버리다가 적발되다.

명 공업

じゅうこうぎょう
重工業   중공업

工場¹ こうじょう

- Q. 반도체를 만드는 거대한 **工場**.
- Q. **工場** 에서 일어난 사고로 공장장을 소환 조사했다.

명 공장

きょだいなこうじょう
巨大な工場   거대한 공장

工場² こうば

- Q. 도쿄 오타구 공장지대에는 많은 **工場** 가 모여 있다.
- Q. 작은 규모의 식품 **工場** 이어서인지 관리가 더 철저하다.

명 공장

しょくひんこうじょう
食品工場   식품공장

* 보통 こうじょう 보다 소규모인 것을 뜻함

空港 くうこう

- Q. 비행기를 타기 위해 **空港** 에서 수속을 기다리고 있다.
- Q. **空港** 는 언제나 캐리어를 끄는 여행객들로 가득합니다.

명 공항

こくさいくうこう
国際空港   국제 공항

科学 かがく

- Q. **科学** 기술의 발달이 생활의 편리를 가져왔다.
- Q. 학교 다닐 때 수학과 **科学** 등 이과 과목을 좋아했어요.

명 과학

かがくしゃ
科学者   과학자

喉 のど

- Q. 노래를 계속 불렀더니 **喉** 가 부어 목소리가 안 나온다.
- Q. 생선 가시가 **咽** 에 박혔다.

명 목구멍

のどあめ
咽飴   목 사탕

* '후두, 발성 기관'을 뜻함
* 표기 차이 咽: 인두, 소화관이자 호흡도

関係 かんけい

- Q. 양국은 앞으로도 좋은 **関係** 를 유지하고자 합니다.
- Q. 형이랑은 혈연 **関係** 지만 남보다 사이가 안 좋아.

명 관계

かんけいしゃ
関係者   관계자

観光 かんこう

- Q. 자식들이 돈을 모아 효도 **観光** 를 보내드렸다.
- Q. 인기 **観光** 지라서 그런지 배낭을 멘 사람이 많이 보였다.

명 관광

かんこうきゃく
観光客   관광객

習慣 しゅうかん

- Q. 고기만 먹는 식사 **習慣** 을 바로잡아야 해.
- Q. 명절에 세뱃돈을 주는 것은 오랜 **習慣** 이다.

명 습관, 관습

わるいしゅうかん
悪い習慣   나쁜 습관

高校 こうこう

Q. 수능 때문에 3년간 공부만 했던 高校 생활.

Q. 대학교 진학을 앞두고 진로를 고민했던 高校 시절.

명 고교[고등학교]

こうこうそつ
高校卒   고등학교 졸업

校門 こうもん

Q. 하교 시간이 되자 아이들이 校門 으로 우르르 몰려나왔다.

Q. 선도부원이 校門 앞에서 학생들의 복장을 점검한다.

명 교문

こうもんのぜん
校門の前   교문 앞

郊外 こうがい

Q. 郊外 에 집을 짓고 살면서 도시로 통근했다.

Q. 집값이 싼 郊外 에 살면서 서울로 통근한다.

명 교외

こうがいにすむ
郊外に住む   교외에 살다

教育 きょういく

Q. 초등학교는 의무 教育 에 포함된다.

Q. 입사 후 일주일간 신입사원 教育 가 진행됩니다.

명 교육

きょういくいいんかい
教育委員会   교육위원회

校長 こうちょう

Q. 한 학교의 최고 관리자인 校長 선생님.

Q. 호그와트의 校長 선생님으로 유명한 덤블도어.

명 교장

こうちょうしつ
校長室   교장실

交通 こうつう

Q. 지방에서 서울로 출퇴근해서 交通 비가 만만치 않다.

Q. 명절 귀성길에는 차가 몰려 交通 정체가 심하다.

명 교통

こうつうあんぜん
交通安全   교통안전

教会 きょうかい

Q. 일요일마다 예배를 드리러 教会 에 간다.

Q. 찬송가가 教会 안에 울려 퍼진다.

명 교회

きょうかいのぼくし
教会の牧師   교회의 목사

見物 けんぶつ

Q. 학교에서 단체로 왕릉 見物 를 하러 갔다.

Q. 가끔 혼자서 발레 공연 見物 를 하러 간다.

명 관람, 구경

けんぶつきゃく
見物客   관람객

花見 はなみ

Q. 가을엔 단풍 구경 봄엔 花見 다.

Q. 봄이 되면 진해에 가서 花見 를 한다.

명 꽃구경

はなみどき
花見時   꽃구경 철

雲 くも

Q. 하늘에 雲 한 점 없이 맑다.
Q. 하늘에 雲 가 가득한 걸 보니 비가 오려나 봐.

명 구름

くもがはれる
雲が晴れる　　　　　구름이 걷히다

研究室 けんきゅうしつ

Q. 박사님은 研究室 에서 실험 중이십니다.
Q. 최첨단 설비가 갖추어진 研究室 에서 실험했다.

명 연구실

けんきゅうしつほうもん
研究室訪問　　　　　연구실 방문

国軍 こくぐん

Q. 우리나라의 国軍 은 육군, 해군, 공군으로 구성되어 있다.
Q. 国軍 장병들에게 초등학생들이 쓴 위문 편지가 도착했다.

명 국군

こくぐんしょうへい
国軍将兵　　　　　국군 장병

国内 こくない

Q. 태풍으로 국제 항공편과 国内 항공편이 모두 결항하였다.
Q. 한류 아이돌은 国内 뿐 아니라 해외에서도 인기가 있다.

명 국내

こくないさん
国内産　　　　　국내산

国立 こくりつ

Q. 설악산 国立 공원.
Q. 서울대 같은 国立 대학교는 학비가 싼 편이야.

명 국립

こくりつだいがく
国立大学　　　　　국립대학

国民 こくみん

Q. 대한민국의 주권은 国民 에게 있다.
Q. 세금을 내는 건 国民 의 의무이다.

명 국민

こくみんけんこうほけん
国民健康保険　　　　국민건강보험

国宝 こくほう

Q. 대한민국 国宝 제1호는 서울에 있는 숭례문이다.
Q. 첨성대는 대한민국 国宝 제31호이다.

명 국보

こくほうにしていする
国宝に指定する　　　국보로 지정하다

国産 こくさん

Q. 외제보다 国産 을 장려하는 운동.
Q. 해외에서 인기 있는 国産 제품.

명 국산

こくさんしゃ
国産車　　　　　국산 차

国際 こくさい

Q. 김포 国際 공항.
Q. 요즘은 国際 전화 요금이 그리 안 비싸.

명 국제

こくさいでんわ
国際電話　　　　　국제전화

Q

国土 こくど

Q. 우리나라 国土 의 70%는 산지로 이루어져 있다.

Q. 대한민국의 国土 면적은 99,720㎢이다.

軍人 ぐんじん

Q. 전쟁이 일어나자 수많은 軍人 들이 전장에 투입되었다.

Q. 부대 앞에서 軍人 이 보초를 서고 있다.

規則 きそく

Q. 規則 를 어기는 것을 반칙이라고 한다.

Q. 복도에서 뛰지 않는 것은 학교에서 정한 規則 다.

番組 ばんぐみ

Q. 이 番組 재미없더라. 채널 돌릴게.

Q. 가요 番組 의 MC로 활약하고 있다.

辺¹ へん

Q. 내가 찾아갈 테니 어디 가지 말고 그 辺 에서 기다려.

Q. 한강 辺 에 있는 아파트에 삽니다.

字 じ

Q. 심한 악필이라 무슨 字 인지 못 읽겠어.

Q. 한석봉은 字 를 잘 쓰기로 유명했다.

金 きん

Q. 金 은 다른 금속과 달리 화폐의 가치를 가지고 있다.

Q. 올림픽에서 최고점으로 金 메달을 땄다.

急行 きゅうこう

Q. 늦을까 봐 急行 열차를 탔어.

Q. 완행에서 急行 로 갈아탔다.

期間 きかん

Q. 수습 期間 은 입사 후 3개월입니다.

Q. 도서 대출 期間 은 일주일이다.

A

명 국토

| こくどめんせき 国土面積 | 국토 면적 |

명 군인

| しょくぎょうぐんじん 職業軍人 | 직업 군인 |

명 규칙

| きそくただしいせいかつ 規則正しい生活 | 규칙적인 생활 |

명 (경기·연예·방송 등의) 프로그램

| ばんぐみせいさく 番組制作 | 방송 제작 |

명 변, 근처

| このへん この辺 | 이 근처 |

명 글자, 글씨

| じをかく 字を書く | 글씨를 쓰다 |

명 금

| きんのゆびわ 金の指輪 | 금반지 |

명 급행

| きゅうこうでんしゃ 急行電車 | 급행열차 |

명 기간

| しけんきかん 試験期間 | 시험 기간 |

機械 きかい

^{Q.} 機械 를 작동시키려면 전기와 같은 동력이 필요하다.
^{Q.} 세계 최초로 만들어진 機械 는 제분기이다.

명 기계
きかいがくるう
機械が狂う　　　기계가 고장 나다

気分 きぶん

^{Q.} 친구랑 싸웠더니 気分 이 좋지 않았다.
^{Q.} 내일부터 방학이라 気分 이 좋다.

명 기분
きぶんてんかん
気分転換　　　기분 전환

気持(ち) きもち

^{Q.} 지금은 놀고 싶은 気持(ち) 가 아니다.
^{Q.} 자식을 낳아 봐야 부모의 気持(ち) 를 이해하지.

명 마음, 기분
きもちわるい
気持ち悪い　　　기분 나쁘다

技術 ぎじゅつ

^{Q.} 과학 技術 의 발전으로 생활이 편리해졌다.
^{Q.} 최첨단 技術 를 도입해 만든 기기이다.

명 기술
かがくぎじゅつ
科学技術　　　과학 기술

始(ま)り はじまり

^{Q.} 우주의 始(ま)り 로 거슬러 올라가 보자.
^{Q.} 始(ま)り 가 반이다.

명 시작, 시초, 기원
じゅぎょうのはじまり
授業の始まり　　　수업 시작

記者 きしゃ

^{Q.} 진실을 세상에 알리는 記者 가 되는 것이 꿈이다.
^{Q.} 나는 신문사에서 記者 로 일한다.

명 기자
しんぶんきしゃ
新聞記者　　　신문 기자

汽車 きしゃ

^{Q.} 칙칙폭폭 汽車 놀이를 하는 아이들.
^{Q.} 서울역에서 汽車 를 타고 부산역에 내렸다.

명 기차
きしゃりょこう
汽車旅行　　　기차 여행

外側 そとがわ

^{Q.} 창문 外側 에서 강한 바람이 들어왔다.
^{Q.} 外側 는 바삭하고 속은 촉촉해서 정말 맛있어.

명 바깥쪽
まどのそとがわ
窓の外側　　　창문 바깥

夢 ゆめ

^{Q.} 높은 곳에서 떨어지는 夢 를 꾸면 키가 큰대.
^{Q.} 나는 복권에 당첨되는 게 평생의 夢 다.

명 꿈
はかないゆめ
儚い夢　　　헛된 꿈

終(わ)り おわり

ᵠ 終(わ)り 가 보이지 않을 만큼 긴 줄이었다.

ᵠ 시작이 있으면 終(わ)り 도 있다.

閔 끝

おわりのひ
終わりの日   마지막 날

竹 たけ

ᵠ 전라남도 담양군은 竹 숲으로 유명하다.

ᵠ 竹 의 싹을 죽순이라고 한다.

閔 대나무

たけのこ
竹の子   죽순

玩具¹ おもちゃ

ᵠ 아이들이 로봇 玩具 를 가지고 놀고 있다.

ᵠ 마트에 조카를 데려와서 玩具 를 사 주었다.

閔 장난감

おもちゃばこ
玩具箱   장난감 상자

前回 ぜんかい

ᵠ 前回 에는 졌지만 이번에는 이기고 말겠다.

ᵠ 前回 의 드라마를 못 봐서 내용을 못 따라가겠다.

閔 지난번

ぜんかいのせんきょ
前回の選挙   지난번 선거

男性 だんせい

ᵠ 갓 태어났을 때는 여성과 男性 의 차이가 크지 않다.

ᵠ 요즘은 화장하는 男性 도 드물지 않다.

閔 남성

だんせいほるもん
男性ホルモン   남성 호르몬

夫 おっと

ᵠ 夫 와 아내가 집안일을 같이 해요.

ᵠ 부부는 夫 와 아내를 아울러 부르는 말이다.

閔 남편

おっとのねくたい
夫のネクタイ   남편의 넥타이

内側 うちがわ

ᵠ 외모보다 内側 의 아름다움이 더 중요해.

ᵠ 원래 팔은 内側 로 굽는 법이지.

閔 안쪽, 내면

もんのうちがわ
門の内側   문 안쪽

内部 ないぶ

ᵠ 회사 内部 에 스파이가 있는 게 틀림없어!

ᵠ 内部 고발자가 회사의 비리를 폭로했다.

閔 내부

ないぶじじょう
内部事情   내부 사항

明日² あす

ᵠ 오늘은 바쁜데 明日 만나는 게 어때?

ᵠ 오늘과 달리 明日 날씨는 다소 쌀쌀할 예정입니다.

閔 내일

あすのてんき
明日の天気   내일 날씨

匂い におい

- 킁킁. 어디서 타는 匂い 안 나니?
- 새로 바른 페인트에서 지독한 匂い 가 난다.

명 냄새

こうすいのにおい
香水の匂い   향수 냄새

冷房 れいぼう

- 문을 열고 冷房 를 하니까 안 시원해지지.
- 은행은 종일 冷房 가 되니까 시원해.

명 냉방

れいぼうびょう
冷房病   냉방병

広さ ひろさ

- 겨우 한 명이 누울 広さ 의 공간.
- 広さ 가 커서 트럭도 충분히 지나갈 수 있다.

명 넓이

へやのひろさ
部屋の広さ   방 넓이

夕べ ゆうべ

- 야간 경비는 夕べ 6시쯤 출근해요.
- 오늘 퇴근하고 夕べ 에 같이 밥 먹을래?

명 저녁때

ゆうべのやくそく
夕べの約束   저녁때 약속

万年筆 まんねんひつ

- 오랫동안 쓴 万年筆 라서 볼펜보다 편하다.
- 서명할 때 항상 万年筆 를 사용하는 회장님.

명 만년필

ふるいまんねんひつ
古い万年筆   낡은 만년필

老人 ろうじん

- 헤밍웨이의 老人 과 바다를 읽었다.
- 서울시의 독거 老人 정책에는 무엇이 있지?

명 노인

ろうじんほーむ
老人ホーム   양로원

吃驚 びっくり

- 갑자기 튀어나온 차를 보고 吃驚 해서 비명을 질렀다.
- 갑자기 누가 어깨를 쳐서 吃驚 했다.

명 깜짝 놀람

びっくりする
吃驚する   깜짝 놀라다

遊び あそび

- 친구들과 공 遊び 를 하려고 운동장으로 나갔다.
- 여름이 되면 강이나 바다로 물 遊び 를 하러 간다.

명 놂, 놀이

あそびかた
遊び方   놀이 방법

橋 はし

- 돌 橋 도 두드려 보고 건너라.
- 강을 건너려면 橋 를 건너야 해요.

명 다리

いしのはし
石の橋   돌다리

Q ——— A ———

畳¹ たたみ

^{Q.} 바닥에 畳 를 깐 일본 전통 가옥.

^{Q.} 일본의 전통 바닥재인 畳 는 속에 짚을 넣어 만든다.

몡 **다다미**

たたみべや 畳部屋	다다미방

★ 접사일 때는 발음이 じょう 로 변화하며 다다미를 셀 때 쓰임

多数 たすう

^{Q.} 多数 를 위한 소수의 희생.

^{Q.} 손을 들게 한 뒤 多数 결의 원칙에 따라 결정했다.

몡 **다수**

ぜったいたすう 絶対多数	절대다수

言葉 ことば

^{Q.} 나한테 한마디라도 言葉 를 했다면 도와줬을 텐데.

^{Q.} 사전에 안 나오는 言葉.

몡 **말, 단어**

ことばづかい 言葉遣い	말투

会 かい

^{Q.} 대학교 신입생 환영 会 에서 친구를 많이 사귀었어.

^{Q.} 낚시 동호 会 의 회원들과 함께 배를 타고 낚시를 했다.

몡 **모임, 단체**

のみかい 飲み会	회식

月¹ つき

^{Q.} 해가 지고 月 가 떴다.

^{Q.} 月 에 토끼가 산다는 전설이 있어요.

몡 **달**

つきみ 月見	달구경

月² がつ

^{Q.} 8 月 에는 광복절이 있다.

^{Q.} 1년은 12 月 입니다.

몡 **월, 달**

ごがつ 五月	5월

返事 へんじ

^{Q.} 그는 返事 없이 고개만 끄덕였다.

^{Q.} 열심히 편지를 썼는데 返辞 가 없으면 속상하다.

몡 **대답**

へんじをにごす 返事を濁す	대답을 얼버무리다

★ 표기 차이 返辞: 답장

大雪 おおゆき

^{Q.} 올겨울은 눈이 많이 내려 大雪 주의보가 잦았다.

^{Q.} 겨울이 되면 大雪 가 내려 기차 운행이 중단되곤 한다.

몡 **대설**

おおゆきちゅういほう 大雪注意報	대설 주의보

代(わ)り かわり

^{Q.} 아파서 쉰 사람 代(わ)り 로 내가 일했어.

^{Q.} 베개 代(わ)り 로 책을 베고 자다.

몡 **대신, 대리, 대용**

ははのかわり 母の代わり	어머니 대신

御馳走 ごちそう

ᵠ 고풍스러운 저택에 초대되어 산해진미를 御馳走 받았다.

ᵠ 처가의 호화로운 御馳走 에 몸 둘 바를 모르겠다.

명 대접

ごちそうになる
御馳走になる　　　　　대접을 받다

お陰 おかげ

ᵠ 자네의 お陰 에 위험을 피했네.

ᵠ 여러분 お陰 에 회사가 이렇게 성장했습니다. 감사합니다.

명 덕택, 덕분

きみのおかげで
君のお陰で　　　　　자네 덕분에

道具 どうぐ

ᵠ 인간은 道具 를 사용하는 동물이다.

ᵠ 칫솔, 비누 등 세면 道具 를 넣어 다니는 파우치야.

명 도구

せんめんどうぐ
洗面道具　　　　　세면도구

泥棒 どろぼう

ᵠ 내 지갑을 훔쳐 간 泥棒 를 꼭 잡고 말겠어.

ᵠ 집을 비운 사이 泥棒 가 들어와 귀금속을 훔쳐 갔다.

명 도둑질, 도둑

どろぼうあつかい
泥棒扱い　　　　　도둑 취급

途中 とちゅう

ᵠ 출근 途中 에 다친 경우도 업무상 재해인가요?

ᵠ 학교 가는 途中 에 친구들을 만났다.

명 도중

とちゅうさんか
途中参加　　　　　도중 참가

市¹ し

ᵠ 부산 市 달서구에서 살아요.

ᵠ 이 사업은 현재 서울 市 에서 운영하고 있다.

명 번화한 거리, 도회

しりつ
市立　　　　　시립

石 いし

ᵠ 석기 시대에는 石 로 도구를 만들었다.

ᵠ 퐁당퐁당 石 를 던지자.

명 돌

いしのはし
石の橋　　　　　돌다리

自動車 じどうしゃ

ᵠ 중고차 매장에서 마음에 드는 自動車 를 발견했다.

ᵠ 대중교통이 없으니 自動車 를 타고 오셔야 합니다.

명 자동차

じどうしゃほけん
自動車保険　　　　　자동차보험

背中 せなか

ᵠ 그가 내 背中 를 토닥토닥 두드려 줬어.

ᵠ 문에 背中 를 대고 서 있다가 문이 열리자 뒤로 넘어졌다.

명 등

せなかあわせ
背中合せ　　　　　등을 맞댐

Q ———————— A

娘 むすめ

- Q. 아들 둘에 娘 가 하나 있어요.
- Q. 우리 엄마는 할머니에게 좋은 娘 이신 것 같아.

명 딸

むすめたち	
娘たち	딸들

汗 あせ

- Q. 운동 후 흘린 汗 를 닦았다.
- Q. 손에 汗 를 쥘 정도로 흥미진진한 경기였다.

명 땀

あせじみ	
汗じみ	땀 얼룩

展覧会 てんらんかい

- Q. 중학생을 대상으로 한 산업디자인 展覧会 가 열렸다.
- Q. 코엑스에서 개최될 미술 展覧会 에 작품을 냈다.

명 전람회

てんらんかいじょう	
展覧会場	전람회장

塵¹ ごみ

- Q. 塵 는 쓰레기통에 버리세요.
- Q. 길거리에 塵 를 버리면 안 됩니다.

명 쓰레기

ごみばこ	
塵箱	쓰레기통

★ 표기 차이 ゴミ

食料品 しょくりょうひん

- Q. 비상시를 대비해 물과 食料品 을 샀다.
- Q. 食料品 가게에서 반찬을 만들 재료를 샀다.

명 식료품

しょくりょうひんうりば	
食料品売り場	식료품 매장

渡し わたし

- Q. 사공이 노를 젓자 渡し 가 앞으로 나아가기 시작했다.
- Q. 옛날에는 渡し 에 짐이나 사람을 싣고 강을 건넜다.

명 나룻배, 나루터

わたしにのる	
渡しに乗る	나룻배를 타다

毎年 まいとし

- Q. JLPT 시험은 毎年 같은 시기에 열린다.
- Q. 毎年 건강검진을 받으실 것을 권합니다.

명 매년

まいとしおなじじき	
毎年同じ時期	매년 같은 시기

★ 부사로 쓰여 '해마다'를 뜻하기도 함

毎月 まいつき

- Q. 월급의 일부를 毎月 저축하고 있다.
- Q. 毎月 칫솔을 교체해서 치아를 관리하고 있다.

명 매월

まいつきちょちくする	
毎月貯蓄する	매월 저축하다

★ 부사로 쓰여 '달마다'를 뜻하기도 함

お釣(り) おつり

- Q. 카드를 쓰니 お釣(り) 가 안 생겨서 편하다.
- Q. 육백 원이니까 천 원을 내면 お釣(り) 사백 원이 남는다.

명 거스름돈

おつりをもらう	
お釣りをもらう	잔돈을 받다

村 むら

^Q 집이 열 채뿐인 작은 산골 村.

^Q 전주 한옥 村.

명 마을

むらびと
村人　　　　　　　　　마을 사람

心¹ こころ

^Q 아이가 서럽게 우는 것을 보니 心 가 아팠다.

^Q 추천해 주신 옷이 心 에 쏙 들었어요.

명 마음

こころがひろい
心が広い　　　　　　　마음이 넓다

転 ころ

^Q 転 를 바퀴 삼아 돌을 굴려 피라미드를 만들었다는 설.

^Q 예로부터 석재나 목재를 운반하기 위해 転 를 사용했다.

명 산륜, 굴림대

ころをいれてうごかす
転を入れて動かす　굴림대를 넣어 움직이다

★ 무거운 물건을 옮길 때 밑에 깔고 굴리는 둥근 나무토막을 뜻함

万 まん

^Q 세종대왕이 그려진 万 원 짜리 지폐.

^Q 이거 완전 万 병 통치 약이네!

명 만

まんがいち
万が一　　　　　　　　만에 하나

漫画 まんが

^Q 어려운 내용을 漫画 로 그려 쉽고 재밌게 알려준다.

^Q 신문에 4컷 漫画 를 연재하는 만화가입니다.

명 만화

まんがか
漫画家　　　　　　　　만화가

個 こ

^Q 사과 세 個 에 천 원입니다.

^Q 그 사탕은 個 당 200원입니다.

명 개

なんこ
何個　　　　　　　　　몇 개

★ 물건의 개수를 세는 말

晴(れ) はれ

^Q 오늘의 날씨를 보니 오전은 흐림 오후는 晴(れ) 였다.

^Q 비는 오지 않고 종일 흐림과 晴(れ) 를 반복하고 있다.

명 맑음

はれのちくもり
晴れのち曇り　　　　　맑은 후 흐림

味 あじ

^Q 레몬을 생각만 해도 신 味 가 생각나 침이 고인다.

^Q 반찬이 味 있어서 밥을 순식간에 다 먹었다.

명 맛

あじみ
味見　　　　　　　　　맛을 봄

祖母 そぼ

^Q 아버지의 어머니를 祖母 라고 해요.

^Q 祖母 가 작년에 돌아가셔서 할아버지께서 외로워하셔.

명 조모, 할머니

そぼとそふ
祖母と祖父　　　　　할머니와 할아버지

小母 おば

Q. 옆집의 小母 가 반찬을 가져다주셨어.

Q. 어머니는 이웃 小母 랑 수다를 떨고 계셔.

명 아주머니

おばさん
小母さん　　　　　　아주머니

遠く とおく

Q. 이미 遠く 까지 도망쳐서 잡을 수 없었습니다.

Q. 날이 맑아 遠く 떨어진 곳에서도 보였다.

명 먼 곳

とおくから
遠くから　　　　　　먼 곳에서

* 부사로 쓰여 '멀리'를 뜻하기도 함

絹 きぬ

Q. 100% 絹 라 정말 부드러워요.

Q. 絹 는 원래 명나라에서 생산한 견직물을 의미했다.

명 명주

きぬのち
絹の地　　　　　　　비단 천

両親 りょうしん

Q. 両親 께서 용돈을 주셨어.

Q. 우리 両親 은 두 분 다 바쁘신 편이야.

명 양친, 부모님

りょうしんのりこん
両親の離婚　　　　부모님의 이혼

砂 すな

Q. 해감을 안 한 조개를 먹었더니 砂 가 씹혔다.

Q. 사막은 砂 로 이루어져 있다.

명 모래

すなどけい
砂時計　　　　　　　모래시계

形 かたち

Q. 形 가 동그란 탁자를 원탁이라고 한다.

Q. 이 흙인형은 사람의 形 로 만든 고대 유물이다.

명 모양, 형태

ほしのかたち
星の形　　　　　　　별 모양

帽子 ぼうし

Q. 그 사람은 야구 帽子 를 눌러 쓰고 있었어.

Q. 帽子 를 삐딱하게 쓴 래퍼.

명 모자

ぼうしのひさし
帽子のひさし　　　　모자챙

首 くび

Q. 기린은 首 가 긴 동물입니다.

Q. 추워서 首 에 목도리를 둘렀어요.

명 목

くびかざり
首飾り　　　　　　　목걸이

事務所 じむしょ

Q. 변호사 事務所 에 가서 상담을 받았다.

Q. 회사 事務所 를 다른 건물로 이사했다.

명 사무실

ほうりつじむしょ
法律事務所　　　　법률사무소

Q

A

貿易 ぼうえき

- ^Q 초창기의 貿易 는 서로의 물건을 교환하는 것에 불과했다.
- ^Q 고려는 벽란도에서 아라비아 상인들과 貿易 를 했다.

명 무역

ぼうえきみなと
貿易港　　　　　　　　　무역항

公務員 こうむいん

- ^Q 안정적인 직장이라 公務員 이 인기야.
- ^Q 공공기관에서 일하는 公務員 들.

명 공무원

こうむいんしけん
公務員試験　　　　　　공무원시험

文法 ぶんぽう

- ^Q 文法 에 오류가 있는 문장.
- ^Q 영어 회화를 익히며 어려웠던 文法 도 함께 배우자.

명 문법

えいぶんぽう
英文法　　　　　　　　　영문법

文書 ぶんしょ

- ^Q 개인정보가 담긴 文書 를 파쇄기에 넣었다.
- ^Q 공 文書 위조 혐의로 당신을 체포합니다.

명 문서

こうぶんしょ
公文書　　　　　　　　　공문서

文章 ぶんしょう

- ^Q 그 단어로 文章 를 만들어 봐.
- ^Q 한 文章 로 말할 수 없는 이야기.

명 문장

ぶんしょうりょく
文章力　　　　　　　　　문장력

戸 と

- ^Q 여닫이 戸 을 열고 안으로 들어갔다.
- ^Q 오래된 한옥의 미닫이 戸 를 열고 안으로 들어갔다.

명 문짝

にまいと
二枚戸　　　　　　　　쌍바라지 문

文学 ぶんがく

- ^Q 노벨 文学 상 수상 작가.
- ^Q 이름난 해외 소설가들의 작품이 실린 세계 文学 전집.

명 문학

ぶんがくさくひん
文学作品　　　　　　　문학작품

文化 ぶんか

- ^Q 전통 文化 를 계승하고 보존하려고 노력한다.
- ^Q 동서양의 서로 다른 文化 차이를 이해하고 받아들이자.

명 문화

とうようぶんか
東洋文化　　　　　　　동양 문화

木綿 もめん

- ^Q 목화솜으로 만든 실로 짠 천을 木綿 이라 한다.
- ^Q 木綿 이란 우리가 흔히 쓰는 면으로 된 천을 뜻한다.

명 무명, 면직물

もめんのふく
木綿の服　　　　　　　무명옷

Q

動物園 どうぶつえん

Q. 사육사가 되어서 動物園 에서 일하고 싶어.
Q. 이 動物園 은 동물들을 잘 보살펴요.

品物 しなもの

Q. 이 가게는 진열한 品物 가 너무 적어서 살 게 없다.
Q. 이 사진에 찍힌 것과 같은 品物 는 이제 안 파나요?

お祭(り)¹ おまつり

Q. 일본 신사의 お祭(り) 는 원래 신에게 올리는 의식이었다.
Q. 한 해의 풍년을 기원하는 お祭(り) 를 지냈다.

お祭(り)² おまつり

Q. 봄이 되면 여의도에서 벚꽃 お祭(り) 가 열린다.
Q. 보령에서 열린 머드 お祭(り) 에 많은 참가자가 몰렸다.

半分 はんぶん

Q. 종이를 半分 으로 접은 다음 둘로 잘랐다.
Q. 둘이서 사과를 半分 씩 나눠 먹었다.

指輪 ゆびわ

Q. 결혼 指輪 는 왼손 약지에 낀다.
Q. 판타지 영화 指輪 의 제왕.

床屋 とこや

Q. 동네 床屋 에서 머리를 잘랐다.
Q. 미용실과 달리 床屋 는 남성들이 즐겨 찾는다.

発音 はつおん

Q. 또박또박 発音 해야 남들이 알아들을 수 있어.
Q. 혀를 굴려야 해서 発音 하기 어려운 단어.

放送 ほうそう

Q. 저녁에는 라디오 放送 를 들으면서 공부를 했다.
Q. 뉴스가 끝나면 인기 있는 일일 드라마가 放送 된다.

A

圏 동물원

うえのどうぶつえん
上野動物園　　　　우에노 동물원

圏 물품

おなじしなもの
同じ品物　　　　　동일한 물품

圏 제사

じんじゃのおまつり
神社のお祭り　　　신사의 제사

★ 일본어에서 '축제'라는 말의 원래 의미

圏 축제

おまつりのひ
お祭りの日　　　　축젯날

圏 반

はんぶんずつたべる
半分ずつ食べる　　반씩 먹다

圏 반지

けっこんゆびわ
結婚指輪　　　　　결혼반지

圏 이발소, 이발사

せんぞくのとこや
専属の床屋　　　　전속 이발사

圏 발음

はつおんきごう
発音記号　　　　　발음 기호

圏 방송

ほうそうきしゃ
放送記者　　　　　방송 기자

仕方 しかた

Q. 밥을 굶는 다이어트 仕方 는 건강에 좋지 않다.

Q. 공부하는 仕方 에 문제가 있어서 학원에 다니기로 했다.

명 **수단, 방식**

しかたない
仕方ない　　　　할 수 없이

船 ふね

Q. 저 강을 건너려면 船 를 타는 방법밖에 없다.

Q. 뗏목을 이어 만든 船 를 타고 강을 건넜다.

명 **배**

ふなよい
船酔い　　　　뱃멀미

祖父 そふ

Q. 아버지의 아버지를 祖父 라고 해요.

Q. 祖父 가 작년에 돌아가셔서 할머니께서 외로워하셔.

명 **조부, 할아버지**

そぼとそふ
祖母と祖父　　　　할머니와 할아버지

虫 むし

Q. 일찍 일어나는 새가 虫 를 잡는다.

Q. 지렁이같이 생긴 虫 가 사과를 갉아 먹고 있어.

명 **벌레**

むしがたかる
虫が集る　　　　벌레가 꾀다

法律 ほうりつ

Q. 변호사에게 무료 法律 상담을 받았다.

Q. 원산지 표시에 관한 法律 를 위반하여 적발되었다.

명 **법률**

ほうりつじむしょ
法律事務所　　　　법률 사무소

桜 さくら

Q. 진해 군항제는 대표적인 桜 축제이다.

Q. 봄이 되면 분홍색 桜 가 흐드러지게 핀다.

명 **벚나무, 벚꽃**

さくらさく
桜咲く　　　　벚꽃 핌

壁 かべ

Q. 壁 에 막힌 듯이 답답한 기분이었다.

Q. 액자를 걸기 위해 壁 에 못을 박았다.

명 **벽**

かべがくずれる
壁が崩れる　　　　벽이 무너지다

押(し)入れ おしいれ

Q. 세탁을 마친 이불을 잘 접어 押(し)入れ 안에 넣었다.

Q. 押(し)入れ 에서 이불을 꺼내 손님 방에 깔았다.

명 **벽장**

おしいれのなか
押し入れの中　　　　벽장 속

★ 주로 옷장을 뜻함

星 ほし

Q. 밤하늘에 星 들이 가득하다.

Q. 저기 북두칠성이 포함된 星 자리가 바로 큰곰자리야.

명 **별**

ほしのひかり
星の光　　　　별빛

Q _____ A _____

廊下 ろうか

ᵠ 수업 시간에 떠들다가 廊下 에서 벌을 섰다.

ᵠ 선생님이 廊下 에서 뛰지 말라고 했지!

명 복도

ろうかをはしる
廊下を走る　　　　　복도를 달리다

復習 ふくしゅう

ᵠ 예습과 復習 를 철저히 해라.

ᵠ 배운 건 바로 復習 를 해야 오래 기억에 남아.

명 복습

かんじのふくしゅう
漢字の復習　　　　　한자 복습

用事 ようじ

ᵠ 用事 가 있어서 시내에 나왔어. 금방 들어갈 거야.

ᵠ 미안해, 급한 用事 가 생겨서 못 갈 것 같아.

명 볼일

きゅうなようじ
急な用事　　　　　급한 볼일

格好 かっこう

ᵠ 정장을 차려입은 단정한 格好 에 호감이 갔다.

ᵠ 성공하겠다며 상경한 형은 추레한 格好 로 돌아왔다.

명 모습, 볼품

かっこうがわるい
格好が悪い　　　　　볼품 사납다

＊ 표기 차이 恰好

封筒 ふうとう

ᵠ 결혼식 축의금을 封筒 에 넣어서 냈다.

ᵠ 편지 封筒 에 주소를 정확하게 써 주세요.

명 봉투

てがみのふうとう
手紙の封筒　　　　　편지 봉투

上方 じょうほう

ᵠ 목표가를 6만에서 7만으로 上方 조정했다.

ᵠ 신용카드 한도가 부족해 카드사에 전화해 上方 조정했다.

명 위쪽, 윗부분

じょうほうしゅうせい
上方修正　　　　　상향 조정

怪我 けが

ᵠ 그 선수는 다리에 怪我 를 입어 경기에 출전하지 못했다.

ᵠ 갑작스러운 지진으로 넘어져 가벼운 怪我 를 입었다.

명 상처, 부상

おおけが
大怪我　　　　　큰 부상

金持(ち) かねもち

ᵠ 수십억을 가진 金持(ち) 이지만 검소한 사람.

ᵠ 金持(ち) 는 망해도 삼 년 먹을 것이 있다.

명 부자

おおがねもちのむすめ
大金持ちの娘　　　　　큰 부자의 딸

父親 ちちおや

ᵠ 나는 모친보다 父親 를 많이 닮았다.

ᵠ 친구가 父親 상을 당해 장례식에 다녀왔다.

명 부친

ちちおやのしゃしん
父親の写真　　　　　아버지의 사진

金魚 きんぎょ

Q. 金魚 는 붕어를 관상용으로 개량한 것이다.

Q. 돌연변이인 붉은 붕어를 키우던 것이 金魚 사육의 시작.

명 금붕어

きんぎょすくい
金魚すくい　　　　　금붕어 떠내기

支度 したく

Q. 소풍 마지막 날이니 슬슬 돌아갈 支度 를 하렴.

Q. 겨울 支度 를 위해 두꺼운 이불을 모두 꺼냈다.

명 준비, 채비

しょくじのしたく
食事の支度　　　　　식사 준비

★ 주로 신변에 관한 준비를 뜻함

光 ひかり

Q. 아침이 되자 커튼 틈새로 한 줄기의 光 가 들어왔다.

Q. 막막한 상황에 한 줄기의 光 가 보였다.

명 빛 💡

つきのひかり
月の光　　　　　달빛

洗濯 せんたく

Q. 일주일 동안 입은 옷을 洗濯 했다.

Q. 洗濯 를 하려고 옷을 넣고 보니 세제가 떨어졌다.

명 세탁, 빨래

せんたくもの
洗濯物　　　　　세탁물

事故 じこ

Q. 불의의 事故 로 세상을 뜨다.

Q. 빨간불일 때 횡단보도를 건너면 교통 事故 가 날거야.

명 사고

じこげんば
事故現場　　　　　사고 현장

大使館 たいしかん

Q. 여행 중 大使館 에서 임시 여권을 발급받았다.

Q. 주한 일본 大使館 앞에선 수요일마다 집회가 열린다.

명 대사관

にほんたいしかん
日本大使館　　　　　일본 대사관

両者 りょうしゃ

Q. 両者 간 합의를 통해 해결했다.

Q. 両者 모두에게 잘못이 있다.

명 양자, 두 사람

りょうしゃのかいだん
両者の会談　　　　　양자 회담

四方 しほう

Q. 청룡, 백호, 주작, 현무는 四方 를 수호하는 신이다.

Q. 대장이 죽자 병사들은 四方 팔방으로 흩어져 도망을 쳤다.

명 사방

しほうはっぽう
四方八方　　　　　사방팔방

背広 せびろ

Q. 남동생이 성인이 되어 背広 를 한 벌 맞춰주었다.

Q. 형 결혼식 때 입을 背広 를 한 벌 장만했어.

명 신사복

せびろいっちゃく
背広一着　　　　　신사복 한 벌

Q

本当 ほんとう

Q. 本当 로 봤다니까요. 귀신이 있었단 말이에요!

Q. 소문을 확인해보니 놀랍게도 전부 本当 였다.

遠慮 えんりょ

Q. 많이 있으니까 遠慮 마시고 마음껏 드세요.

Q. 계속해서 권하니 더는 遠慮 를 하기도 힘들었다.

間¹ あいだ

Q. 2시부터 4시 間 에 물이 안 나올 거예요.

Q. 공원이 집에서 코앞이지만 그 間 에 도로가 있다.

社長 しゃちょう

Q. 맛집으로 성공하기까지 어려움이 많았다는 社長 님.

Q. 작은 회사의 社長 로 5명의 직원을 데리고 있다.

辞典 じてん

Q. 세상에 대한 다양한 지식을 얻을 수 있는 백과 辞典.

Q. 성경에 등장하는 모든 인물의 이름을 수록한 인명 辞典.

社会 しゃかい

Q. 고령화 社会 가 되면서 치매 환자가 증가하고 있다.

Q. 가족은 社会 를 구성하는 단위.

算数 さんすう

Q. 아이가 算数 시간에 뺄셈을 배웠대.

Q. 算数 가 서툴러서 돈 계산은 우리한테 맡긴대.

産業 さんぎょう

Q. 세계 영화 産業 의 중심지 할리우드.

Q. 저출산 시대에도 완구 産業 는 여전히 활기를 띠고 있다.

山地 さんち

Q. 우리나라는 국토의 대부분이 山地 로 이루어져 있다.

Q. 농민들은 山地 를 개간해 계단식 논을 만들었다.

A

🈁 정말, 진짜, 사실

ほんとうのいみ
本当の意味 　　　　　　　진짜 의미

🈁 사양

えんりょせず
遠慮せず 　　　　　　　　사양 말고

🈁 사이 🐟🐋

かれとのあいだ
彼との間 　　　　　　　　그와의 사이

🈁 사장

しゃちょうしつ
社長室 　　　　　　　　　사장실

🈁 (지식을 담은) 사전 📖

にほんごじてん
日本語辞典 　　　　　　　일본어 사전

🈁 사회

しゃかいせいかつ
社会生活 　　　　　　　　사회생활

🈁 산수

さんすうのもんだい
算数の問題 　　　　　　　산수 문제

🈁 산업

さんぎょうはいきぶつ
産業廃棄物 　　　　　　　산업 폐기물

🈁 산지

あじあのさんち
アジアの山地 　　　　　　아시아의 산지

三角 さんかく

Q. 샌드위치는 보통 三角 모양이다.

Q. 그 영화는 남녀 간의 미묘한 三角 관계를 다루었다.

图 삼각

さんかくけい
三角形 　　　　　　　　　　삼각형

相談 そうだん

Q. 통증이 계속되면 의사와 相談 하세요.

Q. 법률문제를 변호사와 相談 하다.

图 상담

そうだんやく
相談役 　　　　　　　　　　상담 역할

箱 はこ

Q. 나무로 된 箱 를 열었더니 어릴 적 추억의 물건이 나왔다.

Q. 반가운 마음으로 택배 箱 를 열었다.

图 상자

たからばこ
宝箱 　　　　　　　　　　　보물상자

具合 ぐあい

Q. 집안 具合 가 어려워 등록금을 못 냈다.

Q. 얼굴이 하얗게 질린 게 具合 가 안 좋아 보이는데?

图 형편, 상태

ぐあいがわるい
具合が悪い 　　　　　　　상태가 안 좋다

都合 つごう

Q. 여행 말인데, 지갑 都合 에 따라서 못 갈 수도 있어.

Q. 미안하지만, 개인적인 都合 로 불참하게 되었어.

图 형편, 사정, 상황

つごうがいい
都合がいい 　　　　　　　형편이 좋다

新 しん

Q. 이번에 나온 新 메뉴를 먹으러 패스트푸드점에 갔다.

Q. 100m 육상 경기에서 금메달을 따며 新 기록을 세웠다.

图 신, 새것

しんめにゅー
新メニュー 　　　　　　　신메뉴

命 いのち

Q. 물에 빠진 나를 구해 주다니. 당신이 命 의 은인입니다.

Q. 구조대원이 그 아이의 命 를 구했다.

图 목숨, 생명

いのちのおや
命の親 　　　　　　　　　생명의 은인

生産 せいさん

Q. 주문받은 만큼만 生産 하므로 재고가 없습니다.

Q. 제품의 인기가 치솟자 生産 라인을 늘리기로 했다.

图 생산

せいさんかんり
生産管理 　　　　　　　　생산 관리

生活 せいかつ

Q. 일정한 거주지 없이 떠돌이 生活 를 하고 있다.

Q. 남의 집을 들여다보며 사 生活 침해를 하길래 신고했어.

图 생활

せいかつひ
生活費 　　　　　　　　　생활비

Q

引(き)出し ひきだし
- q. 책상 引(き)出し 를 열어서 연필깎이를 찾았다.
- q. 캐비닛 첫 번째 引(き)出し 안에 서류가 들어있다.

西洋 せいよう
- q. 터키는 지리적 특성상 동양과 西洋 문화가 공존한다.
- q. 동양과 西洋 의 맛을 조합한 퓨전 요리 전문점이다.

本屋 ほんや
- q. 本屋 에 들러 재미있는 책을 샀다.
- q. 헌책을 파는 本屋 를 찾는 중이야.

贈(り)物 おくりもの
- q. 멀리 계신 부모님께 贈(り)物 와 함께 편지를 보냈다.
- q. 추첨을 통해 10만 원 상당의 贈(り)物 를 드립니다.

棚 たな
- q. 서랍과 달리 棚 는 위가 뚫려 있어서 먼지가 쉽게 쌓인다.
- q. 설거지를 한 그릇을 식기 棚 위에 포개놓았다.

先輩 せんぱい
- q. 先輩 라 할지라도 후배를 때려선 안 돼.
- q. 그냥 학교 先輩 와 후배 사이일 뿐이야.

選手 せんしゅ
- q. 저 사람은 TV에도 자주 나오는 유명한 야구 選手 야.
- q. 이번 경기를 마지막으로 選手 생활을 마감하게 되었다.

説明 せつめい
- q. 説明 서를 안 보고 조립하다가 순서를 틀렸다.
- q. 이해하기 쉽게 説明 해줘서 귀에 쏙쏙 들어온다.

砂糖 さとう
- q. 단맛을 더하기 위해 砂糖 를 한 숟가락 넣어 주세요.
- q. 비슷하게 생겨서 실수로 砂糖 대신 소금을 넣었다.

A

명 서랍
ひきだしのなか
引き出しの中　　　　　서랍장 안

명 서양
せいようのぶんぶつ
西洋の文物　　　　　서양의 문물

명 구어체 서점
ほんやにたちよる
本屋に立寄る　　　　서점에 들르다

명 선물
たんじょうびのおくりもの
誕生日の贈り物　　　　생일 선물

명 선반
しょっきだな
食器棚　　　　　식기 선반

명 선배
がっこうのせんぱい
学校の先輩　　　　학교 선배

명 선수
やきゅうせんしゅ
野球選手　　　　　야구선수

명 설명
じょうちょうなせつめい
冗長な説明　　　　장황한 설명

명 설탕
くろざとう
黒砂糖　　　　　흑설탕

島 しま

Q. 우리는 제주 島 에서 여름 휴가를 보냈어.
Q. 발리 島 인근 해상에서 지진이 발생했다.

명 섬

しまのほとり
島のほとり　　　　　　　섬 근처

世界 せかい

Q. 더 늦기 전에 世界 일주를 떠나고 싶다.
Q. 팔만대장경은 유네스코가 지정한 世界 문화유산이다.

명 세계

せかいいっしゅう
世界一周　　　　　　　세계 일주

縦 たて

Q. 일본에서는 가로쓰기와 縦 쓰기 두 가지 방식을 사용한다.
Q. 그래프의 가로축과 縦 축.

명 세로

たてがき
縦書き　　　　　　　세로쓰기

紹介 しょうかい

Q. 신학기 첫날이니까 각자 자기 紹介 를 해 주세요.
Q. 이어서 우리 회사의 신제품을 紹介 하겠습니다.

명 소개

しょうかいじょう
紹介状　　　　　　　소개장

音¹ おと

Q. 하이힐을 신어서 또각또각 발 音 가 들렸다.
Q. 어디선가 덜거덕거리는 音 가 난다.

명 소리

おおきなおとをたてる
大きな音を立てる　　　큰 소리를 내다

付く¹ つく

Q. 빈혈로 휘청 付く 하는 친구를 부축해 주었다.
Q. 걸을 때마다 발밑에서 낙엽들이 버석 付く 했다.

명 소리·동작·모양이 그렇게 됨을 나타냄

ぶらつく
ぶら付く　　　　　　　어정거리다

小説 しょうせつ

Q. 좋아하는 작가의 새로운 小説 가 나왔다.
Q. 해리포터 같은 판타지 小説 를 쓰는 게 내 꿈이야.

명 소설

しょうせつか
小説家　　　　　　　소설가

下着 したぎ

Q. 팬티는 겉옷이 아니라 下着 로 구분된다.
Q. 우산 없이 비를 맞아서 下着 까지 흠뻑 젖었다.

명 속옷

したぎをきる
下着を着る　　　　　　속옷을 입다

客 きゃく

Q. 관광 客 가 많이 찾는 현지의 명소.
Q. 오늘 집에 客 가 오셔서 대접할 음식을 사 와야 해.

명 손님

こきゃく
顧客　　　　　　　고객

Q

孫 まご

Q. 손녀는 안중에도 없고 孫 만 예뻐하는 할아버지.

Q. 자식이 낳은 아들을 孫 라고 한다.

爪 つめ

Q. 爪 를 너무 바짝 깎았더니 기타를 못 치겠어.

Q. 불안하면 爪 를 물어뜯는 버릇이 있다.

水道 すいどう

Q. 水道 물은 끓여 먹어라.

Q. 水道 꼭지가 얼어서 물이 나오지 않아.

授業 じゅぎょう

Q. 授業 시간에 떠들다가 선생님께 혼났다.

Q. 다리를 다치는 바람에 체육 授業 시간에 앉아 있었다.

髭 ひげ

Q. 잠자는 사자의 髭 를 건드리지 마라.

Q. 도인처럼 髭 를 길게 기른 노인이 서 있었다.

水泳 すいえい

Q. 이 강은 사고가 자주 일어나서 水泳 금지입니다.

Q. 멀리 가지 말고 물이 얕은 곳에서만 水泳 해야 한다.

輸入 ゆにゅう

Q. 輸入 농산물에 대해 관세를 부과하기로 했다.

Q. 중동에서 석유를 輸入 했다.

受付 うけつけ

Q. 병원에서 진료를 받으려면 受付 를 하고 기다려야 한다.

Q. 우리 대학은 오늘부터 원서 배부와 受付 를 시작한다.

輸出 ゆしゅつ

Q. 해외로 輸出 하는 제품.

Q. 국내 판매량보다 해외 輸出 실적이 높아졌다.

A

명 손자

まごができる
孫ができる　　　　　손자를 보다

명 손톱

つめきり
爪切り　　　　　손톱깎이

명 수도

すいどうのみず
水道の水　　　　　수돗물

명 수업

かがいじゅぎょう
課外授業　　　　　과외 수업

명 수염

ひげそり
髭剃り　　　　　수염 깎기

명 수영

すいえいきょうしつ
水泳教室　　　　　수영 교실

명 수입

ゆにゅうひんもく
輸入品目　　　　　수입 품목

명 접수함, 접수처

うけつけかいし
受付開始　　　　　접수 개시

명 수출

ゆしゅつひん
輸出品　　　　　수출품

数学 すうがく

Q. 数学 는 포기해서 덧셈이랑 뺄셈밖에 못 해요.

Q. 방정식을 배운 뒤 더 많은 数学 문제를 풀 수 있게 되었다.

명 수학

すうがくのこうしき
数学の公式 　　　　　　수학 공식

美術館 びじゅつかん

Q. 좋아하는 화가의 전시회를 보러 美術館 에 갔다.

Q. 국립 현대 美術館 에서 다양한 미술품을 관람했다.

명 미술관

びじゅつかんのしょうひん
美術館の所蔵品 　　　　미술관의 소장품

杯¹ はい

Q. 다들 杯 를 들어 건배하자!

Q. 우승 杯 를 들어 올리며 기쁨을 나누는 선수들.

명 잔, 술잔

ゆうしょうはい
優勝杯 　　　　　　우승배 (우승컵)

＊접사로도 쓰임

林 はやし

Q. 화재 때문에 林 의 나무들이 많이 타버렸어.

Q. 미세먼지 대안으로 도시에 나무를 심어 林 를 조성했다.

명 숲

はやしのなか
林の中 　　　　　　　　숲속

時 とき

Q. 지금 時 가 어떻게 되죠? 6시까지 도착해야 해요.

Q. 네가 출발해야 할 時 가 되면 알려줄게.

명 시간

ときのながれ
時の流れ 　　　　　　시간의 흐름

昼休み ひるやすみ

Q. 昼休み 가 되어 동료들과 점심을 먹으러 나갔다.

Q. 昼休み 에 밥을 먹다가 체해서 조퇴했다.

명 점심시간, 점심 휴식 시간

ひるやすみじかん
昼休み時間 　　　　점심 휴식 시간

休み時間 やすみじかん

Q. 50분 수업 후 10분의 休み時間 이 있다.

Q. 休み時間 에 화장실을 다녀와야겠다.

명 휴식 시간, 쉬는 시간

じゅっぷんのやすみじかん
10分の休み時間 　　10분의 쉬는 시간

田舎 いなか

Q. 명절에는 할아버지가 살고 계시는 田舎 에 간다.

Q. 부모님은 귀농의 꿈을 품고 田舎 로 가셨다.

명 시골

いなかのせいかつ
田舎の生活 　　　　　시골 생활

時代 じだい

Q. 증기기관의 발명으로 새로운 時代 가 열렸다.

Q. 우리는 디지털 時代 에 살고 있다.

명 시대

えどじだい
江戸時代 　　　　　　에도시대

Q ——— **A** ———

市民 しみん

Q. 소매치기를 잡아 용감한 市民 표창을 받았다.
Q. 미국 市民 권을 취득하여 병역 기피 논란이 있었다.

명 시민

しみんかいかん
市民会館　　　　　　　　시민 회관

試合 しあい

Q. 오늘 중요한 축구 試合 가 있어요.
Q. 그 선수는 부상 때문에 試合 에 나가지 못하게 되었다.

명 경기, 시합

しあいけっか
試合結果　　　　　　　　시합 결과

試験 しけん

Q. 운전면허 試験 에 합격해야 차를 몰 수 있다.
Q. 지금부터 試験 을 시작하겠습니다. 커닝하지 마세요.

명 시험

じつぎしけん
実技試験　　　　　　　　실기 시험

食事 しょくじ

Q. 아침 食事 는 거르지 않고 챙겨 먹는 편이다.
Q. 누워서 밥을 먹지 마. 食事 예절을 지켜야지!

명 식사

しょくじのじかん
食事の時間　　　　　　　식사 시간

夕食 ゆうしょく

Q. 점심을 너무 늦게 먹어서 夕食 는 걸렀다.
Q. 오늘 夕食 는 아버지 퇴근하시면 밖에서 먹자.

명 저녁 식사

ゆうしょくをとる
夕食をとる　　　　　　저녁밥을 먹다

新年 しんねん

Q. 新年 가 되어 친지들에게 연하장을 돌렸다.
Q. 근하 新年 이란 새해를 맞이하는 신년 인사를 뜻한다.

명 신년

きんがしんねん
謹賀新年　　　　　　　　근하신년

神社 じんじゃ

Q. 논란이 된 神社 참배를 강행한 일본 총리.
Q. 수호신을 모시고 있는 神社.

명 신사

じんじゃさんぱい
神社参拝　　　　　　　　신사참배

世話 せわ

Q. 世話 를 끼쳐 드려 정말 죄송합니다.
Q. 이렇게 또 世話 를 지게 됐네요.

명 수고, 신세

せわになる
世話になる　　　　　　　신세 지다

糸 いと

Q. 바늘에 糸 를 꿰었다.
Q. 묶어둔 糸 타래를 고양이가 풀어 헤쳐놓았다.

명 실

いととはり
糸と針　　　　　　　　　실과 바늘

室内 しつない

ᵠ 주말에 비가 온다고 하니 室内 수영장으로 가자.

ᵠ 室内 에서 하는 스포츠는 날씨와 관계없이 즐길 수 있다.

閉 **실내**

しつないそうしょく
室内装飾 실내 장식

忘れ物 わすれもの

ᵠ 내리시기 전에 忘れ物 는 없는지 확인해 주세요.

ᵠ 우산은 사람들이 자주 잊는 忘れ物 중에 하나다.

閉 **잊은 물건, 분실물**

わすれものとりあつかいじょ
忘れ物取扱所 분실물 센터

落(と)し物 おとしもの

ᵠ 스마트폰을 落(と)し物 센터에서 보관하고 있습니다.

ᵠ 가구 위치를 바꾸다가 落(と)し物 를 발견했다.

閉 **분실물**

おとしものをみつける
落とし物を見付ける 분실물을 발견하다

失敗 しっぱい

ᵠ 성공과 失敗 는 나 자신에게 달렸다.

ᵠ 그는 사업 失敗 로 본전도 못 건졌다.

閉 **실패**

しっぱいさく
失敗作 실패작

喧嘩 けんか

ᵠ 부부 喧嘩 는 칼로 물 베기라잖아.

ᵠ 사소한 일로 친구와 喧嘩 를 한 뒤 내가 먼저 사과했다.

閉 **싸움**

ふうふげんか
夫婦喧嘩 부부싸움

米 こめ

ᵠ 벼에서 껍질을 벗겨 낸 알맹이를 米 라고 한다.

ᵠ 밥을 짓기 전에 먼저 米 를 잘 씻어야 해요.

閉 **쌀**

こめぶくろ
米袋 쌀부대

両方 りょうほう

ᵠ 둘 중에 고민하지 말고 両方 전부 사는 게 어때?

ᵠ 두 운전자의 両方 과실로 결론 난 교통사고.

閉 **양방[쌍방]**

りょうほうとも
両方とも 양쪽 다

字引 じびき

ᵠ 모르는 한자가 있어 字引 을 찾아보았다.

ᵠ 고사성어의 뜻이 궁금해 字引 에서 한 단어씩 찾아보았다.

閉 **옥편, 사전**

いきじびき
生き字引 살아있는 사전

帰り かえり

ᵠ 부모님이 퇴근하고 帰り 하기를 기다렸다.

ᵠ 해외 출장을 마치고 집으로 帰り 를 했다.

閉 **돌아옴, 돌아감**

がっこうかえり
学校帰り 하굣길

赤ちゃん あかちゃん

Q. 赤ちゃん 이 엄마에게 안겨 자고 있어요.
Q. 사람도 동물도 赤ちゃん 은 모두 귀엽다.

명 아기

あかちゃんのねがお
赤ちゃんの寝顔　　아기의 잠자는 얼굴

案内 あんない

Q. 정류장 앞까지만 길 案内 를 부탁드려도 될까요?
Q. 도로 案内 표지판에 서울까지 남은 거리가 쓰여 있다.

명 안내

みちあんない
道案内　　　　　　길 안내

先² さっき

Q. 先 들은 이야기인데 벌써 잊어버렸다.
Q. 잠깐! 先 의 화면으로 되돌려봐.

명 아까, 앞서, 앞

ついさき
つい先　　　　　　조금 전

夜間 やかん

Q. 주간보다 夜間 근무가 더 힘들어.
Q. 夜間 에 열고 아침까지 영업하는 술집들.

명 야간

やかんさぎょう
夜間作業　　　　　야간작업

約束 やくそく

Q. 約束 시간을 안 지키는 남자친구 때문에 화가 나요.
Q. 앞으로 싸우지 않기로 새끼손가락 걸고 約束 하자.

명 약속

やくそくどおり
約束通り　　　　　약속대로

嘴 はし

Q. 갈매기가 잽싸게 嘴 를 뻗어 물고기를 물었다.
Q. 펠리컨은 嘴 에 커다란 주머니를 달고 있다.

명 부리, 주둥이

いすかのはし
イスカの嘴　　　　잣새의 부리

★ 우아한 표현

肩 かた

Q. 그는 肩 를 으쓱하고 지나갔다.
Q. 肩 에 가방을 걸치고 있어.

명 어깨

かたこり
肩こり　　　　　　어깨 결림

氷 こおり

Q. 그녀의 손은 氷 처럼 차가웠다.
Q. 물이 꽁꽁 얼어 氷 가 되었다.

명 얼음

こおりをわる
氷を割る　　　　　얼음을 깨다

旅館 りょかん

Q. 한 번쯤 일본의 온천 딸린 旅館 에 묵어보고 싶다.
Q. 버스를 놓쳐서 허름한 旅館 에서 하룻밤 묵었다.

명 여관

りょかんぎょう
旅館業　　　　　　여관업

女性 じょせい

- Q. 임신 중인 **女性** 에게 자리를 양보해 주세요.
- Q. 이쪽은 **女性** 복 매장입니다. 남성복은 2층에 있어요.

명 여성

じょせいよう
女性用 　　　　　　　　　여성용

旅行 りょこう

- Q. 해외 **旅行** 경비 마련을 위해 한동안 저축하고 있다.
- Q. 기차로 떠나는 **旅行** 는 낭만적이다.

명 여행

かいがいりょこう
海外旅行 　　　　　　　　해외여행

歴史 れきし

- Q. **歴史** 를 잊은 민족에게 미래는 없다.
- Q. 신라 시대 유적을 돌아다니며 **歴史** 를 배우는 여행.

명 역사

こだいのれきし
古代の歴史 　　　　　　　고대 역사

年代 ねんだい

- Q. 90 **年代** 에 유행했던 팝송.
- Q. 사건들을 **年代** 순으로 기록했다.

명 연대

きゅうじゅうねんだい
90年代 　　　　　　　　　90년대

連絡 れんらく

- Q. 거래처와 **連絡** 를 하는 게 제 주 업무입니다.
- Q. 도난 사고가 일어나 경찰에 **連絡** 를 취했다.

명 연락

れんらくさき
連絡先 　　　　　　　　　연락처

練習 れんしゅう

- Q. 타자 **練習** 를 해서 타자 속도를 800타까지 늘렸다.
- Q. 주말마다 꾸준히 춤을 **練習** 했더니 동작이 많이 좋아졌다.

명 연습

れんしゅうしあい
練習試合 　　　　　　　　연습 시합

熱 ねつ

- Q. 아기의 **熱** 가 높아서 급하게 응급실을 찾았다.
- Q. **熱** 때문에 해열제를 먹었다.

명 열

ねつい
熱意 　　　　　　　　　　열의

列車 れっしゃ

- Q. 석탄을 실은 화물 **列車** 가 터널을 지나고 있다.
- Q. 9호선은 주요 역만 정차하는 급행 **列車** 가 있다.

명 열차

きゅうこうれっしゃ
急行列車 　　　　　　　　급행 열차

零 れい

- Q. 성공 가능성이 **零**% 에 가까운 무모한 도전.
- Q. 돈을 전부 써서 잔액이 **零** 원이야.

명 영

れいてん
零点 　　　　　　　　　　0점

Q ━━━━━━━━━━━━━━━━━ A ━━━━━━━━━

営業 えいぎょう

ᵠ 営業 시간은 오전 9시부터 오후 10시까지입니다.
ᵠ 미성년자에게 술을 팔아 営業 정지를 당했다.

명 영업

えいぎょうじかん
営業時間 　　　　　　　　　 영업시간

映画 えいが

ᵠ 집 근처 극장으로 자주 映画 를 보러 간다.
ᵠ 집에서 쉬면서 映画 나 한 편 볼까?

명 영화

えいがかんしょう
映画鑑賞 　　　　　　　　　 영화 감상

天気予報 てんきよほう

ᵠ 요즘 天気予報 를 안 봐서 날씨를 모르겠어.
ᵠ 天気予報 를 보니 오늘 비가 온다고 했어요.

명 일기 예보

しゅうかんてんきよほう
週間天気予報 　　　　　 주간 일기 예보

予習 よしゅう

ᵠ 予習 가 복습보다 중요한 거 같아.
ᵠ 미리 予習 를 해서 공부할 내용을 알고 있었어.

명 예습

よしゅうとふくしゅう
予習と復習 　　　　　　　　 예습과 복습

予約 よやく

ᵠ 오후에 치과 予約 가 있다.
ᵠ 잠깐 볼일이 생겨서 미용실 予約 시간을 미뤄야 해.

명 예약

よやくばんごう
予約番号 　　　　　　　　　 예약 번호

予定 よてい

ᵠ 출산 予定 일이 언제인가요?
ᵠ 그 영화는 아직 안 나왔어. 10월 개봉 予定 래.

명 예정

よていがくるう
予定が狂う 　　　　　　　 예정이 틀어지다

昔 むかし

ᵠ 초등학생 때 일이라고? 그런 昔 일은 기억도 안 나.
ᵠ 10년도 더 된 昔 에 있었던 일이야.

명 옛날

むかしばなし
昔話 　　　　　　　　　　　 옛날이야기

着物 きもの

ᵠ 着物 는 일본 전통 의상 중 주로 여성의 옷을 가리킨다.
ᵠ 일본인 친구 결혼식이라서 着物 를 입은 사람이 많다.

명 기모노

きものすがた
着物姿 　　　　　　　　　　 기모노 차림

★ 과거에는 의복 전반을 뜻했으나,
현재는 일본 전통 의상인 기모노를 뜻함

屋上 おくじょう

ᵠ 건물 屋上 에서 바라본 주변 풍경.
ᵠ 흡연 구역인 屋上 에 올라가 담배를 피웠다.

명 옥상

おくじょうちゅうしゃじょう
屋上駐車場 　　　　　　　　 옥상 주차장

外国 がいこく

ᵠ 外国 에 오래 살아서 한국어를 까먹었어요.

ᵠ 外国 여행을 가려면 여권과 비자가 필요하다.

명 외국

がいこくじん
外国人   외국인

外部 がいぶ

ᵠ 건물 내부는 좋지만, 外部 는 낡아 보인다.

ᵠ 外部 의 창문은 닦지 않아서 더럽다.

명 외부

がいぶのせんもんか
外部の専門家   외부의 전문가

この間 このあいだ

ᵠ この間 에는 실례가 많았습니다.

ᵠ この間 에 오신 손님이 또 오셨네.

명 일전, 요전

このあいだのできごと
この間の出来事   요전에 있었던 일

此の頃 このごろ

ᵠ 此の頃 명절이라 과식했더니 살이 쪘다.

ᵠ 此の頃 감기가 유행이던데 다들 몸조심해.

명 요사이, 요즘

このごろのてんこう
此の頃の天候   요즘의 날씨

用意 ようい

ᵠ 그녀는 집들이 음식 用意 로 바빴다.

ᵠ 많이 걸을 수 있으니 꼭 물병을 用意 합시다.

명 준비, 대비

しょくじのようい
食事の用意   식사 준비

★ 필요한 것이 구체적이며
비교적 간단하게 갖추어지는 경우를 말함

運 うん

ᵠ 運 이 좋았으니 망정이지 큰 사고가 날 뻔했어.

ᵠ 실력이 아니라 순전히 運 으로 이긴 거야.

명 운

うんがいい
運がいい   운이 좋다

真ん中 まんなか

ᵠ 화살이 과녁 真ん中 를 맞혀서 최고점을 얻다.

ᵠ 도넛은 빵 真ん中 에 구멍이 뚫려 있는 빵이다.

명 한가운데

へやのまんなか
部屋の真ん中   방 한가운데

運動 うんどう

ᵠ 건강을 위해 꾸준히 運動 를 해야 한다.

ᵠ 식스팩을 만들고 싶은 이에게 추천하는 복근 運動 3가지.

명 운동

うんどうかい
運動会   운동회

(お)湯 おゆ

ᵠ 밖이 춥죠? 욕조에 (お)湯 를 받아놓았어요.

ᵠ 기름때를 벗겨내는 데는 찬물보다 (お)湯 가 좋아.

명 더운물

おゆをのむ
お湯を飲む   따뜻한 물을 마시다

Q

運転 うんてん

Q. 빗길에서는 차를 조심해서 運転 해라.

Q. 주택가에서는 느린 속도로 運転 하세요.

近所 きんじょ

Q. 近所 에 사는 이웃이 반찬을 보내주셨어.

Q. 近所 에 있는 학교에 다니고 있어서 금방 통학해요.

原因 げんいん

Q. 화재의 발생 原因 을 밝혀냈다.

Q. 그는 原因 모를 병에 걸려 젊은 나이에 세상을 떠났다.

秒 びょう

Q. 1분은 60 秒 이다.

Q. 10 秒 안에 이 문제 풀면 천재!

分¹ ふん

Q. 역까지는 걸어서 5 分 이면 가요. 가깝죠?

Q. 경기 시간이 불과 2 分 밖에 남지 않았다.

手元 てもと

Q. 수제자로 삼아 手元 에 두고 가르쳤다.

Q. 노트와 볼펜은 항상 手元 에 둡니다.

空気 くうき

Q. 밖으로 나가서 신선한 空気 를 쐬고 싶어.

Q. 회장님의 노성에 회의실의 空気 가 얼어붙었다.

為 ため

Q. 가족을 為 해서 열심히 일해 돈을 벌었다.

Q. 다 너를 爲 해서 하는 소리야.

向(こ)う¹ むこう

Q. 건널목 向(こ)う 에서 친구가 날 보고 손을 흔들었다.

Q. 다리를 건너 강의 向(こ)う 에 있는 마을로 갔다.

A

명 운전

うんてんしゅ
運転手　　　　　운전기사

명 근처, 이웃집

きんじょめいわく
近所迷惑　　　　이웃에 끼치는 폐

명 원인

げんいんふめい
原因不明　　　　원인 불명

명 (시간 단위인) 초

さんじゅうびょう
30秒　　　　　　30초

명 (시간 단위인) 분

いっぷんはろくじゅうびょう
1分は60秒　　　1분은 60초

명 곁

てもとにおいている
手元に置いている　곁에 두고 있다

★ 손이 미치는 범위를 뜻함

명 공기, 분위기

くうきせいじょうき
空気清浄機　　　공기 청정기

명 위함

しあわせのため
幸せの為　　　　행복을 위해

명 맞은편

むこうのいえ
向こうの家　　　맞은편 집

Q ———————————————— A ———————————— **DAY 09**

向(こ)う² むこう

- Q. 이쪽은 담당 창구가 아닙니다. 向(こ)う 에 접수해 주세요.
- Q. 向(こ)う 에서 먼저 시비 걸었다고요!

명 저쪽

むこうにある	
向こうにある	저쪽에 있다

家内¹ かない

- Q. 한지 생산은 대표적인 전통 家内 수공업이었다.
- Q. 권력을 얻기 위한 재벌가의 家内 싸움이 치열했다.

명 가내, 가족, 집안

かないじじょう	
家内事情	집안 사정

家内² かない

- Q. 부장님, 이쪽은 제 家内 와 자식들입니다.
- Q. 가장은 저이지만 집안일은 家内 와 의논해서 결정합니다.

명 (나의) 아내, 집사람

かないをあいする	
家内を愛する	아내를 사랑하다

★ 현대에는 선호되지 않는 표현

意見 いけん

- Q. 저도 당신의 意見 에 찬성합니다.
- Q. 회의란 서로의 意見 을 교환하고 의논하는 것이다.

명 의견

いけんこうかん	
意見交換	의견 교환

積(も)り つもり

- Q. 어떤 積(も)り 로 저런 행동을 하는 거야?
- Q. 널 화나게 할 積(も)り 는 전혀 없었어.

명 생각, 의도

どういうつもり	
どういう積もり	어떤 의도

歯医者 はいしゃ

- Q. 歯医者 가 어금니에 있던 충치를 발견했다.
- Q. 치대를 나온 후 歯医者 가 됐다.

명 치과 의사

はいしゃさん	
歯医者さん	치과 의사 선생님

医学 いがく

- Q. 우리나라의 전통 医学 를 한의학이라고 한다.
- Q. 医学 가 발달하면서 인간의 평균 수명이 늘고 있다.

명 의학

いがくけんきゅう	
医学研究	의학 연구

以内 いない

- Q. 이삼일 以内 에 물건을 받으실 겁니다.
- Q. 과제는 꼭 기한 以内 에 제출하도록 하세요.

명 이내

きげんいない	
期限以内	기한 이내

裏 うら

- Q. 앞문은 잠겨있으니 裏 의 문으로 들어오세요.
- Q. 앞과 裏 가 다른 가식적인 사람.

명 뒤, 뒷면, 이면

あしのうら	
足の裏	발바닥

0856 부터 0864 까지 | 115

Q ──── A ────

今度¹ こんど

ᵠ· 今度 에도 지다니!
ᵠ· 今度 정차역은 동대문입니다.

명 이번

こんどこそ
今度こそ　　　　　　이번에야말로

今度² こんど

ᵠ· 이번만 봐줄 거야. 今度 에 또 이러면 가만두지 않겠어.
ᵠ· 여행은 재미있었어? 今度 에는 나랑 같이 여행 가자.

명 이 다음

またこんどいきます
また今度行きます　　　다음에 갈게요

今回 こんかい

ᵠ· 저번에는 실패했지만 今回 에는 성공했다.
ᵠ· 今回 에도 떨어지면 기회가 없을 거야.

명 이번

こんかいのけん
今回の件　　　　　　이번 건

布団 ふとん

ᵠ· 겨울엔 두꺼운 布団 을 덮고 잔다.
ᵠ· 더워서 布団 을 차버리고 잤어.

명 이불

ふとんぼし
布団干し　　　　　　이불 널기

以上 いじょう

ᵠ· 18세 以上 관람가 영화.
ᵠ· 키 175cm 以上 만 지원 가능합니다.

명 이상

これいじょう
これ以上　　　　　　이 이상

以外 いがい

ᵠ· 관계자 以外 는 출입 금지입니다.
ᵠ· 이 일은 아직 우리 以外 에는 아무도 몰라.

명 이외

かんけいしゃいがい
関係者以外　　　　　관계자 이외

利用 りよう

ᵠ· 미세먼지가 심한 날은 대중교통을 利用 해 주십시오.
ᵠ· 권력을 利用 해서 상대방에게 갑질을 해선 안 된다.

명 이용

りようかち
利用価値　　　　　　이용 가치

理由 りゆう

ᵠ· 이혼의 표면적인 理由 는 성격 불일치였다.
ᵠ· 네가 늦은 理由 를 이야기해 봐.

명 이유

いきるりゆう
生きる理由　　　　　살아가는 이유

訳¹ わけ

ᵠ· 장미의 꽃말에 담긴 訳 는 애정이다.
ᵠ· 이렇게 장사가 잘되는 데는 뭔가 訳 가 있겠지.

명 의미, 이유

どういうわけで
どういう訳で　　　　무슨 이유로

以下 いか

^{Q.} 소수점 以下 는 반올림하세요.

^{Q.} 연 소득 천만 원 以下 만 받는 복지 혜택.

명 이하

きじゅんいか
基準以下 　　　　　　　　　 기준 이하

人口 じんこう

^{Q.} 도심의 人口 집중 현상이 심각하다.

^{Q.} 한국의 人口 수는 약 5,000만 명이다.

명 인구

じんこうちょうさ
人口調査 　　　　　　　　　 인구 조사

挨拶 あいさつ

^{Q.} 여러분! 옆에 앉은 친구한테 반갑다고 挨拶 했나요?

^{Q.} 한국에서는 보통 인사할 때 고개 숙여 挨拶 한다.

명 인사

あいさつもなしに
挨拶もなしに 　　　　　　　　 인사도 없이

人形 にんぎょう

^{Q.} 세계적으로 인기 있는 바비 人形.

^{Q.} 아이가 혼자 人形 놀이를 하면서 놀고 있다.

명 인형

にんぎょうげき
人形劇 　　　　　　　　　　 인형극

事 こと

^{Q.} 무슨 좋은 事 있었어? 기분이 좋아 보이네.

^{Q.} 이건 경찰이 개입해야 할 事 다.

명 일

すぎたこと
過ぎた事 　　　　　　　　　 지나간 일

日記 にっき

^{Q.} 자기 전에 오늘 하루에 대해 日記 를 쓴다.

^{Q.} 자물쇠가 걸린 다이어리를 사서 日記 장으로 쓰고 있다.

명 일기

にっきちょう
日記帳 　　　　　　　　　　 일기장

羽 はね

^{Q.} 닭이 羽 를 퍼덕거리며 빠른 속도로 도망갔다.

^{Q.} 여름이 끝났으니 선풍기 羽 를 분리해서 청소해야겠다.

명 날개

はねをひろげる
羽を広げる 　　　　　　　　 날개를 펴다

★ 작은 새의 날개 혹은 선풍기와 같은 기계의 날개에 씀

入社 にゅうしゃ

^{Q.} 入社 이후 정시에 퇴근해본 적이 없어.

^{Q.} 入社 와 퇴사를 반복하며 회사를 옮겨 다녔다.

명 입사

にゅうしゃしけん
入社試験 　　　　　　　　　 입사 시험

入院 にゅういん

^{Q.} 수술 후 안정이 필요해 한동안 入院 중이다.

^{Q.} 잦은 병치레로 入院 과 퇴원을 반복해야 했다.

명 입원

にゅういんてつづき
入院手続き 　　　　　　　　 입원 절차

Q ——————————

入学 にゅうがく

^{Q.} 이번에 入学 한 신입생입니다.

^{Q.} 이제 막 학교에 入学 한 초등학교 1학년생.

自動 じどう

^{Q.} 自動 문이라 손으로 열 필요 없다.

^{Q.} 화재를 감지해 自動 로 물을 분사하는 스프링클러.

席 せき

^{Q.} 이 차에는 4명이 앉을 수 있는 席 가 있어요.

^{Q.} 오늘 저녁 두 席 예약 가능할까요?

姉妹 しまい

^{Q.} 서울시와 가장 먼저 姉妹 결연을 한 도시는 타이베이다.

^{Q.} 언니와 나는 姉妹 이지만 친구 같은 사이야.

子 こ

^{Q.} 내가 낳은 子 입니다. 내 방식대로 키울 거예요.

^{Q.} 그 부부 사이에 子 는 아들 하나뿐이었다.

作品 さくひん

^{Q.} 이 조각은 미술사에 길이 남을 훌륭한 作品 이다.

^{Q.} 모차르트는 많은 음악 作品 을 남겼다.

手袋 てぶくろ

^{Q.} 두꺼운 手袋 를 끼고 눈사람을 만들었다.

^{Q.} 설거지할 때 고무 手袋 를 낀다.

冷蔵庫 れいぞうこ

^{Q.} 김치를 冷蔵庫 밖에 내놨더니 쉬어서 시큼해졌어.

^{Q.} 冷蔵庫 위 칸에 얼려둔 얼음을 꺼냈다.

将来 しょうらい

^{Q.} 将来 는 가깝고 예측 가능한 미래를 뜻한다.

^{Q.} 저의 将来 희망은 의사가 되는 것입니다.

A ——————————

명 입학

にゅうがくてつづき
入学手続き   입학 절차

명 자동

じどうどあ
自動ドア   자동 도어

명 자리

よやくせき
予約席   예약석

명 자매

きょうだいしまい
兄弟姉妹   형제자매

명 자식

こそだて
子育て   자식 돌봄

명 작품

さくひんてん
作品展   작품전

명 장갑

てぶくろをはめる
手袋を嵌める   장갑을 끼다

명 냉장고

れいぞうこでさます
冷蔵庫で冷ます   냉장고에서 차갑게 하다

명 장래

しょうらいのゆめ
将来の夢   장래 희망

梅雨¹ つゆ

^{Q.} 梅雨 로 인한 높은 습도 때문에 불쾌지수가 상승했다.

^{Q.} 여름 梅雨 가 금방 끝나서 농민들은 걱정이 많다.

图 장마

つゆがおわる
梅雨が終わる　　　장마가 끝나다

飾り かざり

^{Q.} 파티 장소를 형형색색의 화려한 소품으로 飾り 했다.

^{Q.} 조화지만 그래도 꽃을 飾り 했더니 집안이 화사해졌어.

图 꾸밈, 장식

かみかざり
髪飾り　　　머리 장식

おじ

^{Q.} 부모님의 남자 형제를 おじ 라고 부릅니다.

^{Q.} おじ 는 아버지랑 형제인 만큼 많이 닮으셨어요.

图 부모님의 남자 형제 혹은
　부모님의 여자 형제의 남편

ははかたのおじ
母方のおじ　　　외삼촌, 외숙부

＊ 부모보다 순위가 높을 때는 伯父, 손아래일 때는 叔父

留守 るす

^{Q.} 사장님께서는 지금 留守 중이세요. 금방 돌아오실 겁니다.

^{Q.} 留守 중 전화가 열 통이나 와 있었다.

图 부재중

るすばんでんわ
留守番電話　　　부재중 전화

＊ 해당 뜻으로 쓰일 때는 일반적으로 る로 끝남

自転車 じてんしゃ

^{Q.} 아직 중심을 못 잡아서 自転車 에 보조 바퀴를 달았어.

^{Q.} 自転車 는 페달을 밟아서 앞으로 나간다.

图 자전거

じてんしゃおきば
自転車置き場　　　자전거 정류장

全国 ぜんこく

^{Q.} 全国 각지에서 몰려든 관람객으로 붐볐다.

^{Q.} 지방 대회에서 입상하여 全国 대회에 나갔다.

图 전국

ぜんこくたいかい
全国大会　　　전국 대회

電灯 でんとう

^{Q.} 저녁이 되니 방이 어두워 電灯 를 켰다.

^{Q.} 電灯 의 불빛에 벌레가 꼬인다.

图 전등

でんとうがつく
電灯が点く　　　전등불이 켜지다

専門 せんもん

^{Q.} 의사는 의학 분야의 専門 지식을 가진 사람이다.

^{Q.} 일반 치과가 아닌 교정 専門 치과에 가기로 했다.

图 전문

せんもんちしき
専門知識　　　전문 지식

電報 でんぽう

^{Q.} 전화가 부족한 시기에는 소식을 보낼 때 電報 를 쳤다.

^{Q.} 국제 電報 를 치고 싶습니다.

图 전보

でんぽうさーびす
電報サービス　　　전보 서비스

全部 ぜんぶ

Q. 화재로 가진 것 全部 를 잃은 그는 실의에 빠졌다.
Q. 육 · 해 · 공군이 全部 참가하는 훈련.

몡 전부

ぜんぶをがっする
全部を合する　　　전부를 합치다

運転手 うんてんしゅ

Q. 트럭 運転手 의 졸음운전으로 대형 사고가 일어났다.
Q. 아버지는 택시 運転手 이십니다.

몡 운전사

たくしーのうんてんしゅ
タクシーの運転手　　　택시 운전사

戦争 せんそう

Q. 6.25 戦争 에서 수많은 사상자가 발생했다.
Q. 톨스토이의 장편소설 戦争 와 평화.

몡 전쟁

かんこくせんそう
韓国戦争　　　한국 전쟁

全体 ぜんたい

Q. 술기운이 몸 全体 로 퍼져나갔다.
Q. 일부분이 아니라 全体 를 파악할 필요가 있다.

몡 전체

ぜんたいてき
全体的　　　전체적

寺 てら

Q. 寺 에 가면 스님들이 있어요.
Q. 교회와 달리 寺 는 대부분 산속에 있다.

몡 절

さんちゅうのてら
山中の寺　　　산중의 절

半 はん

Q. 학교 근처로 이사 후 등교 시간이 半 으로 줄었다.
Q. 여름이라 더워서 짧은 半 바지를 입었다.

몡 반, 절반

はんとし
半年　　　반년

点 てん

Q. 털은 흰색이고 몸에 반 点 이 많은 개 달마티안.
Q. 点 이 연속되어 선을 이룬다.

몡 점

てんをうつ
点を打つ　　　점을 찍다

度¹ ど

Q. 度 가 지나친 농담.
Q. 그의 度 를 넘는 무례한 행동에 다들 얼굴을 찌푸렸다.

몡 정도

どをすごす
度を過ごす　　　도를 지나치다

★ 접사로 쓰여 온도·습도·각도 등의 세기를 나타내기도 함

店員 てんいん

Q. 제품 가격이 궁금해서 손을 들어 店員 을 불렀다.
Q. 식사를 마치자 店員 이 계산서를 가져다줬다.

몡 점원

おとこのてんいん
男の店員　　　남자 점원

Q / A

政治 せいじ

q. 政治 는 하고 싶지 않다더니 시의원 선거에 출마했다.
q. 政治 에 관심이 없어서 투표하지 않는다는 사람들.

명 정치

せいじか
政治家　　　　　　　　　　정치가

昨夜 ゆうべ

q. 昨夜 에 산타할아버지가 다녀가셨나 봐.
q. 昨夜 11시경 일어난 불은 오늘 아침까지 계속됐습니다.

명 어제저녁, 어젯밤

ゆうべのできごと
昨夜の出来事　　　어젯밤에 있었던 일

＊ 발음 차이 さくや: ゆうべ 보다 정중한 표현

卒業 そつぎょう

q. 학사모를 쓰고 卒業 식에 참석했다.
q. 대학교를 卒業 한 후 바로 취직했다.

명 졸업

そつぎょうしき
卒業式　　　　　　　　　　졸업식

週間 しゅうかん

q. 일주일마다 나오는 週間 잡지이다.
q. 한 週間 의 연예계 소식을 전해 드립니다.

명 주간

にしゅうかん
2週間　　　　　　　　　　2주간

住所 じゅうしょ

q. 소포 보낼 住所 좀 알려주세요.
q. 이사한 지 얼마 되지 않아 住所 를 아직 못 외웠다.

명 주소

じゅうしょへんこう
住所変更　　　　　　　주소변경

主人 しゅじん

q. 내 인생의 主人 은 나 자신이야.
q. 그 개는 主人 이 죽자 슬피 울다 따라 죽었다.

명 주인

みせのしゅじん
店の主人　　　　　　가게의 주인

駐車 ちゅうしゃ

q. 이곳은 저녁 6시 이후 駐車 금지입니다.
q. 그곳은 駐車 공간이 부족해서 대중교통을 타고 가요.

명 주차

ちゅうしゃじょう
駐車場　　　　　　　　주차장

他界 たかい

q. 스티븐 호킹 박사가 향년 76세로 他界 했다.
q. 그의 他界 소식에 전국적인 추모의 물결이 일었다.

명 타계, 죽음

たかいされた
他界された　　　　　　타계하다

中止 ちゅうし

q. 재고 부족으로 판매가 일시 中止 되었다.
q. 아군이다! 사격을 中止 해라!

명 중지

けいかくちゅうし
計画中止　　　　　　계획 중지

Q ———————————— A ————————————

地図 ちず

Q. 세계 地図 를 보니 우리나라가 정말 작아 보였다.

Q. 地図 를 봐도 길을 못 찾겠어.

명 지도

せかいちず
世界地図　　　　　세계지도

地理 ちり

Q. 많이 돌아다녀서 이 도시의 地理 를 꿰뚫고 있다.

Q. 막 이사 온 참이라 근처의 地理 에 어둡다.

명 지리

ちりてきじょうけん
地理的条件　　　　지리적 조건

最後 さいご

Q. 우리가 最後 로 만난 게 언제였죠?

Q. 욕심 많은 독재자의 비참한 最後 였다.

명 최후, 마지막

さいごまで
最後まで　　　　　끝까지

支払(い) しはらい

Q. 회사가 몇 달째 임금을 支払(い) 하지 못하고 있다.

Q. 요금은 카드로 支払(い) 하겠습니다.

명 지급

しはらいほうほう
支払い方法　　　　지급 방법

地震 じしん

Q. 강력한 地震 이 일어나 고층빌딩까지 흔들렸다.

Q. 일본은 地震 이 많이 발생하는 나라다.

명 지진

じしんそくほう
地震速報　　　　　지진 속보

質問 しつもん

Q. 면접 예상 質問 을 보며 연습을 하고 있다.

Q. 오늘 강의 내용에 대해 質問 하실 분 있나요?

명 질문

しつもんじこう
質問事項　　　　　질문사항

荷物 にもつ

Q. 무거운 荷物 는 캐리어에 넣어서 끌고 가기로 했다.

Q. 역 보관함에 무거운 荷物 를 잠시 넣어두기로 했다.

명 짐

にもつをあずかる
荷物を預かる　　　짐을 맡다

嘘 うそ

Q. 새빨간 嘘 니까 믿지 마.

Q. 피노키오는 嘘 를 하면 코가 길어진다.

명 거짓말

うそつき
嘘つき　　　　　거짓말쟁이

番 ばん

Q. 텐트 밖에서 교대로 불침 番 을 서기로 했다.

Q. 줄을 서서 자신의 番 이 오기를 기다려 주세요.

명 순서, 차례

じゅんばん
順番　　　　　　　순서

別¹ べつ

^{Q.} 남자 여자 別 없이 하나만 낳아 잘 기르자.

^{Q.} 조선 시대만 해도 신분의 別 가 엄격했다.

명 구별, 차이

こうしのべつ
公私の別　　　　　공사의 구별

別² べつ

^{Q.} 단순히 버튼이 고장 난 줄 알았는데 別 의 문제도 많았다.

^{Q.} 소중한 물건은 금고에 別 로 보관했다.

명 별도, 다름

べつのもんだい
別の問題　　　　　다른 문제

駐車場 ちゅうしゃじょう

^{Q.} 주말에 마트를 가면 駐車場 가 차들로 가득 찬다.

^{Q.} 근처에 駐車場 가 없어서 골목길에 차를 댔다.

명 주차장

むりょうちゅうしゃじょう
無料駐車場　　　　무료 주차장

交差点 こうさてん

^{Q.} 交差点 의 신호등 고장으로 교통이 마비됐다.

^{Q.} 두 번째 交差点 에서 좌회전하세요.

명 교차점

こうさてんふきん
交差点付近　　　　교차점 부근

賛成 さんせい

^{Q.} 그의 의견에 대한 賛成 의 의미로 고개를 끄덕였다.

^{Q.} 여론조사 결과 賛成 가 61%로 반대보다 우세했다.

명 찬성

さんせいにかたむく
賛成に傾く　　　　찬성으로 기울다

茶碗 ちゃわん

^{Q.} 배가 고파서 茶碗 가득 밥을 펐다.

^{Q.} 아끼는 茶碗 에 홍차를 따랐다.

명 밥공기, 찻잔

ちゃわんのいろ
茶碗の色　　　　　찻잔의 색

窓口 まどぐち

^{Q.} 병원에 오시면 먼저 수납 窓口 에 들러주세요.

^{Q.} 양국은 대화의 窓口 를 열어두기로 했다.

명 창구

うけつけまどぐち
受付窓口　　　　　접수 창구

本棚 ほんだな

^{Q.} 다 읽은 책은 本棚 에 꽂아주세요.

^{Q.} 아버지 서재의 本棚 에는 책이 무척 많다.

명 서가, 책장

ほんだなのげだん
本棚の下段　　　　서가의 하단

最初 さいしょ

^{Q.} 소개받아서 最初 만날 때는 어색했지만 잘 사귀고 있어.

^{Q.} 1957년 인류 最初 의 인공위성이 발사됐다.

명 최초, 처음

さいしょから
最初から　　　　　처음부터

Q — A —

掃除 そうじ

Q. 더러우니까 방 掃除 좀 해라!

Q. 집들이를 위해 깨끗하게 掃除 를 했다.

명 청소

そうじとうばん	
掃除当番	청소 당번

聞(き)取り ききとり

Q. 외국어를 聞(き)取り 하고 말하는 회화 시험.

Q. 뭐라는 거야? 웅얼거려서 聞(き)取り 하기 힘들어.

명 듣기, 청취

ききとりちょうさ	
聞き取り調査	청취 조사

昨日² さくじつ

Q. 昨日 밤에 매운 걸 먹었더니 아침부터 배가 아팠다.

Q. 昨日 부터 시작된 무더위는 오늘도 기승을 부렸다.

명 문어체 어제

さくじつのよる	
昨日の夜	어젯밤

郵便局 ゆうびんきょく

Q. 郵便局 에 가서 소포를 부쳤다.

Q. 우표를 사러 郵便局 에 갔어요.

명 우체국

ちゅうおうゆうびんきょく	
中央郵便局	중앙 우체국

大体 だいたい

Q. 게임기 샀네. 이런 건 大体 얼마 정도 줘야 살 수 있어?

Q. 주말에는 大体 무엇을 하시나요?

명 대체, 대강, 대략

だいたいのけいかく	
大体の計画	대강의 계획

* 부사로 쓸 수 있으며 그때 '대체로, 원래, 애당초'를 뜻함

招待 しょうたい

Q. 친구의 생일 파티에 招待 를 받았다.

Q. 저녁 식사에 招待 를 받아 선물을 사 들고 찾아갔다.

명 초대

ぱーてぃーのしょうたい	
パーティーの招待	파티 초대

最近 さいきん

Q. 最近 생긴 지 얼마 안 된 식당인데 인기가 많아.

Q. 最近 논란이 되어 SNS를 뜨겁게 달구고 있는 스캔들.

명 최근

さいきんのけんきゅう	
最近の研究	최근의 연구

始(め) はじめ

Q. 그 일은 始(め) 부터 끝까지 순조롭게 돌아갔다.

Q. 이렇게 된 거 始(め) 부터 다시 시작하자.

명 처음, 최초

としのはじめ	
年の始め	연초

出発 しゅっぱつ

Q. 여행을 시작하는 날, 이른 아침에 집을 出発 했다.

Q. 버스가 두시 반에 出発 해야 하니까 두시까지 집합하세요.

명 출발

しゅっぱつじかん	
出発時間	출발 시각

出席 しゅっせき

Q. 몸이 아파서 학교 出席 가 불규칙한 학생.

Q. 빠진 사람 없는지 出席 를 부르겠습니다.

명 출석

しゅっせきをとる
出席を取る   출석을 부르다

踊(り) おどり

Q. 댄스 교실에서 踊(り) 를 배우고 있다.

Q. 흥에 겨워 踊(り) 를 추고 노래를 불렀다.

명 춤

おどりば
踊り場   춤추는 장소

注意 ちゅうい

Q. 그 물건은 깨지기 쉬우니 注意 해서 다뤄 주세요.

Q. 선생님의 수업에 注意 를 기울였다.

명 주의, 경계

ちゅういじこう
注意事項   주의사항

酔い よい

Q. 술을 몇 잔 마시자 서서히 酔い 가 돌기 시작했다.

Q. 어제 마신 술의 酔い 가 덜 가셔서 정신이 없다.

명 취기

よいがまわる
酔いが回る   취기가 돌다

趣味 しゅみ

Q. 낚시가 趣味 인 아버지와 함께 낚시터에 갔다.

Q. 독서가 趣味 인 친구에게 책을 추천받았다.

명 취미

さいきんのしゅみ
最近の趣味   최근의 취미

階¹ かい

Q. 엘리베이터가 고장 나 階 를 걸어 올라가야 했다.

Q. 건강을 위해 에스컬레이터 대신 階 를 이용한다.

명 계단, 층계

かいをのぼる
階を上る   층계를 오르다

階² かい

Q. 엘리베이터가 빠르게 階 를 올라갔다.

Q. 5階 짜리 건물.

명 층

さんかい
3階   삼층

掏摸 すり

Q. 해외 여행지에는 掏摸 가 많으니 지갑을 잘 간수하세요.

Q. 만원 전철에선 치한이나 掏摸 를 주의해야 한다.

명 소매치기

すりにあう
掏摸にあう   소매치기당하다

歯 は

Q. 치과에 가서 썩은 歯 를 치료했어.

Q. 그 돌팔이 치과의사가 엉뚱한 歯 를 뺐어!

명 치아

はいしゃさん
歯医者さん   치과 의사 선생님

Q ———————————— A ————————————

彼氏 かれし

ᵠ 고백에 성공해 내가 그녀의 彼氏 가 되었다.

ᵠ 그녀에게 새로운 彼氏 가 생긴 것 같아.

圀 남자친구

> かれしとわかれた
> 彼氏と別れた　　　남자친구와 헤어졌다

台 だい

ᵠ 장식물을 올려놓을 台 를 샀다.

ᵠ 못으로 벽에 台 를 고정한 뒤 작은 화분을 두었다.

圀 대, 받침대

> でんわだい
> 電話台　　　전화를 올려놓는 받침대

片仮名 かたかな

ᵠ 옛날에는 히라가나는 여자가, 片仮名 는 남자가 사용했다.

ᵠ 일본어의 片仮名 는 외래어 표기 혹은 강조를 위해 쓴다.

圀 가타카나

> かたかなひょうき
> 片仮名表記　　　가타카나 표기

髪 かみ

ᵠ 파마해서 髪 를 곱슬곱슬하게 만들었다.

ᵠ 髪 를 자르러 미용실에 간다.

圀 머리카락

> かみのけ
> 髪の毛　　　머리카락

★ 주로 머리카락 전체를 뜻함

大きさ おおきさ

ᵠ 大きさ 에 비해서 가볍다.

ᵠ 한입에 들어가는 大きさ 로 잘라서 손님들께 드렸다.

圀 크기

> おなじおおきさ
> 同じ大きさ　　　같은 크기

乗(り)物 のりもの

ᵠ 먼 거리니까 걸어오지 말고 乗(り)物 를 타고 와.

ᵠ 지하철과 버스 중 어떤 乗(り)物 가 좋아?

圀 탈 것

> のりものよい
> 乗り物酔い　　　탈 것 멀미

台風 たいふう

ᵠ 이번 台風 가 상륙하면 비바람으로 인한 피해가 예상된다.

ᵠ 台風 주의보가 발령되어 항공편이 잇달아 결항하였다.

圀 태풍

> たいふうちゅういほう
> 台風注意報　　　태풍주의보

顎 あご

ᵠ 악어 顎 의 힘은 강력해서 물리면 뼈까지 끊어진다.

ᵠ 顎 에 어퍼컷을 맞고 그 자리에서 실신했다.

圀 턱

> したあご
> 下顎　　　아래턱

毛 け

ᵠ 천연 양 毛 로 만들어서 따뜻한 재킷.

ᵠ 북극곰의 毛 는 하얗다.

圀 털

> けがはえる
> 毛が生える　　　털이 나다

通り とおり

^{Q.} 2번 通り 에 정류장이 있어요.

^{Q.} 넓은 通り 로 나가면 편의점이 보일 거예요.

명 길, 통함

> ひろいとおり
> 広い通り　　　　　　넓은 길

退院 たいいん

^{Q.} 사고로 입원해서 완치 후 退院 하기까지 두 달이 걸렸다.

^{Q.} 退院 후에도 무리하게 운동하지 마시고 약은 계속 드세요.

명 퇴원

> たいいんご
> 退院後　　　　　　퇴원 후

稜 そば

^{Q.} 오랜 세월 가지고 다니며 읽은 책의 네 稜 가 닳았다.

^{Q.} 돗자리의 稜 마다 돌을 놓아 바람에 날아가지 않게 했다.

명 귀퉁이

> いしのそば
> 石の稜　　　　　　돌 모서리

特急 とっきゅう

^{Q.} 급한 물건이라서 익일 特急 로 배달시켰어.

^{Q.} 特急 열차를 타고 가서 겨우 제때 도착할 수 있었어.

명 특급

> とっきゅうれっしゃ
> 特急列車　　　　　　특급 열차

腕 うで

^{Q.} 오랑우탄은 腕 가 긴 동물이다.

^{Q.} 어깨와 손목 사이를 腕 라고 부른다.

명 팔

> うでをくむ
> 腕を組む　　　　　　팔짱을 끼다

方 ほう

^{Q.} 현관을 열고 들어와서 바로 오른 方 가 내 방이야.

^{Q.} 그쪽에 계신 方 는 누구십니까?

명 쪽, 편

> ひだりのほう
> 左の方　　　　　　왼쪽

* **발음 차이** かた: 사람에게 쓰면 경어 '분'

葡萄 ぶどう

^{Q.} 디오니소스는 인간에게 葡萄 주 빚는 법을 가르쳤다.

^{Q.} 와인 하면 보통 葡萄 주를 떠올리기 마련이다.

명 포도

> ぶどうしゅ
> 葡萄酒　　　　　　포도주

草 くさ

^{Q.} 정원의 草 를 깎았다.

^{Q.} 소들이 草 를 뜯고 있다.

명 풀

> くさかり
> 草刈り　　　　　　풀베기

風炉 ふろ

^{Q.} 아래에 바람구멍을 낸 화로를 風炉 라고 한다.

^{Q.} 風炉 에 찻주전자를 얹고 불씨를 키우려고 부채질을 했다.

명 풍로

> ちゃふろ
> 茶風炉　　　　차 끓이는 솥을 거는 풍로

Q ———————————

A ———————————

血 ち

Q. 영화 속 뱀파이어는 血 를 먹고 산다.

Q. 모기가 내 血 를 빨아먹었어.

명 피

ちをはく
血を吐く　　　　　　　　피를 토하다

下宿 げしゅく

Q. 신촌 근처에 싼 下宿 집을 구했어.

Q. 여기 下宿 생으로 1년 넘게 산 학생이에요.

명 하숙

げしゅくや
下宿屋　　　　　　　　하숙집

小学校 しょうがっこう

Q. 小学校 6학년 때 있었던 일.

Q. 시골에서 小学校 를 졸업하고 중학교는 서울에서 다녔어.

명 초등학교

しりつしょうがっこう
私立小学校　　　　　사립 초등학교

★ 일본에서는 초등학교를 '소학교'라고 부름

中学校 ちゅうがっこう

Q. 초등학교를 졸업하면 中学校 에 진학한다.

Q. 中学校 부터 고등학교까지 6년 내내 반장을 했어.

명 중학교

ちゅうがっこうにゅうがく
中学校入学　　　　　중학교 입학

大学生 だいがくせい

Q. 졸업을 앞둔 大学生 들은 취업 준비에 바쁘다.

Q. 고등학교를 마치고 大学生 가 됐으니 교복을 안 입어도 돼.

명 대학생

ぜんこくのだいがくせい
全国の大学生　　　　전국의 대학생

中学生 ちゅうがくせい

Q. 초등학교를 졸업하고 中学生 가 되었다.

Q. 고등학생이 되면서 中学生 때보다 키가 훌쩍 컸다.

명 중학생

ちゅうがくせいじだい
中学生時代　　　　　중학생 시절

準備 じゅんび

Q. 입대를 앞두고 마음의 準備 를 마쳤다.

Q. 동계 훈련을 앞두고 훈련의 準備 에 바쁘다.

명 준비

かいぎのじゅんび
会議の準備　　　　　회의 준비

★ 비교적 시간이 걸리는 준비, 계획이나 마음가짐까지 포함

妻 つま

Q. 妻 와 아이들을 데리고 한 번 더 찾아오겠습니다.

Q. 사고로 妻 와 아이들을 잃고 말았다.

명 부인

おっととつま
夫と妻　　　　　　　남편과 아내

★ 주로 본인의 아내를 지칭함

港 みなと

Q. 배가 港 에 닻을 내렸다.

Q. 등대는 배들을 港 로 인도한다.

명 항구

ふねがみなとにつく
船が港に着く　　　　배가 항구에 도착하다

答(え) こたえ

Q· 내 질문에 그는 答(え) 를 얼버무렸다.

Q· 문제가 어려워서 대부분의 答(え) 가 틀렸다.

명 대답, 해답

ただしいこたえ
正しい答え   옳은 답

海岸 かいがん

Q· 海岸 을 따라 도로가 나 있어 바다를 보며 드라이브했다.

Q· 海岸 에 방파제를 만들어 해일에 대비하고 있다.

명 해안

かいがんせん
海岸線   해안선

飛行場 ひこうじょう

Q· 공군 飛行場 옆에 위치한 공군사령부.

Q· 飛行場 에서 경비행기가 이륙하고 있다.

명 비행장

ひこうじょうにちゃくりく
飛行場に着陸   비행장에 착륙

舌 した

Q· 뱀이 舌 를 날름거렸다.

Q· 자식의 한심한 모습에 부모님은 쯧쯧 舌 를 찼다.

명 혀

したうち
舌打ち   혀를 참

玄関 げんかん

Q· 퇴근 시간이 되면 玄関 앞에서 아빠를 기다리는 개.

Q· 초인종이 울려서 문을 열기 위해 玄関 으로 다가갔다.

명 현관

げんかんのよびりん
玄関の呼び鈴   현관의 초인종

只今¹ ただいま

Q· 只今 준비하고 있으니 조금만 기다려주세요.

Q· 신작 게임이 只今 발매 중입니다. 체험해보고 사세요.

명 지금, 현재

ただいまはつばいちゅう
只今発売中   현재 발매 중

*표기 차이 唯今

只今² ただいま

Q· 只今 가입한 신규회원입니다. 잘 부탁드립니다.

Q· 只今 돌아오는 길입니다. 저를 찾으셨나요?

명 방금, 막

ただいまでかけました
只今出掛けました   방금 나왔습니다

*표기 차이 唯今

火事 かじ

Q· 火事 가 발생하면 소방서에 신고한다.

Q· 합선으로 火事 가 일어나 큰 재산 피해를 냈다.

명 화재

かじのげんば
火事の現場   화재 현장

乗(り)換え のりかえ

Q· 당산역에서 2호선으로 乗(り)換え 해야 해.

Q· 지하철에서 내려 버스로 乗(り)換え 했다.

명 환승

のりかえあんない
乗り換え案内   환승 안내

Q _____

会議 かいぎ

Q. 그 사안은 다음 会議 때 다루겠습니다.

Q. 동생이 학교에서 문제를 일으켜 가족 会議 를 열었다.

会話 かいわ

Q. 문법보다 会話 중심의 영어학원.

Q. 일본어 会話 에 능한 비서를 구합니다.

回 かい

Q. 야구는 9 回 말부터야.

Q. 그 드라마 이번 回 는 재미없더라.

曇(り) くもり

Q. 수증기 때문에 안경알이 曇(り) 가 되었다.

Q. 오늘은 구름이 걷히지 않아 曇(り) 한 날씨입니다.

興味 きょうみ

Q. 최근 들어 요리에 興味 를 느껴서 배우러 다니는 중이야.

Q. 興味 진진한 스릴러 소설을 추천해 드립니다.

屋 や

Q. 우리 어머니는 시장에서 채소 屋 를 하고 계셔.

Q. 친구의 생일 케이크를 사러 빵 屋 에 갔다.

グラム ぐらむ

Q. 990 グラム 니까 1kg은 아니라는 것이다.

Q. 돼지고기 한 근은 600 グラム 정도이다.

ページ ぺーじ

Q. 400 ページ 에 달하는 두꺼운 책.

Q. 123 ページ 의 첫 문장부터 읽어보세요.

メートル めーとる

Q. 100 メートル 달리기에서 일등 했다.

Q. 우리 집에서 100 メートル 정도 떨어진 가까운 편의점.

A _____

명 회의

かいぎしつ
会議室   회의실

명 회화

えいごのかいわをならう
英語の会話を習う   영어 회화를 배우다

명 회, 횟수

いっかいめ
1回目   첫 번째

명 흐림

くもりのちはれ
曇りのち晴れ   흐린 후 맑음

명 흥미

きょうみがわく
興味が湧く   흥미가 솟다

명 집

ぱんや
パン屋   빵 가게

★ 접사로 쓰여 '그 직업을 가진 사람이나 가게'를 나타내기도 함

명 (무게 단위인) 그램   유래 gram [그램]

ひゃくぐらむ
100グラム   100g

명 페이지   유래 page [페이지]

ぺーじをめくる
ページをめくる   페이지를 넘기다

★ 책이나 장부의 한 면을 뜻함

명 (길이 단위인) 미터   유래 meter [미터]

いちめーとる
1メートル   1m

アナウンサー あなうんさー

^{Q.} NHK에서 뉴스를 진행하는 アナウンサー 이다.

^{Q.} アナウンサー 는 방송을 진행하기 때문에 발음이 중요해.

명 아나운서   유래 announcer [아나운서]

あなうんさーたいけん
アナウンサー体験   아나운서 체험

ドラマ どらま

^{Q.} 저 ドラマ 는 배우들의 인기만큼이나 시청률이 높다.

^{Q.} 만화를 원작으로 한 TV ドラマ 가 많이 제작되고 있다.

명 드라마   유래 drama [드라마]

どらましちょうりつ
ドラマ視聴率   드라마 시청률

アイロン あいろん

^{Q.} アイロン 으로 셔츠를 다렸다.

^{Q.} 주름진 바지를 アイロン 으로 다려서 편다.

명 다리미   유래 iron [아이론]

でんきあいろん
電気アイロン   전기다리미

アメリカ あめりか

^{Q.} アメリカ 와 소련과의 냉전 시대.

^{Q.} 버락 오바마는 アメリカ 의 제44대 대통령이다.

명 미국   유래 america [아메리카]

あめりかかいぐん
アメリカ海軍   미 해군

アルコール あるこーる

^{Q.} 술을 너무 마셔서 アルコール 중독으로 치료받고 있다.

^{Q.} 위스키는 アルコール 함유량이 많다.

명 알코올   유래 alcohol [알코올]

あるこーるちゅうどく
アルコール中毒   알코올 중독

カフェ かふぇ

^{Q.} 나는 カフェ 에 가면 아메리카노만 마신다.

^{Q.} 저는 カフェ 에서 음료를 만드는 바리스타입니다.

명 카페   유래 cafe [카페]

かふぇおれ
カフェオレ   카페오레

カフェラテ かふぇらて

^{Q.} 에스프레소에 우유를 더한 カフェラテ.

^{Q.} 커피 얼음을 우유에 넣어 カフェラテ 를 만들기도 한다.

명 카페 라테   유래 cafe latte [카페 라테]

あいすかふぇらて
アイスカフェラテ   아이스 카페라테

ガラス がらす

^{Q.} 놀이터에서 날아온 공에 창문 ガラス 가 깨졌다.

^{Q.} 창문이 깨졌으니 ガラス 조각을 밟지 않게 조심해.

명 유리   유래 glass [글래스]

がらすまど
ガラス窓   유리 창문

コンピューター こんぴゅーたー

^{Q.} コンピューター 모니터가 고장 나서 전원이 안 켜진다.

^{Q.} コンピューター 가 고장 났는데 컴맹이라 고칠 수가 없다.

명 컴퓨터   유래 computer [컴퓨터]

こんぴゅーたーのほんたい
コンピューターの本体   컴퓨터 본체

Q ———————— A ————————

スーツケース すーつけーす

ᵠ 여행 전날 밤 スーツケース 에 여벌 옷을 챙겨 넣었다.
ᵠ 여행 중 날치기에게 スーツケース 를 도난당했다.

명 여행용 옷가방   유래 suitcase [수트케이스]

すーつけーすかばー
スーツケースカバー   슈트케이스 커버

スーパー すーぱー

ᵠ 한국에서는 スーパー 를 작은 마트라는 의미로 쓴다.
ᵠ スーパー 마감 세일 시간에 반찬거리를 샀다.

명 슈퍼 🛒   유래 supermarket [슈퍼마켓]

すーぱーまーけっと
スーパーマーケット   슈퍼마켓

ステーキ すてーき

ᵠ ステーキ 하나 주문할게요. 웰던으로 구워주세요.
ᵠ 이 ステーキ 는 등심인가요, 안심인가요?

명 스테이크 🍲   유래 steak [스테이크]

びーふすてーき
ビーフステーキ   비프스테이크

スピード すぴーど

ᵠ 어린이 보호구역에서는 자동차 スピード 를 줄이세요.
ᵠ 놀이기구의 회전 スピード 가 너무 빨라서 토할 것 같다.

명 속력, 속도 🚗💨   유래 speed [스피드]

すぴーどをだす
スピードを出す   속력을 내다

チケット ちけっと

ᵠ 입장하시는 관람객께서는 チケット 를 보여주세요.
ᵠ 영화 チケット 를 예매했어요.

명 표 🎟   유래 ticket [티켓]

ちけっとはうりきれ
チケットは売り切れ   표는 매진

テープレコーダー てーぷれこーだー

ᵠ テープレコーダー 로 카세트테이프를 재생했다.
ᵠ MP3의 등장으로 テープレコーダー 는 설 자리를 잃었다.

명 테이프 리코더 📼   유래 tape recorder [테이프 리코더]

かせっとてーぷれこーだー
カセットテープレコーダー   카세트테이프 리코더

テキスト てきすと

ᵠ 이 책은 テキスト 글씨가 너무 작아서 읽기 힘들어.
ᵠ 전화보다 テキスト 메시지를 훨씬 많이 주고받는다.

명 글, 본문, 원문 📖   유래 text [텍스트]

てきすとけいしき
テキスト形式   텍스트 형식

トマト とまと

ᵠ トマト 로 케첩을 만든다.
ᵠ 크림소스와 トマト 소스를 섞은 로제 소스.

명 토마토 🍅   유래 tomato [토마토]

とまとそーす
トマトソース   토마토소스

ニュース にゅーす

ᵠ 이건 ニュース 감이야! 어서 취재기자를 보내!
ᵠ 오늘 9시 ニュース 속보 봤어?

명 뉴스   유래 news [뉴스]

にゅーすそくほう
ニュース速報   뉴스 속보

バケツ ばけつ

Q. 바닥이 깨져 물이 새는 플라스틱 バケツ.

Q. 급한 대로 バケツ 에 물을 길어 불을 껐다.

图 **양동이** 　　　유래 bucket [버킷]

みずがもるばけつ
水が漏るバケツ　　物이 새는 양동이

ハンバーガー はんばーがー

Q. ハンバーガー 세트에는 감자튀김과 콜라가 추가된다.

Q. 세계적인 ハンバーガー 체인점 맥도날드.

图 **햄버거**　　　유래 hamburger [햄버거]

はんばーがーをつくる
ハンバーガーを作る　　햄버거를 만들다

ピアノ ぴあの

Q. ピアノ 는 가장 대표적인 건반악기이다.

Q. 난 ピアノ 를 체르니 40번까지 배웠어.

图 **피아노**　　　유래 piano [피아노]

ぴあのきょうしつ
ピアノ教室　　피아노 교실

ピンク ぴんく

Q. 빨간색과 흰색을 섞으면 ピンク 가 된다.

Q. 홍학은 깃털이 ピンク 색이고 다리가 긴 새입니다.

图 **분홍색**　　　유래 pink [핑크]

ぴんくいろ
ピンク色　　분홍색

プリント ぷりんと

Q. 잉크가 모자라서 プリント 가 선명하게 되지 않는다.

Q. 회의 자료를 두 장만 プリント 해 주세요.

图 **인쇄, 인쇄물**　　　유래 print [프린트]

ぷりんとをくばる
プリントを配る　　프린트를 배부하다

ポスト ぽすと

Q. 편지 봉투 입구를 잘 붙인 뒤 ポスト 에 넣었다.

Q. 오래 집을 비워 ポスト 에 고지서가 가득 쌓였다.

图 **우체통, 우편함**　　　유래 post [포스트]

ぽすとかーど
ポストカード　　엽서

メロン めろん

Q. メロン 은 참외와 비슷한 맛이지만 식감이 훨씬 부드럽다.

Q. メロン 은 녹색이며 겉에 그물처럼 된 무늬가 있다.

图 **멜론**　　　유래 melon [멜론]

めろんそーだ
メロンソーダ　　멜론 소다

ワイシャツ わいしゃつ

Q. ワイシャツ 를 입고 넥타이를 맸다.

Q. 정장 안에는 하얀 ワイシャツ 를 입는 것이 보통이다.

图 **와이셔츠**　　　유래 white shirt [와이트 셔츠]

しろいわいしゃつ
白いワイシャツ　　하얀 와이셔츠

トラック とらっく

Q. 기름을 가득 실은 대형 유조 トラック.

Q. 화물 トラック 가 전복된 사고.

图 **트럭**　　　유래 truck [트럭]

とらっくうんてんしゅ
トラック運転手　　트럭 운전사

Q ——————————— A

スーツ すーつ

Q. 검은색 スーツ 를 입고 장례식에 참석했다.

Q. 어려운 자리니까 スーツ 를 차려입고 가야겠어.

명 정장   유래 suit [수트]

すーつすがた
スーツ姿   정장 모습

イヤリング いやりんぐ

Q. 귀에 걸면 イヤリング, 코에 걸면 코걸이.

Q. 목걸이와 잘 어울리는 イヤリング 를 귀에 걸었어요.

명 귀걸이   유래 earing [이어링]

いやりんぐをつける
イヤリングを付ける   귀걸이를 하다

コンサート こんさーと

Q. 좋아하는 가수의 컴백 コンサート 표를 예매했다.

Q. 시에서 다양한 가수를 섭외하여 コンサート 를 개최했다.

명 콘서트   유래 concert [콘서트]

やがいこんさーと
野外コンサート   야외 콘서트

ガス がす

Q. 그는 연탄 ガス 중독으로 죽었다.

Q. ガス 누출의 첫 번째 신호는 냄새이다.

명 가스   유래 gas [가스]

がすりょうきん
ガス料金   가스요금

レポート れぽーと

Q. 기말고사 시험이 レポート 로 대체됐다.

Q. レポート 를 늦게 제출했는데도 A 학점을 받았다.

명 보고, 보고서   유래 report [리포트]

れぽーとをかく
レポートを書く   보고서를 쓰다

ピクニック ぴくにっく

Q. 돗자리 챙겨! 김밥 싸서 ピクニック 가자!

Q. 한강 공원으로 ピクニック 를 갔어요.

명 소풍   유래 picnic [피크닉]

ぴくにっくにいく
ピクニックに行く   소풍을 하러 간다

エアコン えあこん

Q. 너무 더워서 선풍기로는 못 참겠어. エアコン 을 틀자.

Q. 선풍기보다 エアコン 이 훨씬 시원해.

명 에어컨   유래 air conditioner [에어 컨디셔너]

えあこんをつける
エアコンをつける   에어컨을 틀다

★ 일본은 냉·난방 모두 에어컨으로 함

キロ きろ

Q. 내 몸무게는 70 キロ 이다.

Q. 규정 속도를 준수하며 시속 60 キロ 로 달렸다.

명 킬로   유래 kilo [킬로]

きゅうきろ
9キロ   9 킬로

★ 킬로미터, 킬로그램, 킬로와트 등의 준말

ジュース じゅーす

Q. 난 매일 아침 오렌지 ジュース 를 마셔.

Q. 생과일을 직접 갈아 ジュース 를 만들었다.

명 주스   유래 juice [주스]

おれんじじゅーす
オレンジジュース   오렌지주스

サラダ さらだ

q. 메인 요리 전에 수프와 야채 サラダ 가 나왔다.

q. 남아있는 채소는 드레싱을 뿌려 サラダ 로 만들어 먹었다.

명 샐러드 　　유래 salad [샐러드]

さらだばー
サラダバー　　샐러드바

パスタ ぱすた

q. 대표적인 이탈리아 음식인 パスタ.

q. 스파게티는 パスタ 의 한 종류다.

명 파스타　　유래 pasta [파스타]

ぴざとぱすた
ピザとパスタ　　피자와 파스타

ビール びーる

q. 독일에 왔으면 소시지에 ビール 한 잔은 마셔봐야지.

q. 치킨에 ビール 한 캔을 마시며 하루를 마무리했다.

명 맥주　　유래 beer [비어]

かんびーる
缶ビール　　캔맥주

ボート ぼーと

q. 물 위에서 고무 ボート 를 타고 놀았다.

q. ボート 의 노를 저어 앞으로 나아갔다.

명 작은 배　　유래 boat [보트]

ぼーとれーす
ボートレース　　보트 레이스

キャンディ きゃんでぃ

q. 딸기 맛 キャンディ 줄까, 박하 キャンディ 줄까?

q. 오랫동안 말했더니 목이 아파서 목 キャンディ 를 먹었다.

명 사탕　　유래 candy [캔디]

はーぶきゃんでぃ
ハーブキャンディ　　허브 캔디

バター ばたー

q. 땅콩 バター 와 딸기 잼을 식빵에 발라 먹었다.

q. 우유를 원료로 하여 치즈, 요구르트, バター 등을 만든다.

명 버터　　유래 butter [버터]

むえんばたー
無塩バター　　무염 버터

ダンス だんす

q. 취미로 사교 ダンス 를 배우고 있어.

q. 저렇게 격렬한 ダンス 를 추면서 노래까지 하다니!

명 춤　　유래 dance [댄스]

だんすすくーる
ダンススクール　　댄스 학원

マッチ まっち

q. 안데르센의 동화 マッチ 팔이 소녀.

q. 요즘은 マッチ 대신 라이터를 쓴다.

명 성냥　　유래 match [매치]

まっちうりのしょうじょ
マッチ売りの少女　　성냥팔이 소녀

ガソリンスタンド がそりんすたんど

q. 먼저 ガソリンスタンド 에 들러 기름 좀 넣자.

q. 차에 기름이 부족한데 ガソリンスタンド 가 안 보여.

명 주유소　　유래 gasoline stand [가솔린 스탠드]

がそりんすたんどできゅうゆ
ガソリンスタンドで給油　　주유소에서 급유

Q ——————————— A ———————————

マスク ますく

- Q. 미세먼지가 심한 날은 マスク 를 꼭 착용하세요.
- Q. 비행기 안에서 수면 マスク 를 쓰고 잠을 청했다.

명 마스크　　　　　　유래 mask [마스크]

ますくちゃくよう マスク着用	마스크 착용

パージ ぱーじ

- Q. 불법체류 사실이 적발되어 パージ 당했다.
- Q. 모임에서 물의를 일으킨 사람을 영구 パージ 하기로 했다.

명 추방　　　　　　유래 purge [퍼지]

ぱーじはんたい パージ反対	추방 반대

オートバイ おーとばい

- Q. 배달부가 オートバイ 를 타고 왔다.
- Q. オートバイ 를 탈 땐 헬멧을 꼭 써야지.

명 오토바이
유래 auto [오토] + bicycle [바이시클]

おーとばいれーす オートバイレース	오토바이 레이스

リンゴ りんご

- Q. 백설 공주는 독이 든 リンゴ 를 한 입 베어 물었다.
- Q. 애플사의 로고는 リンゴ 를 한 입 베어 문 형상이다.

명 사과　　　　　　유래 apple [애플]

りんごをむく リンゴを剝く	사과를 깎다

ベル べる

- Q. 비상 ベル 소리에 사람들이 허둥지둥거렸다.
- Q. 도착하시면 현관 ベル 를 눌러 주세요.

명 종　　　　　　유래 bell [벨]

ひじょうべる 非常ベル	비상벨

オレンジ おれんじ

- Q. 한라봉은 オレンジ 와 비슷하게 생겼지만 다른 품종이다.
- Q. 호박의 겉은 オレンジ 색이다.

명 오렌지, 주황색　　유래 orange [오렌지]

おれんじえーど オレンジエード	오렌지 에이드

レモン れもん

- Q. 생선 요리에 レモン 즙을 짜서 비린내를 없앤다.
- Q. 과일 중에서 노랗고 상큼한 レモン 이 좋아.

명 레몬　　　　　　유래 lemon [레몬]

れもんてぃー レモンティー	레몬 티

ケーキ けーき

- Q. 유명한 제과점에서 생일 ケーキ 를 샀어.
- Q. 남은 생크림 ケーキ 한 조각을 맛있게 먹었어.

명 케이크　　　　　유래 cake [케이크]

けーきやさん ケーキ屋さん	케이크 가게

パーティー ぱーてぃー

- Q. 다 함께 모여 생일 パーティー 를 열자.
- Q. 주말마다 사람들을 초대해 パーティー 를 연다.

명 파티　　　　　　유래 party [파티]

ぱーてぃーかいじょう パーティー会場	파티 회장

アルバイト あるばいと

^{Q.} 방과 후에 **アルバイト** 를 해서 학비를 벌었다.

^{Q.} 주말에는 편의점에서 **アルバイト** 를 했다.

[명] **아르바이트**　　유래 arbeit [아르바이트]: 독일어

> あるばいとでかせぐ
> **アルバイトで稼ぐ**　　아르바이트로 돈을 벌다

ゲーム げーむ

^{Q.} 슈퍼마리오는 유명한 **ゲーム** 캐릭터이다.

^{Q.} **ゲーム** 기를 사달라고 조르는 아들.

[명] **게임** 　　유래 game [게임]

> げーむき
> **ゲーム機**　　게임기

ジャム じゃむ

^{Q.} 식빵에 딸기 **ジャム** 를 발라 먹었다.

^{Q.} 딸기 **ジャム** 와 버터 중에 뭘 발라 먹을래?

[명] **잼** 🍓　　유래 jam [잼]

> いちごじゃむ
> **イチゴジャム**　　딸기잼

キス きす

^{Q.} 엄마가 아기의 볼에 **キス** 하고 있다.

^{Q.} 로맨스 영화에서 연인들이 **キス** 하는 장면이 나온다.

[명] **키스** 💋　　유래 kiss [키스]

> えいがのきすしーん
> **映画のキスシーン**　　영화의 키스신

エスカレーター えすかれーたー

^{Q.} 엘리베이터 대신 **エスカレーター** 를 이용하자.

^{Q.} **エスカレーター** 를 탈 땐 걷지 말고 손잡이를 꼭 잡아.

[명] **에스컬레이터**　　유래 escalator [에스컬래이터]

> えすかれーたーのこしょう
> **エスカレーターの故障**　　에스컬레이터 고장

アクセサリー あくせさりー

^{Q.} 여성용 목걸이 등의 **アクセサリー** 를 판매하는 상점.

^{Q.} 핸드폰 케이스 등을 **アクセサリー** 라고 부르기도 한다.

[명] **장신구**　　유래 accessory [액세서리]

> あくせさりーちゃくよう
> **アクセサリー着用**　　액세서리 착용

消しゴム けしごむ

^{Q.} 연필로 쓴 글씨를 **消しゴム** 로 지우다.

^{Q.} 잉크 펜으로 쓴 것은 **消しゴム** 로 지울 수 없다.

[명] **지우개** ✏️　　유래 eraser [지우개]

> えんぴつとけしごむ
> **鉛筆と消しゴム**　　연필과 지우개

生ビール なまびーる

^{Q.} 술집에 왔으니 병맥주 말고 **生ビール** 를 먹고 싶어.

^{Q.} 여기요! **生ビール** 3,000cc 주세요.

[명] **생맥주** 🍺　　유래 生[なま] + beer [비어]

> なまびーるとびんびーる
> **生ビールと瓶ビール**　　생맥주와 병맥주

フィルム ふぃるむ

^{Q.} 요즘은 **フィルム** 카메라보다 디지털카메라를 사용한다.

^{Q.} **フィルム** 를 현상해 사진을 출력했다.

[명] **필름**　　유래 film [필름]

> ふぃるむかめら
> **フィルムカメラ**　　필름카메라

Q

スピーカー すぴーかー
- Q. 우퍼가 달린 2.1 채널 スピーカー 이다.
- Q. 시끄러우니까 スピーカー 볼륨 좀 낮춰.

バナナ ばなな
- Q. 원숭이는 バナナ 를 좋아해.
- Q. バナナ 껍질을 밟고 넘어지는 만화 속 캐릭터.

アジア あじあ
- Q. 한국, 일본, 중국 등은 동 アジア 에 속한다.
- Q. 인구가 가장 많은 대륙은 アジア 이다.

アフリカ あふりか
- Q. 유럽과 アフリカ 사이에는 지중해가 흐른다.
- Q. アフリカ 초원에 사는 동물들을 직접 보고 싶다.

レコード れこーど
- Q. 의사가 환자의 수술 レコード 를 확인했다.
- Q. 기네스 세계 レコード 를 경신했다.

ドレス どれす
- Q. 어린 딸은 공주 옷 같은 ドレス 만 입고 싶어 한다.
- Q. 새하얀 웨딩 ドレス 를 입은 아름다운 신부.

プレゼント ぷれぜんと
- Q. 생일 プレゼント 로 지갑을 선물했어.
- Q. 너에게 줄 작은 プレゼント 를 준비했어.

プール ぷーる
- Q. 호텔에 プール 가 있나요? 수영복을 챙길까 해서요.
- Q. 실내 プール 에서 수영을 배운다.

カレー かれー
- Q. 인도의 대표 음식은 カレー 이다.
- Q. 강황은 カレー 의 노란빛을 내는 데 쓰인다.

A

명 스피커 　　유래 speaker [스피커]

すぴーかーのおと
スピーカーの音　　스피커의 소리

명 바나나 　　유래 banana [바나나]

ばななのかわ
バナナの皮　　바나나껍질

명 아시아　　유래 asia [아시아]

あじあたいりく
アジア大陸　　아시아 대륙

명 아프리카　　유래 africa [아프리카]

あふりかたいりく
アフリカ大陸　　아프리카 대륙

명 기록 　　유래 record [레코드]

わーるどれこーど
ワールドレコード　　세계 기록

명 드레스 　　유래 dress [드레스]

うえでぃんぐどれす
ウエディングドレス　　웨딩드레스

명 선물 　　유래 present [프레젠트]

たんじょうびぷれぜんと
誕生日プレゼント　　생일 선물

명 수영장 　　유래 pool [풀]

しつないぷーる
室内プール　　실내 풀장

명 카레 　　유래 curry [커리]

れとるとかれー
レトルトカレー　　레토르트 카레

サイン さいん

ㅇ 저자의 친필 サイン 이 들어 있는 책.

ㅇ サイン 을 받으려고 팬들이 줄을 서 있다.

명 서명 📧 유래 sign [사인]

さいんかい
サイン会   사인회

フォーク ふぉーく

ㅇ 젓가락질이 서툴러서 フォーク 를 쓴다.

ㅇ 테이블 위에 나이프와 フォーク 가 놓여 있다.

명 포크 🍴 유래 fork [포크]

ないふとふぉーく
ナイフとフォーク   나이프와 포크

ミカン みかん

ㅇ 레몬보다 작고, 부드러운 주황색 껍질을 가진 ミカン.

ㅇ 제주도는 감 ミカン 으로 유명하다.

명 귤 🍊

みかんのかわをむく
ミカンの皮を剝く   귤껍질을 벗기다

セット せっと

ㅇ 다양한 과자가 들어 있는 종합 선물 セット 를 샀다.

ㅇ セット 로 구매하시면 단품 가격보다 더 쌉니다.

명 세트 유래 set [세트]

せっとめにゅー
セットメニュー   세트 메뉴

ガソリン がそりん

ㅇ 주유소에서 ガソリン 좀 채워야겠어.

ㅇ ガソリン 과 경유 중 어떤 거로 주유하시나요?

명 휘발유 🛢 유래 gasoline [가솔린]

がそりんがきれる
ガソリンが切れる   휘발유가 떨어지다

カート かーと

ㅇ 살 게 많으니 쇼핑 カート 를 하나 끌고 와라.

ㅇ 대형 마트의 カート 에는 아이를 태울 수 있는 칸이 있다.

명 손수레 🛒 유래 cart [카트]

かーとにいれる
カートに入れる   카트에 넣다

ステレオ すてれお

ㅇ 차의 ステレオ 를 새로 달고 싶어.

ㅇ ステレオ 스피커로 음악을 듣는다.

명 입체 혹은 입체 음향 장치 📻
유래 stereo [스테레오]

かーすてれお
カーステレオ   카 스테레오

スピーチ すぴーち

ㅇ 달변가인 그는 원고도 없이 즉석에서 スピーチ 를 했다.

ㅇ 외국인들을 위한 한국어 スピーチ 대회가 열렸다.

명 연설 유래 speech [스피치]

そくせきすぴーち
即席スピーチ   즉석연설

ボール ぼーる

ㅇ 축구 ボール 를 찼다.

ㅇ 아깝게도 ボール 가 골대를 벗어났다.

명 공 🏀 유래 ball [볼]

ぼーるをける
ボールを蹴る   공을 차다

Q ——————————— A ———————————

サンドイッチ さんどいっち

Q. 식빵 사이에 햄과 계란을 넣은 サンドイッチ 를 먹었다.

Q. 만원 열차 안에 꽉 끼어서 サンドイッチ 가 된 것 같다.

명 샌드위치   유래 sandwich [샌드위치]

さんどいっちせっと サンドイッチセット	샌드위치 세트

テニス てにす

Q. テニス 와 배드민턴은 공의 생김새가 아주 다르다.

Q. 혼자 벽에 テニス 공을 라켓으로 치며 연습했어.

명 테니스   유래 tennis [테니스]

てにすのしあい テニスの試合	테니스 시합

タイプ たいぷ

Q. 이목구비가 뚜렷해 여자들이 좋아하는 タイプ 다.

Q. 기초 화장품은 자기 피부 タイプ 에 맞는 걸 써야 해요.

명 타입   유래 type [타입]

ずきなたいぷ 好きなタイプ	좋아하는 타입

ベッド べっど

Q. 푹신푹신한 ベッド 에 누우니 잠이 저절로 온다.

Q. 할머니는 ベッド 가 불편하다고 바닥에서 주무셔.

명 침대   유래 bed [베드]

まくらとべっど 枕とベッド	베개와 침대

ワンピース わんぴーす

Q. ワンピース 보다는 투피스 옷이 움직이기 편하다.

Q. 티셔츠가 너무 길어서 꼭 ワンピース 를 입은 것 같다.

명 원피스   유래 one-piece [원피스]

はながらのわんぴーす 花柄のワンピース	꽃무늬 모양의 원피스

サンダル さんだる

Q. 바다 여행 때 가볍게 신으려고 サンダル 를 샀어.

Q. 여름에는 슬리퍼나 サンダル 를 주로 신는다.

명 샌들   유래 sandals [샌들]

さんだるをはく サンダルを履く	샌들을 신다

スリッパ すりっぱ

Q. スリッパ 를 대충 신고 집 앞 편의점에 갔다.

Q. 손님에게 실내용 スリッパ 를 내어드려라.

명 실내화   유래 slipper [슬리퍼]

しつないすりっぱ 室内スリッパ	실내 슬리퍼

コーラ こーら

Q. 세트 메뉴에는 햄버거에 감자튀김과 コーラ 가 포함된다.

Q. コーラ 와 사이다의 맛을 구별할 수 있어?

명 콜라   유래 cola [콜라]

だいえっとこーら ダイエットコーラ	다이어트 콜라

カーテン かーてん

Q. 햇살이 눈 부시니 カーテン 좀 쳐 줄래?

Q. 물이 튀지 않게 욕실에 샤워 カーテン 을 달았다.

명 커튼   유래 curtain [커튼]

しろいかーてん 白いカーテン	하얀 커튼

レベル れべる

Q. 밤새 게임을 하며 캐릭터의 レベル 를 올렸다.
Q. 대화의 レベル 가 높아서 나는 끼어들지도 못하겠어.

명 수준, 정도 　　　유래 level [레벨]

れべるあっぷ
レベルアップ　　　레벨업

カンガルー かんがるー

Q. カンガルー 는 호주의 상징적인 동물이야.
Q. カンガルー 는 주머니에 새끼를 넣고 다녀.

명 캥거루　　　유래 kangaroo [캥거루]

かんがるーぞく
カンガルー族　　　캥거루족

ゴールド ごーるど

Q. ゴールド 는 전 세계에서 통용화폐로 쓰이는 금속이다.
Q. 올림픽에서 세계 신기록으로 ゴールド 메달을 땄다.

명 황금　　　유래 gold [골드]

ごーるどめだる
ゴールドメダル　　　금메달

ショート しょーと

Q. 과감하게 ショート 헤어로 잘랐다.
Q. 1박 2일의 ショート 한 여행이었지만 즐거웠다.

명 짧음　　　유래 short [쇼트]

しょーとへあ
ショートヘア　　　쇼트 헤어

シルバー しるばー

Q. 이 금도끼가 네 것이냐, シルバー 도끼가 네 것이냐?
Q. 금 シルバー 방에 강도가 들어 귀금속을 훔쳐 달아났다.

명 은, 은 제품　　　유래 silver [실버]

しるばーたうん
シルバータウン　　　실버타운

シングル しんぐる

Q. シングル 의 침대에 둘이 함께 자려니 비좁다.
Q. シングル 의 방은 예약이 끝났습니다.

명 하나, 단일　　　유래 single [싱글]

しんぐるべっど
シングルベッド　　　싱글 침대

ダーツ だーつ

Q. 술집에 ダーツ 보드가 있어서 핀을 던지며 놀았다.
Q. ダーツ 핀은 작게 축소한 화살처럼 생겼다.

명 화살 던지기 놀이　　　유래 dart [다트]

だーつげーむ
ダーツゲーム　　　다트 게임

ドラム どらむ

Q. ドラム 치는 연주자를 드러머라고 한다.
Q. 세탁기는 통돌이와 ドラム 두 종류가 있습니다.

명 드럼　　　유래 drum [드럼]

どらむをたたく
ドラムを叩く　　　드럼을 치다

ハープ はーぷ

Q. ハープ 는 수금이라고도 부르는 발현악기이다.
Q. 천사들이 들고 있는 것으로 묘사되는 현악기 ハープ.

명 하프　　　유래 harp [하프]

はーぷをひく
ハープを弾く　　　하프를 연주하다

Q

パズル ぱずる

Q. 직소 パズル 를 맞추는데 한 조각이 부족했다.
Q. パズル 조각들을 끼워 맞춘다.

ベーカリー べーかりー

Q. ベーカリー 에서 빵 굽는 냄새가 풍긴다.
Q. 친구 생일날 ベーカリー 에서 케이크를 샀다.

ボス ぼす

Q. 갱단의 ボス 가 세력 싸움 중 총에 맞아 사망했다.
Q. ボス 와 부하직원들의 화합이 중요하다.

レター れたー

Q. 팬들이 보낸 팬 レター 를 하나하나 읽는 연예인.
Q. 이와이 슌지 감독의 멜로 영화 러브 レター.

ガイ がい

Q. 그 남자는 훤칠하고 성격도 좋은 나이스 ガイ 야.
Q. 터프 ガイ 의 대명사 람보.

スパイ すぱい

Q. 경쟁 기업의 기술을 몰래 빼 오는 산업 スパイ.
Q. 적국에 침투하여 기밀을 빼돌리는 スパイ.

レスリング れすりんぐ

Q. 프로 レスリング 는 각본이 있고 승패도 정해져 있다.
Q. 존 시나는 보디빌더였다가 프로 レスリング 선수가 됐다.

ハム はむ

Q. ハム 는 돼지고기를 가공해 만든 식품이다.
Q. 스팸은 ハム 의 대명사로 미국에서 탄생했다.

ブック ぶっく

Q. 도서관에서 ブック 를 두 권 빌려 왔다.
Q. 서점에 가면 베스트셀러 ブック 목록을 먼저 본다.

A

명 퍼즐　　　　　　　　　유래 puzzle [퍼즐]

じぐそーぱずる
ジグソーパズル　　　　　직소 퍼즐

명 제과점　　　　　　　　유래 bakery [베이커리]

ほーむべーかりー
ホームベーカリー　　　　홈 베이커리

명 두목　　　　　　　　　유래 boss [보스]

まふぃあのぼす
マフィアのボス　　　　　마피아의 보스

명 편지　　　　　　　　　유래 letter [레터]

らぶれたー
ラブレター　　　　　　　러브 레터

명 사나이, 녀석　　　　　유래 guy [가이]

たふがい
タフガイ　　　　　　　　터프 가이

명 간첩　　　　　　　　　유래 spy [스파이]

すぱいせん
スパイ戦　　　　　　　　첩보전

명 레슬링　　　　　　　　유래 wrestling [레슬링]

ぷろれすりんぐ
プロレスリング　　　　　프로 레슬링

명 햄　　　　　　　　　　유래 ham [햄]

はむさんど
ハムサンド　　　　　　　햄 샌드위치

명 책　　　　　　　　　　유래 book [북]

ぶっくかばー
ブックカバー　　　　　　북 커버

チェック ちぇっく

Q. 문 잘 잠갔는지 한 번 더 **チェック** 해볼게.

Q. 입금하신 금액이 맞는지 다시 한번 **チェック** 해 주세요.

명 확인   유래 check [체크]

ぼでぃーちぇっく
ボディーチェック 몸 수색

キング きんぐ

Q. 박물관에서 **キング** 가 쓰던 왕관을 본 적이 있다.

Q. 체스는 **キング** 가 잡히기 직전이 되면 게임이 끝난다.

명 왕 유래 king [킹]

きんぐだむ
キングダム 왕국

イン いん

Q. 비디오 판독으로 볼의 **イン**, 아웃을 판단하다.

Q. 대표적인 **イン** 도어 스포츠로는 볼링이 있다.

명 안, 내부, 안쪽 유래 in [인]

いんどあ
インドア 실내

オアシス おあしす

Q. 사막에서 **オアシス** 를 발견했을 때의 기쁨!

Q. 삭막한 도시 한복판의 공원은 **オアシス** 같은 존재다.

명 오아시스 유래 oasis [오아시스]

さばくのおあしす
砂漠のオアシス 사막의 오아시스

ハウス はうす

Q. 비닐 **ハウス** 에서 농작물을 키우기도 해.

Q. 아파트를 건축할 때 견본으로 보여주는 모델 **ハウス**.

명 주택 유래 house [하우스]

もでるはうす
モデルハウス 모델 하우스

キッチン きっちん

Q. 주방에서 쓰는 휴지를 **キッチン** 타월이라고 한다.

Q. 다이닝 **キッチン** 은 식당을 겸한 부엌을 가리킨다.

명 부엌 유래 kitchen [키친]

きっちんたおる
キッチンタオル 키친타월

モーニング もーにんぐ

Q. 여러분 굿 **モーニング**! 간밤에 잘 잤나요?

Q. 나는 일어나자마자 **モーニング** 커피를 마셔야 잠이 깨.

명 아침 유래 morning [모닝]

もーにんぐこーる
モーニングコール 모닝콜

スクリーン すくりーん

Q. 영화관에서는 영사기를 **スクリーン** 에 쏘아 영화를 튼다.

Q. 이 영화관은 국내 최대 크기의 **スクリーン** 을 가지고 있대.

명 스크린 유래 screen [스크린]

わいどすくりーん
ワイドスクリーン 와이드 스크린

ロール ろーる

Q. 화장실에서는 둘둘 말린 **ロール** 휴지를 사용한다.

Q. 둥글게 말린 형태를 한 **ロール** 케이크.

명 두루마리 유래 role [롤]

ろーるけーき
ロールケーキ 롤 케이크

クッキー くっきー

- ^Q 밸런타인데이에 초코칩 **クッキー** 를 구워 선물로 줬다.
- ^Q 크리스마스에 **クッキー** 맨 과자를 구웠다.

명 쿠키 　　　　　유래 cookie [쿠키]

くっきーがた
クッキー型　　　　　　쿠키 틀

セカンド せかんど

- ^Q 첫 골 넣은 직후 바로 **セカンド** 의 골을 터트렸다.
- ^Q 1등 주자에 이어 간발의 차로 **セカンド** 주자가 들어왔다.

명 두 번째　　　　　유래 second [세컨드]

せかんどはうす
セカンドハウス　　　　　別荘

ゲート げーと

- ^Q 초인종을 누르면 **ゲート** 를 열어줄게.
- ^Q 톨 **ゲート** 를 지나 고속도로에 진입했다.

명 문　　　　　유래 gate [게이트]

とーるげーと
トールゲート　　　　　톨게이트

アイス あいす

- ^Q 날씨가 더우니까 **アイス** 커피를 마시자.
- ^Q 한겨울에도 **アイス** 아메리카노만 마신다.

명 얼음　　　　　유래 ice [아이스]

あいすこーひー
アイスコーヒー　　　　　아이스 커피

カリスマ かりすま

- ^Q 그녀에겐 좌중을 단숨에 휘어잡는 **カリスマ** 가 있었다.
- ^Q **カリスマ** 적인 존재였던 그는 곧 시의원에 선출되었다.

명 카리스마　　　　　유래 charisma [카리스마]

かりすまてきなそんざい
カリスマ的な存在　　　카리스마적인 존재

コスモス こすもす

- ^Q **コスモス** 꽃은 우주를 뜻하는 단어와 스펠링이 같다.
- ^Q **コスモス** 는 가을을 상징하는 대표적인 꽃이다.

명 코스모스　　　　　유래 cosmos [코스모스]

こすもすはたけ
コスモス畑　　　　　코스모스밭

コルク こるく

- ^Q 와인병의 **コルク** 마개를 따는 방법.
- ^Q 와인병의 **コルク** 마개를 따려면 와인 오프너가 필요하다.

명 코르크　　　　　유래 cork [코르크]

こるくせん
コルク栓　　　　　코르크 마개

チーター ちーたー

- ^Q **チーター** 는 포유류 중 가장 빠른 동물이다.
- ^Q **チーター** 는 표범과 매우 비슷하게 생겼습니다.

명 치타　　　　　유래 cheetah [치타]

ちーたーのなきごえ
チーターの鳴き声　　　치타의 울음소리

パートタイム ぱーとたいむ

- ^Q 주말에는 편의점에서 **パートタイム** 아르바이트를 합니다.
- ^Q 부업으로 저녁에 세 시간짜리 **パートタイム** 일을 구했다.

명 시간제 근무　　　　　유래 part time [파트 타임]

ぱーとたいむろうどうしゃ
パートタイム労働者　　　파트타임 노동자

パイ ぱい

Q. 디저트 가게에서 호두를 가득 넣은 호두 パイ 를 샀다.

Q. 군인들은 초코 パイ 를 좋아한다.

명 파이   유래 pie [파이]

あっぷるぱい アップルパイ	애플파이

ハイエナ はいえな

Q. 썩은 고기를 쫓는 ハイエナ 는 비열함의 상징처럼 쓰인다.

Q. 라이온킹에서 악역 스카를 따르는 부하들인 ハイエナ.

명 하이에나   유래 hyena [하이에나]

しまはいえな シマハイエナ	줄무늬하이에나

パソコン ぱそこん

Q. 스마트폰이 나온 뒤로 パソコン 의 필요성이 줄어들었다.

Q. 노트북이 고장 나서 パソコン 이 있는 호텔을 예약했다.

명 PC [개인용 컴퓨터]
유래 persona computer [퍼스널 컴퓨터]

ぱそこんげーむ パソコンゲーム	컴퓨터 게임

バレンタインデー ばれんたいんでー

Q. 화이트데이는 사탕, バレンタインデー 는 초콜릿을 준다.

Q. 2월 14일은 バレンタインデー 다.

명 밸런타인데이
유래 valentine day [밸런타인 데이]

せいばれんたいんでー 聖バレンタインデー	성 밸런타인데이

パンティー ぱんてぃー

Q. 우리 애는 5살에 기저귀를 떼고 パンティー 를 입었다.

Q. 하체에 입는 속옷 パンティー.

명 팬티   유래 pantie [팬티]

ぱんてぃーすとっきんぐ パンティーストッキング	팬티스타킹

ハンバーグ はんばーぐ

Q. 고기를 잘게 다져서 ハンバーグ 스테이크를 만들었다.

Q. 서양의 ハンバーグ 는 우리나라의 동그랑땡과 비슷하다.

명 함박 스테이크
유래 Hamburg [함버그] + steak [스테이크]

てごねはんばーぐ 手ごねハンバーグ	수제 함박 스테이크

ピアニスト ぴあにすと

Q. ピアニスト 는 피아노를 직업적으로 연주하는 사람이다.

Q. 세계적인 ピアニスト 의 피아노 연주회 티켓을 구했다.

명 피아니스트 유래 pianist [피아니스트]

じゃずぴあにすと ジャズピアニスト	재즈 피아니스트

ボウリング ぼうりんぐ

Q. ボウリング 는 공을 굴려서 핀을 쓰러트리는 스포츠이다.

Q. ボウリング 를 잘 못 한다더니 연달아 스트라이크를 냈다.

명 볼링   유래 bowling [볼링]

ぼうりんぐじょう ボウリング場	볼링장

ホームラン ほーむらん

Q. 만루 ホームラン 을 쳐서 역전했다.

Q. 타자가 친 공이 펜스를 넘어가면 ホームラン 이 된다.

명 홈런   유래 home run [홈런]

ほーむらんをうつ ホームランを打つ	홈런을 치다

Q ——————————— A

ボクシング ぼくしんぐ

Q. 마이크 타이슨은 유명한 ボクシング 선수입니다.

Q. 글러브를 끼고 주먹만으로 겨루는 스포츠 ボクシング.

명 권투 유래 boxing [복싱]

ぼくしんぐじむ
ボクシングジム　　　복싱 체육관

ホットケーキ ほっとけーき

Q. 프라이팬에 굽는 납작하고 뜨거운 케이크 ホットケーキ.

Q. ホットケーキ 는 팬에 굽기 때문에 팬케이크라고도 해.

명 팬케이크 유래 hotcake [핫케이크]

ほっとけーきみっくす
ホットケーキミックス　　핫케이크 믹스

マーガリン まーがりん

Q. 프랑스에서 만든 マーガリン 은 인공 버터라고 불렸다.

Q. マーガリン 은 버터보다 저렴하지만 맛이 떨어진다.

명 마가린 유래 margarine [마가린]

まーがりんをぬる
マーガリンを塗る　　마가린을 바르다

マイ まい

Q. 그녀는 マイ 페이스라 남이 뭐라 해도 신경 쓰지 않는다.

Q. 돈을 열심히 모아 드디어 マイ 카를 갖게 되었다.

명 나의 유래 my [마이]

まいぺーす
マイペース　　마이 페이스

マッチング まっちんぐ

Q. 그 넥타이랑 셔츠는 역시 マッチング 가 안된다.

Q. 정장에 슬리퍼를 신으니까 マッチング 가 안된다.

명 어울림 유래 matching [매칭]

みすまっちんぐ
ミスマッチング　　미스 매칭

マットレス まっとれす

Q. 침대를 오래 썼더니 マットレス 의 스프링이 다 망가졌다.

Q. 침대 틀 없이 マットレス 만 바닥에 두고 사용한다.

명 매트리스 유래 mattress [매트리스]

まっとれすかばー
マットレスカバー　　매트리스 커버

マニキュア まにきゅあ

Q. 손톱에 빨간색 マニキュア 를 발랐다.

Q. 손톱을 물어뜯는 버릇 때문에 マニキュア 를 못 바른다.

명 매니큐어 유래 manicure [매니큐어]

まにきゅあをぬる
マニキュアを塗る　　매니큐어를 바르다

マネージャー まねーじゃー

Q. 관리직에 있는 사람을 マネージャー 라고 부르기도 한다.

Q. 연예인의 스케줄 관리는 マネージャー 의 일이다.

명 관리자  유래 manager [매니저]

ほてるのまねーじゃー
ホテルのマネージャー　　호텔 지배인

ミント みんと

Q. 달면서도 화한 매력이 있는 ミント 초콜릿 칩 아이스크림.

Q. 모히토는 럼에 라임과 ミント 잎을 넣어 만든다.

명 민트 유래 mint [민트]

ちょこみんと
チョコミント　　초코 민트

ラストスパート らすとすぱーと

- ᵠ 마지막 힘을 짜내 ラストスパート 를 해서 1등을 했다.
- ᵠ 시험을 코앞에 두고 ラストスパート 에 들어갔다.

🈩 마지막 분발　유래 last spurt [라스트 스퍼트]

らすとすぱーとをかける	
ラストスパートをかける	마지막 박차를 가하다

リコーダー りこーだー

- ᵠ リコーダー 는 초등학생 때 이후로 처음 불어 봐.
- ᵠ 어린이들도 쉽게 연주할 수 있는 관악기 リコーダー.

🈩 리코더　유래 recorder [리코더]

りこーだーをふく	
リコーダーを吹く	리코더를 불다

リラックス りらっくす

- ᵠ リラックス 한 분위기 속에서 차를 마시며 담소를 했다.
- ᵠ 심호흡하고 リラックス 해 보세요.

🈩 긴장을 풀고 쉼　유래 relax [릴랙스]

りらっくすむーど	
リラックスムード	릴랙스 무드

ロー ろー

- ᵠ 아래에서 위로 촬영하는 ロー 앵글 촬영.
- ᵠ 건강을 위해 하루에 한 끼는 ロー 칼로리 식단으로 먹는다.

🈩 높이·정도가 낮거나 속도가 느린 모양
유래 low [로우]

ろーぎあ	
ローギア	저속 기어

ローション ろーしょん

- ᵠ 샤워 후엔 몸에 바디 ローション 을 바른다.
- ᵠ 기초화장품은 스킨, ローション, 크림 순으로 바른다.

🈩 로션　유래 lotion [로션]

ぼでぃーろーしょん	
ボディーローション	바디 로션

ワープロ わーぷろ

- ᵠ 문서를 작성, 편집할 때 사용하는 소프트웨어 ワープロ.
- ᵠ 대표적인 ワープロ 프로그램으로는 MS 워드가 있다.

🈩 워드 프로세서
유래 word processor [워드 프로세서]

わーぷろきのう	
ワープロ機能	워드프로세서 기능

力 ちから

- ᵠ 그는 力 가 세서 팔씨름 대회에서 1등을 했다.
- ᵠ 바위도 들어 올릴 만큼 力 가 세다.

🈩 힘

ちからだめし	
力試し	힘겨루기

選ぶ えらぶ

- ᵠ 1부터 10까지의 숫자 중 하나를 選ぶ 하세요.
- ᵠ 가장 맛있어 보이는 사과를 選ぶ 했다.

1류 고르다

だいひょうをえらぶ	
代表を選ぶ	대표를 고르다

張る¹ はる

- ᵠ 가스가 차서 배가 張る 했다.
- ᵠ 바람을 계속 불었더니 풍선이 터질 듯이 張る 했다.

1류 팽팽해지다

はらがはる	
腹が張る	배가 빵빵해지다

Q

張る² はる

Q. 덩굴이 담벼락을 타고 張る 했다.

Q. 당당하게 가슴을 張る 했다.

張る³ はる

Q. 겨울이 되자 길거리 곳곳에 빙판이 張る 했다.

Q. 바닥에 타일을 張る 했다.

張る⁴ はる

Q. 캠핑장에 텐트를 張る 했다.

Q. 거미가 처마 밑에 거미줄을 張る 했다.

直す なおす

Q. 원고를 살펴보며 오타가 난 글자들을 直す 했다.

Q. 오랜 통원치료 끝에 병을 治す 했다.

止む やむ

Q. 공사가 끝났는지 시끄러운 소리도 止む 했다.

Q. 잠시 止む 했던 비가 다시 내리기 시작했다.

壊す こわす

Q. 공을 던져서 옆집 창문을 壊す 했어.

Q. 동생의 장난감을 실수로 밟아서 壊す 했어.

止(ま)る¹ とまる

Q. 건전지가 다 됐는지 시계가 止(ま)る 했다.

Q. 빗길에 미끄러지던 차가 간신히 止(ま)る 했다.

鳴る¹ なる

Q. 교회의 종이 鳴る 하고 있다.

Q. 현관 벨이 鳴る 하는 걸 듣고 누가 들어온 줄 알았어.

鳴る² なる

Q. 건강식품으로 鳴る 한 홍삼의 효능.

Q. 용맹하기로 鳴る 한 장수 관우.

A

1동 뻗다, 펴다

ねをはる
根を張る　　　　　　뿌리를 뻗다

1동 깔리다, 깔다

こおりがはる
氷が張る　　　　　　얼음이 덮이다

1동 치다

てんとをはる
テントを張る　　　　텐트를 치다

1동 고치다, 정정하다

けしょうをなおす
化粧を直す　　　　　화장을 고치다

★ 표기 차이 治す: 치료하다

1동 멈추다 (III)

あめがやむ
雨が止む　　　　　　비가 멈추다

1동 파괴하다, 고장 내다

たてものをこわす
建物を壊す　　　　　건물을 부수다

1동 (움직이는 것이) 멈추다, 서다

くるまがとまる
車が止まる　　　　　차가 멈추다

★ 표기 차이 停まる

1동 소리가 나다

あらーむがなる
アラームが鳴る　　　알람이 울리다

1동 널리 알려지다

めいせいがてんかになる
名声が天下に鳴る　　명성을 천하에 떨치다

Q _____ A _____

DAY 12

差す さす

Q. 비가 내려서 우산을 差す 했다.
Q. 햇빛이 너무 강해서 양산을 差す 했다.

1동 (우산·양산을) 쓰다

かさをさす
傘を差す　　　우산을 쓰다

似合う にあう

Q. 그 옷 너한테 잘 似合う 한다. 어디서 샀어?
Q. 커튼이 집안 분위기와 잘 似合う 한다.

1동 어울리다

ふくがにあう
服が似合う　　　옷이 어울리다

急ぐ いそぐ

Q. 그 기차에 시간 맞춰 타려면 急ぐ 해야 할 거야.
Q. 갈 길이 바빠 준비를 急ぐ 했다.

1동 서두르다

じゅんびをいそぐ
準備を急ぐ　　　준비를 서두르다

踏む ふむ

Q. 급히 걷다가 다른 사람의 발을 踏む 하고 말았다.
Q. 갑자기 사람이 튀어나와 브레이크를 踏む 했다.

1동 밟다

あしをふむ
足を踏む　　　발을 밟다

決(ま)る きまる

Q. 그 날짜를 행사일로 決(ま)る 했다.
Q. 심사위원들의 토론 끝에 수상자가 決(ま)る 했다.

1동 정해지다

ほうしんがきまる
方針が決まる　　　방침이 정해지다

切る きる

Q. 그 빵을 네 조각으로 切る 해서 나누어 먹자.
Q. 가위로 머리카락을 切る 했다.

1동 자르다

はさみできる
鋏で切る　　　가위로 자르다

知る しる

Q. 너 혹시 그 사람 전화번호 知る 하니?
Q. 근처에 사는 사람들만 知る 하는 숨은 맛집이래.

1동 (지식으로) 알다　1+1=?

じぜんにしる
事前に知る　　　사전에 알다

塗る ぬる

Q. 세수한 다음 얼굴에 로션을 塗る 했다.
Q. 양호실에 가서 상처에 연고를 塗る 했다.

1동 바르다

ぺいんとをぬる
ペイントを塗る　　　페인트를 바르다

謝る あやまる

Q. 내 잘못에 대해 진심으로 謝る 하고 싶어요.
Q. 실언에 대해 정중히 謝る 하다.

1동 사과하다

すなおにあやまる
素直に謝る　　　솔직하게 사과하다

Q ——————— A ———————

残る のこる

Q. 그녀의 향수 냄새가 방에 残る 했다.

Q. 오랫동안 머릿속에 残る 하는 기억이 있다.

1통 (뒤에) 남다, 전해지다

おかねがのこる
お金が残る　　　　　　　돈이 남다

脱ぐ ぬぐ

Q. 그는 샤워하기 위해 옷을 脱ぐ 했다.

Q. 냇가에 발을 담그려고 신발을 脱ぐ 했다.

1통 벗다

くつをぬぐ
靴を脱ぐ　　　　　　　신발을 벗다

変(わ)る かわる

Q. 그때랑 하나도 変(わ)る 하지 않았구나.

Q. 지번 주소에서 도로명 주소로 変(わ)る 했다.

1통 변하다, 바뀌다

じだいがかわる
時代が変る　　　　　　시대가 변하다

通る とおる

Q. 샛길을 通る 해서 가다 보면 강이 나올 거야.

Q. 예선은 通る 했지만, 본선에서 아쉽게 탈락하고 말았다.

1통 통하다, 지나다

よこみちをとおる
横道を通る　　　　　　샛길을 지나다

太る ふとる

Q. 그렇게 많이 먹으니 太る 하는 거야.

Q. 운동을 안 하고 먹기만 해서 太る 했다.

1통 살찌다

でっぷりふとる
でっぷり太る　　　　　뚱뚱하게 살찌다

建つ たつ

Q. 그를 기리기 위해 마을에 동상이 建つ 했다.

Q. 새 건물이 建つ 했다.

1통 세워지다

どうぞうがたつ
銅像が建つ　　　　　　동상이 세워지다

違う ちがう

Q. 약속과 違う 한 그의 행동에 크게 실망했다.

Q. 그 답은 違う 해. 문제를 다시 한번 읽어 봐.

1통 다르다, 틀리다

むかしとちがう
昔と違う　　　　　　　옛날과 다르다

払う¹ はらう

Q. 기생충을 払う 하려고 구충제를 먹었다.

Q. 다른 사람들을 방 밖으로 払う 하고 비밀 이야기를 했다.

1통 제거하다, 쫓아 버리다

ほこりをはらう
埃を払う　　　　　　　먼지를 털다

払う² はらう

Q. 이 미술관은 입장료를 払う 하고 들어가야 해.

Q. 가불을 받아서 밀린 집세를 払う 했다.

1통 돈을 내다, 지불하다

にゅうじょうりょうをはらう
入場料を払う　　　　　입장료를 내다

弾く¹ ひく

- Q. 기타를 弾く 하는 기타리스트.
- Q. 피아노를 弾く 하며 노래 부르는 가수.

1동 (건반악기·현악기를) 치다, 연주하다

ぎたーをひく
ギターを弾く　　　기타를 연주하다

拾う ひろう

- Q. 길거리에서 돈이 든 지갑을 拾う 했다.
- Q. 바닥에 버려진 쓰레기를 拾う 했다.

1동 줍다

みちばたでひろう
道端で拾う　　　길에서 줍다

係る かかる

- Q. 관심 없어. 네가 하는 일에 係る 하고 싶지 않아.
- Q. 이건 내 명예에 係る 한 일이야.

1동 관계되다

せいしにかかる
生死に係る　　　생사에 관련되다

願う ねがう

- Q. 입원하신 어머니가 빨리 나으시기를 願う 했다.
- Q. 자식의 행복을 願う 하는 부모의 마음.

1동 원하다, 빌다

ぶじをねがう
無事を願う　　　무사하기를 빌다

怒る おこる

- Q. 장난이 너무 심했는지 친구가 진심으로 怒る 했다.
- Q. 평소엔 조용하지만 한번 怒る 하면 굉장히 무섭다.

1동 화내다

ほんきでおこる
本気で怒る　　　진짜로 화내다

直る なおる

- Q. 고맙다. 덕분에 고장 난 컴퓨터가 直る 했어.
- Q. 잘 먹고 푹 쉬었더니 병이 저절로 治る 했다.

1동 (고장·잘못 등이) 고쳐지다

ぶんしょうがなおる
文章が直る　　　문장이 바로잡히다

＊**표기 차이** 治る: 병·부상에서 낫는 경우에만 쓰임

盗む ぬすむ

- Q. 장 발장은 배고픔에 빵을 盗む 했다.
- Q. 내 지갑을 盗む 한 도둑을 잡았다.

1동 훔치다

さいふをぬすむ
財布を盗む　　　지갑을 훔치다

触る さわる

- Q. 내 거니까 함부로 触る 하지 마.
- Q. 얼마나 부드러운지 한 번 触る 해보세요.

1동 닿다, 건드리다

しんけいにさわる
神経に触る　　　신경을 건드리다

回る まわる

- Q. 너무 배가 고파서 눈이 핑핑 回る 했다.
- Q. 팽이가 얼마나 오랫동안 回る 하는지 볼까?

1동 돌다

めがまわる
目が回る　　　눈이 돌다

Q ——————— A ———————

守る まもる

q. 나라를 守る 하기 위해 희생하신 분들께 묵념했다.

q. 나무를 심는 것은 자연을 守る 하기 위한 노력 중 하나다.

图 지키다, 보호하다

しぜんをまもる
自然を守る　　　　자연을 보호하다

窺う うかがう

q. 아이는 풀이 죽어 부모의 눈치를 窺う 했다.

q. 범인은 도망칠 기회만 窺う 하고 있었다.

图 엿보다, 살피다

じきをうかがう
時機を窺う　　　　시기를 엿보다

滑る すべる

q. 눈길에서 그만 滑る 해서 넘어졌다.

q. 물고기가 손에서 滑る 해서 빠져나갔다.

图 미끄러지다

すべってころぶ
滑って転ぶ　　　　미끄러져 넘어지다

落(と)す おとす

q. 눈에 안약을 한 방울 落(と)す 했다.

q. 방금 지갑을 落(と)す 하셔서 제가 주웠어요.

图 떨어뜨리다

ぼーるをおとす
ボールを落とす　　　공을 떨어트리다

走る はしる

q. 늦을까 봐 走る 해서 왔더니 숨이 차.

q. 경주마들이 빠른 속도로 走る 한다.

图 달리다

はやくはしる
速く走る　　　　　빨리 달리다

★ 사람이나 동물뿐 아니라 전차나 자동차에도 씀

間に合う まにあう

q. 쉬지 않고 달려 겨우 기차 시간에 間に合う 했다.

q. 만 원이면 오늘 생활하기에는 間に合う 하다.

图 딱 맞다, 충분하다

しゅうしゃにまにあう
終車に間に合う　　막차 시간에 딱 맞추다

写す うつす

q. 다 같이 모여 기념사진을 写す 했다.

q. 걔가 내 숙제를 똑같이 写す 했어.

图 베끼다, 찍다

のーとをうつす
ノートを写す　　　노트를 베끼다

申す もうす

q. 잘 알고 계실 테니 申す 드릴 필요도 없겠죠?

q. 申す 드리기 죄송합니다만 이대로는 가망이 없습니다.

图 말하다

もうすまでもなく
申す迄もなく　　　말씀드릴 필요도 없이

★ 言う 의 겸양어, 정중한 표현

勝つ かつ

q. 다음 경기에서 勝つ 해야만 4강에 진출할 수 있어.

q. 소송에 勝つ 해서 막대한 보상금을 받았다.

图 이기다

そしょうにかつ
訴訟に勝つ　　　　소송에서 이기다

Q _____ A _____

DAY 12

積(も)る つもる

- Q. 대출을 받자 이자 때문에 빚이 계속 積(も)る 했다.
- Q. 밤새 눈이 내리더니 눈이 잔뜩 積(も)る 했다.

1통 쌓이다

ゆきがつもる
雪が積もる   눈이 쌓이다

無くなる なくなる

- Q. 도둑이 들었는지 지갑이 無くなる 했어.
- Q. 그는 마지막 희망이 無くなる 하자 자포자기한 상태였다.

1통 없어지다

きぼうがなくなる
希望が無くなる   희망이 없어지다

渡す わたす

- Q. 돈을 渡す 하면 인질을 풀어주겠다.
- Q. 입주자를 방까지 안내하고 열쇠를 渡す 했다.

1통 건네주다

かねをわたす
金を渡す   돈을 건네주다

吹く ふく

- Q. 동쪽에서 바람이 吹く 해 왔다.
- Q. 심판이 호루라기를 吹く 했다.

1통 불다

かぜがふく
風が吹く   바람이 불다

運ぶ はこぶ

- Q. 따뜻한 바람이 꽃내음을 運ぶ 해왔다.
- Q. 이삿짐센터 직원들이 열심히 짐을 運ぶ 했다.

1통 나르다

にもつをはこぶ
荷物を運ぶ   짐을 나르다

驚く おどろく

- Q. 뜻밖의 수상에 驚く 하고 기뻤다.
- Q. 깜짝 생일파티에 대단히 驚く 한 듯 보였다.

1통 놀라다

たいへんおどろく
大変驚く   대단히 놀라다

足す たす

- Q. 국이 너무 짜서 간을 맞추기 위해 물을 足す 했다.
- Q. 1에 1을 足す 하면 2가 된다.

1통 더하다, 보충하다

みずをたす
水を足す   물을 더하다

★ 액체에 액체를 더하듯이, 같은 성질을 더할 때 쓰임

寄る¹ よる

- Q. 배가 하나둘 해안에 寄る 했다.
- Q. 정류장에 버스가 寄る 했다.

1통 접근하다

そばによる
そばに寄る   곁에 접근하다

寄る² よる

- Q. 금요일마다 퇴근하고 寄る 해서 맥주 한잔을 하는 가게.
- Q. 집에 가는 길에 서점에 寄る 해서 책 한 권을 샀다.

1통 들르다

かえりによる
帰りに寄る   돌아가는 길에 들르다

開く³ ひらく

Q. 공연장의 문이 開く 하자 사람들이 쏟아져 들어왔다.

Q. 새끼들은 입을 開く 하고 어미로부터 먹이를 받아먹었다.

📘 열리다, 열다, 뚫리다, 나다

てんがひらく
店が開く　　　　　　　가게가 열리다

沸く わく

Q. 냄비에서 물이 보글보글 沸く 했다.

Q. 정책 시행을 앞두고 반대 여론이 沸く 하고 있다.

📘 끓다

ゆがわく
湯が沸く　　　　　　　물이 끓다

鳴く なく

Q. 밤이면 귀뚜라미가 鳴く 한다.

Q. 아침이면 참새가 鳴く 하는 소리에 잠에서 깬다.

📘 울다

むしがなく
虫が鳴く　　　　　　　벌레가 울다

★ 동물이 소리를 내어 우는 것을 뜻함

飾る かざる

Q. 서랍장 위를 꽃으로 飾る 했다.

Q. 크리스마스트리에 눈사람 모양의 오너먼트를 飾る 했다.

📘 장식하다

はなでかざる
花で飾る　　　　　　　꽃으로 장식하다

泊(ま)る とまる

Q. 배가 항구에 泊(ま)る 했다.

Q. 친구 집에서 하룻밤 泊(ま)る 했다.

📘 묵다, 정박하다

りょかんにとまる
旅館に泊まる　　　　　여관에 묵다

付く² つく

Q. 풀로는 붙지 않아서 순간접착제를 써서 付く 했어.

Q. 요즘 푹 쉬면서 잘 먹었더니 살이 좀 付く 했다.

📘 (불·풀·살·실력 등) 붙다
📗 소리·동작·모양이 그렇게 됨을 나타냄

ひがつく
火が付く　　　　　　　불이 붙다

付く³ つく

Q. 양념이 튀어서 흰옷에 얼룩이 付く 했다.

Q. 비가 온 뒤 흙탕물을 밟아서 신발에 얼룩이 付く 했다.

📘 묻다, (얼룩이) 지다

どろがずぼんにつく
泥がズボンに付く　　흙탕물이 바지에 묻다

付く⁴ つく

Q. 사고가 난 뒤 정신이 付く 했을 때는 병원이었다.

Q. 쓰러진 환자는 일주일 만에 정신을 付く 했다.

📘 (정신을) 차리다

きがつく
気が付く　　　　알아차리다, 정신이 들다

付く⁵ つく

Q. 벌써 10대 0이라니 승부가 付く 한 거나 마찬가지네.

Q. 영화는 원작 소설과는 다르게 결말이 付く 했다.

📘 (결말이) 나다

しょうぶがつく
勝負が付く　　　　　　승부가 나다

召し上(が)る めしあがる

Q. 양식부터 한식까지 맘껏 召し上(が)る 하세요.

Q. 손님, 후식은 召し上(が)る 하십니까?

1등 드시다

しょくじをめしあがる
食事を召し上がる　　　식사를 잡수시다

＊ 飲む、食べる 의존경어

下がる¹ さがる

Q. 비행기가 착륙을 위해 고도를 下がる 하고 있다.

Q. 공연이 끝나고 무대의 막이 下がる 했다.

1등 내려가다

ねつがさがる
熱が下がる　　　열이 내리다

下がる² さがる

Q. 열차가 들어옵니다. 안전선 뒤로 下がる 해 주세요.

Q. 여기는 형한테 맡기고 너는 잠깐 下がる 해 있어.

1등 뒤로 물러나다, 물러서다

うしろにさがる
後ろに下がる　　　뒤로 물러서다

祈る いのる

Q. 친구의 빠른 쾌유를 祈る 했다.

Q. 별똥별을 보며 소원을 祈る 했다.

1등 빌다

かみにいのる
神に祈る　　　신에게 빌다

焼く やく

Q. 고기를 불에 焼く 해서 먹었어.

Q. 오븐에 감자를 焼く 했더니 맛있는 냄새가 난다.

1등 굽다, 태우다

にくをやく
肉を焼く　　　고기를 굽다

引く ひく

Q. 화려한 춤을 추며 사람들의 주의를 引く 했다.

Q. 절벽에 떨어지는 친구의 손을 잡아 引く 했다.

1등 끌다, 당기다

ちゅういをひく
注意を引く　　　주의를 끌다

並ぶ ならぶ

Q. 사람들이 매표소 앞에 並ぶ 하고 있다.

Q. 사람들이 並ぶ 해서 기다리는 걸 보니 맛집인가 봐.

1등 한 줄로 서다

れつにならぶ
列に並ぶ　　　줄에 서다

いらっしゃる

Q. 아버님께서는 서재에 いらっしゃる 하십니다.

Q. 저희 집에 いらっしゃる 하시면 잘 대접하겠습니다.

1등 오다, 가다, 있다

おたくにいらっしゃる
お宅にいらっしゃる　　　댁에 계시다

＊ 来る、行く、居る 의존경어

釣る つる

Q. 강에서 낚시하다가 팔뚝만 한 붕어를 釣る 했다.

Q. 과장된 광고로 소비자를 釣る 하다가 과태료를 받았다.

1등 낚다, 꾀다

さかなをつる
魚を釣る　　　물고기를 낚다

Q

届く とどく

Q. 친구가 보낸 편지가 届く 했다.

Q. 내일쯤 집에 届く 할 것 같아요. 뭐 필요한 거 있으세요?

下さる くださる

Q. 산타할아버지가 선물을 下さる 했다.

Q. 삼촌이 과자 사 먹으라고 용돈을 下さる 했다.

穿く はく

Q. 새 바지를 穿く 하고 소개팅에 나갔다.

Q. 발이 추워서 집에서도 양말을 履く 했다.

引(っ)越す ひっこす

Q. 새집으로 引(っ)越す 했다.

Q. 引(っ)越す 하기 위해 이삿짐센터를 불렀다.

致す¹ いたす

Q. 석유는 중동 국가에 막대한 부를 致す 했다.

Q. 잘못된 선택이 참혹한 결과를 致す 했다.

致す² いたす

Q. 고객님 진정하세요. 제가 전부 설명 致す 하겠습니다.

Q. 더 열심히 노력 致す 하겠습니다.

動く うごく

Q. 무거운 돌을 세 사람이 밀자 조금씩 動く 했다.

Q. 얼굴에 뭐 묻었어. 動く 하지 말고 가만히 있어 봐.

合う¹ あう

Q. 수소와 산소가 合う 하면 물이 된다.

Q. 각자 구경하고 1시에 이곳에서 다시 合う 하자.

合う² あう

Q. 맞춤옷처럼 옷이 딱 合う 했다.

Q. 성격이 잘 合う 해서 지내기 편한 친구.

A

1뜻 (사물·전파·음성 등이) 닿다, 도달하다

> てがみがとどく
> 手紙が届く　　　편지가 도착하다

1뜻 주시다

> かねをくださる
> 金を下さる　　　돈을 주시다
>
> ＊くれる 의 존경어

1뜻 (바지·스커트 등을) 입다

> ずぼんをはく
> ズボンを穿く　　　바지를 입다
>
> ＊표기 차이 履く: 신발·양말 등을 신다

1뜻 이사하다

> しんきょにひっこす
> 新居に引っ越す　　　새집으로 이사하다

1뜻 초래하다

> はんえいをいたす
> 繁栄を致す　　　번영을 가져오다

1뜻 하다

> しつれいいたします
> 失礼致します　　　실례하겠습니다
>
> ＊する 의 겸양어

1뜻 움직이다

> じょうげにうごく
> 上下に動く　　　위아래로 움직이다

1뜻 합쳐지다

> いちじにあう
> 一時に合う　　　한 시에 만나다
>
> ＊'만나다'를 뜻하기도 함

1뜻 맞다

> きがあう
> 気が合う　　　성격이 맞는다

泣く なく

Q. 슬픈 영화를 보고 泣く 했다.

Q. 아이가 엉엉 泣く 하고 있다.

1툐 (슬퍼서) 울다

こどもがなく
子供が泣く   아이가 울다

恥(ず)かしがる はずかしがる

Q. 실수한 것이 恥(ず)かしがる 해서 얼굴이 빨개졌다.

Q. 사람들 앞에서 발표하려니 恥(ず)かしがる 했다.

1툐 부끄럽게 여기다, 부끄러워하다

はずかしがりや
恥ずかしがり屋   부끄럼을 잘 타는 사람

沸かす わかす

Q. 따뜻한 차를 마시려고 물을 沸かす 했다.

Q. 우유를 沸かす 한 냄비에 홍차를 넣어 밀크티를 만들었다.

1툐 끓이다

ゆをわかす
湯を沸かす   물을 끓이다

思う おもう

Q. 문득 학창 시절의 추억을 思う 했다.

Q. 미처 思う 하지도 못했던 일이라서 당황했다.

1툐 생각하다

ありがたくおもう
有難く思う   고맙게 생각하다

★ 직관적, 정서적 표현으로의 '생각'을 의미

戻る もどる

Q. 길을 잘못 들었어. 왔던 길을 다시 戻る 해야 해.

Q. 우리를 알아보는데? 기억이 戻る 했나 봐!

1툐 되돌아가다, 되돌아오다

もとにもどる
元に戻る   원래대로 돌아오다

騒ぐ¹ さわぐ

Q. 신이 나서 騒ぐ 하는 아이들에게 조용히 하라고 했다.

Q. 영화 상영 중에 騒ぐ 하는 관객이 퇴장당했다.

1툐 떠들다, 소란 피우다

ようきにさわぐ
陽気に騒ぐ   쾌활하게 떠들다

騒ぐ² さわぐ

Q. 이런 사소한 일로 騒ぐ 하지 말고 침착해.

Q. 헤어진 애인의 연락을 받고 가슴이 騒ぐ 했다.

1툐 동요하다

こころがさわぐ
心が騒ぐ   마음이 동요되다

叱る しかる

Q. 아이를 너무 叱る 하면 기가 죽는다.

Q. 말 안 듣는 아이를 엄하게 叱る 하다.

1툐 꾸짖다

きびしくしかる
厳しく叱る   엄하게 꾸짖다

頼む たのむ

Q. 아이를 부모님께 頼む 하고 출근했다.

Q. 돈 좀 빌려주세요. 이렇게 頼む 합니다.

1툐 부탁하다

おつかいをたのむ
お使いを頼む   심부름을 부탁하다

Q

仰る おっしゃる

Q. 회장님께서 仰る 하신 대로 처리했습니다.

Q. 선생님께서 仰る 하신 말씀을 지금도 잊지 못합니다.

着く つく

Q. 약속 시각보다 일찍 着く 했다.

Q. 오늘 저녁에 택배가 着く 한다는 문자를 받았어.

取る とる

Q. 엄마가 아이의 손을 取る 하고 횡단보도를 건넜다.

Q. 검을 손에 取る 한 기사들이 싸우고 있다.

起(こ)す おこす

Q. 아침마다 늦잠 자는 아이를 起(こ)す 하느라 힘들어.

Q. 무너질 뻔한 회사를 起(こ)す 한 수완가.

無くす なくす

Q. 열쇠를 無くす 해서 문을 못 열고 있어.

Q. 지갑을 無くす 했어! 소매치기당했나 봐.

貰う もらう

Q. 오늘 보내신 선물을 貰う 했어요.

Q. 내일은 드디어 월급을 貰う 하는 날이다.

通う¹ かよう

Q. 오늘부터 초등학교에 通う 한다.

Q. 회사에는 전철을 타고 通う 한다.

通う² かよう

Q. 그 전선을 맨손으로 만지면 전기가 通う 하니 조심해라.

Q. 핏줄을 따라 전신에 피가 通う 하다.

乾く かわく

Q. 날이 건조하니 빨래가 빨리 乾く 한다.

Q. 물을 주지 않아 화분의 식물이 乾く 했다.

A

1급 말씀하시다

おっしゃるとおり
仰る通り　　　　　말씀하신 대로

*言う 의 존경어

1급 (사람·사물 등이) 닿다, 도착하다

ふねがみなとにつく
船が港に着く　　　배가 항구에 도착하다

1급 잡다, 들다, 쥐다, 떼다

けんをとる
剣を取る　　　　　검을 들다

1급 일으키다, 일으켜 세우다

こをおこす
子を起こす　　　아이를 일으키다 (깨우다)

1급 잃다, 없애다

とけいをなくす
時計を無くす　　시계를 잃어버리다

1급 받다, 얻다

ぷれぜんとをもらう
プレゼントを貰う　　　선물을 받다

1급 다니다

じゅくにかよう
塾に通う　　　　　학원에 다니다

1급 통하다

でんりゅうがかよう
電流が通う　　　전기가 통하다

1급 마르다, 건조하다

せんたくものがかわく
洗濯物が乾く　　빨래가 마르다

Q

A

DAY 13

思い出す おもいだす

Q. 정류장까지 와서야 지갑을 두고 온 걸 思い出す 했다.

Q. 사진을 보고 옛날 일을 思い出す 했다.

1통 생각해내다

ふとおもいだす
不図思い出す　　　문득 생각나다

行く² ゆく

Q. 어느새 봄은 行く 하고 여름이 왔다.

Q. 집 떠나 열차 타고 훈련소로 行く 하는 날.

1통 문어체 가다 ☺ ◖☺

あいにゆく
会いに行く　　　만나러 가다

喜ぶ よろこぶ

Q. 나의 합격 소식에 그는 자기 일처럼 喜ぶ 했다.

Q. 이산가족들은 부둥켜안고 재회를 喜ぶ 했다.

1통 기뻐하다, 즐거워하다 😊

こころからよろこぶ
心から喜ぶ　　　진심으로 기뻐하다

笑う わらう

Q. 아기는 낯도 가리지 않고 방긋방긋 잘도 笑う 했다.

Q. 인상 찌푸리지 마. 笑う 하면 복이 온대.

1통 웃다 😊

にこにこわらう
にこにこ笑う　　　생글생글 웃다

続く つづく

Q. 가뭄이 続く 해서 논바닥이 쩍쩍 갈라졌다.

Q. 이번 주 동안 장마가 続く 할 예정이니 우산을 챙기세요.

1통 계속되다, 이어지다

はなしがつづく
話が続く　　　이야기가 계속되다

遣る¹ やる

Q. 이메일을 遣る 했으니까 읽어보고 답장 줘.

Q. 지금 부하를 그쪽으로 遣る 할 테니까 기다리십시오.

1통 보내다 ✉

てがみをやる
手紙を遣る　　　편지를 보내다

遣る² やる

Q. 주말에는 뭘 遣る 하고 놀 거니?

Q. 시험이 얼마 남지 않아서 공부를 遣る 했다.

1통 하다 🐷

べんきょうをやる
勉強を遣る　　　공부를 하다

送る おくる

Q. 이사할 때 깜빡한 짐을 이쪽으로 좀 送る 해 주세요.

Q. 그 물건은 소포로 送る 해 줄래? 배송비는 내가 낼게.

1통 보내다 🚚

こづつみでおくる
小包で送る　　　소포로 보내다

*물건을 보내는 경우에 씀

戻す もどす

Q. 그림이 마음에 들지 않아 지우고 백지상태로 戻す 했다.

Q. 다 읽은 책은 제자리에 戻す 해놓으렴.

1통 (원래의 상태로) 되돌리다

もとにもどす
元に戻す　　　원래대로 되돌리다

Q

込む こむ

q. 성탄절이 되자 수많은 인파로 거리가 込む 했다.

q. 새벽의 수산시장은 어부와 상인들로 込む 하다.

仕舞う¹ しまう

q. 간신히 마감 날짜 전에 일을 仕舞う 했다.

q. 쌓인 일을 仕舞う 하고 홀가분하게 집으로 돌아가는 길.

仕舞う² しまう

q. 안 쓰는 물건은 상자에 仕舞う 해서 창고에 쌓아두었다.

q. 이제 여름옷은 仕舞う 하고 긴 소매 옷을 꺼낼 시기다.

進む すすむ

q. 다른 의견 없으시면 행사는 계획대로 進む 하겠습니다.

q. 과거는 잊고 앞으로 進む 하라.

さす

q. 아이의 만화를 빼앗은 뒤 공부를 さす 했다.

q. 안정제를 놔서 억지로 진정을 さす 하다.

伺う うかがう

q. 전문가이신 선생님께 의견을 伺う 하고 싶습니다.

q. 선생님, 수업 내용에 대해 伺う 하고 싶은 게 있습니다.

頂く¹ いただく

q. 정성을 다해 고객님을 頂く 하겠습니다.

q. 사놓고서는 쓰지도 않고 신줏단지 頂く 하듯 한다.

頂く² いただく

q. 선생님께서 보내주신 선물은 오늘 잘 頂く 했습니다.

q. 차려주신 음식은 감사히 頂く 하겠습니다.

転ぶ ころぶ

q. 자전거를 타다 転ぶ 해서 무릎이 까졌다.

q. 길을 걷다가 빙판에 미끄러져 転ぶ 했다.

A

1통 붐비다, 혼잡하다

ばすがこむ
バスが込む　　　　버스가 붐비다

1통 끝내다, 마치다

しごとをしまう
仕事を仕舞う　　　　일을 끝내다

1통 넣다

はこにしまう
箱に仕舞う　　　　상자에 넣다

1통 나아가다, 진행하다

まえにすすむ
前に進む　　　　앞으로 나아가다

1통 시키다

けっこんしきをあげさす
結婚式を上げさす　결혼식을 올리게 하다

1통 듣다, 여쭙다

おはなしをうかがう
お話を伺う　　　　말씀을 여쭙다

★ 聞く 의 겸양어

1통 받들다, 모시다

かいちょうにいただく
会長に頂く　　　　회장으로 모시다

1통 받다, 먹다, 마시다

おみやをいただく
御土産を頂く　　　　선물을 받다

★ もらう, たべる, のむ 의 겸양어

1통 넘어지다

すべってころぶ
滑って転ぶ　　　　미끄러져 넘어지다

探す さがす

Q. 원하는 조건을 갖춘 임대주택을 探す 하는 중이야.

Q. 범인을 捜す 하기 위해 수사를 진행하고 있습니다.

1동 (갖고 싶은 것을) 찾다

しゃくやをさがす
借家を探す   셋집을 찾다

＊ 표기 차이 捜す: (잃어버린 것·보이지 않는 것을) 찾다

働く はたらく

Q. 주말엔 편의점에서 働く 합니다.

Q. 열심히 働く 하고 첫 월급을 받으니 기분이 좋았다.

1동 일하다

こうじょうではたらく
工場で働く   공장에서 일하다

飼う かう

Q. 집에서 강아지 세 마리를 飼う 하고 있어.

Q. 양을 풀어놓고 飼う 하는 양떼 목장.

1동 기르다, 사육하다

とりをかう
鳥を飼う   새를 기르다

ぶつかる

Q. 음주 운전자가 차를 가로수에 ぶつかる 했다.

Q. 골목을 돌다 튀어나온 사람과 ぶつかる 했다.

1동 부딪치다, 맞닥뜨리다

かべにぶつかる
壁にぶつかる   벽에 부딪치다

割る わる

Q. 접시를 떨어뜨려서 割る 하고 말았어.

Q. 10을 2로 割る 하면 5가 된다.

1동 쪼개다, 나누다, 깨트리다

ふたつにわる
二つに割る   둘로 쪼개다

集まる あつまる

Q. 간만에 친구들이 한자리에 集まる 했다.

Q. 사람들의 관심 덕에 기부액이 많이 集まる 했다.

1동 모이다

ひろばにあつまる
広場に集まる   광장에 모이다

曇る くもる

Q. 하늘이 曇る 한 걸 보니 비 올 거 같아.

Q. 어머니의 입원 소식에 그녀의 얼굴이 曇る 해졌다.

1동 흐리다, 어두워지다

そらがくもる
空が曇る   하늘이 흐리다

踊る おどる

Q. 하와이 원주민들과 함께 훌라춤을 踊る 했다.

Q. 칭찬은 고래도 踊る 하게 한다.

1동 춤추다

だんすをおどる
ダンスを踊る   춤을 추다

亡くなる なくなる

Q. 할아버지께서는 작년에 암으로 亡くなる 하셨다.

Q. 어머니까지 亡くなる 하자 그는 천애 고아가 되고 말았다.

1동 죽다

ははがなくなる
母が亡くなる   어머니가 돌아가시다

Q

為さる なさる

Q. 할아버지께서 홀로 식사를 為さる.
Q. 아버지가 취미로 테니스를 為さる.

祝う いわう

Q. 다 함께 모여 친구의 생일을 祝う 했다.
Q. 월드컵 우승을 祝う 하는 파티.

光る ひかる

Q. 어둠 속에서 갑자기 손전등의 불빛이 光る 했다.
Q. 밤하늘의 별이 반짝반짝 光る 했다.

見付かる みつかる

Q. 현장에서 가까운 곳에서 흉기가 見付かる 했다.
Q. 지하실에서 시체 한 구가 見付かる 했다.

渡る わたる

Q. 횡단보도에서 길을 渡る 하는 사람들.
Q. 징검다리로 개울을 渡る 하자.

手伝う てつだう

Q. 짐을 옮겨야 하는데 手伝う 해 주시겠어요?
Q. 맞벌이 가정이 늘면서 남편들도 가사를 手伝う 하고 있다.

頑張る がんばる

Q. 파이팅! 지지 말고 頑張る 해!
Q. 후회하지 않도록 결승선까지 頑張る 하자.

空く あく

Q. 도서관에 왔지만 空く 한 자리가 없어서 카페로 향했다.
Q. 지금 손이 空く 하지 않으니까 대신 좀 들어줄래?

居る² おる

Q. 거기 누구 居る 한가! 좀 나와 보게.
Q. 저는 작년부터 이곳에 정착해 居る 합니다.

A

동 하시다

おしょくじなさる
お食事為さる 식사하시다

★ する 의 존경어

동 축하하다

こころからいわう
心から祝う 진심으로 축하하다

동 빛나다

ほしがひかる
星が光る 별이 빛나다

★ 한순간이라도 주변보다 밝아지는 경우에 씀

동 발견되다

まいごがみつかる
迷子が見付かる 미아가 발견되다

동 건너다

はしをわたる
橋を渡る 다리를 건너다

동 (남의 일을) 거들다

かじをてつだう
家事を手伝う 가사를 돕다

동 노력하다, 힘을 내다

できるかぎりがんばる
出来る限り頑張る 가능한 한 노력하다

동 비다

せきがあく
席が空く 자리가 비다

동 있다

いえにおります
家に居ります 집에 있습니다

★ いる 의 정중한 표현. 상대를 표현할 때 쓰면 실례가 됨

剃る¹ する

Q. 길게 자란 수염을 깔끔하게 剃る 했다.

Q. 입대를 앞두고 머리카락을 剃る 했다.

1통 깎다

ひげをする
髭を剃る　　　　　　수염을 깎다

打つ¹ うつ

Q. 연주자들은 열정적으로 북을 打つ 하며 함성을 질렀다.

Q. 벽에 못을 打つ 한 뒤 액자를 걸었다.

1통 때리다, 치다

たいこをうつ
太鼓を打つ　　　　　　북을 치다

包む¹ つつむ

Q. 부모님께 줄 선물을 산 뒤 包む 해달라고 부탁했다.

Q. 택배를 보낼 물건을 튼튼한 상자에 包む 했다.

1통 싸다, 포장하다 🎁

ぷれぜんとをつつむ
プレゼントを包む　　　선물을 포장하다

建てる たてる

Q. 단군이 고조선을 建てる 했다.

Q. 전쟁에 승리하여 기념비를 建てる 하다.

2통 건설하다 🏢

いえをたてる
家を建てる　　　　　　집을 짓다

続ける つづける

Q. 1년 동안 금연을 続ける 했다.

Q. 발에 물집이 잡혔지만 꿋꿋하게 여행을 続ける 했다.

2통 계속하다

たちつづける
立ち続ける　　　　　　내내 서 있다

止める¹ やめる

Q. 건강을 위해 흡연을 止める 해야 한다.

Q. 다니던 직장을 止める 하고 다른 일을 구하고 있다.

2통 그만두다, 중지하다 ⊞

はなしをやめる
話を止める　　　　이야기를 그만두다

* 표기 차이 已める

止める² とめる

Q. 신호등 앞에서 브레이크를 밟아 止める 했다.

Q. 사고 현장을 발견하고 차를 급하게 止める 했다.

2통 (움직이는 것을) 멈추다, 세우다

くるまをとめる
車を止める　　　　　　차를 멈추다

* 표기 차이 停める

止める³ とどめる

Q. 신호등이 파란불로 변했지만, 가만히 止める 하고 있었다.

Q. 가족을 고향에 止める 하고 자신만 서울로 상경했다.

2통 멈추다, 말리다, (뒤에) 남기다

あしをとどめる
足を止める　　　　　　발을 멈추다

* 표기 차이 留める

逃げる にげる

Q. 경찰이 오자 허둥지둥 逃げる 했다.

Q. 이제 지쳤어. 더는 逃げる 하지 말고 자수하자.

2통 도망치다 🍙

こわくてにげる
怖くて逃げる　　　　무서워서 도망치다

Q

間違える まちがえる

Q. 계산을 間違える 해서 돈을 덜 냈다.

Q. 경영진이 間違える 하여 회사가 곤경에 빠졌다.

着る きる

Q. 늦잠을 자서 일어나자마자 교복을 着る 했다.

Q. 날이 쌀쌀하니까 외투를 着る 하고 나가라.

存じる ぞんじる

Q. 그 사람의 주소를 存じる 하십니까?

Q. 정답을 存じる 하시는 분은 손을 들어 주세요.

揺れる ゆれる

Q. 그의 간절한 설득에 마음이 揺れる 했다.

Q. 파도가 치자 배가 좌우로 揺れる 했다.

流れる ながれる

Q. 그의 팔에서 피가 流れる 하고 있다.

Q. 강이 바다로 流れる 한다.

増える ふえる

Q. 방송에 나온 음식점의 손님이 増える 했다.

Q. 부동산 투자가 성공해 재산이 殖える 했다.

眠る¹ ねむる

Q. 길고 지루한 설교에 깜빡 眠る 했다.

Q. 목숨 바쳐 조국을 구한 영웅들, 이곳에 眠る 하다.

眠る² ねむる

Q. 바닷속에 眠る 한 유물을 발굴하기 위한 탐사였다.

Q. 큰맘 먹고 산 교재였지만 어느새 책장에 眠る 하고 있다.

折れる おれる

Q. 끝부분이 折れる 해서 안 펴져요.

Q. 고집을 折れる 하고 순순히 따르기로 했다.

A

2동 틀리다, 실수하다, 착각하다

いいまちがえる 言い間違える	잘못 말하다

2동 입다

こーとをきる コートを着る	코트를 입다

2동 알다

ぞんじあげています 存じ上げています	알고 있습니다

★ 知る 의 겸양어

2동 흔들리다

たてものがゆれる 建物が揺れる	건물이 흔들리다

2동 흐르다

かわがながれる 川が流れる	강이 흐르다

2동 (인원·물량·수효 등이) 늘다

にもつがふえる 荷物が増える	짐이 늘다

★ 표기 차이 殖える: (돈·재산·동식물 등이) 늘다

2동 자다

ちかにねむる 地下に眠る	지하에 잠들다

★ 의식이 없는 상태를 뜻하며 '죽음'을 뜻하기도 함

2동 활용되지 않다

うみにねむる 海に眠る	바다에 잠들다

2동 접히다, 꺾어지다

かんたんにおれる 簡単に折れる	간단하게 접히다

落ちる おちる

q. 나뭇잎이 나무에서 落ちる 하는 계절.

q. 반대편 트럭을 피하려다 협곡으로 落ちる 했다.

2동 떨어지다

このはがおちる
木の葉が落ちる　나뭇잎이 떨어지다

申(し)上げる¹ もうしあげる

q. 제 생각을 申(し)上げる 해도 되겠습니까?

q. 직접 申(し)上げる 하고 양해를 구하겠습니다.

2동 말씀드리다

おれいをもうしあげる
お礼を申し上げる　감사의 말씀을 드리다

★ 言う 의 겸양어

申(し)上げる² もうしあげる

q. 귀한 손님을 응접실로 안내 申(し)上げる 했다.

q. 질문에 감사드리며 답변을 申(し)上げる 하겠습니다.

2동 ~해 드리다

ごあいさつをもうしあげます
ご挨拶を申し上げます　인사드립니다

冷える ひえる

q. 날이 많이 冷える 하니까 옷 두껍게 입어.

q. 국이 좀 冷える 했는데 데워줄까?

2동 차가워지다

てがひえる
手が冷える　손이 차가워지다

決める きめる

q. 누가 반장을 할지 투표로 決める 하자.

q. 직접 물건을 보고 나서 살지 안 살지 決める 하기로 했다.

2동 결정하다

とうひょうできめる
投票で決める　투표로 결정하다

★ 무언가 선택해야 하는 상황에서의 '결정'을 뜻함

並べる ならべる

q. 도미노를 並べる 하다가 실수로 전부 무너뜨렸다.

q. 그는 투덜대며 불평을 並べる 했다.

2동 (나란히) 늘어놓다

つくえをならべる
机を並べる　책상을 나란히 놓다

割れる われる

q. 접시를 떨어뜨려 割れる 하고 말았다.

q. 표가 割れる 하면 패배하므로 단일화가 필요하다.

2동 갈라지다, 깨지다

さらがわれる
皿が割れる　접시가 깨지다

汚れる よごれる

q. 진흙탕에서 뒹굴었더니 옷이 汚れる 했다.

q. 폐수로 인해 강물이 汚れる 했다.

2동 더러워지다

ふくがよごれる
服が汚れる　옷이 더러워지다

即ける つける

q. 왕이 노쇠하자 왕세자를 왕위에 即ける 했다.

q. 이번 인사 때 그를 부장 자리에 即ける 할 생각이다.

2동 (지위에) 앉히다

おういにつける
王位に即ける　왕위에 오르게 하다

Q ——————————————————— A ———————————————————

下げる¹ さげる

Q. 마트 마감 직전엔 가격을 下げる 해서 판매한다.

Q. 밤이니까 TV의 볼륨을 下げる 해라.

2등 내리다

こえをさげる
声を下げる　　　　　　목소리를 낮추다

下げる² さげる

Q. 그는 나를 보고 고개를 下げる 해서 인사했다.

Q. 돈을 아끼려고 품질을 下げる 해서는 안 된다.

2등 떨어뜨리다

ひんしつをさげる
品質を下げる　　　　　품질을 떨어트리다

迎える むかえる

Q. 문밖으로 나가 방문하시는 손님을 迎える 했다.

Q. 오늘 13번째 생일을 迎える 했다.

2등 맞이하다

たんじょうびをむかえる
誕生日を迎える　　　　생일을 맞이하다

濡れる ぬれる

Q. 물에 빠져 바지가 다 濡れる 했어.

Q. 비 맞아서 옷이 濡れる 했다.

2등 젖다

あめにぬれる
雨に濡れる　　　　　　비에 젖다

遅れる おくれる

Q. 미안, 차가 막혀서 遅れる 했어.

Q. 당신 요즘 왜 귀가 시간이 遅れる 해요?

2등 늦다

りゅうこうにおくれる
流行に遅れる　　　　　유행에 뒤처지다

片付ける かたづける

Q. 밥 다 먹고 상을 片付ける 하는 건 네가 해.

Q. 방에 뭘 이렇게 늘어놓은 거야? 片付ける 해라.

2등 치우다, 정돈하다

へやをかたづける
部屋を片付ける　　　　방을 정돈하다

捕まえる つかまえる

Q. 끈질긴 추적 끝에 범인을 捕まえる 했다.

Q. 취해서 운전을 못 하겠어. 택시를 捕まえる 해야겠다.

2등 붙잡다, 붙들다

はんにんをつかまえる
犯人を捕まえる　　　　범인을 붙잡다

育てる そだてる

Q. 아이를 낳았으면 최선을 다해서 育てる 해야지.

Q. 어머니는 혼자서 우리 세 남매를 育てる 하셨다.

2등 키우다

こどもをそだてる
子供を育てる　　　　　아이를 기르다

晴れる¹ はれる

Q. 비가 멎고 맑게 晴れる 한 하늘.

Q. 구름이 걷히고 날씨가 晴れる 했다.

2등 (하늘이) 개다

てんきがはれる
天気が晴れる　　　　　날씨가 개다

晴れる² はれる

ᵠ 진범이 잡히자 혐의가 晴れる 해서 풀려났다.

ᵠ 오랜 고민이 해결되면서 괴로움이 晴れる 했다.

2통 (괴로움·혐의·의심 등이) 풀리다, 사라지다

うたがいがはれる
疑いが晴れる   의심이 풀리다

比べる くらべる

ᵠ 사진과 실물을 比べる 해보니 똑같았다.

ᵠ 엄마는 나와 내 친구를 比べる 해서 자존심을 상하게 해.

2통 비교하다

たかさをくらべる
高さを比べる   높이를 비교하다

知らせる しらせる

ᵠ 전화번호를 바꾸고 나서 주변 사람들에게 知らせる 했다.

ᵠ 응시자에게 전화해서 합격 소식을 知らせる 했다.

2통 알리다, 통지하다

ごうかくをしらせる
合格を知らせる   합격을 통지하다

慣れる なれる

ᵠ 태국에 오래 살았더니 이제는 더운 날씨에 慣れる 했다.

ᵠ 오랫동안 해온 일이어서 이제는 慣れる 했다.

2통 익숙해지다, 숙련되다

しごとになれる
仕事に慣れる   일에 익숙해지다

始める はじめる

ᵠ 한 번 始める 하면 끝을 봐야지.

ᵠ 신나게 놀았으니까 슬슬 공부를 始める 하자.

2통 시작하다 ▷

べんきょうをはじめる
勉強を始める   공부를 시작하다

疲れる つかれる

ᵠ 긴 여행으로 疲れる 해서 오늘 하루는 푹 쉬기로 했다.

ᵠ 오랫동안 스마트폰을 들여다보느라 눈이 疲れる 했다.

2통 지치다, 오래 사용하여 약해지다

めがつかれる
目が疲れる   눈이 지치다

植える うえる

ᵠ 식목일에 나무를 植える 했다.

ᵠ 너에게 그런 불온한 사상을 植える 한 것이 누구냐?

2통 심다

きをうえる
木を植える   나무를 심다

似る にる

ᵠ 녀석, 생긴 게 아버지랑 많이 似る 하네.

ᵠ 쌍둥이라서 둘이 정말 似る 해.

2통 닮다

ちちおやににる
父親に似る   아버지를 닮다

捨てる すてる

ᵠ 쓰레기를 아무 데나 捨てる 하지 마.

ᵠ 무기를 捨てる 하고 순순히 투항해라!

2통 버리다

しんねんをすてる
信念を捨てる   신념을 버리다

Q

差(し)上げる¹ さしあげる

q. 제단 앞의 신도들이 제물을 **差(し)上げる** 했다.

q. 이 꽃을 당신에게 **差(し)上げる** 하겠습니다.

差(し)上げる² さしあげる

q. 감사의 표시로 선물을 **差(し)上げる** 하겠습니다.

q. 그 요리는 서비스로 **差(し)上げる** 한 것이니 그냥 드세요.

考える かんがえる

q. 좋은 해결 방법을 **考える** 해 냈어.

q. 내가 **考える** 하기에는 이쪽 길이 더 빠르다.

褒める ほめる

q. 예의 바른 아이가 대견해서 **褒める** 했다.

q. 사장은 실적이 좋은 직원을 불러 **褒める** 했다.

下りる¹ おりる

q. 날이 어두워지기 전에 산에서 **下りる** 했다.

q. 버스에서 **下りる** 해서 10분 정도 걸어가면 집이 나온다.

下りる² おりる

q. 노환으로 회장 자리에서 **下りる** 했다.

q. 연이은 패배의 책임을 지고 감독 자리에서 **下りる** 했다.

就ける つける

q. 세자를 왕위에 **就ける** 했다.

q. 회장은 반대를 뿌리치고 그를 사장 자리에 **就ける** 했다.

集める あつめる

q. 여행을 가려고 돈을 **集める** 하고 있어.

q. 세간의 시선을 **集める** 하는 독특한 패션.

訪ねる たずねる

q. 교황이 우리나라를 **訪ねる** 한 적이 있다.

q. 연예인이 **訪ねる** 해서 남긴 사인이 가득한 유명 식당.

A

[2동] 들어 올리다, 바치다

> たかくさしあげる
> 高く差し上げる　　　높이 들어 올리다

[2동] 드리다

> おくりものをさしあげる
> 贈り物を差し上げる　　　선물을 드리다

★ あげる 의 겸양어

[2동] 생각하다, 고안하다

> もういちどかんがえる
> もう一度考える　　　다시 한번 생각하다

★ 지적인 두뇌 활동으로의 '생각'을 의미

[2동] 칭찬하다

> こどもをほめる
> 子供を褒める　　　어린이를 칭찬하다

[2동] 내려오다, 내리다

> やまをおりる
> 山を下りる　　　산에서 내려오다

[2동] 물러나다

> ざをおりる
> 座を下りる　　　자리에서 물러나다

[2동] (지위에) 앉히다

> かいちょうにつける
> 会長に就ける　　　회장에 앉히다

[2동] 모으다, 집중시키다

> きってをあつめる
> 切手を集める　　　우표를 모으다

[2동] 방문하다

> いえをたずねる
> 家を訪ねる　　　집을 방문하다

呉れる <れる

Q. 그는 내 쪽으로는 눈길도 呉れる 하지 않았다.

Q. 모르는 사람이 呉れる 하는 물건은 함부로 받지 마라.

2동 주다

ははがかってくれる
母が買って呉れる　　어머니가 사 주시다

＊ 남이 나 또는 내 가족에게 주는 경우에 쓰임

受ける うける

Q. 내가 보낸 선물 受ける 했어?

Q. 친구에게 온 전화를 受ける 했다.

2동 받다

あどばいすをうける
アドバイスを受ける　　조언을 받다

参る¹ まいる

Q. 내일은 절에 参る 해서 스님을 만나 뵐 생각입니다.

Q. 안녕하세요. 면접보러 参る 한 김동우입니다.

2동 가다, 오다

てらにまいる
寺に参る　　절에 가다

＊ 行く, 来る 의 겸양어, 내가 있는 곳을 낮추기 위해 씀

参る² まいる

Q. 상대가 너무 잘해서 우리 팀이 参る 하겠어.

Q. 심한 더위에 심신이 参る 했다.

2동 지다, 질리다, 지치다

あつさにまいる
暑さに参る　　더위에 지치다

掛ける かける

Q. 이불을 창문 밖에 掛ける 해 놓고 말렸다.

Q. 직접 그린 그림을 벽에 掛ける 했다.

2동 걸다

こえをかける
声を掛ける　　말을 걸다

懸ける かける

Q. 이 사업에 제 목숨을 懸ける 했습니다.

Q. 정부는 악명 높은 범죄자에게 높은 현상금을 懸ける 했다.

2동 걸다, 바치다

いのちをかける
命を懸ける　　목숨을 걸다

痩せる やせる

Q. 요즘 잘 못 먹어서 그런지 얼굴이 痩せる 했다.

Q. 밥도 잘 먹는데 갑자기 痩せる 해서 병을 의심했다.

2동 여위다

きゅうにやせる
急に痩せる　　갑자기 여위다

負ける まける

Q. 우리 팀이 경기에서 負ける 해서 다들 우울해.

Q. 아쉽게 0-1로 負ける 하여 결승 진출이 좌절되었습니다.

2동 지다

たたかいにまける
戦いに負ける　　전쟁에 패하다

過ぎる¹ すぎる

Q. 유통기한이 過ぎる 한 우유를 먹고 배탈이 났어.

Q. 졸다가 내릴 정류장을 過ぎる 하고 말았다.

2동 지나다

きげんがすぎる
期限が過ぎる　　기한이 지나다

過ぎる² すぎる

Q. 아무리 농담이라지만 도가 過ぎる 하잖아.
Q. 분에 過ぎる 한 직책입니다. 사양하겠습니다.

2등 넘치다, 지나치다

ぶんにすぎる	
分に過ぎる	분에 넘치다

別れる わかれる

Q. 여행 마지막 날, 우리는 공항에서 인사하고 別れる 했다.
Q. 애인과 別れる 하고 다시 솔로 신세야.

2등 헤어지다

ふうふがわかれる	
夫婦が別れる	부부가 헤어지다

届ける とどける

Q. 유학 간 친구가 지내는 곳으로 한국 과자를 届ける 했다.
Q. 결혼식에 참석하지 못해 축의금만 届ける 했다.

2등 보내다, 배달하다

にもつをとどける	
荷物を届ける	짐을 보내다

足りる たりる

Q. 양이 많아서 두 사람이 먹기에도 足りる 하다.
Q. 예전에는 5천 원이면 밥 사 먹기 足りる 하고도 남았는데.

2등 충분하다

おかねがたりる	
お金が足りる	돈이 충분하다

連れる つれる

Q. 저도 백화점에 같이 連れる 해 주세요.
Q. 이걸 고치려면 전문가를 連れる 해야 할 것 같다.

2등 데리고 가다, 오다

びょういんへつれていく	
病院へ連れて行く	병원에 데리고 가다

伝える つたえる

Q. 전 직원에게 10분 일찍 출근하라고 伝える 했다.
Q. 회의가 취소된 것을 직원들에게 伝える 했다.

2등 전하다

はなしをつたえる	
話を伝える	이야기를 전하다

変える かえる

Q. 새 핸드폰을 사는 김에 전화번호를 変える 했다.
Q. 돈을 빌리자마자 태도를 싹 変える 하는 얄미운 친구.

2등 바꾸다

ふんいきをかえる	
雰囲気を変える	분위기를 바꾸다

* 모양이나 상태를 전과 다르게 하는 것을 뜻함

取(り)替える とりかえる

Q. 불이 켜지지 않아 전구를 取(り)替える 했다.
Q. 여행가기 전에 돈을 엔화로 取(り)替える 했다.

2등 바꾸다, 교환하다

でんきゅうをとりかえる	
電球を取り替える	전구를 갈아 끼우다

見付ける みつける

Q. 잃어버린 목걸이를 소파 밑에서 見付ける 했다.
Q. 문제점을 見付ける 하고 해결 방안을 모색하다.

2등 찾다

たからものをみつける	
宝物を見付ける	보물을 찾다

生きる いきる

Q. 물고기가 죽은 줄 알았더니 生きる 해 있었다.

Q. 할머니 건강하셔서 이백 살까지 生きる 하세요!

2통 살다

ひゃくまでいきる
百まで生きる　　　백 살까지 살다

忘れる わすれる

Q. 중요한 서류를 전달하는 것을 깜빡 忘れる 했다.

Q. 영어를 사용 안 한 지 오래되어서 거의 忘れる 했다.

2통 잊다

しゅくだいをわすれる
宿題を忘れる　　　숙제를 잊다

付ける¹ つける

Q. 지원서에 반드시 사진을 付ける 하세요.

Q. 가슴에 브로치를 付ける 했다.

2통 붙이다, 달다

あだなをつける
渾名を付ける　　　별명을 붙이다

付ける² つける

Q. 생일 케이크의 초에 불을 付ける 했다.

Q. 말실수로 그의 분노에 불을 付ける 하고 말았다.

2통 (불을) 붙이다, 켜다

ひをつける
火を付ける　　　불을 붙이다, 켜다

倒れる たおれる

Q. 나무가 倒れる 할 만큼 강력한 태풍이었다.

Q. 무더위에 의식을 잃고 길 위에 倒れる 했다.

2통 쓰러지다

かろうでたおれる
過労で倒れる　　　과로로 쓰러지다

乗(り)換える のりかえる

Q. 지하철에서 내려서 버스로 乗(り)換える 했다.

Q. 이번 역에서 2호선으로 乗(り)換える 하세요.

2통 갈아타다

ばすにのりかえる
バスに乗り換える　　　버스로 갈아타다

苛める いじめる

Q. 불량한 학생이 아이들을 苛める 하고 있었다.

Q. 시어머니가 며느리를 몹시 虐める 했다.

2통 괴롭히다

どうぶつをいじめる
動物を苛める　　　동물을 학대하다

★ 약한 것을 괴롭히고 아프게 하는 것을 뜻함
★ 표기 차이 虐める: 일부러 힘들게 다룸

見える みえる

Q. 나 많이 취했나 봐. 헛것이 見える 하네.

Q. 배를 타고 한참 나아가자 섬이 見える 하기 시작했다.

2통 보이다

わかくみえる
若く見える　　　젊어 보이다

出掛ける でかける

Q. 약속 시각이 얼마 남지 않아 出掛ける 할 준비를 했다.

Q. 바람 좀 쐬러 出掛ける 했어요.

2통 외출하다

いっしょにでかける
一緒に出掛ける　　　같이 외출하다

閉じる¹ とじる

Q. 세찬 바람이 불어 문이 閉じる 했다.

Q. 음료수의 김이 빠지지 않게 뚜껑을 잘 閉じる 해라.

[2동] 닫히다, 닫다

もんをとじる
門を閉じる   문을 닫다

★ 사용하지 않는 상태로 되돌리다

閉じる² とじる

Q. 가게를 閉じる 하고 고향에 내려갈까 생각 중이야.

Q. 이것으로 시상식을 閉じる 하겠습니다. 감사합니다.

[2동] 접다, 끝내다

てんをとじる
店を閉じる   가게를 접다

閉じる³ とじる

Q. 눈을 閉じる 하고 두 손을 모아 기도를 올렸다.

Q. 범인은 입을 閉じる 한 채 한마디도 하지 않았다.

[2동] 감다, 다물다

めをとじる
目を閉じる   눈을 감다

泊める とめる

Q. 길 잃은 여행자를 집에서 하룻밤 泊める 하게 했다.

Q. 배를 항구에 泊める 하고 육지로 나온 선원들.

[2동] 숙박시키다

いえにとめる
家に泊める   집에 숙박시키다

★ '정박시키다'를 뜻하기도 함

聞(こ)える きこえる

Q. 사이렌 소리가 聞(こ)える 하더니 경찰이 들이닥쳤다.

Q. 비가 조금씩 오더니 이제 천둥소리까지 聞(こ)える 하네.

[2동] 들리다

うたごえがきこえる
歌声が聞こえる   노랫소리가 들리다

調べる しらべる

Q. 독도에 관한 문헌을 調べる 하는 숙제를 받았다.

Q. 형사들이 살인사건 현장을 調べる 하고 있다.

[2동] 조사하다

くわしくしらべる
詳しく調べる   자세히 조사하다

投げる なげる

Q. 투수가 시속 140km의 강속구를 投げる 했다.

Q. 총알이 떨어진 군인들은 수류탄을 投げる 했다.

[2동] 던지다

ぼーるをなげる
ボールを投げる   공을 던지다

壊れる こわれる

Q. 컵을 실수로 떨어뜨려 산산조각으로 壊れる 했다.

Q. TV가 壊れる 했나 봐. 전원이 안 들어와.

[2동] 부서지다, 파괴되다, 고장 나다

こっぷがこわれる
コップが壊れる   컵이 깨지다

暮れる くれる

Q. 해가 暮れる 해서 주변이 어둡다.

Q. 날이 暮れる 하고 우리는 숙소로 돌아왔다.

[2동] (날이) 저물다

ひがくれる
日が暮れる   날이 저물다

勤める つとめる

ᵃ· 지금은 호텔 일에 **勤める** 하고 있습니다.

ᵃ· 친구들의 농구 시합에서 심판을 **務める** 하기로 했다.

2동 종사하다, 근무하다

かいしゃにつとめる
会社に勤める 　　　　회사에 다니다

★ 표기 차이 務める: 임무·역할을 맡다, 努める: 노력하다

焼ける やける

ᵃ· 화재로 건물이 완전히 **焼ける** 되었다.

ᵃ· 고기를 안 뒤집었더니 한쪽이 완전히 **焼ける** 했다.

2동 타다, 구워지다

ひにやける
日に焼ける 　　　　햇볕에 타다

出来る¹ できる

ᵃ· 이사 온 곳에서 첫 친구가 **出来る** 했다.

ᵃ· 잠깐 볼일이 **出来る** 해서 먼저 가볼게.

2동 (일·무엇이) 생기다, 나다, 되다

ともだちができる
友達が出来る 　　　　친구가 생기다

出来る² できる

ᵃ· 네가 억울한 것도 이해가 **出来る** 하지만, 이번에는 참아.

ᵃ· 제게 **出来る** 한 일이 있으면 도와드리겠습니다.

2동 할 수 있다, 가능하다

りかいできる
理解出来る 　　　　이해할 수 있다

宜しい よろしい

ᵃ· 이제 돌아가도 **宜しい** 하다.

ᵃ· **宜しい**! 내가 책임질 테니 맡겨만 주시오.

い형 좋다

よろしいとき
宜しい時 　　　　좋을 때

★ よい 보다 격식을 차린 표현이지만,
윗사람이 아랫사람에게 사용하는 말

寂しい さびしい

ᵃ· 그는 산속에서 혼자 **寂しい** 한 삶을 살았다.

ᵃ· 애인이 군대에 간 뒤 **寂しい** 한 나날을 보내고 있다.

い형 외롭다

さびしいせいかつ
寂しい生活 　　　　쓸쓸한 생활

優しい やさしい

ᵃ· 그의 **優しい** 한 미소에 내 마음도 풀어졌다.

ᵃ· **優しい** 하게 대해 주셔서 고민을 털어놓을 수 있었어요.

い형 상냥하다, 부드럽다

やさしいひと
優しい人 　　　　상냥한 사람

太い ふとい

ᵃ· 나는 얇은 면보다 **太い** 한 우동면을 좋아해.

ᵃ· **太い** 한 눈썹 때문에 송충이 눈썹이라는 별명이 있다.

い형 굵다

ふといあまあし
太い雨足 　　　　굵은 빗발

大人しい おとなしい

ᵃ· 나이에 비해 **大人しい** 한 아이.

ᵃ· 장난치지 말고 **大人しい** 하게 앉아 있어라.

い형 어른스럽다, 얌전하다

おとなしいこいぬ
大人しい子犬 　　　　얌전한 강아지

厚い あつい

Q. 날씨가 추워져서 厚い 한 패딩을 꺼냈다.

Q. 백과사전이라서 두께가 厚い 하다.

い형 두껍다 📖

ほんがあつい
本が厚い　　　　　　　　책이 두껍다

浅い あさい

Q. 내 浅い 한 지식으로는 풀 수 없는 문제다.

Q. 浅い 한 개울이라 아이들도 물에 빠질 염려가 없다.

い형 얕다

あさいちしき
浅い知識　　　　　　　　얕은 지식

熱い あつい

Q. 불에 달궈서 熱い 한 철판이니 만지지 마세요.

Q. 팬 여러분의 熱い 한 성원에 감사드립니다.

い형 뜨겁다

あついおしる
熱いお汁　　　　　　　　뜨거운 국물

可笑しい¹ おかしい

Q. 너무 可笑しい 해서 배꼽이 빠지는 줄 알았다.

Q. 개그맨의 可笑しい 한 행동에 사람들이 웃음을 터트렸다.

い형 우습다 ☺

おかしいひょうじょう
可笑しい表情　　　　　　우스운 표정

可笑しい² おかしい

Q. 횡설수설하는 게 머리가 좀 可笑しい 한 사람인가 봐.

Q. 어디서 可笑しい 한 냄새 나지 않아요? 이게 무슨 냄새지?

い형 이상하다 🍎🍇

ちょうしがおかしい
調子が可笑しい　　　　　컨디션이 이상하다

悲しい かなしい

Q. 눈물 없이 못 보는 悲しい 한 영화였어.

Q. 기쁜 소식과 悲しい 한 소식이 하나씩 있어.

い형 슬프다 😢

かなしいきもち
悲しい気持ち　　　　　　슬픈 기분

固い かたい

Q. 타협하지 않는 堅い 한 신념으로 성공해냈다.

Q. 고대에는 硬い 한 돌을 던져서 동물을 사냥했다.

い형 굳다

かたいしんねん
固い信念　　　　　　　　굳은 신념

＊ **표기 차이** 硬い: 딱딱하다는 뜻으로 '부드럽다'의 반의어
堅い: 단단하다는 뜻으로 '무르다'의 반의어

細かい こまかい

Q. 알약이 너무 커서 細かい 하게 쪼개서 먹었다.

Q. 細かい 한 부분까지 놓치지 않고 사실적으로 그려냈다.

い형 잘다, 세세하다, 사소하다

こまかいひょうげん
細かい表現　　　　　　　섬세한 표현

細い ほそい

Q. 면은 細い 한 거랑 굵은 거 중에 고를 수 있대.

Q. 실이 細い 해서 쉽게 끊어진다.

い형 가늘다

いとがほそい
糸が細い　　　　　　　　실이 얇다

Q   A

欲しい ほしい

ᵠ 생일인데 뭐 欲しい 한 건 없니?
ᵠ 欲しい 하는 대학에 합격하기 위해 열심히 공부 중이다.

い형 탐나다, 바라다
ほしいもの
欲しい物   탐나는 물건

苦い にがい

ᵠ 苦い 한 약이 몸에 좋다잖아. 참고 마셔.
ᵠ 나이를 먹으니 苦い 한 맛의 커피가 좋다.

い형 쓰다
にがいくすり
苦い薬   쓴 약

美しい うつくしい

ᵠ 거울아 거울아, 세상에서 누가 제일 美しい 하니?
ᵠ 꽃이 가득 핀 美しい 한 호숫가.

い형 아름답다
うつくしいじ
美しい字   아름다운 글씨

恥ずかしい はずかしい

ᵠ 그는 恥ずかしい 한지 얼굴을 붉히고 가만히 앉아있었다.
ᵠ 0점을 받다니 너무 恥ずかしい 해서 학교 가기 싫다.

い형 부끄럽다
はずかしいおもい
恥ずかしい思い   부끄러운 생각

珍しい めずらしい

ᵠ 요즘 세상에 보기 珍しい 한 효자였다.
ᵠ 헌책방에서 우연히 珍しい 한 책을 발견하고 환호했다.

い형 드물다, 희귀하다
めずらしいいきもの
珍しい生き物   희귀한 생물

苦しい くるしい

ᵠ 실연당해서 苦しい 한 마음은 이해해.
ᵠ 苦しい 해서 소리 지르는 환자에게 진통제를 투여했다.

い형 괴롭다, 고통스럽다
くるしいおもい
苦しい思い   괴로운 심정

冷たい つめたい

ᵠ 冷たい 한 얼음을 아무렇지도 않게 손에 쥐고 있었다.
ᵠ 한겨울에도 冷たい 한 음료만 마신다.

い형 차갑다
つめたいのみもの
冷たい飲み物   차가운 음료

嬉しい うれしい

ᵠ 상을 받아서 嬉しい 한 마음에 발걸음이 날듯이 가벼웠다.
ᵠ 嬉しい 할 때나 슬플 때나 서로 사랑하고 아끼겠습니다.

い형 기쁘다
うれしいおことば
嬉しいお言葉   기쁜 말씀

深い ふかい

ᵠ 深い 한 바닷속에는 우리가 모르는 동물이 많아.
ᵠ 그 호수는 深い 해서 땅에 발이 닿지 않으니까 위험해.

い형 깊다
かんがえがふかい
考えが深い   생각이 깊다

Q _____

A _____

易しい やさしい

ᵠ 좀 더 이해하기 易しい 하게 설명해 줘.

ᵠ 처음엔 易しい 하지만 뒤로 갈수록 어려워지는 문제집.

い형 쉽다

やさしいせつめい
易しい説明　　　　알기 쉬운 설명

親しい したしい

ᵠ 어릴 때부터 정말 親しい 하게 지낸 친구 사이이다.

ᵠ 서로 親しい 하니까 이런 장난도 치는 거죠.

い형 친하다

したしいあいだがら
親しい間柄　　　　친한 사이

眠い ねむい

ᵠ 불면증 때문에 종일 眠い 한 표정이다.

ᵠ 배불리 젖을 먹고 나니 眠い 한 아기는 금세 잠이 들었다.

い형 졸리다

もうれつにねむい
猛烈に眠い　　　　굉장히 졸리다

厳しい きびしい

ᵠ 경계가 厳しい 해서 침투하기 쉽지 않다.

ᵠ 厳しい 한 훈련을 견뎌낸 정예 군인들.

い형 엄하다, 냉혹하다

きびしいくんれん
厳しい訓練　　　　혹독한 훈련

涼しい すずしい

ᵠ 오늘은 바람이 涼しい 해서 걷기 좋다.

ᵠ 涼しい 한 가을바람.

い형 시원하다

すずしいへや
涼しい部屋　　　　시원한 방

若い わかい

ᵠ 너는 아직 若い 하니까 기회가 있어.

ᵠ 若い 한 혈기에 저지른 실수입니다. 용서해 주세요.

い형 젊다

わかいせだい
若い世代　　　　젊은 세대

温い ぬるい

ᵠ 차가 식어서 温い 해졌어.

ᵠ 약을 먹을 때는 찬물보다 温い 한 물이 좋다.

い형 미지근하다

ぬるいおちゃ
温いお茶　　　　미지근한 차

凄い すごい

ᵠ 폐타이어로 공룡 모형을 만들었대. 凄い 한 솜씨야.

ᵠ 팬이 공연장을 가득 메웠어. 凄い 한 인기네.

い형 굉장하다, 대단하다

すごいさくひん
凄い作品　　　　굉장한 작품

柔らかい やわらかい

ᵠ 고기가 柔らかい 해서 입에서 녹는 것만 같아.

ᵠ 이가 약해서 딱딱한 빵보다 柔らかい 한 빵을 좋아한다.

い형 부드럽다

さわりがやわらかい
触りが柔らかい　　　　촉감이 부드럽다

正しい ただしい

Q. 불량 학생들을 正しい 한 길로 이끄는 선생님.
Q. 다음 지문을 읽고 正しい 한 대답을 고르시오.

い형 옳다, 바르다 (O)(X)
ただしいおこない
正しい行い　　　　　올바른 행실

美味い うまい

Q. 잘 먹었습니다. 제가 먹은 음식 중 가장 美味い 했어요.
Q. 계획이 旨い 하게 잘 풀리면 떼돈을 벌 수 있어.

い형 맛있다
りょうりがうまい
料理が美味い　　　　요리가 맛있다

＊ 표기 차이 旨い '맛있다' 외에 '좋은, 그럴싸한'의 뜻으로도 씀

素晴らしい すばらしい

Q. 한 치의 실수도 없다니 정말 素晴らしい 한 실력이네요.
Q. 이렇게 素晴らしい 한 작품을 직접 보게 되어 영광입니다.

い형 훌륭하다, 굉장하다, 멋지다
すばらしいけしき
素晴らしい景色　　　훌륭한 경치

円い まるい

Q. 컴퍼스를 이용하면 손쉽게 円い 한 원을 그릴 수 있다.
Q. 円い 한 모양의 원탁에서 회의를 진행했다.

い형 둥글다
まるいつき
円い月　　　　　　　둥근 달

＊ 평면이 둥근 것을 뜻함

眠たい ねむたい

Q. 밤을 새우며 놀았더니 다들 眠たい 한 얼굴이다.
Q. 어제 잠을 못 자서 오늘은 종일 眠たい 한 상태다.

い형 졸리다
ねむたいめ
眠たい目　　　　　　졸린 눈

怖い こわい

Q. 怖い 한 공포 영화를 봤더니 혼자서 잠을 못 자겠다.
Q. 귀신이 나올 것 같은 怖い 한 저택.

い형 무섭다
こわいはなし
怖い話　　　　　　　무서운 이야기

酷い ひどい

Q. 몸을 가누기 힘들 만큼 酷い 한 감기에 시달렸다.
Q. 코를 막고 싶어지는 酷い 한 악취.

い형 너무하다, 심하다
ひどいいいかた
酷い言い方　　　　　심한 말투

簡単だ かんたんだ

Q. 이런 簡単だ 한 문제는 혼자 풀 수 있다.
Q. 복잡하게 생각하지 마. 진짜 簡単だ 한 거라니까!

な형 간단하다 1+1=2
かんたんなもんだい
簡単な問題　　　　　간단한 문제

危険だ きけんだ

Q. 언제 범죄의 타깃이 될지 모르는 危険だ 한 세상.
Q. 범죄가 잦은 危険だ 한 곳이니까 혼자 돌아다니지 마.

な형 위험하다
きけんなしごと
危険な仕事　　　　　위험한 일

Q —————— A ——————

残念だ ざんねんだ

Q. 응원하던 팀이 준결승전에서 패배하여 残念だ 하다.

Q. 残念だ 하게도 함께 여행할 수 없게 되었습니다.

な형 분하다, 유감스럽다

ざんねんなはなし
残念な話　　　　유감스러운 이야기

変だ へんだ

Q. 도무지 종잡을 수 없는 変だ 한 녀석이야.

Q. 헬륨가스를 마시면 変だ 한 목소리가 나온다.

な형 이상하다

へんなやつ
変な奴　　　　이상한 녀석

大事だ だいじだ

Q. 그는 내게 大事だ 한 옛 친구다.

Q. 나에게는 모두 大事だ 한 아이들이다.

な형 소중하다, 중요하다

だいじなやくそく
大事な約束　　　　중요한 약속

寝坊だ ねぼうだ

Q. 寝坊だ 한 친구가 약속 시각에 늦어서 화를 냈다.

Q. 寝坊だ 한 아이를 흔들어 깨웠다.

な형 늦잠을 자다

ねぼうなひと
寝坊な人　　　　늦잠자는 사람

普通だ ふつうだ

Q. 그는 普通だ 인 사람보다 후각이 뛰어나다.

Q. 잘생기지도 못생기지도 않은 普通だ 인 얼굴.

な형 보통이다

ふつうなひと
普通な人　　　　평범한 사람

本気だ ほんきだ

Q. 무슨 일이든 本気だ 한 마음으로 최선을 다한다.

Q. 저 本気だ 한 표정을 보니 농담은 아닌 것 같다.

な형 진지하다, 진심이다

かれはほんきだ
彼は本気だ　　　　그는 진심이다

気短だ きみじかだ

Q. 조금도 참지 못하는 気短だ 한 성격이다.

Q. 마감 시간이 얼마 남지 않아 気短だ 한 마음이 들었다.

な형 조급하다

きみじかなひと
気短な人　　　　성미가 급한 사람

特別だ とくべつだ

Q. 特別だ 한 대우는 바라지 않아. 남들처럼 대해줘.

Q. 갑자기 선물을 주다니 오늘 무슨 特別だ 한 날인가요?

な형 특별하다

とくべつなひ
特別な日　　　　특별한 날

邪魔だ じゃまだ

Q. 시야에 邪魔だ 인 가지를 잘라버렸다.

Q. 통행에 邪魔だ 인 물건은 한쪽으로 치워라.

な형 방해되다

じゃまなえだ
邪魔な枝　　　　방해되는 나뭇가지

確かだ たしかだ

ⁿ 이것이 당신이 범인임을 밝히는 確かだ 한 증거다.

ⁿ 確かだ 한 제보가 아니면 함부로 보도할 수 없다.

나형 확실하다, 믿을 수 있다

たしかなしょうこ
確かな証拠　　　　　　확실한 증거

十分だ じゅうぶんだ

ⁿ 많아서 네 명이 먹기에도 十分だ 한 양이다.

ⁿ 주말에는 十分だ 한 휴식을 취하세요.

나형 충분하다

じゅうぶんなりょう
十分な量　　　　　　충분한 양

失礼だ しつれいだ

ⁿ 다른 이에게 失礼だ 한 행동을 하지 마라.

ⁿ 초면에 나이를 물어보는 것은 失礼だ 한 행동이다.

나형 실례하다

しつれいなこうどう
失礼な行動　　　　　　실례되는 행동

必要だ ひつようだ

ⁿ 수리하는데 必要だ 한 도구를 알려주면 사 올게.

ⁿ 여권을 만들 때 必要だ 한 것에는 무엇이 있나요?

나형 필요하다

ひつようなどうぐ
必要な道具　　　　　　필요한 도구

真面目だ まじめだ

ⁿ 농담이 아니라 真面目だ 하게 말하는 거야.

ⁿ 1년 동안 한 번도 지각하지 않는 真面目だ 한 학생.

나형 진심이다, 성실하다, 진지하다

まじめなひと
真面目な人　　　(진지한) 성실한 사람

駄目だ だめだ

ⁿ 가사가 반복적이라 시험 기간에 들으면 駄目だ 한 노래.

ⁿ 이 기계 고장 나서 駄目だ 하겠는데? 버려야겠어.

나형 안된다, 못 쓴다, 쓸모없다

だめなひと
駄目な人　　　안되는 사람 (못난 사람)

大変だ たいへんだ

ⁿ 산을 넘고 강을 건너는 大変だ 한 여정.

ⁿ 벚꽃 축제 행사장에는 大変だ 한 인파가 몰렸다.

나형 큰일이다, 대단하다

たいへんなことになる
大変な事になる　　　　　　큰일 나다

反対だ はんたいだ

ⁿ 선과 악은 서로 反対だ 인 관계이다.

ⁿ 두 사람은 완전 反対だ 인 성격인데 신기하게 잘 사귄다.

나형 반대다

せいはんたいなせいかく
正反対な性格　　　　　정반대의 성격

盛んだ さかんだ

ⁿ 어린이들은 기운이 盛んだ 해서 지칠 줄을 모른다.

ⁿ 盛んだ 한 불이 순식간에 숲을 집어삼켰다.

나형 성하다, 활발하다

さかんなかんげい
盛んな歓迎　　　　　성대한 환영

Q _____ A _____

心配だ　しんぱいだ

ᵠ 자나 깨나 아이가 心配だ 인 부모의 마음.

ᵠ 실패하지는 않을까 心配だ 인 마음이 자꾸 들었다.

な형 걱정이다

しんぱいなじたい
心配な事態　　　　　걱정스러운 사태

自由だ　じゆうだ

ᵠ 무엇에도 얽매이지 않는 自由だ 한 삶을 살고 싶다.

ᵠ 포로 신세를 벗어나 自由だ 한 몸이 되었다.

な형 자유롭다

じゆうなひと
自由な人　　　　　자유로운 사람

安全だ　あんぜんだ

ᵠ 비상구를 통해 安全だ 한 곳으로 대피하세요.

ᵠ 차가 다니지 못해 아이들이 놀아도 安全だ 한 곳입니다.

な형 안전하다

あんぜんなばしょ
安全な場所　　　　　안전한 장소

不便だ　ふべんだ

ᵠ 아름답지만 너무 길어서 움직이기 不便だ 한 드레스.

ᵠ 역과 멀리 떨어져 있어서 교통이 不便だ 한 동네.

な형 불편하다

こうつうがふべんなち
交通が不便な地　　　교통이 불편한 곳

有名だ　ゆうめいだ

ᵠ 돈가스가 맛있기로 有名だ 한 가게.

ᵠ 청양고추는 맵기로 有名だ 하다.

な형 유명하다

ゆうめいなおみせ
有名なお店　　　　　유명한 가게

無理だ　むりだ

ᵠ 이 많은 걸 한 번에 옮기는 건 無理だ 한 일이다.

ᵠ 그런 말도 안 되는 無理だ 한 요구는 거절하겠습니다.

な형 무리다

むりなようきゅう
無理な要求　　　　　무리한 요구

複雑だ　ふくざつだ

ᵠ 複雑だ 한 문제도 쪼개서 생각하면 단순해진다.

ᵠ 複雑だ 한 기계라서 함부로 건드리기 무섭다.

な형 복잡하다

ふくざつなきかい
複雑な機械　　　　　복잡한 기계

一生懸命だ　いっしょうけんめいだ

ᵠ 一生懸命だ 하게 일하는 모습을 보니 성공할 만하다.

ᵠ 시험을 대비해 一生懸命だ 하게 공부하고 있다.

な형 매우 열심히 하다

いっしょうけんめいなせいと
一生懸命な生徒　　　매우 열심인 학생

結構だ¹　けっこうだ

ᵠ 제가 졌습니다. 정말 結構だ 한 실력이군요.

ᵠ 수작업으로 結構だ 한 가구를 만드는 장인.

な형 훌륭하다, 만족스럽다

けっこうなおてまえ
結構なお手前　　　　훌륭한 솜씨

結構だ² けっこうだ

Q. 배가 불러서 이제 結構だ 입니다. 잘 먹었습니다.

Q. 도움은 이제 結構だ 입니다. 제가 알아서 하겠습니다.

な형 괜찮다, 이제 됐다

もうけっこうだ
もう結構だ   이제 됐다, 충분하다

★ 정중하게 사양할 때 씀

立派だ りっぱだ

Q. 신인임에도 立派だ 한 연기력을 선보여 극찬을 받았다.

Q. 세계 대회에서도 立派だ 한 성적을 남기며 이름을 알렸다.

な형 훌륭하다, 충분하다 👍

りっぱなおこない
立派な行い   훌륭한 행위

丁寧だ¹ ていねいだ

Q. 그 음식점의 점원들은 항상 丁寧だ 해서 기분이 좋아.

Q. 집사는 丁寧だ 하게 인사하며 일행을 안으로 초대했다.

な형 공손하다, 친절하다, 정중하다 💬

ていねいなことばづかい
丁寧な言葉づかい   정중한 말씨

丁寧だ² ていねいだ

Q. 丁寧だ 하게 일해서 실수를 최소화할 수 있었다.

Q. 깨지기 쉬운 물건이니까 丁寧だ 하게 다뤄야 해.

な형 주의 깊고 신중함

ていねいにとりあつかう
丁寧に取り扱う   조심스럽게 다루다

大切だ たいせつだ

Q. 大切だ 한 손님이니까 함부로 대하지 마라.

Q. 아이돌의 친필 사인을 大切だ 하게 간직하고 있다.

な형 중요하다, 귀중하다 🔒

たいせつなともだち
大切な友達   소중한 친구

下手だ へただ

Q. 그는 모태솔로라 연애가 下手だ 한 남자다.

Q. 한국말을 잘하지만, 글씨는 아직 下手だ 한 외국인.

な형 서투르다, 능숙하지 않다

へたなじ
下手な字   서투른 글씨

楽しみだ たのしみだ

Q. 여행지에서 먹게 될 다양한 음식이 楽しみだ 된다.

Q. 주말마다 호수에 가서 낚시하는 게 유일한 楽しみだ 다.

な형 즐겁다, 기대된다

じんせいのたのしみだ
人生の楽しみだ   인생의 낙이다

安心だ あんしんだ

Q. 실종되었던 동생이 무사하다는 소식에 安心だ 했다.

Q. 우리 아이도 安心だ 하고 먹일 수 있는 유기농 식품.

な형 안심하다

まだあんしんできない
まだ安心できない   아직 안심할 수 없다

ソフトだ そふとだ

Q. 입안에서 눈 녹듯 사라지는 ソフトだ 한 아이스크림.

Q. ソフトだ 한 느낌의 극세사 이불.

な형 부드럽다 🖌   유래 soft [소프트]

そふとなかんじ
ソフトな感じ   부드러운 느낌

Q —————————— A ——————————

リアルだ りあるだ

Q. 꾸며낸 이야기가 아닌 リアルだ 인 경험담.
Q. 얼핏 보면 사람 같은 リアルだ 인 인형.

な형 사실적이다　　유래 real [리얼]

りあるなびょうしゃ
リアルな描写　　사실적인 묘사

クリーンだ くりーんだ

Q. 네 방은 정리도 잘 되어 있고 クリーンだ 하구나!
Q. 마실 수 있는 クリーンだ 한 물.

な형 깨끗하다　　유래 clean [클린]

くりーんなせいじ
クリーンな政治　　깨끗한 정치

クールだ くーるだ

Q. 그는 뒤끝 없는 クールだ 한 성격이니까 괜찮을 거야.
Q. 파란색과 흰색으로 クールだ 한 느낌을 주는 코디를 했다.

な형 시원하다, 냉정하다　　유래 cool [쿨]

くーるなかんじ
クールな感じ　　쿨한 느낌

ホットだ ほっとだ

Q. 아침부터 춥길래 ホットだ 한 커피를 한 잔 마셨다.
Q. 요즘 안보는 사람이 없는 ホットだ 한 드라마인데 모르니?

な형 뜨겁다, 격렬하다　　유래 hot [핫]

ほっとなわだい
ホットな話題　　핫한 화제

きっと

Q. きっと 성공해서 돌아오겠습니다.
Q. 아니야, 그 사람은 きっと 올 거야.

부 꼭

きっとくる
きっと来る　　꼭 올 거다

＊ 必ず 보다는 약한 표현으로 '틀림없이 그렇게 될 것'을 뜻함

決して けっして

Q. 決して 있을 수 없는 일이다.
Q. 힘들어도 決して 포기하지 마라.

부 결코

けっしてありえない
決して有り得ない　　결코 있을 수 없다

そう

Q. 저 역시 そう 생각합니다.
Q. 내 예상보다 가격은 そう 비싸지는 않았다.

부 그렇게

そうします
　　그렇게 하겠습니다

そろそろ

Q. そろそろ 시작해볼까요?
Q. 이제 そろそろ 가봐야겠어요.

부 슬슬

そろそろかえってくる
そろそろ帰ってくる　　슬슬 돌아올 거다

本当に ほんとうに

Q. 本当に 좋은 날씨야. 이런 날에 집에 있을 수는 없지.
Q. 本当に 고맙습니다. 이 은혜는 반드시 갚겠습니다.

부 정말로, 진짜로

ほんとうにかなしい
本当に悲しい　　정말이지 슬퍼

いくらか

ᵠ 과자까지 사기엔 돈이 いくらか 부족했다.

ᵠ 봄이 오니 いくらか 따뜻해졌지만 그래도 아직은 쌀쌀해.

📘 조금, 다소, 얼마간

いくらかたりない
いくらか足りない　　　좀 부족하다

良く よく

ᵠ 사업이 良く 하게 되고 있지 않아서 걱정이야.

ᵠ 노래를 정말 良く 하게 부르셔서 감동했어요.

📘 잘, 자주

よくきくくすり
良く効く薬　　　잘 듣는 약

克く よく

ᵠ 어려운 순간을 克く 하게 이겨냈구나.

ᵠ 물건을 훔쳐놓고 克く 하게 당당하구나.

📘 잘, 용케

よくもなぐったな
克くも殴ったな　　　감히 때렸겠다

★ 반어적 표현으로도 씀

ああ

ᵠ 신입이 잘못하긴 했지만 ああ 까지 말할 필요는 없잖아.

ᵠ 조금만 조심했으면 ああ 한 무서운 사고는 없었을 텐데.

📘 저렇게, 저런

ああまで
　　　　　　　저렇게까지

もう

ᵠ 나는 もう 지칠 대로 지쳤다.

ᵠ 그 얘기는 もう 전해 들었다.

📘 벌써, 이미

もうこんなじかん
もうこんな時間　　　벌써 이런 시간

★ '더, 곧'이라는 뜻으로도 쓰임

初めて はじめて

ᵠ 난생 初めて 그곳에 가봤어.

ᵠ 初めて 먹어봤는데 앞으로 단골이 될 것 같아.

📘 처음

はじめてのきす
初めてのキス　　　첫 키스

はっきり

ᵠ 내 말 はっきり 새겨들어.

ᵠ 두 눈 크게 뜨고 はっきり 봐둬.

📘 똑똑히

はっきりいう
はっきり言う　　　똑똑히 말하다

すっかり

ᵠ 오늘 약속이 있던걸 すっかり 잊고 있었어!

ᵠ 개나리가 핀 걸 보니 이제 すっかり 봄이구나.

📘 완전히, 모두

すっかりわすれてた
すっかり忘れてた　　　완전히 잊고 있었다

ちっとも

ᵠ 너 ちっとも 변하지 않았구나! 어릴 때랑 똑같네.

ᵠ 이 영화는 ちっとも 무섭지 않고 유치했어.

📘 조금도

ちっともかわらない
ちっとも変らない　　　조금도 변하지 않는다

Q

態態 わざわざ

Q. 바쁠 텐데 態態 만날 필요 없이 전화로 이야기하지.

Q. 아이의 나쁜 버릇을 고치기 위해 態態 엄하게 대했다.

如何² いかが

Q. 손님, 식사는 如何 할까요?

Q. 선생님, 날도 추운데 如何 지내고 계시는지요?

特に とくに

Q. 눈길 운전 시에는 안전에 特に 유의하세요.

Q. 모든 운동을 좋아하지만, 特に 수영을 즐긴다.

勿論 もちろん

Q. 외국어 실력이 좋아 영어는 勿論, 일본어도 잘한다.

Q. 치킨 좋아하냐고? 勿論 좋아하지.

確り¹ しっかり

Q. 밑이 낭떠러지라서 줄을 確り 붙잡았다.

Q. 위험하니까 엄마 손 確り 잡고 있어.

確り² しっかり

Q. 어리숙해 보여도 맡은 일은 確り 처리하는 사람이다.

Q. 정신을 確り 차리고 일을 해야 실수를 안 한다.

其れ程 それほど

Q. 널 위해 죽을 수도 있어. 其れ程 사랑해.

Q. 상처는 크게 났지만 其れ程 아프지는 않다.

先ず まず

Q. 先ず, 참석해 주신 여러분께 감사의 말씀을 드립니다.

Q. 배고프니까 先ず 뭐라도 먹고 나서 일하자.

成る可く なるべく

Q. 바쁘긴 하지만 成る可く 참석하도록 노력해볼게.

Q. 成る可く 빨리 가겠습니다. 기다려 주세요.

A

📖 일부러, 굳이

わざわざでかける
態態出掛ける　　　일부러 나가다

★ 오도리지 態々

📖 어떻게

いかがいたしましょうか?
如何致しましょうか?　어떻게 하면 될까요?

★ 우아한 표현

📖 특히

とくにりゅういする
特に留意する　　　특히 유의하다

📖 물론

もちろんしっている
勿論知っている　　물론 알고 있다

📖 단단히, 꽉

しっかりにぎる
確り握る　　　　　꽉 쥐다

📖 똑똑히, 똑바로

しっかりしろ
確りしろ　　　　　정신 차려라

📖 그 정도, 그렇게, 그다지

それほどおおくない
其れ程多くない　　그다지 많지 않다

★ 긍정형과 부정형 모두에 쓸 수 있음

📖 우선

まずひとやすみしよう
先ず一休みしよう　우선 좀 쉬자

📖 되도록, 가급적

なるべくはやめに
成る可く早めに　　가능한 한 빨리

成る程 なるほど

Q. 成る程. 듣던 대로 명불허전이로구나!

Q. 네가 그렇게 맛있다고 하더니 成る程. 추천할 만하네.

🔊 (맞장구 칠 때) 과연

なるほどね
成る程ね　　　　　　　그렇군

全然 ぜんぜん

Q. 솔직히 무슨 소린지 全然 모르겠어.

Q. 미안하지만 全然 그럴 마음이 없어.

🔊 전연, 전혀

ぜんぜんみえない
全然見えない　　　　전혀 안 보여

―― いちいち

Q. 수많은 편지에 ―― 답장했다.

Q. 사소한 일에도 ―― 잔소리를 해대니 못 견디겠다.

🔊 일일이

いちいちせつめいする
――説明する　　　　일일이 설명하다

矢張り やはり

Q. 矢張り 훈련받은 선수들은 차원이 다르구나.

Q. 矢張り 전문가는 뭐가 달라도 다르네!

🔊 역시

やはりおかしい
矢張りおかしい　　　역시 이상하다

どんどん

Q. 식료품 가격이 どんどん 하게 오르고 있다.

Q. 콘서트장에는 사람이 どんどん 늘어났다.

🔊 자꾸

どんどんさむくなる
どんどん寒くなる　　점점 추워진다

若し もし

Q. 若し 내일 비가 오지 않으면 놀러 갈 거야.

Q. 若し 시합에서 진다면 은퇴하겠다고 공언했다.

🔊 만약, 혹시, 어쩌면

もしあめがふったら
若し雨が降ったら　　만약 비가 온다면

ずっと¹

Q. 얘랑 나랑은 1학년 때부터 ずっと 같은 반이야.

Q. 이제야 왔구나? 여기서 ずっと 기다리고 있었어.

🔊 쭉

ずっといっしょ
ずっと一緒　　　　　영원히 함께

ずっと²

Q. ずっと 먼 옛날이야기.

Q. 오늘은 기분이 어제보다 ずっと 나아요.

🔊 매우, 아주, 훨씬

ずっとむかし
ずっと昔　　　　　　아주 옛날

随分 ずいぶん

Q. 随分 잘난 척을 하는군. 어디 실력을 볼까?

Q. 随分 먼 거리였잖아. 괜히 걸어왔어.

🔊 꽤, 상당히

ずいぶんとおい
随分遠い　　　　　　상당히 멀다

Q

中中 なかなか

Q. 이 정도면 나들이 가기에는 中中 좋은 날씨다.

Q. 금연학교에도 가봤지만, 담배를 끊기가 中中 쉽지 않다.

余りに あまりに

Q. 영하 30도라니 余りに 춥다.

Q. 버려진 고양이가 余りに 불쌍해서 데리고 왔다.

到頭 とうとう

Q. 오랜 수사 끝에 到頭 범인을 잡았다.

Q. 10년 만에 到頭 결승에 진출해 금메달까지 땄다.

そんなに

Q. 새 걸로 사줄 테니까 そんなに 화내지 말고 진정해.

Q. 이게 そんなに 중요한 물건인지 몰랐어. 미안해.

大抵 たいてい

Q. 유명한 국내 여행지는 大抵 가 보았다.

Q. 여론조사 결과 80%로 大抵 의 사람들이 찬성했다.

可成 かなり

Q. 배운지 얼마 안 됐는데 운전이 可成 능숙한걸.

Q. 여기서 시내까지 가려면 可成 거리가 있어. 차를 타고 가.

偶に たまに

Q. 집이 가까워서 등굣길에 偶に 마주치는 친구.

Q. 저 애는 보기에는 멀쩡한데 偶に 이상한 소리를 해.

丁度 ちょうど

Q. 丁度 두 시 정각에 회의를 시작하겠습니다.

Q. 丁度 잘 됐다. 나갈 거면 올 때 간장 좀 사 와.

やっと

Q. 밤샘 끝에 やっと 시간에 맞춰 작업을 끝냈다.

Q. 열대야 때문에 새벽이 되어서야 やっと 잠이 들었다.

A

꽤, 좀처럼

なかなかおもしろい
中中面白い   꽤 재미있다

너무나, 지나치게

あまりにさむい
余りに寒い   너무 춥다

드디어, 결국

とうとうやっつけた
到頭やっつけた   드디어 물리쳤다

그렇게

そんなにおこるなよ
そんなに怒るなよ   그렇게 화내지 마

대개, 대부분

たいていのひとがさんせい
大抵の人が賛成   대부분의 사람이 찬성

제법, 상당히

かなりじかんがかかる
可成時間がかかる   꽤 시간이 걸린다

가끔, 오랜만에, 드물게

たまにあう
偶に会う   가끔 만나다

마침, 정확히, 마치

ちょうどじゅうにじ
丁度12時   정확히 열두 시

겨우, 가까스로

やっとねつく
やっと寝付く   겨우 잠들다

非常に ひじょうに

Q. 당분간 非常に 바빠서 만나기 힘들 것 같아.

Q. 여름이 되면 대구는 非常に 더워.

부 매우, 상당히

ひじょうにじゅうだいな
非常に重大な　　　매우 중대한

何時か いつか

Q. 그렇게 악독하게 굴다가는 何時か 후회할 날이 올걸.

Q. 何時か 다시 만날 그날을 기다리며.

부 언젠가

いつかいこう
何時か行こう　　　언젠가 가자

直ぐに すぐに

Q. 조금만 참아. 병원에 直ぐに 도착할 거야.

Q. 지시하신 일은 지금 直ぐに 처리하겠습니다.

부 바로, 곧

すぐにこい
直ぐに来い　　　즉시 와라

出来る丈 できるだけ

Q. 급한 일이 있으니 出来る丈 빨리 와주셨으면 합니다.

Q. 사람이 많을수록 좋으니 出来る丈 많이 참가해 줘.

부 가능한 한, 되도록

できるだけはやく
出来る丈早く　　　되도록 빨리

必ず かならず

Q. 인간은 必ず 죽게 되어 있다.

Q. 부모님의 원수를 必ず 갚고야 말겠다.

부 반드시

にんげんはかならずしぬ
人間は必ず死ぬ　인간은 반드시 죽는다

* 100% 확신할 때 씀

例えば たとえば

Q. 스포츠, 例えば 축구와 수영 등이 있지.

Q. 例えば, 누가 갑자기 너에게 욕을 했다고 치자.

부 예를 들면

たとえばやきゅうなど
例えば野球など　　예를 들면 야구 등

一杯 いっぱい

Q. 욕조에 물이 一杯 차서 넘쳐흐르고 있다.

Q. 너무 많이 먹어서 배가 一杯 야. 더는 못 먹겠어.

부 가득

いっぱいたべる
一杯食べる　　　많이 먹는다

一体 いったい

Q. 이게 一体 어떻게 된 일이야?

Q. 당신은 一体 누군데 자꾸 참견입니까?

부 대체

いったいどういうこと
一体どういうこと　　도대체 무슨 일이야

多分² たぶん

Q. 구름이 많이 낀 걸 보니 多分 조만간 비가 올걸.

Q. 밖에서 밥을 먹고 온다고 했으니 多分 좀 늦을 거야.

부 아마 **명** 정도가 많거나 큼

たぶんだいじょうぶだ
多分大丈夫だ　　　아마 괜찮을 거야

Q —————————————— **A** ——————————————

大分 だいぶ

Q. 몸 상태가 어제보다 大分 좋아졌어.

Q. 바이올린 연주 솜씨가 大分 능숙해졌구나.

副 상당히, 어지간히 📈

だいぶよくなる
大分良くなる　　상당히 좋아지다

お宅 おたく

Q. お宅 의 어른께서도 평안하신지요.

Q. お宅 에서 하루 신세 저도 되겠습니까?

대명사 댁, 당신

きむさんのおたく
キムさんのお宅　　김 씨네 댁

君 きみ

Q. 君 도 함께 가세. 내가 앞장서겠네.

Q. 거기 君, 잠깐 이리 와 봐. 할 이야기가 있어.

대명사 너, 자네

きみのかんがえ
君の考え　　네 생각

内² うち

Q. 그렇게 사랑한다더니, 内 를 속인 거야?

Q. 内 가 알아서 할 테니까 걱정하지 마세요.

대명사 저, 나

うちのひと
内の人　　우리 집 양반 (남편)

★ 관서 방언으로 여성이나 어린이가 쓰는 어투

僕 ぼく

Q. 僕 는 한국인이고, 그는 일본인입니다.

Q. 僕 는 사람이고, 바둑이는 개다.

대명사 나

ぼくときみ
僕と君　　나와 너

★ 남자가 쓰는 말투

手前² てまえ

Q. 手前 는 제주도에서 태어났습니다.

Q. 手前 도 축구 보는 걸 좋아하니?

대명사 저, 너　图 바로 앞, 자기에 가까운 쪽

てまえども
手前共　　저희들

★ 자신을 낮추거나 손아래 상대를 지칭할 때 씀

貴方達 あなたたち

Q. 貴方達 도 이제 성인이니까 어른스럽게 행동해야지.

Q. 貴方達 가 그렇게 나온다면 우리도 가만있지 않겠다.

대명사 당신들

あなたたちふたり
貴方達二人　　당신들 두 사람

自分 じぶん

Q. 自分 의 일은 스스로 하자.

Q. 自分 에게 맞는 적성을 찾아내는 것이 중요해.

대명사 자기, 자신

じぶんかって
自分勝手　　제멋대로

彼ら かれら

Q. 彼ら 가운데 한 명은 우리 팀의 스파이다.

Q. 彼ら 가 우리보다 강하지만 해볼 만하다.

대명사 그들, 저들

かれらのへんけん
彼らの偏見　　그들의 편견

Q

彼女¹ かのじょ

ᴼ· 영화 엽기적인 彼女 를 재미있게 봤다.

ᴼ· 그는 彼女 의 사진을 보고 반해 소개해 달라고 졸랐다.

대명사 그녀, 그 여자, 저 여자

かのじょとあう
彼女と会う　　　　　그녀와 만나다

彼女² かのじょ

ᴼ· 彼女 사귀더니 친구에겐 연락도 없는 녀석.

ᴼ· 그는 彼女 와 사귄 지 1년이 되었다.

대명사 여자 친구, 애인

かのじょとのやくそく
彼女との約束　　　여자친구와의 약속

私² わたくし

ᴼ· 죄송합니다. 이번 일은 私 의 불찰입니다.

ᴼ· 처음 뵙겠습니다. 私 는 김민영입니다.

대명사 저, 나

わたくしのふかく
私の不覚　　　　　저의 불찰

★ わたし 보다 정중한 표현

彼 かれ

ᴼ· 彼 와 그녀는 연인 사이가 아니다.

ᴼ· 彼 가 오빠이고 그녀가 동생이다.

대명사 그 (사람)

かれとかのじょ
彼と彼女　　　　　그와 그녀

あの

ᴼ· あの, 죄송하지만 오늘은 일찍 가봐도 될까요?

ᴼ· あの, 사실은….

감동사 저

あのね
　　　　　　　　　있잖아

★ 생각이나 말이 막혔을 때 씀

ええ

ᴼ· ええ, 다음 스케줄이 뭐였지?

ᴼ· ええ! 이젠 나도 모르겠다, 될 대로 되라지!

감동사 네, 예, 음, 에라

ええ、そうです
　　　　　　　예, 그렇습니다

お

ᴼ· お, 깜짝이야!

ᴼ· お, 드디어 왔구나!

감동사 어, 오

お、きたか！
お、来たか！　　　　어, 왔네!

おや

ᴼ· おや, 이게 누구야!

ᴼ· おや, 많이 아파 보이는데 괜찮니?

감동사 아니, 어머나, 이런, 저런

おや、まあ
　　　　　　　어머, 어쩜

さあ

ᴼ· さあ, 밥이 다 됐다. 어서 먹으러 오렴.

ᴼ· さあ…. 솔직히 자신이 없어.

감동사 자, 글쎄

さあ、はじめよう！
さあ、始めよう！　　　자아, 시작하자!

Q _____ / A _____

如何致しまして どういたしまして

Q. 如何致しまして. 오히려 제가 영광입니다.

Q. 如何致しまして. 저야말로 감사합니다.

감동사 표현 천만의 말씀

> どういたしまして、こちらこそ
> 如何致しまして、こちらこそ
> 천만에요, 저야말로

★ '부사+동사+부사' 구조의 연어

けれども

Q. 그는 잘생겼다. けれども, 마음씨가 나쁘다.

Q. 돈은 없 けれども 마음만은 풍족하다.

조사 그렇지만, 그러나

> けれどもかわない
> けれども買わない　그렇지만 사지 않는다

許り¹ ばかり

Q. 여섯 살 許り 된 아이가 놀이터에서 혼자 놀고 있다.

Q. 밥은 안 먹고 술 許り 마시면 어떡해.

조사 ~정도, ~쯤, ~만

3.1415926···
3.14

> みっつばかり
> 三つ許り　　　　세 개 정도

★ 사물의 정도·범위를 한정함

許り² ばかり

Q. 계속 공부했어요! 게임은 지금 켠 許り 란 말이에요.

Q. 이제 출발한 許り 니까 30분 정도 걸릴 거야.

조사 ~한 지 얼마 안 됐다

> しゅっぱつした許りだ
> 出発した許りだ　출발한 지 얼마 안 됐다

もの

Q. 저한테 따지지 마세요. 저는 모르는 일인 もの.

Q. 하지만 피망은 정말 싫어하는 もの. 안 먹을래요.

조사 ~한 걸요

> ねむいんですもの
> 眠いんですもの　　졸리는 걸요

★ 불만·호소를 내포함

等¹ など

Q. 파인애플, 망고, 바나나 等 의 열대과일.

Q. 호랑이, 표범, 치타 等 의 고양잇과 동물.

조사 등

> ほんやのーとなど
> 本やノート等　　책과 노트 등

★ 예시 등을 열거할 때 씀

等² など

Q. 너 等 가 뭘 안다고 나서는 거냐!

Q. 별 능력도 없는 나 等 가 취직이 될 리가 없지.

조사 따위

> おまえなど
> お前等　　　　　너 따위

それでは

Q. それでは 이제 개회식을 시작하겠습니다.

Q. それでは, 내일 뵙겠습니다.

접속사 그러면, 그렇다면

> それでははじめます
> それでは始めます　그러면 시작하겠습니다

では

Q. では 내일 보자. 안녕!

Q. では 전 먼저 실례하겠습니다.

접속사 그러면, 그렇다면, 그럼

> ではいこうか
> では行こうか　　　그럼 가볼까

★ では 의 구어체로 じゃ 를 사용하기도 함

それに

Q. 감기에 걸렸는데 それに 야근까지 하니 죽을 것 같다.

Q. 네 말이 맞아. それに, 왠지 느낌이 안 좋아.

> 접속사 게다가, 거기에 더해
>
> それにかぜぎみだ
> それに風邪気味だ　　게다가 감기 기운도 있다

又は または

Q. 이메일 又は 유선 연락 바랍니다.

Q. 검은색의 볼펜 又は 사인펜으로 기재하십시오.

> 접속사 또는
>
> AまたはB
> A又はB　　　　　　A 또는 B

然し しかして

Q. 슬퍼서 눈물이 났다. 然し, 태연한 척을 했다.

Q. 그는 수학에 재능이 있다. 然し 어학은 서투르다.

> 접속사 그러나, 그렇지만, 그런데
>
> しかしからだはよわい
> 然し体は弱い　　　그러나 몸은 약하다

そして

Q. 싸워라, そして 이겨라.

Q. 부모님, 형과 누나 そして 저. 다섯 식구입니다.

> 접속사 그리고
>
> あき、そしてふゆ
> 秋、そして冬　　　　가을, 그리고 겨울

じゃあ

Q. 많이 피곤한가 보네. じゃあ 오늘은 쉬고 내일 보자.

Q. じゃあ, 난 이만 가볼게. 다음에 또 보자!

> 접속사 그러면, 그럼
>
> じゃあね
> 　　　　　　　　　그럼 이만

それで

Q. 길을 가다가 갑자기 맞았다고? それで 어떻게 했어?

Q. 5대 1로 싸웠다고? それで 이렇게 상처투성이구나.

> 접속사 그래서, 그러므로
>
> それでどうした
> 　　　　　　그래서 어떻게 했어

だから

Q. 해야 하는 숙제가 많아. だから 이제 그만 놀아야겠어.

Q. 시간이 많이 안 남았어요. だから 서두르세요.

> 접속사 그러니까, 그래서
>
> だからなんだって？
> だから何だって？　　그래서 어쨌다고?

然して そうして

Q. 나는 집에 갔다. 然して 옷을 갈아입고 다시 나왔다.

Q. 싸우셨다는군. 然して 지금 혼자 밥을 먹고 있는 게지.

> 접속사 그리고, 그러므로
>
> しかしてことわる
> 然して断る　　　　그러므로 거절하다

* **발음 차이** さして: 빵로, 그다지(부사)

すると

Q. 헤어지자고 말했다. すると 그는 울며 매달렸다.

Q. 두드려라. すると 열릴 것이다.

> 접속사 그러자, 그러면, 그렇다면
>
> するととつぜん
> すると突然　　　　그러자 갑자기

본문에 포함되지 않은 **단어**

이목구비

눈		目 め
코		鼻 はな
입		口 くち
귀		耳 みみ

몸

머리		頭 あたま
가슴		胸 むね
배		御中 おなか
손		手 て
발		足 あし
팔		腕 うで
다리		脚 あし

구강

입술		唇 くちびる
치아		歯 は
혀		舌 した

스포츠

축구		サッカー さっかー
야구		野球 やきゅう
농구		バスケット ばすけっと
배구		排球 ｜ バレーボール はいきゅう ｜ ばれーぼーる
핸드볼		ハンドボール はんどぼーる
테니스		テニス てにす
배드민턴		バドミントン ばどみんとん
탁구		卓球 ｜ ピンポン たっきゅう ｜ ぴんぽん
볼링		ボウリング ぼうりんぐ
골프		ゴルフ ごるふ
하키		ホッケー ほっけー
수영		水泳 すいえい
스키		スキー すきー

국가

한국	🇰🇷	韓国 かんこく
미국	🇺🇸	米国 べいこく
중국	🇨🇳	中国 ちゅうごく
일본	🇯🇵	日本 にほん
러시아	🇷🇺	ロシア ろしあ
영국	🇬🇧	イギリス | 英国 いぎりす | えいこく
프랑스	🇫🇷	フランス ふらんす
독일	🇩🇪	ドイツ どいつ
오스트리아	🇦🇹	オーストリア おーすとりあ
이탈리아	🇮🇹	イタリア いたりあ
스페인	🇪🇸	スペイン すぺいん
포르투갈	🇵🇹	ポルトガル ぽるとがる
호주	🇦🇺	オーストラリア おーすとらりあ
캐나다	🇨🇦	カナダ かなだ
멕시코	🇲🇽	メキシコ めきしこ
브라질	🇧🇷	ブラジル ぶらじる

국적

한국인	韓国人 かんこくじん
미국인	アメリカ人 | 米人 あめりかじん | べいじん
영국인	イギリス人 | 英国人 いぎりすじん | えいこくじん
일본인	日本人 にほんじん

언어

한국어	韓国語 かんこくご
영어	英語 えいご
중국어	中国語 ちゅうごくご
일본어	日本語 にほんご

본문에 포함되지 않은 **단어**

의류

바지	ズボン｜パンツ ずぼん｜ぱんつ
치마	スカート すかーと
겉옷	アウター あうたー
겉옷, 윗도리	上着 うわぎ
속옷	下着 したぎ
내의	肌着 はだぎ
잠옷	寝間着 ねまき
파자마	パジャマ ぱじゃま
티셔츠	ティーシャツ てぃーしゃつ
와이셔츠	ワイシャツ わいしゃつ
원피스	ワンピース わんぴーす
점퍼	ジャンパー じゃんぱー
외투	コート こーと
팬티	パンティー ぱんてぃー
양말	靴下 くつした
비옷	レインコート れいんこーと

색상

흰색	白 しろ
회색	灰色 はいいろ
검정	黒 くろ
빨간색	赤 あか
주황색	柑子色 こうじいろ
노란색	黄色 きいろ
녹색	緑 みどり
파랑	青 あお
남색	藍色 あいいろ
보라색	紫 むらさき
다홍색	紅 くれない
분홍색	桃色 ももいろ
갈색	茶色 ちゃいろ
짙은 갈색	焦(げ)茶 こげちゃ
감색	紺 こん

동물

개		犬 いぬ
고양이		猫 ねこ
쥐		鼠 ねずみ
토끼		兎 うさぎ
호랑이		虎 とら
사자		ライオン らいおん
곰		熊 くま
코끼리		象 ぞう
소		牛 うし
돼지		豚 ぶた

식물

나무		木 き
풀		草 くさ
꽃		花 はな
잎		葉 は
소나무		松 まつ
삼나무		杉 すぎ
벚나무, 벚꽃		桜 さくら
대나무		竹 たけ
장미		薔薇｜バラ ばら
백합		百合 ゆり

동물 수 세기

	동물, 벌레	조류, 토끼	큰 동물	생선
한 마리	一匹 いっぴき	一羽 いちわ	一頭 いっとう	一尾 いちび
두 마리	二匹 にひき	二羽 にわ	二頭 にとう	二尾 にび
세 마리	三匹 さんびき	三羽 さんわ	三頭 さんとう	三尾 さんび
네 마리	四匹 よんひき	四羽 よんわ	四頭 よんとう	四尾 よんび
다섯 마리	五匹 ごひき	五羽 ごわ	五頭 ごとう	五尾 ごび
여섯 마리	六匹 ろっぴき	六羽 ろくわ	六頭 ろくとう	六尾 ろくび
일곱 마리	七匹 ななひき	七羽 ななわ	七頭 ななとう	七尾 ななび
여덟 마리	八匹 はっぴき	八羽 はちわ	八頭 はっとう	八尾 はちび
아홉 마리	九匹 きゅうひき	九羽 きゅうわ	九頭 きゅうとう	九尾 きゅうび
열 마리	十匹 じゅっぴき	十羽 じゅうわ	十頭 じゅっとう	十尾 じゅうび

본문에 포함되지 않은 **단어**

악기

피아노		ピアノ ぴあの
바이올린		バイオリン ばいおりん
첼로		チェロ ちぇろ
기타		ギター ぎたー
드럼		ドラム どらむ
북		太鼓 たいこ
트럼펫		トランペット とらんぺっと
오르간		オルガン おるがん
아코디언		アコーディオン あこーでぃおん
리코더		リコーダー りこーだー
하모니카		ハーモニカ はーもにか
오카리나		オカリナ おかりな

반드시 알아야 할 **조사**

명사		명사	

は
와
~은

私は 先生です。
와타시와 센세에데스.
저는 선생님입니다.

を
오
~을

私を 呼んで ください。
와타시오 욘데 쿠다사이.
저를 불러 주세요.

が
가
~이

私が 先生です。
와타시가 센세에데스.
제가 선생님입니다.

の
노
~의

私の 先生です。
와타시노 센세에데스.
저의 선생님입니다.

と
토
~와

私と 先生です。
와타시토 센세에데스.
저와 선생님입니다.

も
모
~도

私も 先生です。
와타시모 센세에데스.
저도 선생님입니다.

や
야
~랑, ~이나

アメや チョコレート
아메야 쵸코레-토
사탕이랑 초콜릿

~や ~など
~야 ~나도
~랑, ~등, ~이나

アメや チョコレート など
아메야 쵸코레-토 나도
사탕이랑 초콜릿 등

と토와 **や**야 구분하기

と 토 와 **や** 야 는 우리말로 ~와(과) 혹은 ~(이)랑이라는 의미입니다.

と 토 와 **や** 야 는 둘 다 여러 개의 명사를 나열할 때 사용합니다. 둘의 차이점은 아래와 같습니다.

パンと お菓子が あります。   빵과 과자가 있습니다.
팡 토 오카시 가 아리 마스.
→ 오직 '빵과 과자'만 있다는 뉘앙스

パンや お菓子が あります。   빵과 과자가 있습니다.
팡 야 오카시 가 아리 마스.
→ 빵과 과자 외에도 사탕이나 초콜릿 등이 더 있다는 뉘앙스

と 토 : 언급된 것이 전부
や 야 : 언급되지 않은 것이 있음

に
니
~에(장소)

学校に 行く。
각코오니 이쿠.
학교에 가다.

に
니
~에게(대상)

私に ください。
와타시니 쿠다사이.
저에게 주세요.

へ
에
~으로(방향)

学校へ 行く。
각코오에 이쿠.
학교로 가다.

ずつ
즈츠
씩

アメ 一個ずつ
아메 익코 즈츠
사탕 하나씩

にも
니모
~에게도

私にも ください。
와타시니모 쿠다사이.
저에게도 주세요.

	명사	동사	형용사
から 카라 ~이니까(원인)		行くから 待って。 이쿠카라 맏테. 갈 테니까 기다려.	寒いから 帰る。 사무이카라 카에루. 추우니까 돌아가다.
から 카라 ~부터(방향)	学校から 家は 近い。 각코오 카라 이에와 치카이. 학교에서 집은 가깝다.		
まで 마데 ~까지	学校まで 行って ください。 각코오 마데 잇테 쿠다사이. 학교까지 가 주세요.	行くまで 待って。 이쿠마데 맏테. 갈 때까지 기다려.	

から 카라 **와 まで** 마데

~から 카라 **와** …まで 마데 **는 '〜'와 '…'에 장소나 시간을 나타내는 말을 넣어**
두 구간의 시작점과 끝점을 정확히 명시할 때 사용합니다.

ここ から 駅まで 何分 かかり ますか?　　　　여기서부터 역까지 몇 분 걸리나요?
코코 카라 에키 마데 남 붕 카카리 마스카?

4月 から 8月 まで 日本 に います。　　　　4월부터 8월까지 일본에 있습니다.
시가츠 카라 하치가츠 마데 니혼 니 이 마스.

	명사	동사	형용사
て 테 ~해서		走って 行く。 하싣테 이쿠. 달려서 가다.	寒くて 帰る。 사무쿠테 카에루. 추워서 돌아가다.
て 테 ~하고	私は 先生で、君は 学生だ。 와타시와 센세에데, 키미와 각세에다. 나는 선생이고, 너는 학생이다.	飲んで 食べて 논데 타베테 마시고 먹고	寒くて 暗くて 사무쿠테 쿠라쿠테 춥고 어둡고
ても **(でも)** 테모(데모) ~라도	私でも できる。 와타시 데모 데키루. 나라도 할 수 있다.	食べても いい。 타베테모 이이. 먹어도 좋다.	寒くても 歩く。 사무쿠테모 아루쿠. 추워도 걷다.

명사	동사	형용사

か 카 ~인지

アメか チョコレートか
아메카 쵸코레-토카
사탕인지 초콜릿인지

行くか どうか
이쿠카 도오카
갈지 어쩔지

寒いか 暑いか
사무이카 아츠이카
추운지 더운지

とか 토카 ~라든가

アメとか チョコレートとか
아메토카 쵸코레-토토카
사탕이라든지 초콜릿이라든지

行くとか 行かないとか
이쿠토카 이카나이토카
가든지 안 가든지

寒いとか 暑いとか 言うな。
사무이토카 아츠이토카 이우나.
춥다든지 덥다든지 말하지 마라.

か카 혹은 **か?**카?

か카 는 존대 표현의 의문문을 만들 때 쓰는 か카 와 같은 글자입니다.
하지만 여기에서의 か카 는 ~인지라는 의미입니다.

パンか お菓子か
팡카 오카시카

빵인지 과자인지

ジュースか コーヒーか
쥬-스카 코-히-카

주스인지 커피인지

ほど 호도 ~정도

私ほど できる 人
와타시 호도 데키루 히토
나 정도 할 수 있는 사람

走って 行く ほど
하싵테 이쿠 호도
뛰어서 갈 정도

寒い ほど、暑い ほど
사무이 호도, 아츠이 호도
추운 정도, 더운 정도

くらい 쿠라이 ~정도

私くらい できる 人
와타시 쿠라이 데키루 히토
나 정도 할 수 있는 사람

走って 行く くらい
하싵테 이쿠 쿠라이
뛰어서 갈 정도

寒い くらい、暑い くらい
사무이 쿠라이, 아츠이 쿠라이
추운 정도, 더운 정도

ほど호도**와 くらい**쿠라이 구분하기

ほど호도와 くらい쿠라이는 모두 ~정도, ~만큼이라는 의미의 조사입니다. 이 둘은 우리말 의미도 같고,
일본어에서도 용법이 명확히 구분되지 않습니다. 정확한 구분 없이 사용할 때도 많습니다.

運動場に 10人 ほど いる。
운도오죠오 니 쥬우닌 호도 이루.

운동장에 10명 정도 있다.

運動場に 10人 ぐらい いる。
운도오죠오 니 쥬우닝 쿠라이 이루.

운동장에 10명 정도 있다.

하지만, 공식적인 자리나 어른과 대화할 때 같이 예의를 갖춰야 할 때는
くらい쿠라이 보다 ほど호도를 쓰는 게 좋습니다.

	명사	동사	형용사

が
가
~지만

聞いたが 答えなかった。
키이타가 코타에나칻타.
물었지만 대답하지 않았다.

寒いが 歩く。
사무이가 아루쿠.
춥지만 걷다.

けれども
케레도모
~지만

聞いたけれども 答えなかった。
키이타케레도모 코타에나칻타.
물었지만 대답하지 않았다.

寒い けれども 歩く。
사무이케레도모 아루쿠.
춥지만 걷다.

けれども 케레도모

けれども 케레도모 는 ~지만과 같은 표현으로, 앞의 내용과 상반된 사실이 일어났을 때 사용합니다.
대화에서는 けれども 케레도모 대신 けれど 케레도 혹은 けど 케도 로 줄여서 사용하기도 합니다.

好きだ けれども 買わない。   좋아하지만 사지 않다.
스키다 케레도모 카와나이.

買った けれども なくした。   샀지만 잃어버렸다.
칻타 케레도모 나쿠시타.

しか
시카
~밖에

アメが 一個しか ない。
아메가 익코시카 나이.
사탕이 하나밖에 없다.

行くしか ない。
이쿠시카 나이.
갈 수밖에 없다.

だけ
다케
~만, ~뿐

アメ が 一個だけ ある。
아메 가 익코다케 아루.
사탕이 하나만 있다.

学校に 行く だけだ。
각코오니 이쿠 다케다.
학교에 갈 뿐이다.

寒い だけだ。
사무이 다케다.
추울 뿐이다.

ばかり
바카리
~만, ~뿐

アメばかり ある。
아메바카리 아루.
사탕만 있다.

夏休みは 寝てばかり でした。
나츠야스미와 네테바카리 데시타.
여름 방학 때 자기만 했습니다.

だけ다케와 **ばかり**바카리 구분하기

だけ다케와 ばかり바카리는 둘 다 ~만, ~뿐이라는 의미의 조사입니다.
이 둘은 의미는 같지만, 둘 사이에는 분명한 뉘앙스 차이가 있습니다.
だけ다케는 사실 그대로 말할 때, ばかり바카리는 약간 과장해서 말할 때 사용합니다.

教室 に 男子学生 だけ いる。   교실에 남학생만 있다.
코오시츠 니 단시각세에 다케 이루.
⋯→ 남학생만 있고, 여학생이나 선생님 등 다른 사람은 전혀 없다는 뉘앙스

遊園地 に 男子学生 ばかり いる。   유원지에 남학생만 있다.
유우엔치 니 단시각세에 바카리 이루.
⋯→ 남학생이 생각보다 많다는 뉘앙스, 남학생이 주로 보이고, 다른 사람들은 잘 보이지 않는다는 느낌.

명사	동사	형용사

ながら
나가라
~면서

食べながら 寝る。
타베나가라 네루.
먹으면서 자다.

ながら나가라를 쓸 때 주의할 점

ながら나가라 는 2가지 동작이 동시에 발생할 때 사용하는 표현입니다.
이때 사용되는 동사는 반드시 동사의 명사형이어야 합니다.

遊ぶ。 ---> 遊びながら 話す。
아소부. 아소비나가라 하나스.
놀다. 놀면서 이야기하다.

たら
타라
~하면

見たら わかる。
미타라 와카루.
보면 안다.

寒かったら 帰れ。
사무캇타라 카에레.
추우면 돌아가.

なら
나라
~하면

私なら できる。
와타시나라 데키루.
나라면 할 수 있다.

行くなら 連絡 して。
이쿠나라 렌라쿠 시테.
갈 거면 연락해 줘.

寒いなら 帰れ。
사무이나라 카에레.
추우면 돌아가.

と
토
~하면

食べると 太る。
타베루토 후토루.
먹으면 살이 찐다.

寒いと 眠い。
사무이토 네무이.
추우면 졸리다.

ば
바
~하면

見れば わかる。
미레바 와카루.
보면 안다.

寒ければ 帰れ。
사무케레바 카에레.
추우면 돌아가.

たり
타리
~거나(~다가)

行ったり 来たり する な。
잇타리 키타리 스루 나.
왔다가 갔다가 하지 마라.

寒かったり 暑かったり する。
사무캇타리 아츠캇타리 스루.
추웠다가 더웠다가 한다.

たり타리 혹은 **だり**다리

たり타리는 ~거나라는 의미의 조사로, 어떤 표현 뒤에서는 だり다리 가 됩니다.
두 표현은 발음만 다를 뿐 의미는 같습니다.

歩いたり 座ったり 아루이타리 스왓타리   걷거나 앉거나
遊んだり 飲んだり 아손다리 논다리   놀거나 마시거나

JLPT
N3

灰皿 ~ それから

15일 만에 정복하는
JLPT 3급 수준 단어

Q —————————— A ——————————

灰皿 はいざら

Q. 灰皿 에 담뱃재를 털었다.
Q. 이곳은 흡연석이라 테이블에 灰皿 가 놓여 있었다.

명 재떨이

> たばこのはいざら
> タバコの灰皿　　　　　담배 재떨이

非 ひ

Q. 그는 자신이 저지른 非 를 순순히 인정했다.
Q. 기자는 국회의원의 非 를 만천하에 폭로했다.

명 좋지 않은 것, 그른 것

> ひをみとめる
> 非を認める　　　　　잘못을 인정하다

両 りょう

Q. 어른이 주는 건 両 손으로 받아야지.
Q. 어디서 両 눈을 똑바로 뜨고 대들어!

명 둘로 한 쌍이 되는 것

> りょうほう
> 両方　　　　　　　　양쪽

生き物 いきもの

Q. 지구 말고 다른 행성에도 인간처럼 生き物 가 있을까?
Q. 동물도 우리와 같은 生き物 이니 학대해서는 안 된다.

명 생물[살아 있는 것]

> いきものがみつかる
> 生き物が見つかる　　생물이 발견되다

物置 ものおき

Q. 안 쓰는 물건들은 상자에 담아 物置 에 넣어두었다.
Q. 건초를 物置 안에 보관한다.

명 헛간, 광

> ものおきせっち
> 物置設置　　　　　　헛간 설치

回り道 まわりみち

Q. 늘 다니던 길이 공사 중이라 回り道 로 집에 가야 했다.
Q. 조금 걷고 싶어서 일부러 回り道 로 갔다.

명 돌아서 가는 길

> まわりみちをする
> 回り道をする　　　　길을 돌아서 가다

目覚(ま)し めざまし

Q. 늦잠을 자서 目覚(ま)し 를 하자마자 출근 준비를 했다.
Q. 출근길에 目覚(ま)し 를 하려고 커피를 사서 마셨다.

명 잠을 깸

> めざましどけい
> 目覚まし時計　　　　알람 시계

溜め ため

Q. 빗물을 溜め 했다가 필요할 때 사용하는 저장 시설.
Q. 1년 내내 溜め 한 돈으로 방학 때 해외여행을 갔다.

명 모아 둠

> あまみずをためる
> 雨水を溜める　　　　빗물을 모아 두다

意義 いぎ

Q. 3.1운동의 역사적 意義 를 알아보자.
Q. 구전설화의 문화적 意義 와 활용 방법에 대한 강의.

명 의의, 뜻

> たんごのいぎ
> 単語の意義　　　　　단어의 뜻

奥 おく

Q. 갑자기 비가 쏟아져서 서둘러 건물 奥 에 들어갔다.

Q. 상자 奥 에는 보석이 들어 있었다.

명 깊숙한 곳, 안

おくば
奥歯　　　　　　　　　　어금니

寺院 じいん

Q. 이슬람교도들이 모여 기도하는 寺院 을 모스크라고 한다.

Q. 절이나 성당 같은 종교의 교당을 寺院 이라 한다.

명 사원, 사찰, 절

せっくつじいん
石窟寺院　　　　　　　석굴 사원

居眠(り) いねむり

Q. 춘곤증으로 수업 중에 居眠(り) 를 하는 학생들.

Q. 집에 오는 버스 안에서 꾸벅꾸벅 居眠(り) 를 했다.

명 앉아 좀

いねむりうんてん
居眠り運転　　　　　　졸음운전

行 ぎょう

Q. 行 와 열을 맞춰라.

Q. 다음 첫 번째 行 의 밑줄 친 단어가 의미하는 것은?

명 행, 글자의 가로·세로의 줄

ぎょうをかえる
行を変える　　　　　　행을 바꾸다

話し中 はなしちゅう

Q. 話し中 에 말을 끊어서 죄송합니다만.

Q. 친구와 한창 話し中 였는데 갑자기 전화가 끊어졌다.

명 한창 이야기하고 있는 중

いまはなしちゅうです
いま話し中です　　지금 이야기 중입니다

対¹ つい

Q. 둘씩 対 를 지어서 손을 꼭 잡고 다니렴.

Q. 남녀로 対 를 이루고 있는 인형을 사서 둘이 나눠 가졌다.

명 쌍, 짝

ついをなす
対をなす　　　　　　　쌍을 이루다

針 はり

Q. 針 가는 데 실 간다.

Q. 간호사가 주사기의 針 를 환자의 팔에 꽂았다.

명 바늘, 침

はりといと
針と糸　　　　　　　　바늘과 실

間² ま

Q. 어머니가 안 계신 間 집안일을 해놓았다.

Q. 나도 모르는 間 에 속도위반을 하고 말았다.

명 사이, 틈

いつのまにか
いつの間にか　　　　　어느새

待ち合(わ)せ まちあわせ

Q. 일요일 두 시에 역 앞에서 待ち合(わ)せ 를 하기로 했다.

Q. 待ち合(わ)せ 하기로 한 곳에 30분 먼저 도착했다.

명 약속하여 만나기로 함

まちあわせのばしょ
待ち合わせの場所　　만나기로 한 장소

Q ——————————— A

土 つち

Q. 산속에서 훈련한 뒤 군화에 묻은 土 를 털었다.

Q. 죽기 전에 고국의 土 를 다시 밟을 수 있을까?

名 땅, 흙

ここくのつち
故国の土　　　　　고국 땅

倍 ばい

Q. 성수기에는 지금보다 倍 의 가격이 된다.

Q. 작년 대비 2 倍 의 매출을 올렸다.

名 배, 2배

にばいのりょう
2倍の量　　　　　2배의 양

商店 しょうてん

Q. 11시쯤 되면 거리의 商店 들이 문을 닫기 시작한다.

Q. 날이 어두워지자 商店 들도 하나둘 간판에 불을 켰다.

名 상점, 가게

しょうてんがい
商店街　　　　　상점가

価格 かかく

Q. 이 물건은 비싼 価格 로 팔릴 거야.

Q. 품질과 비교하면 価格 가 너무 비싸다.

名 가격

はんばいかかく
販売価格　　　　　판매 가격

家具 かぐ

Q. 옷장이나 서랍장 같은 큰 家具 를 옮겨주는 용역 서비스.

Q. 家具 매장에서 맘에 드는 테이블을 샀다.

名 가구

つくりつけのかぐ
作り付けの家具　　　　　붙박이 가구

箸 はし

Q. 우리 아이는 아직 箸 사용이 서툴러서 포크로 먹는다.

Q. 외국인이지만 箸 를 능숙하게 사용해서 라면을 먹는다.

名 젓가락

わりばし
割り箸　　　　　나무젓가락

人差し指 ひとさしゆび

Q. 아이는 人差し指 로 집이 있는 방향을 가리켰다.

Q. 엄지손가락과 人差し指 로 조심스럽게 종이를 집었다.

名 집게손가락

ひだりてのひとさしゆび
左手の人差し指　　　　　왼손의 집게손가락

胸 むね

Q. 너무 놀라서 胸 가 철렁했다.

Q. 마음이 아플 때는 흔히 胸 가 아프다는 비유를 한다.

名 가슴

むねをはる
胸を張る　　　　　가슴을 펴다

価値 かち

Q. 돈으로 매길 수 없는 価値 를 지닌 추억의 물건이다.

Q. 천문학적인 価値 를 가진 예술 작품.

名 가치

かちかんのちがい
価値観の違い　　　　　가치관의 차이

Q

覚悟 かくご

^{Q.} 죽을 覚悟 로 싸워라.

^{Q.} 조국을 위해 희생할 覚悟 를 했다.

其れ其れ それぞれ

^{Q.} 사회 안에서 사람들은 其れ其れ 의 역할이 있다.

^{Q.} 사람은 其れ其れ 생각이 다르니까 이해할 줄 알아야 해.

日時 にちじ

^{Q.} 청첩장에는 결혼식의 日時 와 장소가 적혀 있다.

^{Q.} 모임의 日時 와 장소가 정해지는 대로 공지하겠습니다.

時刻表 じこくひょう

^{Q.} 時刻表 를 보니 버스가 오려면 얼마 남지 않았다.

^{Q.} 時刻表 를 보니 이번 열차는 타기 어렵겠는데요.

自信 じしん

^{Q.} 너라면 충분히 할 수 있어. 네 실력에 自信 을 가져.

^{Q.} 친구의 응원에 自信 을 얻었다.

感覚 かんかく

^{Q.} 팔을 베고 잤더니 피가 안 통해서 잠시 感覚 를 잃었다.

^{Q.} 외발자전거를 타려면 균형 感覚 가 필요하다.

感動 かんどう

^{Q.} 헤어진 모녀가 만나는 부분에서 感動 해서 울었어.

^{Q.} 생일을 맞아 정성껏 준비한 요리에 感動 를 받았다.

感謝 かんしゃ

^{Q.} 感謝 의 표시로 드리는 선물.

^{Q.} 제가 드리는 感謝 의 표시입니다.

お礼 おれい

^{Q.} 참석해 주신 분들께 お礼 의 말씀을 드립니다.

^{Q.} 지난번 도와주신 것에 대한 お礼 의 표시로 준비했습니다.

A

명 각오

しぬかくご
死ぬ覚悟　죽을 각오

명 각각, 각자

それぞれのぶんや
其れ其れの分野　각자의 분야

명 일시[날짜와 시간]

にちじとばしょ
日時と場所　일시와 장소

명 (열차·버스 등의) 시간표

れっしゃのじこくひょう
列車の時刻表　열차 시간표

명 자신(감)

じしんまんまん
自信満満　자신만만

명 감각

ほうこうかんかく
方向感覚　방향 감각

명 감동

かんどうをあたえる
感動を与える　감동을 주다

명 감사

かんしゃさい
感謝祭　감사제

명 감사

おれいのしるし
お礼の印　감사의 표시

Q

感想 かんそう

Q. 추천 도서 목록에 있는 책을 보고 感想 를 써서 제출해라.

Q. 솔직한 感想 를 말해 주세요. 비판하셔도 됩니다.

感情 かんじょう

Q. 그는 感情 가 격해져 실수를 했다고 변명했다.

Q. 感情 와 이성 간의 갈등.

感心 かんしん

Q. 눈 앞에 펼쳐진 장관에 感心 을 금치 못했다.

Q. 그의 연주는 感心 이 절로 나올 만큼 환상적이었다.

強調 きょうちょう

Q. 안전의 중요성은 아무리 強調 해도 지나치지 않다.

Q. 선생님이 예습의 중요성을 強調 했다.

強化 きょうか

Q. 군사력 強化 를 위해 국방 예산을 대폭 늘렸다.

Q. 체력을 強化 하기 위해 매일 밤 운동을 하고 있다.

開校 かいこう

Q. 우리 고등학교는 1923년에 開校 했다.

Q. 내일은 開校 기념일이라 학교에 가지 않는다.

取(り)引き とりひき

Q. 부동산 取(り)引き 가 성사되었다.

Q. 중고 取(り)引き 사이트에서 저렴하게 샀다.

距離 きょり

Q. 운전 시 안전 距離 를 유지한다.

Q. 집과 회사의 距離 가 멀어서 출퇴근 시간이 길다.

街 まち

Q. 유흥시설이 모여 있어 밤마다 시끄러워지는 街.

Q. 사람들이 다니는 街 에서 기타를 치는 가수.

A

명 감상

かんそうぶん
感想文　　　　　　　감상문

명 감정

いちじてきなかんじょう
一時的な感情　　　일시적인 감정

명 감탄, 감심

かんしんする
感心する　　　　　감탄하다

명 강조

きょうちょうひょうげん
強調表現　　　　　강조 표현

명 강화

きょうかがらす
強化ガラス　　　　강화 유리

명 개교

かいこうきねんび
開校記念日　　　　개교기념일

명 거래

とりひきさき
取り引き先　　　　거래처

명 거리

きょりかん
距離感　　　　　　거리감

명 거리

まちをほうこうする
街を彷徨する　　　거리를 방황하다

大通り おおどおり

Q. 명동 大通り 한복판의 1층에 있어서 북적거리는 가게.

Q. 大通り 로만 다니다가 오솔길을 걸으니 주변이 고요하다.

명 넓은 길, 큰 거리

えきまえのおおどおり
駅前の大通り　　　　　　역전의 대로

四つ角 よつかど

Q. 삼거리보다 四つ角 쪽이 교통이 더 복잡하다.

Q. 판자의 四つ角 를 둥글게 깎아 테이블을 만들었다.

명 네 모퉁이, 사거리

つくえのよつかど
机の四つ角　　　　　　책상의 네 귀퉁이

泡 あわ

Q. 인어공주는 끝내 泡 가 되어 사라졌습니다.

Q. 이 비누는 泡 가 풍성하게 생겨서 더러움이 잘 씻긴다.

명 거품

みずのあわ
水の泡　　　　　　　물거품

乾杯 かんぱい

Q. 회식 자리에서 乾杯 를 선창했다.

Q. 모두 술잔을 들어 乾杯 를 외칩시다!

명 건배

かんぱいしましょう
乾杯しましょう　　　　건배합시다

建設 けんせつ

Q. 신축 건물 建設 현장에서 추락사고가 발생했다.

Q. 초고층 빌딩을 建設 하기 위해 부지를 사들였다.

명 건설

けんせつぎょう
建設業　　　　　　　건설업

検査 けんさ

Q. 숙제를 깜빡했는데 다행히 検査 를 안 했다.

Q. 혈액 検査 결과는 일주일 뒤에 나옵니다.

명 검사

けんさけっか
検査結果　　　　　　검사 결과

結果 けっか

Q. 結果 만큼이나 과정도 중요하다.

Q. 열심히 노력한 것에 비해 結果 는 그리 좋지 않았다.

명 결과

けっかじゅうし
結果重視　　　　　　결과 중시

結局 けっきょく

Q. 대장이 쓰러졌음에도 잘 버텼지만 結局 항복을 선언했다.

Q. 병원으로 이송했지만 結局 사망하고 말았다.

명 결국

けっきょくはおなじだ
結局は同じだ　　　　결국은 마찬가지다

結論 けつろん

Q. 사고의 원인이 음주운전이라는 結論 을 내렸다.

Q. 심사숙고 끝에 내린 結論 이다.

명 결론

さいしゅうてきなけつろん
最終的な結論　　　　최종 결론

Q

決心 けっしん

ᵠ 새해의 決心 을 지키기 위해 노력 중이다.

ᵠ 올해는 꼭 일본어 공부를 하기로 決心 했다.

欠点 けってん

ᵠ 귀가 얇은 것이 그의 유일한 欠点 이다.

ᵠ 그는 완벽주의자여서 자신의 欠点 을 용서하지 못했다.

決定 けってい

ᵠ 선생님과 충분히 상담한 뒤에 진로를 決定 했다.

ᵠ 네가 어떤 決定 를 내리더라도 널 지지할 거야.

決行 けっこう

ᵠ 오랫동안 준비한 계획을 決行 에 옮겼다.

ᵠ 작전 決行 직전에 적에게 들키고 말았다.

経営 けいえい

ᵠ 30년 동안 기업을 経営 한 CEO.

ᵠ 작은 회사를 経営 하고 있습니다.

祝日 しゅくじつ

ᵠ 10월의 祝日 중에는 10월 3일 개천절이 있다.

ᵠ 광복절은 우리나라의 祝日 이다.

競争 きょうそう

ᵠ 30대 1의 치열한 競争 률을 뚫고 올라온 인재.

ᵠ 명문대 입학을 위한 입시 競争 가 치열하다.

計算¹ けいさん

ᵠ 착오 없는 정확한 計算 을 위해 계산기를 쓴다.

ᵠ 밥값 計算 이 잘못된 것 같아.

契約 けいやく

ᵠ 소속사와의 전속 契約 가 이번 달에 끝난다.

ᵠ 보험 契約 서에 자필로 서명했다.

A

명 결심

かたいけっしん
固い決心　　　　　　굳은 결심

명 결점

けってんをおぎなう
欠点を補う　　　　　결점을 보완하다

명 결정

けっていけん
決定権　　　　　　　결정권

명 결행

すとをけっこうした
ストを決行した　　　파업을 결행했다

명 경영

けいえいなん
経営難　　　　　　　경영난

명 국경일

こくみんのしゅくじつ
国民の祝日　　　　　국경일

명 경쟁

きょうそうあいて
競争相手　　　　　　경쟁 상대

명 계산

けいさんしょ
計算書　　　　　　　계산서

명 계약

けいやくのはき
契約の破棄　　　　　계약 파기

系統 けいとう

ᵠ 신경 系統 에 문제가 생겨 발생하는 질병.

ᵠ 옷을 고를 때는 검은색 系統 를 선호한다.

몡 계통

こきゅうきけいとう
呼吸器系統 　　　　　　　호흡기 계통

輪 わ

ᵠ 그 끈으로 輪 를 만들어라.

ᵠ 커튼 거는 輪 하나가 빠졌어요.

몡 고리

ゆびわ
指輪 　　　　　　　　　　반지

床の間 とこのま

ᵠ 일본 전통가옥에서는 床の間 에 위패를 모시기도 한다.

ᵠ 중세 이전 일본에선 손님을 床の間 에 앉게 하기도 했다.

몡 도코노마

とこのまのかざり
床の間の飾り 　　　　도코노마의 장식

★ 일본식 방의 상좌에 바닥을 한층 높게 만든 곳을 뜻함

夜気 やき

ᵠ 가을이 되니 해가 지고 나면 夜気 가 제법 쌀쌀하다.

ᵠ 서늘한 夜気 를 맞으며 고개를 들어 달을 바라보았다.

몡 밤공기

やきにあたる
夜気に当たる 　　　　　밤공기를 쐬다

公立 こうりつ

ᵠ 公立 학교는 지방자치단체가 설치하고 관리한다.

ᵠ 公立 도서관은 시에서 운영한다.

몡 공립

こうりつとしょかん
公立図書館 　　　　　　공립도서관

軽工業 けいこうぎょう

ᵠ 제품의 무게에 따라 중공업과 軽工業 로 분류한다.

ᵠ 섬유는 가벼우므로 섬유 제품 제조업은 軽工業 에 속한다.

몡 경공업

けいこうぎょうぶもん
軽工業部門 　　　　　　경공업 부문

共通 きょうつう

ᵠ 두 사건에 共通 점이 있어서 동일범의 소행일 수도 있다.

ᵠ 10명 중 8명이 찬성하여 대체로 共通 된 의견이었다.

몡 공통

きょうつうてん
共通点 　　　　　　　　공통점

科目 かもく

ᵠ 내가 제일 싫어하는 科目 는 수학이야.

ᵠ 영어는 필수 科目 라서 반드시 이수해야 해.

몡 과목

せんたくかもく
選択科目 　　　　　　　선택 과목

教科書 きょうかしょ

ᵠ 教科書 안 가져왔으면 옆 사람이랑 같이 봐.

ᵠ 教科書 는 학교에서 교육을 위해 사용하는 주된 교재이다.

몡 교과서

きょうかしょほんぶん
教科書本文 　　　　　　교과서 본문

課題 かだい

 명 과제

- Q. 선생님이 내주신 課題 를 무사히 다 끝냈다.
- Q. 정부는 물가 안정을 최우선 課題 로 삼고 있다.

かだいかいけつ
課題解決　　　　　　　　　과제 해결

関心 かんしん

명 관심

- Q. 대중의 関心 을 끄는 분야.
- Q. 아기가 장난감에 関心 을 보인다.

さいだいのかんしんじ
最大の関心事　　　　　　　최대 관심사

慣用 かんよう

명 관용

- Q. 간이 크다는 말은 겁이 없다는 慣用 표현이다.
- Q. 어깨가 무겁다는 말은 책임감이 부담스럽다는 慣用 표현.

かんようてきなようほう
慣用的な用法　　　　　　　관용적인 용법

広告 こうこく

명 광고

- Q. TV 広告 를 보고 산 옷인데, 입어보고 크게 실망했어.
- Q. 충동구매를 유발하는 과장 広告.

きゅうじんこうこく
求人広告　　　　　　　　　구인 광고

教師 きょうし

명 교사

- Q. 결혼 상대로 인기 있는 직종인 초등학교 教師.
- Q. 성적이 안 나와서 가정 教師 에게 과외를 받기로 했다.

かていきょうし
家庭教師　　　　　　　　　가정 교사

教授 きょうじゅ

명 교수

- Q. 그 教授 의 강의는 지루하지만 유익하다.
- Q. 대학에서 학생들을 가르치는 教授 이다.

きょうじゅのせみなー
教授のセミナー　　　　　　교수 강의

交際 こうさい

명 교제

- Q. 결혼을 전제로 진지하게 交際 하고 있습니다.
- Q. 건전한 이성 交際 를 위한 성교육의 필요성.

こうさいあいて
交際相手　　　　　　　　　교제 상대

区間 くかん

명 구간

- Q. 100m 앞에 공사 区間 이 있어 돌아가야 한다.
- Q. 3호선 원당~삼송 区間 은 역 간 거리가 5km나 된다.

のりかえくかん
乗り換え区間　　　　　　　환승 구간

区別 くべつ

명 구별

- Q. 공과 사의 区別 가 확실한 사람이다.
- Q. 그녀와 그녀 동생은 쌍둥이라 区別 하기 힘들다.

こうしのくべつ
公私の区別　　　　　　　　공사의 구별

隅¹ すみ

ᵠ 골목 한 隅 에 자리 잡은 작은 책방.

ᵠ 방을 隅 까지 다 뒤져봤지만, 지갑을 찾지 못했다.

명 **구석**

かたすみ
片隅　　　　　　　　　한쪽 구석

隅² すみ

ᵠ 낡아서 네 隅 가 다 닳은 책.

ᵠ 천둥소리가 무서워 방 隅 에 웅크린 강아지.

명 **귀퉁이**

よすみ
四隅　　　　　　　　　네 귀퉁이

区域 くいき

ᵠ 여기는 출입 금지 区域 이니 들어오시면 안 됩니다.

ᵠ 공동 경비 区域 JSA.

명 **구역**

きんしくいき
禁止区域　　　　　　　금지 구역

国語 こくご

ᵠ 지원 학과는 国語 국문학과로 결정했다.

ᵠ 한글이라도 모르는 단어가 있다면 国語 사전을 찾아봐.

명 **국어**

こくごのせんせい
国語の先生　　　　　　국어 선생님

国会 こっかい

ᵠ 여의도에 있는 国会 의사당.

ᵠ 국민들이 뽑은 의원들이 모인 国会.

명 **국회**

こっかいぎいん
国会議員　　　　　　　국회의원

帰宅 きたく

ᵠ 남편의 帰宅 가 늦어지자 걱정하는 아내.

ᵠ 퇴근하고 帰宅 를 하는 중에 사고를 당했다.

명 **귀가**

きたくとちゅう
帰宅途中　　　　　　　귀가 도중

帰国 きこく

ᵠ 오늘은 유학 간 동생이 방학을 맞아 帰国 하는 날이다.

ᵠ 해외여행을 마치고 帰国 할 날이 다가오고 있다.

명 **귀국**

きこくてつづき
帰国手続　　　　　　　귀국 절차

決(ま)り¹ きまり

ᵠ 주문이 決(ま)り 가 되시면 벨을 눌러 주세요.

ᵠ 그 일을 어떻게 처리할지 아직 決(ま)り 를 못 내렸다.

명 **결정됨, 규칙**

きまりにしたがって
決まりに従って　　　　규칙에 따라

決(ま)り² きまり

ᵠ 몇 년을 속 썩인 문제가 드디어 決(ま)り 가 났다.

ᵠ 이 건은 이제 決(ま)り 가 났으니 나중에 딴소리하지 마.

명 **결착, 매듭**

きまりをつける
決まりをつける　　　　결착을 짓다

Q _____ A _____

絵画 かいが

Q. 미술학원의 絵画 수업에서 동양화와 서양화를 배웠다.

Q. 풍경을 사실적으로 묘사한 絵画 가 특기인 화가.

명 회화, 그림

かいがをかんしょうする
絵画を鑑賞する　　　회화를 감상하다

近年 きんねん

Q. 아무것도 없던 동네가 요 近年 들어 많이 발전했다.

Q. 벌써 한강이 꽁꽁 얼다니 近年 에 보기 드문 추운 날씨다.

명 근년, 근래

きんねんにないさむさ
近年にない寒さ　　　근래에 없는 추위

勤務 きんむ

Q. 勤務 시간은 9시부터 6시까지입니다.

Q. 초과 勤務 를 하면 초과 수당을 받지요.

명 근무

きんむかんきょう
勤務環境　　　근무 환경

近視 きんし

Q. 원시는 가까운 곳이, 近視 는 먼 곳이 잘 안 보인다.

Q. 나는 近視 라서 안경 없이 칠판 글씨를 읽지 못한다.

명 근시

きんしのめがね
近視の眼鏡　　　근시 안경

足元 あしもと

Q. 돌에 걸려 넘어지지 않게 足元 를 주의하며 걸어라.

Q. 足下 가 끈적거려서 신발을 확인하니 껌이 붙어 있었다.

명 서 있는 곳 근처

あしもとちゅうい
足元注意　　　발밑 주의

* 표기 차이 足下: 발밑

王様 おうさま

Q. 王様 귀는 당나귀 귀.

Q. 어릴 적에 동화 벌거벗은 王様 를 재미있게 읽었다.

명 임금님

おうさまとしんか
王様と臣下　　　임금과 신하

禁煙 きんえん

Q. 禁煙 구역에서 담배 피우지 마.

Q. 올해는 금주와 禁煙 중 한 가지는 꼭 성공해야지.

명 금연

きんえんくいき
禁煙区域　　　금연 구역

禁止 きんし

Q. 외부인 출입 禁止.

Q. 주차 禁止 구역에 주차했다가 과태료를 물었다.

명 금지

ちゅうしゃきんし
駐車禁止　　　주차 금지

給料 きゅうりょう

Q. 給料 는 매달 말일 지급됩니다.

Q. 아직 給料 를 받기 전이라 빈털터리다.

명 급료

とぼしいきゅうりょう
乏しい給料　　　적은 급료

Q _____ **A** _____

給食 きゅうしょく

ㅇ 학교 給食 를 먹고 집단 식중독에 걸렸다.

ㅇ 우리 학교는 給食 가 없어서 도시락을 싸서 먹어.

명 급식

がっこうきゅうしょく
学校給食 　　　　　 학교 급식

給与 きゅうよ

ㅇ 매달 給与 의 일부를 은행에 저축한다.

ㅇ 대출을 받기 위해 給与 명세서를 제출했다.

명 급여

きゅうよめいさいしょ
給与明細書 　　　　 급여 명세서

定期券 ていきけん

ㅇ 지하철을 매일같이 타고 통학해서 定期券 을 끊었다.

ㅇ 지하철을 많이 이용한다면 定期券 을 끊는 것이 저렴하다.

명 정기권

ていきけんうりば
定期券売り場 　　 정기권 매표소

記念 きねん

ㅇ 설마 결혼 記念 일을 잊지는 않았겠지?

ㅇ 창립 10주년 記念 행사에서 연설했다.

명 기념

きねんび
記念日 　　　　　　 기념일

期待 きたい

ㅇ 오랫동안 期待 한 영화였는데 실망스러웠어.

ㅇ 期待 와 달리 너무 맛이 없어서 실망했다.

명 기대

きたいはずれ
期待はずれ 　　 기대에 어긋나다

記録 きろく

ㅇ 의사가 환자의 의료 記録 를 확인했다.

ㅇ 100m 달리기 세계 記録 를 경신했다.

명 기록

きろくにのこす
記録に残す 　　 기록으로 남기다

喜び よろこび

ㅇ 역전승을 이룬 선수들은 승리의 喜び 를 나누고 있다.

ㅇ 기타 연주는 나의 喜び 야.

명 기쁨

よろこびのうた
喜びの歌 　　　 기쁨의 노래

記事 きじ

ㅇ 신뢰하기 힘든 신문 記事 들이 넘쳐난다.

ㅇ 살인 사건에 관한 신문 記事 를 읽었다.

명 (신문) 기사

しんぶんきじ
新聞記事 　　　　　 신문 기사

印 しるし

ㅇ 경제가 개선되고 있다는 印 가 있다.

ㅇ 인플레이션은 경기 과열의 印 이다.

명 표시, 기색

かんしゃのしるし
感謝の印 　　　　 감사의 표시

勢い いきおい

Q. 모든 걸 삼켜버릴 듯한 勢い 의 파도였다.

Q. 만년 꼴찌에서 갑자기 무서운 勢い 로 치고 올라오는 팀.

명 기세

おそろしいいきおい
恐ろしい勢い　　　　　　무서운 기세

気温 きおん

Q. 밤에는 気温 이 떨어져서 일교차가 크겠습니다.

Q. 체감 気温 은 영하 10도였다.

명 기온

きおんじょうしょう
気温上昇　　　　　　기온 상승

記入 きにゅう

Q. 생년월일 記入 란에 실수로 오늘 날짜를 적었다.

Q. 시험지에 이름을 꼭 記入 하시기 바랍니다.

명 기입

きにゅうらん
記入欄　　　　　　기입란

目眩 めまい

Q. 갑자기 일어났더니 目眩 가 나서 쓰러질 뻔했다.

Q. 빈혈이 있어 종종 目眩 를 느낀다.

명 현기증

めまいがする
目眩がする　　　　　　현기증이 난다

気体 きたい

Q. 물질의 상태에는 고체, 액체, 気体 등이 있다.

Q. 공기, 수소, 산소 등을 気体 라고 한다.

명 기체

きたいぶつりがく
気体物理学　　　　　　기체 물리학

咳 せき

Q. 사레가 들려 얼굴이 빨개지도록 咳 를 했다.

Q. 콜록콜록하고 咳 를 했다.

명 기침

せきがでる
咳が出る　　　　　　기침이 나다

断水 だんすい

Q. 상수도관 파열로 주변 가구가 断水 되는 불편을 겪었다.

Q. 오늘 断水 가 된다고 해서 물을 미리 받아놨어요.

명 단수

すいどうがだんすいされる
水道が断水される　　　수도가 단수되다

★ 수도의 급수가 끊어지거나 급수물 끊는 것을 뜻함

機会 きかい

Q. 득점할 수 있는 절호의 機会 가 왔다.

Q. 위기를 機会 로 바꾸는 전화위복의 계기가 되어야 한다.

명 기회

ぜっこうのきかい
絶好の機会　　　　　　절호의 기회

話(し)合い はなしあい

Q. 나와 한마디 話(し)合い 도 없이 멋대로 결정하다니.

Q. 혼자 고민하지 말고 부모님과 話(し)合い 해보는 게 어때?

명 의논, 서로 이야기함

はなしあいのば
話し合いの場　　　　　대화의 광장

缶 かん

Q. 굴러다니는 빈 缶 을 발로 찼다.

Q. 이 고등어 缶 조림을 따려면 도구가 필요하다.

名 깡통

かんづめ
缶詰　　　　　　　　　통조림

蛇口 じゃぐち

Q. 蛇口 를 틀어 수통에 물을 받았다.

Q. 蛇口 를 꽉 잠갔는데도 자꾸 물방울이 떨어진다.

名 수도꼭지

じゃぐちをしめる
蛇口を閉める　　　수도꼭지를 잠그다

紐 ひも

Q. 안보는 책을 紐 로 묶어서 내놓았다.

Q. 선물 상자를 묶은 紐 를 풀었다.

名 끈

くつひも
靴紐　　　　　　　　　신발 끈

夕立 ゆうだち

Q. 이 비는 夕立 라 금방 그칠 거야.

Q. 국어 시간에 황순원의 夕立 라는 소설을 배웠다.

名 소나기

ゆうだちがやむ
夕立が止む　　　　소나기가 멎다

乗(り)越し のりこし

Q. 지하철에서 乗(り)越し 해서 한 정거장을 되돌아갔다.

Q. 버스에서 졸다가 내릴 곳을 乗(り)越し 하고 말았다.

名 타고 가다가 목적지를 지나침

のりこしりょうきん
乗り越し料金　　　과승 요금

暖房 だんぼう

Q. 겨울에 暖房 장치가 고장 나서 방이 추웠다.

Q. 暖房 와 냉방이 모두 가능한 시스템.

名 난방

だんぼうきぐ
暖房器具　　　　　난방 기구

日付 ひづけ

Q. 영수증 日付 로부터 1년간 무상 AS 가능합니다.

Q. 소풍 日付 가 한 달 뒤로 정해졌습니다.

名 날짜

かくていひづけ
確定日付　　　　　확정 일자

月日¹ つきひ

Q. 달력을 보니 시험 月日 가 얼마 남지 않았다.

Q. 재판 月日 가 잡혀 법원에 출석할 준비를 했다.

名 날짜

つきひをきにゅうする
月日を記入する　　날짜를 기입하다

月日² つきひ

Q. 그 후로 10년이라는 月日 가 흘렀다.

Q. 오랜 月日 가 흘렀지만, 그때의 기억은 아직도 뚜렷하다.

名 세월

つきひがながれる
月日が流れる　　　세월이 흐르다

Q ——————————— A ———————————

出会(い) であい

명 만남

- 그녀와의 **出会(い)** 는 운명적이었다.
- 유기견을 **出合(い)** 하고 입양하기까지는 고민이 많았다.

であいけいさいと
出会い系サイト　　　　　만남 사이트

＊ 좁은 뜻으로 사람과의 만남을 뜻함
＊ 표기 차이 **出合(い)**: 좁은 뜻으로 사물, 동물과의 만남을 뜻함

南北 なんぼく

명 남북

- **南北** 이산가족 상봉의 생중계.
- **南北** 단일팀이 올림픽에 출전한다.

なんぼくせんそう
南北戦争　　　　　남북전쟁

男子 だんし

명 남자

- 갓 태어났을 때는 여자와 **男子** 의 차이가 크지 않다.
- 여자답다, **男子** 답다는 표현은 지양해야 한다.

だんしといれ
男子トイレ　　　　　남자 화장실

無駄遣い むだづかい

명 낭비

- 돈을 **無駄遣い** 하지 말고 저축을 하자.
- 시간을 **無駄遣い** 하지 말고 의미 있게 쓰자.

こころないむだづかい
心ない無駄遣い　　　　　어리석은 낭비

昼寝 ひるね

명 낮잠

- 점심을 먹고 나니 졸려서 잠깐 **昼寝** 를 잤다.
- 점심시간에 잠깐 **昼寝** 를 잤더니 밤에 잠이 안 온다.

ひるねのじかん
昼寝の時間　　　　　낮잠 시간

単語 たんご

명 단어, 낱말

- **単語** 가 모여서 문장이 된다.
- 영어 **単語** 장을 사서 열심히 암기했다.

えいごのたんご
英語の単語　　　　　영어 단어

内科 ないか

명 내과

- **内科** 가 외과보다 환자 수가 많았다.
- 골절은 외과에, 감기는 **内科** 에 접수하세요.

ないかせんもんい
内科専門医　　　　　내과 전문의

内線 ないせん

명 내선

- 우리 회사에서 쓰이는 각 부서 **内線** 번호야.
- 비서실 **内線** 번호는 09입니다.

ないせんでんわ
内線電話　　　　　내선 전화

内容 ないよう

명 내용

- 소포를 열어 **内容** 를 확인했다.
- 난 솔직히 아직도 그 영화 **内容** 가 이해가 안 돼.

ないようかくにん
内容確認　　　　　내용 확인

案内人 あんないにん

Q. 호텔 案内人 에게 수영장 위치를 물어보았다.

Q. 案内人 의 설명을 들으며 미술관을 관람하니 더 유익했어.

명 안내인

あんないにんにしたがう
案内人に従う　　　　　　안내인을 따르다

郵送 ゆうそう

Q. 계약을 위해 필요한 서류를 郵送 하러 우체국에 갔다.

Q. 바쁘신 분들을 위해 여권을 택배로 郵送 해 드립니다.

명 우송[우편으로 보냄]

ゆうそうりょう
郵送料　　　　　　　　　우송료

冷凍 れいとう

Q. 음식을 소분해 냉장고 위 칸에 冷凍 상태로 보관했다.

Q. 요리가 귀찮아서 冷凍 식품을 꺼내 데워먹었다.

명 냉동

れいとうしょくひん
冷凍食品　　　　　　　　냉동식품

踏切 ふみきり

Q. 열차가 가까워지자 踏切 에 차단봉이 내려왔다.

Q. 열차가 오고 있으니 踏切 를 무리하게 건너지 마.

명 건널목

ふみきりをわたる
踏切を渡る　　　　　　　건널목을 건너다

土産 みやげ

Q. 여행지에서 친구에게 줄 土産 를 하나 샀다.

Q. 관광지의 土産 가게는 손님들로 붐볐다.

명 선물, 기념품

みやげてん
土産店　　　　　　　　　토산품 가게

努力 どりょく

Q. 천재는 1%의 영감과 99%의 努力 로 이루어진다.

Q. 그의 성공은 피나는 努力 의 결과이다.

명 노력

ひっしのどりょく
必死の努力　　　　　　　필사의 노력

夕焼(け) ゆうやけ

Q. 夕焼(け) 가 지는 붉은 하늘을 하염없이 바라보았다.

Q. 서쪽 하늘이 夕焼(け) 로 붉게 물들어 있었다.

명 저녁노을

ゆうやけになる
夕焼けになる　　　　　　저녁노을이 지다

年寄(り) としより

Q. 백발에 등이 굽은 年寄(り) 께 자리를 양보했다.

Q. 방망이 깎던 年寄(り) 라는 수필을 재미있게 읽었다.

명 늙은이, 노인

わかものととしより
若者と年寄り　　　　　젊은이와 늙은이

録音 ろくおん

Q. 협박하는 상대의 목소리를 몰래 録音 했다.

Q. 사적인 대화를 録音 해서 협박하다니!

명 녹음

ろくおんほうそう
録音放送　　　　　　　　녹음 방송

Q

冗談 じょうだん

Q. 冗談 을 진담으로 받아들여서 싸움이 났다.

Q. 그 말은 진심이 아니고 冗談 이었어.

農民 のうみん

Q. 동학 農民 운동.

Q. 農民 들의 피땀 어린 농작물.

農村 のうそん

Q. 農村 을 떠나 도시로 향하는 젊은이들.

Q. 작은 農村 에서 농부의 아들로 태어났다.

涙 なみだ

Q. 눈에서 涙 가 흘러내렸다.

Q. 슬픈 영화를 보니 나도 모르게 涙 가 나왔다.

感じ かんじ

Q. 청소가 잘 되어 청결한 感じ 를 주는 호텔 방.

Q. 이 옷은 좀 촌스러운 感じ 인데. 다른 옷 없어?

能力 のうりょく

Q. JLPT는 일본어 能力 시험을 뜻한다.

Q. 그것은 내 能力 밖이야. 다른 사람한테 부탁해.

飛行 ひこう

Q. 서울에서 시애틀까지 飛行 기로 얼마나 걸리나요?

Q. 미확인 飛行 물체가 또렷이 찍힌 사진이 큰 화제다.

歯磨(き) はみがき

Q. 歯磨(き) 만으로는 충치를 완전히 예방할 수 없다.

Q. 치과 의사에게 올바른 歯磨(き) 방법을 배웠다.

短期 たんき

Q. 여름방학 동안만 할 短期 아르바이트 없을까?

Q. 몇 달만 지낼 短期 계약이 가능한 집을 찾고 있다.

A

명 농담

じょうだんがすぎる
冗談が過ぎる　　　　　　농담이 과하다

명 농민

のうみんうんどう
農民運動　　　　　　　　농민 운동

명 농촌

のうそんととし
農村と都市　　　　　　　농촌과 도시

명 눈물

なみだもろい
涙脆い　　　　　　　눈물을 잘 흘리다

명 느낌

いやなかんじ
嫌な感じ　　　　　　　　싫은 느낌

명 능력

のうりょくしけん
能力試験　　　　　　　　능력 시험

명 비행

ひこうき
飛行機　　　　　　　　　비행기

★ 공중으로 날아가거나 날아다니는 것을 뜻함

명 이 닦기

はみがきこ
歯磨き粉　　　　　　　　치약

명 단기

たんきけいやく
短期契約　　　　　　　　단기 계약

団体 だんたい

Q. 학교에서 영화관을 빌려 団体 로 영화를 관람했다.
Q. 사이비 종교 団体 에 속아 넘어가지 않게 조심해야 한다.

명 단체

だんたいわりびき
団体割引　　　　단체 할인

紅葉[1] こうよう

Q. 캐나다 국기에는 紅葉 잎이 있어.
Q. 가을이면 紅葉 나무의 잎이 붉게 물든다.

명 단풍

こうようのきせつ
紅葉の季節　　　단풍이 물드는 계절

担当 たんとう

Q. 저희 업무가 아니라서 担当 부서를 연결해 드리겠습니다.
Q. 担当 자가 지금 자리에 없습니다. 전화번호를 남겨주세요.

명 담당

たんとうしゃ
担当者　　　　　담당자

毛布 もうふ

Q. 소파에서 잠든 그에게 毛布 를 덮어줬다.
Q. 치마를 입은 출연자들을 위해 무릎 毛布 를 준비했다.

명 담요

ふわふわしたもうふ
ふわふわした毛布　푹신한 모포

答案 とうあん

Q. 맨 뒷사람이 일어나서 答案 용지를 걷어오세요.
Q. 선생님은 시험이 끝나자마자 答案 지를 채점했다.

명 답안

とうあんようし
答案用紙　　　　답안 용지

校庭 こうてい

Q. 날씨가 좋아서 식사 후 학교 校庭 를 산책하고 있다.
Q. 학교 校庭 에 세워진 동상.

명 교정[학교 마당]

こうていにしゅうごうする
校庭に集合する　교정에 집합하다

代 だい

Q. 삼 代 째 이어져 온 가업.
Q. 代 가 바뀌어 아들이 회사를 이어받았다.

명 대[세대], 시대

だいがかわる
代が変わる　　　대가 바뀌다

代金 だいきん

Q. 代金 을 지불하고 상품을 받아왔다.
Q. 공사 代金 의 50%는 선지급입니다.

명 대금

だいきんをはらう
代金を払う　　　대금을 치르다

大量 たいりょう

Q. 한꺼번에 大量 로 사면 싸게 살 수 있다.
Q. 공산품이란 공장에서 大量 로 생산하는 제품을 말한다.

명 대량

たいりょうにつくる
大量に作る　　　대량으로 만들다

Q ——————

A ——————

儘 まま

Q. 세상일이 내 생각 儘 되지 않는다.

Q. 친구를 오랜만에 만났는데 바뀐 것 없이 옛날 그 儘 였다.

명 ~대로

たったままねむる
立った儘眠る　　　　　선 채로 졸다

代理 だいり

Q. 결석자를 代理 해서 내가 일했어.

Q. 술을 마셔서 代理 운전을 불렀다.

명 대리

だいりてん
代理店　　　　　대리점

対策 たいさく

Q. 지진 対策 를 마련하기 위한 회의를 열었다.

Q. 이 문제를 해결할 뾰족한 対策 가 떠오르지 않았다.

명 대책

じしんたいさく
地震対策　　　　　지진 대책

貸(し)出し かしだし

Q. 금리가 비교적 낮은 은행에서 貸(し)出し 를 받다.

Q. 도서관에서 책을 貸(し)出し 했다.

명 대출

としょのかしだし
図書の貸し出し　　　　　도서의 대출

代表 だいひょう

Q. 박경리 작가의 代表 작 토지.

Q. 대한민국 축구 국가 代表 팀.

명 대표

だいひょうさく
代表作　　　　　대표작

大形 おおがた

Q. 역시 이런 영화는 大形 화면으로 봐야 해!

Q. 大形 마트라서 없는 게 없어.

명 대형

おおがたじどうしゃ
大形自動車　　　　　대형 자동차

大会 たいかい

Q. 마라톤 大会 에서 우승했대.

Q. 그는 검도로 전국 大会 에도 나간 적이 있는 실력자다.

명 대회

ぜんこくたいかい
全国大会　　　　　전국 대회

雨戸 あまど

Q. 창문에 雨戸 를 달면 겨울 추위를 막는 데 도움이 된다.

Q. 빛을 차단하려고 창문 밖에 설치한 雨戸 를 닫았다.

명 덧문

あまどをあける
雨戸を開ける　　　　　덧문을 열다

高速道路 こうそくどうろ

Q. 차를 몰고 부산으로 가던 중 高速道路 휴게소에 들렀다.

Q. 高速道路 는 일반 국도보다 제한 속도가 높다.

명 고속도로

こうそくどうろしんにゅうろ
高速道路進入路　　　　　고속도로 진입로

道路 どうろ

Q. 퇴근 시간이라 道路 가 막힌다.

Q. 집이 道路 에서 너무 가까우면 차 소리가 시끄러울 거야.

명 도로

こうそくどうろ
高速道路 고속도로

徒歩 とほ

Q. 역에서 徒歩 로 약 5분 거리에 회사가 있다.

Q. 차에 타지 않고 徒歩 만으로 여행을 할까 해.

명 도보

とほごふん
徒歩5分 도보 5분

都市 とし

Q. 시골과 달리 都市 에는 고층 건물들이 즐비하다.

Q. 나는 시골보다 都市 가 좋다.

명 도시

としのやけい
都市の夜景 도시의 야경

到着 とうちゃく

Q. 그의 到着 에 맞춰 식사할 수 있도록 준비했습니다.

Q. 수속 2시간 전에는 공항에 到着 해야 한다.

명 도착

とうちゃくじこく
到着時刻 도착 시각

毒 どく

Q. 복어는 毒 를 품고 있다.

Q. 뱀에 물려 毒 가 퍼지고 있다.

명 독

どくがまわる
毒が回る 독이 퍼지다

独立 どくりつ

Q. 7월 4일은 미국의 独立 기념일이다.

Q. 우리나라의 独立 를 위해 헌신한 운동가들.

명 독립

どくりつきねんび
独立記念日 독립기념일

読書 どくしょ

Q. 読書 를 좋아해서 항상 책을 끼고 살아요.

Q. 내일까지 그 책을 읽고 読書 감상문을 써야 해.

명 독서

どくしょかんそうぶん
読書感想文 독서 감상문

同名 どうめい

Q. 자신의 이름과 同名 인 브랜드를 만든 디자이너.

Q. 나와 내 친구는 성까지 똑같은 同名 이인이다.

명 동명

どうめいいじん
同名異人 동명이인

★ 표기 차이 どうみょう

独身 どくしん

Q. 결혼하지 않고 独身 으로 일생을 마친 남자.

Q. 오랫동안 独身 이었다가 뒤늦게 결혼했다.

명 독신

どくしんしゅぎ
独身主義 독신주의

Q ——————————— A

日中 にっちゅう

ᵠ 日中 에는 따뜻하더니 저녁이 되니 쌀쌀하다.

ᵠ 日中 보다 야간에 활동량이 많은 동물.

🅜 낮, 해가 있는 동안

にっちゅうはあたたかい
日中は暖かい   낮에는 따뜻하다

東洋 とうよう

ᵠ 마르코폴로는 동방견문록을 써서 서양에 東洋 를 알렸다.

ᵠ 서양과 東洋 의 경계에 있는 나라들.

🅜 동양

とうようのぶんか
東洋の文化   동양 문화

同族 どうぞく

ᵠ 6.25 전쟁은 同族 상잔의 비극이었다.

ᵠ 동일한 종을 먹이로 잡아먹는 것을 同族 포식이라 한다.

🅜 동족

どうぞくけんお
同族嫌悪   동족 혐오

看護婦 かんごふ

ᵠ 이봐요 看護婦 씨, 의사를 좀 불러주게나!

ᵠ 나이팅게일 같은 看護婦 가 되고 싶어요.

🅜 간호부

はくいのかんごふ
白衣の看護婦   백의의 간호사

* 과거 여성 간호사를 칭하던 말로,
현재 명칭은 看護師로 통일됨

野 の

ᵠ 양 떼가 野 에서 풀을 뜯고 있다.

ᵠ 유기견들은 野 개가 되어 시민들을 공격하기도 했다.

🅜 들, 들판

のはら
野原   들판

灯台 とうだい

ᵠ 항구에 설치된 灯台 의 빛이 어둠 속 항해를 돕는다.

ᵠ 강렬한 등불 빛을 발사하여 해상의 안전을 돕는 灯台.

🅜 등대

とうだいまもり
灯台守り   등대지기

登山 とざん

ᵠ 산을 좋아해서 登山 을 자주 해요.

ᵠ 초보자가 登山 하기에는 너무 험한 산이야.

🅜 등산

とざんどう
登山道   등산로

登場 とうじょう

ᵠ 만화 첫 페이지에 登場 인물 소개가 있다.

ᵠ 영화에서 갑자기 귀신이 登場 해서 깜짝 놀랐다.

🅜 등장

とうじょうじんぶつ
登場人物   등장인물

苺 いちご

ᵠ 빨간 과육과 초록 잎, 작고 무수한 씨앗이 달린 山苺.

ᵠ 술을 마셔서 빨갛게 물든 코를 山苺 코라고 하기도 해.

🅜 딸기

やまいちご
山苺   산딸기

蓋 ふた

- Q. 다 먹었으면 냄비 蓋 를 닫아 두세요.
- Q. 병따개 있으면 병 蓋 좀 열어줘.

명 뚜껑

びんのふた
瓶の蓋　　　　　　　병뚜껑

丸 まる

- Q. 丸 모양으로 예쁘게 뜬 보름달을 구경했다.
- Q. 우리나라 동전은 丸 모양이다.

명 동그라미

まるじるし
丸印　　　　　　　동그라미표

小指 こゆび

- Q. 우리는 小指 을 걸고 맹세했다.
- Q. 손가락 중에 가장 작아서 小指 라고 부른다.

명 소지[새끼손가락]

みぎてのこゆび
右手の小指　　　오른손의 새끼손가락

人人 ひとびと

- Q. 팬 사인회를 기다리는 人人 가 정말 많았다.
- Q. 그 사고로 많은 人人 가 목숨을 잃었다.

명 사람들

ひとびとがあつまった
人人が集まった　　　사람들이 모였다

＊ 오도리지 人々

虎 とら

- Q. 백호는 흰 털을 가진 虎 를 뜻한다.
- Q. 환웅은 곰과 虎 에게 쑥과 마늘을 주며 동굴에 보냈다.

명 호랑이

とらのかわ
虎の皮　　　　　　호랑이 가죽

低下 ていか

- Q. 어두운 곳에서 책을 봤더니 시력이 低下 되었다.
- Q. 단가를 지나치게 내려서 품질 低下 가 염려됩니다.

명 저하, 내려감

がくりょくのていか
学力の低下　　　　학력의 저하

坊(っ)ちゃん ぼっちゃん

- Q. 꼭 부잣집 坊(っ)ちゃん 처럼 곱상하게 잘생겼다.
- Q. 坊(っ)ちゃん 은 몇 살입니까? 이제 많이 자랐죠?

명 도련님

おぼっちゃん
お坊っちゃん　　　　철부지

並木 なみき

- Q. 음주운전 차량이 길가에 심은 並木 를 들이받고 멈췄다.
- Q. 주말이면 신사동에 있는 並木 길에 자주 놀러 간다.

명 가로수

なみきみち
並木道　　　　　　가로수길

生 なま

- Q. 2번 테이블에 生 맥주 2,000cc 갖다주세요.
- Q. 생선구이는 좋아하지만 生 로 먹는 회는 싫어.

명 가공하지 않음, 자연 그대로임

なまびーる
生ビール　　　　　생맥주

Q

是非¹ ぜひ
- ᵠ 접촉 사고 후 누구 잘못인지 是非 를 가리는 중이다.
- ᵠ 형제가 싸우자 是非 를 가리지 않고 둘 다 혼냈다.

近道 ちかみち
- ᵠ 내가 그곳으로 빨리 가는 近道 를 알고 있어.
- ᵠ 近道 를 두고 왜 멀리 돌아가?

締(め)切り しめきり
- ᵠ 응모 기간이 締(め)切り 됐습니다. 다음에 도전해 주세요.
- ᵠ 과제 제출 締(め)切り 가 내일이라서 밤을 새워야 해.

床 ゆか
- ᵠ 한옥의 특징은 온돌과 床 의 복합구조이다.
- ᵠ 床 바닥을 걸레로 닦았다.

手品 てじな
- ᵠ 손안에서 동전이 사라지는 手品 를 선보였다.
- ᵠ 저의 특기는 공중 부양 手品 입니다.

迎え むかえ
- ᵠ 역으로 迎え 를 나갈 테니 거기서 기다리세요.
- ᵠ 공항으로 迎え 를 나온 부모님과 함께 집으로 갔다.

末っ子 すえっこ
- ᵠ 형은 많지만 末っ子 라서 저도 동생이 갖고 싶었어요.
- ᵠ 末っ子 라 그런지 철이 없네요.

満員 まんいん
- ᵠ 인기 있는 두 팀의 경기인 만큼 전 좌석이 満員 을 이뤘다.
- ᵠ 출근길마다 満員 버스에 시달려 아침부터 지친다.

満点 まんてん
- ᵠ 백 점 満点 에 백 점!
- ᵠ 토익 満点 을 받은 지원자.

A

명 시비[옳고 그름]

ぜひをただす
是非を正す　　　시비를 가리다

명 지름길

せいこうへのちかみち
成功への近道　　　성공의 지름길

명 마감

しめきりげんしゅ
締め切り厳守　　　마감 엄수

명 마루

ゆかをみがく
床を磨く　　　마루를 닦다

명 요술, 마술

てじなのからくり
手品のからくり　　　요술의 속임수

명 마중

むかえにいく
迎えに行く　　　마중하러 가다

명 막내

すえっこにうまれる
末っ子に生まれる　　　막내로 태어나다

명 만원

まんいんでんしゃ
満員電車　　　만원 전철

명 만점

ひゃくてんまんてん
百点満点　　　백 점 만점

長女 ちょうじょ

Q. 1남 2녀 중 長女 예요.

Q. 집안의 長女 로서 동생들을 돌봤다.

명 장녀, 맏딸

ちょうじょがとつぐ
長女が嫁ぐ　　　　　장녀가 시집가다

馬 うま

Q. 馬 를 타고 활을 쏘는 장군.

Q. 馬 두 마리가 마차를 끌고 있다.

명 말

うまや
馬屋　　　　　마구간

売買 ばいばい

Q. 내가 잘 아는 중고차 売買 업체를 소개해줄게.

Q. 납치와 인신 売買 에 대한 흉흉한 소문이 돌았다.

명 매매

ばいばいけいやく
売買契約　　　　　매매 계약

毎度 まいど

Q. 어떻게 만나기로 할 때마다 毎度 늦을 수가 있니?

Q. 어째 저는 毎度 받기만 하는 것 같아서 죄송하네요.

명 매번

まいどありがとう
毎度ありがとう　　　　　항상 고맙다

売(り)上げ うりあげ

Q. 오늘은 가게 売(り)上げ 가 어제보다 안 좋다.

Q. 성수기가 오자 점포의 売(り)上げ 가 크게 늘었다.

명 매상

うりあげもくひょう
売り上げ目標　　　　　매출 목표

梅 うめ

Q. 매화나무의 열매를 梅 라고 한다.

Q. 설익은 풋 梅 는 녹색이고, 독이 있어 그냥 먹을 수 없다.

명 매실

うめぼし
梅干し　　　　　말린 매실

売店 ばいてん

Q. 교내 売店 에서 간식을 사 먹는 학생들.

Q. 역 안에 있는 売店 에서 음료수를 샀다.

명 매점

こうないばいてん
校内売店　　　　　교내 매점

母親 ははおや

Q. 저는 아버지보다 母親 를 더 닮았어요.

Q. 母親 와 아버지는 지금도 금실이 좋으시다.

명 모친, 어머니

ははおやのかたみ
母親の形見　　　　　어머니의 유품

長 ちょう

Q. 회사의 長 는 사장님이다.

Q. 한 집안의 長 를 가장이라고 한다.

명 우두머리

いっかのちょう
一家の長　　　　　한 집의 가장

Q ——————— A ———————

埃 ほこり

Q. 방을 닦지 않으면 금방 埃 가 쌓인다.

Q. 이 우주에서 나는 埃 만큼 작은 존재이다.

명 먼지

ほこりをかぶる
埃をかぶる　　　　　　　먼지를 뒤집어쓰다

免税 めんぜい

Q. 공항에서 免税 수입품을 싸게 샀다.

Q. 외국인 관광객은 부가세 免税 를 받을 수 있습니다.

명 면세

めんぜいてん
免税店　　　　　　　　면세점

面接 めんせつ

Q. 시험과 최종 面接 에 합격해 입사를 앞두고 있다.

Q. 회사 面接 예상 질문을 보며 이미지 트레이닝을 했다.

명 면접

めんせつしけん
面接試験　　　　　　　면접시험

免許 めんきょ

Q. 의료법을 위반해 의사 免許 가 정지되었다.

Q. 운전 免許 를 따기 위해 문제집을 푸는 중이다.

명 면허

うんてんめんきょ
運転免許　　　　　　　운전면허

面会 めんかい

Q. 군대에 간 아들을 面会 하러 가다.

Q. 교도소 面会 시간과 접견 횟수.

명 면회

めんかいじかん
面会時間　　　　　　　면회 시간

名人 めいじん

Q. 스승님은 판소리 名人 이시며 인간문화재시다.

Q. 바둑 실력이 최고의 경지에 오른 사람을 名人 이라 한다.

명 명인

めいじんげい
名人芸　　　　　　　　명인의 재주

名作 めいさく

Q. 조카에게 세계 名作 동화 시리즈를 선물했다.

Q. 불후의 名作.

명 명작

めいさくあにめ
名作アニメ　　　　　　명작 애니메이션

名刺 めいし

Q. 제 名刺 를 드릴 테니 이쪽으로 연락해 주세요.

Q. 저 실력자들 앞에서 나는 名刺 도 못 내밀지.

명 명함

めいしこうかん
名刺交換　　　　　　　명함 교환

身¹ み

Q. 전쟁이 끝난 뒤 포로들은 자유로운 身 가 되었다.

Q. 미천한 身 를 거두어주셔서 감사합니다.

명 몸

じゆうのみ
自由の身　　　　　　　자유로운 몸

身² み

Q. 네 생각만 하지 말고 다른 사람의 身 도 좀 생각해라.

Q. 졸지에 집을 잃고 떠도는 身 가 되었다.

평 **입장, 신세, 처지**

たにんのみ
他人の身　　　타인의 입장

身³ み

Q. 이 생선은 가시만 많고 身 는 별로 없다.

Q. 몸무게 좀 봐. 먹은 게 전부 身 로 가나 봐.

평 **살**

さかなのみ
魚の身　　　생선 살

明後日² みょうごにち

Q. 내일 준비를 마치고 바로 明後日 에 행사를 개최합니다.

Q. 내일부터 내리는 비는 다음 날인 明後日 까지 계속됩니다.

평 **모레**

みょうごにちまで
明後日まで　　　모레까지

模様 もよう

Q. 벽에 꽃 模様 의 벽지를 발랐다.

Q. 식탁에 격자 模様 의 테이블보를 깔았다.

평 **무늬, 모양**

もようはいり
模様入り　　　무늬가 있는 것

集(ま)り あつまり

Q. 연말이라 망년회 같은 集(ま)り 가 잦았다.

Q. 고등학교 친구들과 정기적인 集(ま)り 가 있다.

평 **모임**

あつまりのしゅし
集まりの趣旨　　　모임의 취지

目的 もくてき

Q. 출입국 심사관이 나에게 방문 目的 를 물었다.

Q. 目的 를 달성하기 위해 수단과 방법을 가리지 않는 남자.

평 **목적**

もくてきち
目的地　　　목적지

目標 もくひょう

Q. 현실적인 目標 를 세워야 실천할 수 있다.

Q. 새해가 되어 올해의 目標 를 세웠지만 작심삼일이었다.

평 **목표**

もくひょうたっせい
目標達成　　　목표 달성

舞台 ぶたい

Q. 시사회 후 배우들의 舞台 인사가 있을 예정입니다.

Q. 연극이 시작되자 배우들이 하나둘 舞台 에 올랐다.

평 **무대**

ぶたいあいさつ
舞台挨拶　　　무대 인사

無料 むりょう

Q. 신제품을 無料 로 체험할 수 있는 공간을 마련했다.

Q. 6세 미만 어린이는 입장료 無料 입니다.

평 **무료**

むりょうたいけん
無料体験　　　무료 체험

Q _____ **A** _____

無線 むせん

ᵠ 선이 거치적거리는 게 싫어서 無線 마우스를 샀다.

ᵠ 국내에는 80년대부터 無線 전화기가 보급되기 시작했다.

명 무선

むせんつうしん
無線通信　　　　　　　　　무선 통신

無視 むし

ᵠ 수영 금지 경고를 無視 하고 수영하다가 사고가 났다.

ᵠ 신호를 無視 하고 길을 건너다가 교통사고를 당했다.

명 무시

しんごうむし
信号無視　　　　　　　　　신호 무시

問い合(わ)せ といあわせ

ᵠ 유해 성분 논란이 일자 問い合(わ)세 전화가 빗발쳤다.

ᵠ 제품의 問い合(わ)세 사항은 아래 번호로 연락해 주십시오.

명 문의

といあわせばんごう
問い合わせ番号　　　　문의 전화번호

文字¹ もじ

ᵠ 전화는 받기 어려우니 文字 메시지를 보내주세요.

ᵠ 文字 를 음성으로 변환해 주는 프로그램.

명 글자, 문자

おおもじ
大文字　　　　　　　　　　대문자

文献 ぶんけん

ᵠ 논문을 작성할 때는 참고 文献 을 표기해야 한다.

ᵠ 사서가 되기 위해 文献 정보학과에 지원했다.

명 문헌

さんこうぶんけん
参考文献　　　　　　　　　참고 문헌

下水 げすい

ᵠ 공장에서 배출한 오수가 下水 도를 통해 흘러간다.

ᵠ 下水 구에서 냄새가 올라오지 못하게 막는 장치.

명 하수, 수챗물

げすいどう
下水道　　　　　　　　　　하수도

物価 ぶっか

ᵠ 物価 가 올라서 서민들의 삶이 힘들다.

ᵠ 物価 는 점점 오르는데 임금은 오르지 않는다.

명 물가

ぶっかじょうしょう
物価上昇　　　　　　　　　물가 상승

包(み) つつみ

ᵠ 보자기를 풀고 안에 包(み) 해 두었던 것을 보여주었다.

ᵠ 받자마자 선물의 包(み) 를 풀어보았다.

명 싸는 것, 싼 물건

つつみをほどく
包みを解く　　　　　　　보따리를 풀다

博物館 はくぶつかん

ᵠ 국립중앙 博物館.

ᵠ 공룡의 뼈가 전시된 博物館.

명 박물관

はくぶつかんじっしゅう
博物館実習　　　　　　　박물관 실습

Q ———————————— **A** ———————————— DAY **18**

物理 ぶつり

^{Q.} 현대 物理 학에서 양자역학과 상대성 이론은 중요하다.

^{Q.} 物理 는 자연현상의 기본적인 법칙을 탐구하는 학문이다.

명 물리

ぶつりがく
物理学　　　　　　　　　物리학

米国 べいこく

^{Q.} 米国 와 소련의 냉전 시대.

^{Q.} 흰머리 독수리는 米国 의 국조이다.

명 미국

べいこくへわたる
米国へ渡る　　　　미국으로 건너가다

未来 みらい

^{Q.} 未来 에는 우주여행이 가능할지도 몰라.

^{Q.} 10년 후의 未来 를 생각한다.

명 미래

みらいとし
未来都市　　　　　　미래 도시

調味料 ちょうみりょう

^{Q.} 소금은 인류가 사용한 최초의 調味料 로 추측되고 있다.

^{Q.} 우리 식당은 화학 調味料 를 사용하지 않습니다.

명 조미료

てんねんちょうみりょう
天然調味料　　　　천연 조미료

美術 びじゅつ

^{Q.} 국립 현대 美術 관에서 다양한 작품 전시 행사가 열린다.

^{Q.} 주말에는 美術 학원에 가서 소묘를 배운다.

명 미술

びじゅつかん
美術館　　　　　　　미술관

迷子 まいご

^{Q.} 迷子 보호소에 맡겨진 아이.

^{Q.} 어릴 적 혼잡한 놀이공원에서 迷子 가 됐다.

명 미아

まいごをほごする
迷子を保護する　　　미아를 보호하다

美容 びよう

^{Q.} 피부 美容 에 좋은 음식을 소개해 드립니다.

^{Q.} 美容 실에서 머리를 깎고 염색까지 하기로 했다.

명 미용

びようしつ
美容室　　　　　　　　미용실

美人 びじん

^{Q.} 그녀는 보기 드문 美人 이다.

^{Q.} 첫눈에 반할 정도의 美人 이다.

명 미인

びじんこんてすと
美人コンテスト　　　미인 콘테스트

民間 みんかん

^{Q.} 그들은 군인과 民間 인을 가리지 않고 사살했다.

^{Q.} 民間 요법을 무턱대고 따라 하는 건 위험하다.

명 민간

みんかんだんたい
民間団体　　　　　　민간단체

Q

底 そこ

Q. 음료수를 엎질러서 대걸레로 底 를 닦았다.

Q. 물이 맑아 강의 底 까지 훤히 보인다.

岩 いわ

Q. 설악산의 흔들 岩 는 밀어도 떨어지지 않는다.

Q. 단단한 岩 를 폭파하여 터널을 만들었다.

車輪 しゃりん

Q. 車輪 네 개가 모두 움직이는 사륜구동.

Q. 자전거 車輪 에 바람을 넣어야겠어.

拍手 はくしゅ

Q. 여러분, 큰 拍手 로 맞이하여 주시기 바랍니다.

Q. 공연이 끝나자 기립 拍手 를 보내는 관객들.

反省 はんせい

Q. 같은 잘못을 반복하다니, 전혀 反省 의 기미가 안 보인다.

Q. 네가 뭘 잘못했는지 생각해보고 反省 문을 써내렴.

発見 はっけん

Q. 경찰이 숨어있던 범인을 発見 했다.

Q. 몰랐던 재능을 発見 하다.

発達 はったつ

Q. 의학의 発達 로 인간의 평균 수명이 많이 늘어났다.

Q. 자폐성 장애, 지적 장애 등을 発達 장애라고 부른다.

発売 はつばい

Q. 새 스마트폰의 정식 発売 날짜가 언제지?

Q. 결함으로 인해 신제품 発売 가 연기되었다.

発明 はつめい

Q. 発明 의 왕 에디슨.

Q. 컴퓨터는 인류 최고의 発明 중 하나입니다.

A

명 바닥

うみのそこ
海の底　　　　　　　바다의 밑바닥

명 바위

いわのしま
岩の島　　　　　　　바위 섬

명 바퀴

ぜんしゃりん
前車輪　　　　　　　앞바퀴

명 박수

はくしゅでむかえる
拍手で迎える　　　　박수로 맞이하다

명 반성

はんせいぶん
反省文　　　　　　　반성문

명 발견

じんるいのはっけん
人類の発見　　　　　인류의 발견

명 발달

はったつしょうがい
発達障害　　　　　　발달 장애

명 발매

はつばいよてい
発売予定　　　　　　발매 예정

명 발명

はつめいひん
発明品　　　　　　　발명품

発想 はっそう

Q. 태양이 우주의 중심이라는 発想 의 전환이 지동설이다.

Q. 전쟁도 무릅쓰겠다니, 위험한 発想 다.

명 발상

はっそうのてんかん
発想の転換　　　　　발상의 전환

発展 はってん

Q. 급속한 기술 発展 시대.

Q. 눈부신 경제 発展 으로 개발도상국에서 벗어났다.

명 발전

はってんかのうせい
発展可能性　　　　　발전 가능성

発電 はつでん

Q. 수력 発電 을 통한 전기 공급량.

Q. 원자력 発電 의 효용성과 위험성.

명 발전

はつでんき
発電機　　　　　　　발전기

発車 はっしゃ

Q. 発車 시간이 지났는데도 기차가 출발하지 않았다.

Q. 적어도 発車 30분 전에는 기차역에 도착해야 한다.

명 발차

はっしゃしんごう
発車信号　　　　　　발차 신호

発表 はっぴょう

Q. 개표 결과를 発表 하다.

Q. 식사 후 그들의 결혼식 発表 가 있었다.

명 발표

はっぴょうかい
発表会　　　　　　　발표회

夜中 よなか

Q. 모두가 잠든 夜中 도둑이 든 모양이었다.

Q. 夜中 에 라면을 먹었더니 아침에 얼굴이 부었다.

명 한밤중

まっくらなよなか
真っ暗な夜中　　　　캄캄한 밤중

文房具 ぶんぼうぐ

Q. 동네 文房具 에서 연필과 노트를 샀어요.

Q. 마트 文房具 코너에서 색연필 세트를 샀다.

명 문방구

ぶんぼうぐうりば
文房具売場　　　　　문방구 판매장

方面 ほうめん

Q. 마을에서 서울 方面 으로 가는 버스 노선이 신설되었다.

Q. 다 方面 에 걸친 지식을 뽐내며 퀴즈대회에 우승했다.

명 방면

しんじゅくえきほうめん
新宿駅方面　　　　　신주쿠역 방면

方法 ほうほう

Q. 달리 설명할 方法 가 없다.

Q. 설명서를 보고 사용 方法 를 확인했다.

명 방법

つくるほうほう
作る方法　　　　　　만드는 방법

Q

消防署 しょうぼうしょ
- 消防署 에는 불이 나면 출동하는 소방관이 있어요.
- 消防署 에 화재 신고를 했다.

水滴 すいてき
- 나뭇잎 끝에 작은 水滴 가 맺혀있다.
- 갑자기 비가 내려 안경에 水滴 가 맺혔다.

畑¹ はたけ
- 오늘은 고추 심은 畑 에 거름을 주어야 한다.
- 농부가 畑 에서 일하고 있다.

畑² はたけ
- 그는 문과이고 나는 이과이므로 서로 畑 가 다르다.
- 여기부터는 마케팅의 畑 니까 홍보부서에 맡기자.

配達 はいたつ
- 짜장면을 시켜 놓고 配達 가 오기를 기다리는 중이다.
- 음식 주문 후 10분 안에 찾아가는 신속 配達 서비스.

女優 じょゆう
- 할머니 연기는 역시 저 女優 가 최고야.
- 소름 끼치는 처녀 귀신 역을 완벽히 소화한 女優.

見送り みおくり
- 떠나보내기 전에 見送り 파티를 열었다.
- 이민 가는 친구를 공항까지 가서 見送り 하고 왔다.

翻訳 ほんやく
- 외국어 문장에 翻訳 기를 썼더니 무슨 말인지 모르겠어.
- 원서와 翻訳 서를 비교해 보며 읽는다.

範囲 はんい
- 시험 範囲 에 있는 페이지를 통째로 외우듯이 공부했다.
- 시험 출제 範囲 가 넓어서 공부하기 힘들었어.

A

명 소방서

しょうぼうしょけんがく
消防署見学　　　　　　소방서 견학

명 물방울

すいてきがつく
水滴がつく　　　　　　물방울이 묻다

명 밭

はたけしごと
畑仕事　　　　　　밭일

명 영역, 전문 분야

はたけがちがう
畑が違う　　　　　　영역이 다르다

명 배달

じんそくはいたつ
迅速配達　　　　　　신속 배달

명 여배우

しゅえんじょゆう
主演女優　　　　　　주연 여배우

명 송별, 배웅

みおくりにいく
見送りに行く　　　　　　배웅하러 가다

명 번역

えいごのほんやく
英語の翻訳　　　　　　영어 번역

명 범위

しけんはんい
試験範囲　　　　　　시험 범위

犯人 はんにん

Q. 경찰이 마침내 犯人 을 잡았다.

Q. 협박 소동을 일으킨 犯人 을 현장에서 체포했다.

📋 범인

はんにんぞう
犯人像   범인상

法則 ほうそく

Q. 떨어지는 사과를 보고 만유인력의 法則 를 발견한 뉴턴.

Q. 일이 자꾸만 꼬일 때 머피의 法則 라는 말을 쓴다.

📋 법칙

ほうそくせい
法則性   법칙성

変更 へんこう

Q. 계약 조건을 変更 해서 계약서를 다시 썼다.

Q. 이사를 해서 주소가 変更 되었다.

📋 변경

じゅうしょへんこう
住所変更   주소 변경

変化 へんか

Q. 기후 変化 로 인해 한국도 열대과일 재배지가 되고 있다.

Q. 카멜레온은 주변 환경에 따라 색이 変化 한다.

📋 변화

きこうのへんか
気候の変化   기후 변화

並行 へいこう

Q. 일하면서 공부를 並行 하는 것은 힘들다.

Q. 운동과 식이요법을 並行 해서 살을 뺐다.

📋 병행

ふたつをへいこうする
二つを並行する   두 가지를 병행하다

報告 ほうこく

Q. 경과를 즉각 報告 해라.

Q. 경비병은 장군에게 적군이 가까이 왔다고 報告 했다.

📋 보고

ほうこくしょ
報告書   보고서

宝 たから

Q. 그 유물은 우리나라의 宝 입니다.

Q. 어릴 적에 소풍 가서 宝 찾기를 하고 놀았던 기억이 난다.

📋 보물

くにのたから
国の宝   국가의 보물

宝石 ほうせき

Q. 宝石 중에서도 대표적인 것이 바로 다이아몬드다.

Q. 宝石 를 박은 반지를 네 손가락에 끼고 있는 귀족.

📋 보석

ほうせきばこ
宝石箱   보석함

保存 ほぞん

Q. 멸종 위기종을 保存 해야 한다.

Q. 오랜 세월에도 문화재의 保存 상태가 매우 좋다.

📋 보존

えいきゅうほぞん
永久保存   영구 보존

Q

本部 ほんぶ

Q. 재난안전대책 本部 가 설치되어 재난 상황을 관리했다.

Q. 질병 관리 本部 가 감염병 예방수칙 준수를 당부했다.

本人 ほんにん

Q. 홍길동 씨, 本人 맞으시죠?

Q. 대리인 말고 本人 이 직접 서명해야 합니다.

電柱 でんちゅう

Q. 참새가 電柱 에 연결된 전깃줄에 앉아 있다.

Q. 크레인이 電柱 와 충돌해 일대에 정전이 일어났다.

夫妻 ふさい

Q. 초대를 받아 선생님 夫妻 와 함께 식사했다.

Q. 아내와 취미가 같아 夫妻 동반으로 동호회에 참석했다.

負んぶ おんぶ

Q. 포대기로 아기를 負んぶ 해서 밖에 나갔다.

Q. 아이는 다리가 아픈지 負んぶ 를 해달라고 졸랐다.

夫婦 ふうふ

Q. 잉꼬 夫婦 로 유명했던 두 연예인이 파경을 맞았다.

Q. 결혼 2년 차의 다정해 보이는 夫婦.

部分 ぶぶん

Q. 다른 데는 됐고 앞니만 部分 적으로 교정하고 싶어요.

Q. 월급의 일 部分 을 저금한다.

焼き やき

Q. 소고기를 사서 불에 焼き 를 해서 먹었다.

Q. 일본 음식 중에서 오코노미 焼き 는 많이 알려져 있다.

願(い) ねがい

Q. 정말 미안한데 내 願(い) 하나만 들어줄 수 없을까?

Q. 별똥별을 보며 願(い) 를 빌었다.

A

명 본부

たいさくほんぶ
対策本部 　　　　　대책 본부

명 본인

ほんにんしだい
本人次第 　　　　　본인 하기 나름

명 전신주, 전봇대

でんちゅうにげきとつする
電柱に激突する 　　전신주에 격돌하다

명 부부[부처], 내외

ふさいどうはん
夫妻同伴 　　　　　부부 동반

명 어부바

あかんぼうをおんぶする
赤ん坊を負んぶする 　아기를 업다

명 부부

ふうふげんか
夫婦喧嘩 　　　　　부부 싸움

명 부분

いちぶぶん
一部分 　　　　　　일부분

명 구이, 부침

おこのみやき
お好み焼き 　　　　오코노미야키

명 소원, 부탁

いっしょうのおねがい
一生のお願い 　　　평생의 소원

部品 ぶひん

^{Q.} 고장이 났지만 部品 을 교체해서 계속 사용하고 있다.

^{Q.} 자동차에 들어가는 部品 을 생산하는 공장입니다.

명 부품

きかいのぶひん
機械の部品　　　　　　　기계 부품

部下 ぶか

^{Q.} 部下 직원에게 서류 정리를 지시했다.

^{Q.} 部下 직원들로부터 존경받는 상사.

명 부하

ちゅうじつなぶか
忠実な部下　　　　　　　충실한 부하

怒り いかり

^{Q.} 그의 배신을 생각하면 怒り 가 치밀었다.

^{Q.} 怒り 를 이기지 못하고 길길이 날뛰었다.

명 분노

はげしいいかり
激しい怒り　　　　　　　격한 분노

火 ひ

^{Q.} 건물에 火 가 나서 연기에 휩싸였다.

^{Q.} 고기를 火 에 구워 먹자.

명 불

ひのうみ
火の海　　　　　　　　　불바다

花火 はなび

^{Q.} 폭음과 함께 화려한 花火 축제가 시작되었다.

^{Q.} 작은 폭죽으로 해변에서 花火 놀이를 했다.

명 불꽃

はなびをうちあげる
花火を打ち上げる　　불꽃을 쏘아 올리다

文句 もんく

^{Q.} 그는 술에 취해 상사에 대한 文句 를 늘어놓았다.

^{Q.} 文句 하지 마! 투덜댄다고 다 들어줄 수는 없어.

명 불평

もんくなし
文句無し　　　　　　　불평 없음 (만족)

好き嫌い すききらい

^{Q.} 이 음식은 사람마다 好き嫌い 가 갈렸다.

^{Q.} 민트 맛은 好き嫌い 가 심하게 갈린다.

명 호불호

すききらいがはげしい
好き嫌いが激しい　　호불호가 심하다

筆 ふで

^{Q.} 그림을 그릴 때는 筆 가 크기 별로 여러 개 필요해요.

^{Q.} 서예를 배워서 筆 로 글을 쓰는 게 능숙하다.

명 붓

ふでばこ
筆箱　　　　　　　　　　필통

費用 ひよう

^{Q.} 많은 費用 를 들여 건물을 증축했다.

^{Q.} 여행 費用 는 각자가 부담한다.

명 비용

ひようをはぶく
費用を省く　　　　　　비용을 줄이다

Q

卑下 ひげ

Q. 외모 卑下 발언으로 구설수에 오른 연예인.

Q. 자기 자신을 무능하다고 卑下 하다.

空² から

Q. 명절에는 空 인 집을 터는 도둑을 조심하자.

Q. 이건 아무것도 들어있지 않은 空 인 상자이다.

早口 はやくち

Q. 저 교수님은 필기가 못 따라갈 만큼 早口 로 말씀하셔.

Q. 아나운서답게 早口 로 말하면서도 발음이 정확하다.

事件 じけん

Q. 끝내 해결되지 못하고 미제 事件 으로 남았다.

Q. 끔찍한 살인 事件 이 사람들을 공포에 몰아넣었다.

出来事 できごと

Q. 순간적으로 일어난 出来事 라서 대처할 수가 없었다.

Q. 그가 여행지에서 다친 것은 뜻밖의 出来事 였다.

者 もの

Q. 인명 사고가 일어난 뒤 책임 者 들은 실형을 선고받았다.

Q. 하늘은 스스로 돕는 者 를 돕는다.

愛 あい

Q. 자식에 대한 부모님의 무한한 愛.

Q. 그 사람은 상대가 부유하다면 愛 없이도 결혼할 수 있대.

私立 しりつ

Q. 私立 대학교는 국립대학교보다 학비가 비싼 편이다.

Q. 私立 유치원은 개인이 세우고 운영하는 시설이다.

死亡 しぼう

Q. 갑작스러운 화재로 일가족이 死亡 했다.

Q. 그녀의 死亡 후 전 재산이 사회에 환원되었다.

A

명 비하

じこひげ
自己卑下　　　자기 비하

명 빔, 하늘

からのはこ
空の箱　　　빈 상자

명 말이 빠름

はやくちことば
早口言葉　　　빠른 말

명 사건

さつじんじけん
殺人事件　　　살인 사건

명 일어난 일, 사건, 사고

とつぜんのできごと
突然の出来事　　　갑자기 일어난 일

명 자, ~인 사람

せきにんしゃ
責任者　　　책임자

명 사랑

あいじょうひょうげん
愛情表現　　　애정 표현

명 사립

しりつようちえん
私立幼稚園　　　사립 유치원

명 사망

しぼうしゃ
死亡者　　　사망자

事務 じむ

ᵠ 컴퓨터 다룰 줄 아는 事務 보조 구합니다.

ᵠ 事務 실은 일을 하는 공간으로 오피스라고도 부른다.

명 사무

じむしつ
事務室　　　　사무실

史上 しじょう

ᵠ 2002년 월드컵 4강 진출은 史上 처음 있는 쾌거였다.

ᵠ 영업이익 60조라는 史上 최대의 기록을 달성했다.

명 사상, 역사상

しじょうさいこう
史上最高　　　　사상 최고

社説 しゃせつ

ᵠ 신문, 잡지에서 주장이나 의견을 실은 社説 기사.

ᵠ 신문에 社説 를 정기적으로 기고하는 교수.

명 사설

しんぶんのしゃせつ
新聞の社説　　　　신문의 사설

少少 しょうしょう

ᵠ 마무리로 소금과 후추를 少少 넣어주세요.

ᵠ 少少 기다려 주십시오. 금방 식사를 준비하겠습니다.

명 조금, 소소, 사소

しょうしょうのしお
少少の塩　　　　약간의 소금

＊ 오도리지 少々

社屋 しゃおく

ᵠ 우리 회사는 내년에 새로운 社屋 로 이전하기로 했다.

ᵠ 회사 규모가 커지면서 새 社屋 를 짓기로 했다.

명 사옥

しんしゃおく
新社屋　　　　신사옥

知(り)合い しりあい

ᵠ 친구가 아니라 전에 우연히 알게 된 知(り)合い 야.

ᵠ 저 사람이 아까부터 널 찾던데, 知(り)合い 야?

명 아는 사이

むかしからのしりあい
昔からの知り合い　　예전부터 아는 사이

仲 なか

ᵠ 저 두 사람은 仲 가 좋아서 항상 붙어 다닌다.

ᵠ 남녀 仲 에 친구가 어디 있니.

명 사이

なかなおり
仲直り　　　　화해

事情 じじょう

ᵠ 개인적인 事情 로 오늘 모임은 불참합니다.

ᵠ 현지 事情 에 밝은 베테랑 가이드를 찾고 있다.

명 사정

よぎないじじょう
余儀ない事情　　부득이한 사정

詫び わび

ᵠ 잘못을 저지르고 詫び 의 한마디조차 없다니.

ᵠ 이 자리를 빌려 제 잘못을 詫び 드리고자 합니다.

명 사죄

おわびをいう
お詫びを言う　　사과의 말을 하다

司会 しかい

ᵠ 토론회에서 司会 를 맡아 중재를 했다.

ᵠ 주례 없이 司会 자가 진행하는 결혼식.

명 사회

しかいしゃ
司会者　　　　　　　　　사회자

住(ま)い すまい

ᵠ 재난민들에게 임시 住(ま)い 를 제공하다.

ᵠ 외로운 독신 住(ま)い.

명 주거, 살이

ひとりずまい
一人住まい　　　　　　　독신 생활

茹で ゆで

ᵠ 떡볶이에 茹で 한 달걀을 넣어 먹었다.

ᵠ 돼지고기 수육을 茹で 해서 김치와 함께 먹었다.

명 삶음

ゆでたまご
茹で卵　　　　　　　　　삶은 달걀

上司 じょうし

ᵠ 上司 의 지시에 따라 일했다.

ᵠ 중요한 건이므로 上司 에게 의견을 구하기로 했다.

명 상관

じょうしのめいれい
上司の命令　　　　　　　상사의 명령

係(り)¹ かかり

ᵠ 저는 범인과는 아무 係(り) 도 없는 사람입니다!

ᵠ 너는 이 일이랑은 係(り) 가 없잖아. 끼어들지 마!

명 관계, 상관

なんのかかりもない
なんの係りもない　　아무 관계도 없다

係(り)² かかり

ᵠ 쇼핑몰의 안내 係(り) 에게 매장 안내를 부탁했다.

ᵠ 누가 화장실 청소 係(り) 를 할지 정하자.

명 담당, 계

しょるいかかり
書類係　　　　　　　　　서류 담당

上級 じょうきゅう

ᵠ 초등학교 上級 생이 대상이라서 문제 수준을 약간 높였다.

ᵠ 上級 관리자의 직접적인 지시.

명 상급

じょうきゅうせい
上級生　　　　　　　　　상급생

相手 あいて

ᵠ 유도 시합에서 相手 를 가볍게 제압했다.

ᵠ 선거에서 相手 후보를 제치고 당선되었다.

명 상대

はなしあいて
話し相手　　　　　　　이야기 상대

想像 そうぞう

ᵠ 용은 想像 속의 동물이다.

ᵠ 이 영화가 이렇게 재미있을 줄은 想像 도 하지 못했다.

명 상상

ゆたかなそうぞうりょく
豊かな想像力　　　　　풍부한 상상력

相続 そうぞく

Q. 막대한 유산을 相続 받았다.

Q. 부친이 돌아가신 뒤 형제들이 유산 相続 문제로 다퉜다.

🔲 상속

そうぞくざいさん
相続財産　　　　　　　상속 재산

上旬 じょうじゅん

Q. 이달 上旬, 중순, 하순의 상세 계획표를 짰다.

Q. 한 달 가운데 1일부터 10일까지를 上旬 이라고 부른다.

🔲 상순

いちがつじょうじゅん
1月上旬　　　　　　　1월 상순

常識 じょうしき

Q. 몰 常識 한 발언을 한 정치인에 대한 성토가 이어졌다.

Q. 그의 常識 를 벗어난 행동에 모두 놀랐다.

🔲 상식

じょうしきはずれ
常識外れ　　　　　　상식을 벗어남

商人 しょうにん

Q. 시장 안은 호객하는 商人 과 손님들로 북적였다.

Q. 너 베니스의 商人 이라는 책 읽어봤니?

🔲 상인

ねからのしょうにん
根からの商人　　　　타고난 장사꾼

傷 きず

Q. 그 傷 에서 피가 뿜어져 나왔다.

Q. 傷 부위를 소독하고 붕대를 감았다.

🔲 상처

きずぐち
傷口　　　　　　　　상처 입은 자리

調子 ちょうし

Q. 지금 감기에 걸려서 몸 調子 가 좋지 않아.

Q. 기계의 調子 가 좋지 않아서 점검을 받아보기로 했다.

🔲 상태

ちょうしがわるい
調子が悪い　　　　　상태가 안 좋다

賞品 しょうひん

Q. 설문에 참여하시고 푸짐한 賞品 을 받아 가세요.

Q. 1등에게는 賞品 으로 자전거를 준대!

🔲 (상으로 주는) 상품

しょうひんをとる
賞品を取る　　　　　상품을 받다

商品 しょうひん

Q. 판매하는 商品 이니 만지지 말고 눈으로만 봐주세요.

Q. 결함이 있는 商品 은 교환해 드립니다.

🔲 (판매하는) 상품

しょうひんけん
商品券　　　　　　　상품권

上下 じょうげ

Q. 지위의 上下 관계를 이용한 갑질 행위.

Q. 시소에 타면 양쪽이 번갈아 가며 上下 로 움직인다.

🔲 상하

じょうげかんけい
上下関係　　　　　　상하 관계

Q

夜明け よあけ
Q. 夜明け 에 일어나 첫차를 타고 서울로 향했다.
Q. 夜明け 가 될 때까지 밤을 새워 게임을 했다.

考え かんがえ
Q. 좋은 考え 가 떠올랐어. 이렇게 해보는 건 어떨까?
Q. 창의력이 높아서 기발한 考え 를 잘하는 아이.

生(ま)れ うまれ
Q. 생명의 生(ま)れ 와 죽음.
Q. 그는 평민 生(ま)れ 로 로마 장군까지 올랐다.

暮(ら)し くらし
Q. 가난한 暮(ら)し 에도 불구하고 행복했던 시절.
Q. 사회에 기부하면서 평생 검소한 暮(ら)し 를 한 사람.

書類 しょるい
Q. 書類 전형에 합격해서 면접을 앞두고 있다.
Q. 대표님께 결재를 받아야 하는 書類.

書店 しょてん
Q. 書店 의 베스트셀러 코너에서 책을 하나 골랐다.
Q. 혼자서 공부하기 위해 書店 에서 참고서를 샀다.

夕日 ゆうひ
Q. 夕日 가 지는 하늘.
Q. 夕日 에 물든 하늘을 바라보는 연인들.

石油 せきゆ
Q. 사우디 아라비아는 石油 가 풍족한 나라다.
Q. 石油 는 휘발유, 경유 등으로 다양하게 정제하여 쓰인다.

選挙 せんきょ
Q. 반장 選挙 결과를 발표하겠습니다.
Q. 대통령 選挙 에 출마하다.

A

명 새벽
よあけまえ
夜明け前　　　　　　　동트기 전

명 생각
よいかんがえ
良い考え　　　　　　　좋은 생각

명 탄생, 출신, 출생지
そうるうまれ
ソウル生まれ　　　　　서울 태생

명 살림, 생활
びんぼうぐらし
貧乏暮らし　　　　　　가난한 살림

명 서류
しょるいせんこう
書類選考　　　　　　　서류 전형

명 문어제 서점
しょてんやとしょかん
書店や図書館　　　　서점이나 도서관

명 석양
ゆうひがしずむ
夕日が沈む　　　　　석양이 지다

명 석유
せきゆのせいせい
石油の精製　　　　　석유 정제

명 선거
せんきょけん
選挙権　　　　　　　선거권

線路 せんろ

ᵠ 線路 위를 달리는 기차.

ᵠ 線路 를 따라 걷다 보니 폐역된 간이역이 보였다.

명 선로

せんろのうえをはしる
線路の上を走る　　　선로 위를 달리다

御土産 おみやげ

ᵠ 여행을 추억하려고 御土産 를 하나 샀다.

ᵠ 御土産 가게는 관광객들로 붐볐다.

명 기념품, 선물

おみやげをいただく
御土産を頂く　　　선물을 받다

宣伝 せんでん

ᵠ 신문에 광고를 내서 신제품을 宣伝 했다.

ᵠ 신제품을 대대적으로 宣伝 했지만, 판매량은 형편없었다.

명 선전

せんでんこうこくひ
宣伝広告費　　　선전 광고비

選択 せんたく

ᵠ 세트 메뉴는 원하시는 음료를 選択 하실 수 있습니다.

ᵠ 콜라와 사이다 중 뭐 마실지 選択 하렴.

명 선택

せんたくけん
選択権　　　선택권

油 あぶら

ᵠ 올리브 油 로 만든 비누라서 제법 비싸.

ᵠ 요리할 때 아보카도 油 를 써봤는데 차이점을 모르겠어.

명 (식물성) 기름

あぶらをしぼる
油を絞る　　　기름을 짜다

鬨 とき

ᵠ 병사들은 사기를 올리기 위해 일제히 鬨 를 질렀다.

ᵠ 사람들은 승리를 축하하며 기쁨의 鬨 를 질렀다.

명 함성

ときのこえ
鬨の声　　　고함

★ 사기의 고무나 전투 개시의 신호로 부르짖던 함성을 뜻함

性格 せいかく

ᵠ 그는 난폭한 性格 라 주변에서 함부로 건드리지 않는다.

ᵠ 그는 활달한 性格 라 공부보다는 운동을 좋아했다.

명 성격

おとなしいせいかく
大人しい性格　　　온순한 성격

成功 せいこう

ᵠ 사업에서 成功 해 백만장자가 되었다.

ᵠ 다이어트에 成功 해 몸매가 날씬해졌다.

명 성공

せいこうをおさめる
成功を収める　　　성공을 거두다

氏名 しめい

ᵠ 죄송하지만 환자분의 氏名 가 명단에 없습니다.

ᵠ 시험지에 자기 氏名 도 안 쓴 사람 누구니?

명 성명

しめいとところばんち
氏名と所番地　　　성명과 주소 (지명과 번지)

Q ——————————————— **A** ———————————————

成人 せいじん

- 나는 成人 이 되자마자 집을 나와 혼자 살았다.
- 만 19세 이상의 成人 들만 참여할 수 있습니다.

명 성인

せいじんしき
成人式　　　　　　성인식

成長 せいちょう

- 불황으로 인해 경제 成長 률이 낮아졌다.
- 잠을 잘 때 成長 호르몬이 분비된다고 한다.

명 성장

せいちょうをみまもる
成長を見守る　　성장을 지켜보다

成績 せいせき

- 시험에서 좋은 成績 를 거두었다.
- 공부를 별로 안 했더니 시험 成績 가 영 좋지 않았다.

명 성적

せいせきひょう
成績表　　　　　성적표

性質 せいしつ

- 타고난 性質 가 그런 걸 어쩌겠어. 네가 이해하렴.
- 끈기 있는 性質 이어서 쉽게 포기하지 않는다.

명 성질

いっとなせいしつ
一途な性質　　한결같은 성질

癖 くせ

- 그는 단 것을 싫어하는 癖 가 있다.
- 그는 초조해지면 손톱을 물어뜯는 癖 가 있다.

명 버릇, 경향, 성질

わるいくせ
悪い癖　　　　　나쁜 버릇

税 ぜい

- 내가 받는 월급 액수에 따라서 정부에 소득 税 를 내야 해.
- 자녀한테 재산을 물려줄 때는 정부에 증여 税 를 내야 해.

명 세, 세금

ぜいこみ
税込み　　　　　세금 포함

税金 ぜいきん

- 나라에 税金 을 납부하는 것은 국민의 의무입니다.
- 저는 税金 을 꼬박꼬박 내는 납세자입니다.

명 세금

ぜいきんをはらう
税金を払う　　　세금을 내다

世の中 よのなか

- 또 테러 소식이라니! 뒤숭숭한 世の中 야.
- 世の中 물정을 모르는 청년이구먼.

명 세상

よのなかをさわがす
世の中を騒がす　세상을 시끄럽게 하다

年月¹ ねんげつ

- 피해자들은 긴 年月 동안 악몽 같은 시간을 보냈다.
- 年月 가 흘러도 변치 않는 가치가 있다.

명 세월

ねんげつのながれ
年月の流れ　　　세월의 흐름

洗剤 せんざい

Q. 세탁할 때 친환경 洗剤 로 주목받는 베이킹소다를 쓴다.

Q. 기름때 세척 효과가 뛰어난 洗剤.

명 세제

ちゅうせいせんざい
中性洗剤　　　　　중성 세제

牛 うし

Q. 牛 잃고 외양간 고친다.

Q. 옛날에는 牛 에 쟁기를 달아 논과 밭을 갈았다.

명 소

うしのちち
牛の乳　　　　　소의 젖

少女 しょうじょ

Q. 2007년 데뷔한 장수 걸그룹 少女 시대.

Q. 어릴 때 본 성냥팔이 少女 라는 동화가 너무 슬펐다.

명 소녀

ししゅんきのしょうじょ
思春期の少女　　　사춘기 소녀

少年 しょうねん

Q. 죄를 저질렀지만, 아직 어려서 少年 원으로 송치되었다.

Q. 청 少年 들의 가장 큰 고민은 앞으로의 진로다.

명 소년

しょうねんまんが
少年漫画　　　　소년 만화

青少年 せいしょうねん

Q. 青少年 범죄자를 소년원에 보낸다.

Q. 青少年 에게 술을 판매했다가 영업정지를 당했다.

명 청소년

せいしょうねんきょういく
青少年教育　　　청소년 교육

騒ぎ さわぎ

Q. 한밤중에 騒ぎ 를 피우는 취객들 때문에 경찰을 불렀다.

Q. 별것도 아닌데 騒ぎ 를 피우지 마라.

명 소동, 소란

なんのさわぎ
何の騒ぎ　　　　무슨 소동

袖 そで

Q. 형의 옷은 나한테는 커서 袖 가 손등을 덮는다.

Q. 그는 친구 일이라면 袖 를 걷어붙이고 나서는 사람이었다.

명 소매

しゃつのそで
シャツの袖　　　셔츠의 소매

噂 うわさ

Q. 안 좋은 噂 가 도는 사람이라 친하게 지내기가 꺼려진다.

Q. 저 가게 음식이 맛있다고 噂 가 자자하더라!

명 소문

うわさのぬし
噂の主　　　　소문의 주인공

消防 しょうぼう

Q. 119에 전화하자 곧 消防 차와 구급차가 도착했다.

Q. 화재에 대비해 消防 시설을 갖추었다.

명 소방

しょうぼうしゃ
消防車　　　　소방차

Q ———————————— A ————————————

消費 しょうひ

어릴 때부터 알뜰한 消費 습관을 길러야 한다.

경기침체에도 알코올 消費 는 오히려 늘었다.

명 소비

しょうひせいこう
消費性向 　　　　소비 성향

知らせ しらせ

전 직원을 대상으로 知らせ 메일을 발송했습니다.

전쟁터에 나가 있던 아들의 사망 知らせ 를 들었다.

명 알림, 소식

しらせをきく
知らせを聞く 　　　　소식을 듣다

騒音 そうおん

공사장의 騒音 이 너무 시끄럽다.

어디선가 덜거덕거리는 騒音 이 난다.

명 소음

そうおんひがい
騒音被害 　　　　소음 피해

小包 こづつみ

내 앞으로 배달된 小包.

해외의 친구에게 小包 로 선물을 보냈다.

명 소포

こづつみをだす
小包を出す 　　　　소포를 부치다

遠足 えんそく

김밥이랑 돗자리를 챙겨서 遠足 를 갔다.

놀이공원에 遠足 를 가려고 했더니 비가 내렸다.

명 소풍

えんそくのひ
遠足の日 　　　　소풍날

消化 しょうか

음식을 잘 씹으면 消化 에도 도움이 된다.

消化 가 힘들 때는 유동식인 죽을 추천한다.

명 소화

しょうかふりょう
消化不良 　　　　소화 불량

速度 そくど

일정한 速度 를 유지하며 차를 몰았다.

버스 速度 가 너무 빨라서 사고 날까 봐 무섭다.

명 속도

そくどせいげん
速度制限 　　　　속도 제한

歩度 ほど

급한 마음에 歩度 가 점점 빨라져 거의 뛰듯이 걸었다.

아이는 다리가 짧으니 歩度 를 맞추며 걸어야 해.

명 걸음걸이의 속도

ほどをはやめる
歩度を速める 　　　　걸음을 빨리하다

送金 そうきん

계좌이체로 送金 이 가능합니다.

送金 확인 후 물건을 보내드리겠습니다.

명 송금

そうきんがく
送金額 　　　　송금액

送信 そうしん

Q. 거래처에 메일을 送信 했으니 확인하면 연락이 오겠지.

Q. 送信 주파수는 대역이 높고 수신 주파수는 대역이 낮다.

图 송신

そうしんき
送信機   송신기

回数券 かいすうけん

Q. 예전에는 토큰이나 回数券 을 내고 버스를 탔다.

Q. 96년 버스 카드제 시행 이후 回数券 은 사용되지 않는다.

图 회수권

かいすうけんはんばい
回数券販売   회수권 판매

手段 しゅだん

Q. 그와 연락할 手段 이 없을까요?

Q. 그곳으로 갈 교통 手段 이 없었다.

图 수단

つうしんしゅだん
通信手段   통신 수단

修理 しゅうり

Q. 고장 난 자동차를 카센터에서 修理 했다.

Q. 에어컨이 고장 나서 修理 하기 전까지 선풍기로 버텼어.

图 수리

しゅうりだい
修理代   수리비

睡眠 すいみん

Q. 요즘 불면증에 걸려서 睡眠 시간이 모자라요.

Q. 녹초가 되어 기절하듯이 睡眠 에 빠졌다.

图 수면

すいみんぶそく
睡眠不足   수면 부족

寿命 じゅみょう

Q. 전구의 寿命 가 다해서 불이 켜지지 않는다.

Q. 의학의 발달로 평균 寿命 가 증가했다.

图 수명

じゅみょうえんちょう
寿命延長   수명 연장

手術 しゅじゅつ

Q. 안경을 쓰고 싶지 않아서 라식 手術 를 받기로 했다.

Q. 맹장염으로 실려 가서 手術 를 받았다.

图 수술

しゅじゅつしつ
手術室   수술실

海水浴 かいすいよく

Q. 친구들과 바닷가로 海水浴 를 하러 갔다.

Q. 여름휴가로 바닷가에 가서 신나게 海水浴 를 즐겼다.

图 해수욕

かいすいよくじょう
海水浴場   해수욕장

収入 しゅうにゅう

Q. 공무원이어서 매달 収入 가 안정적이다.

Q. 부업으로 모자란 収入 를 보충하다.

图 수입

しゅうにゅうきんがく
収入金額   수입 금액

受験 じゅけん

Q. 고등학교 3학년이라 受験 공부에 바쁘다.

Q. 공부하느라 지친 受験 생들을 위한 보양식.

명 수험

じゅけんばんごう
受験番号　　　　　　　　수험번호

宿泊 しゅくはく

Q. 집을 나온 친구에게 하룻밤 宿泊 를 제공했다.

Q. 지나가던 나그네가 하룻밤 宿泊 를 청했다.

명 숙박

しゅくはくりょう
宿泊料　　　　　　　　숙박료

順番 じゅんばん

Q. 번호표를 뽑고 한참 기다렸더니 드디어 내 順番 이 됐어.

Q. 새치기하지 말고 順番 이 오기를 기다려 주세요.

명 순번

じゅんばんまち
順番待ち　　　　　　　순번 대기

技術者 ぎじゅつしゃ

Q. 미국에서는 技術者 를 엔지니어, 테크니션 등으로 부른다.

Q. 장비를 고치기 위해 技術者 를 불렀다.

명 기술자

ぎじゅつしゃのようせい
技術者の養成　　　　　기술자 양성

猿 さる

Q. 猿 도 나무에서 떨어진다.

Q. 猿 엉덩이는 빨개.

명 원숭이

やせいのさる
野生の猿　　　　　　　야생 원숭이

清掃 せいそう

Q. 날을 잡아서 창고 清掃 좀 해야겠다.

Q. 이사하기 전에 전문 업체를 불러 깨끗하게 清掃 를 했다.

명 청소

せいそうさぎょう
清掃作業　　　　　　　청소 작업

★ 일반적인 청소인 掃除 보다 더 꼼꼼한 청소를 뜻함

口紅 くちべに

Q. 밥을 먹고 나니 입에 바른 口紅 가 다 지워졌다.

Q. 컵에 자국이 묻어나지 않는 장점을 내세운 口紅 광고.

명 립스틱

くちべにのいろ
口紅の色　　　　　　　립스틱 색깔

湿気 しっけ

Q. 장마철의 湿気 때문에 벽에 곰팡이가 피었다.

Q. 湿気 가 심한 여름철에는 옷장에 제습제를 두어야 한다.

명 습기

つゆどきのしっけ
梅雨時の湿気　　　　　장마철의 습기

湿度 しつど

Q. 장마철에는 湿度 가 높아서 눅눅하다.

Q. 실내 湿度 가 너무 낮아서 가습기를 틀었다.

명 습도

しつどがたかい
湿度が高い　　　　　　습도가 높다

乗客 じょうきゃく

Q. 乗客 들을 태운 열차가 떠난다.

Q. 항공기에 乗客 들이 탑승하고 있다.

명 승객

じょうきゃくすう
乗客数 　　　　　　　승객수

勝ち かち

Q. 1:0으로 밀리다가 연달아 두 골을 넣어 역전 勝ち 했다.

Q. 우리 팀이 2:1로 간신히 勝ち 했다.

명 이김, 승리

かちまけ
勝ち負け 　　　　　　　승패

乗車 じょうしゃ

Q. 무임 乗車 가 적발되면 운임의 최대 30배 벌금을 문다.

Q. 지하철 乗車 권을 분실해서 역 창구에서 재발급했다.

명 승차

むちんじょうしゃ
無賃乗車 　　　　　　　무임승차

詩 し

Q. 시인께서 직접 詩 를 낭송할 예정입니다.

Q. 詩 를 쓰는 시인.

명 시

しじん
詩人 　　　　　　　시인

首都 しゅと

Q. 우리나라의 首都 는 서울이다.

Q. 카이로는 이집트의 首都 다.

명 수도

かんこくのしゅと
韓国の首都 　　　　　　　한국의 수도

★ 중앙 정부가 있는 도시를 뜻함

時刻 じこく

Q. 우리 병원의 진료 時刻 는 오후 5시까지입니다.

Q. 차가 막혀서 약속 時刻 에 늦었다.

명 시각, 때, 시간

げこうじこく
下校時刻 　　　　　　　하교 시각

時速 じそく

Q. 時速 40km 정도로 서행하고 있었어요.

Q. 時速 100km로 달리는 치타.

명 시속

じそくひゃっきろ
時速百キロ 　　　　　　　시속 100km

詩人 しじん

Q. 새로운 시집을 출간한 詩人.

Q. 윤동주 詩人 의 유고시집 하늘과 바람과 별과 시.

명 시인

ぎんゆうしじん
吟遊詩人 　　　　　　　음유 시인

式 しき

Q. 결혼 式 를 올리고 부부가 되었어요.

Q. 그 식당은 개업 式 를 크게 치렀다.

명 식

けっこんしき
結婚式 　　　　　　　결혼식

食器 しょっき

Q. 식사 후 食器 는 퇴식구에 반납하세요.

Q. 食器 세척기를 샀더니 설거지가 훨씬 편해졌다.

명 식기

しょっきあらい
食器洗い   설거지

植物 しょくぶつ

Q. 요즘 공기 정화 植物 를 키우느라 화분에도 관심이 많다.

Q. 교통사고로 크게 다쳐 植物 인간 상태가 되고 말았다.

명 식물

しょくぶつえん
植物園   식물원

飯 めし

Q. 학교에 늦더라도 아침 飯 는 꼭 먹고 나옵니다.

Q. 혼자 사니까 세끼 飯 를 챙겨 먹기 귀찮다.

명 밥, 식사

ひるめし
昼飯   점심밥

昼食 ちゅうしょく

Q. 昼食 를 너무 늦게 먹어서 저녁은 먹지 않기로 했다.

Q. 우리 학교의 昼食 시간은 12시부터입니다.

명 점심 식사

ちゅうしょくじかん
昼食時間   점심시간

食欲 しょくよく

Q. 밤중에 食欲 가 당겨 야식을 시켜 먹었다.

Q. 여름철에는 食欲 저하로 인해 식사를 거르기도 했다.

명 식욕

しょくよくふしん
食欲不振   식욕 부진

包丁 ほうちょう

Q. 도마 위에 올려놓은 양파를 包丁 로 썰었다.

Q. 요리를 하다 包丁 에 손을 베였다.

명 식칼

にぶいほうちょう
鈍い包丁   무딘 식칼

食品 しょくひん

Q. 불량 食品 사 먹지 마세요.

Q. 냉동 食品 을 전자레인지에 돌렸다.

명 식품

しょくひんてんかぶつ
食品添加物   식품첨가물

神 かみ

Q. 그리스 신화의 포세이돈은 바다의 神 다.

Q. 그는 神 의 존재를 믿지 않기 때문에 종교가 없다.

명 신

かみさま
神様   하느님

身長 しんちょう

Q. 서구화된 식생활로 인해 평균 身長 가 점점 커지고 있다.

Q. 身長 는 작지만 움직임이 날쌘 선수.

명 신장

ひょうじゅんしんちょう
標準身長   표준 신장

申請 しんせい

Q. 국가장학금 申請 기간은 5월 15일부터 약 한 달간입니다.
Q. 이번 경연대회에 우리 밴드도 행사 참가 申請 를 했다.

명 신청

しんせいしょ
申請書   신청서

信号 しんごう

Q. 메이데이, SOS 등은 대표적인 구조 信号 다.
Q. 배가 보낸 조난 信号 를 탐지하고 구조대가 출동했다.

명 신호

あかしんごう
赤信号   빨간 신호

実力 じつりょく

Q. 오랜만에 요리 実力 를 발휘해 볼까?
Q. 승률만 봐도 두 팀 사이에는 확실한 実力 차이가 있다.

명 실력

じつりょくをはっきする
実力を発揮する   실력을 발휘하다

失恋 しつれん

Q. 그는 失恋 을 당한 상처로 매일 술을 마셨다.
Q. 학창 시절에는 연애와 失恋 을 반복했다.

명 실연

しつれんのいたで
失恋の痛手   실연의 상처

実行 じっこう

Q. 말하기는 쉽지만 実行 로 옮기기는 어렵다.
Q. 공약을 대부분 実行 에 옮겨 좋은 평가를 받는 정치인.

명 실행

じっこうにうつす
実行に移す   실행에 옮기다

実現 じつげん

Q. 꿈을 実現 하기 위해 매일 노력하고 있습니다.
Q. 돈도 벌면서 자아 実現 까지 하는 꿈의 직장.

명 실현

ゆめをじつげんする
夢を実現する   꿈을 실현하다

心理 しんり

Q. 心理 학에 관심이 생겨 프로이트의 책을 보았다.
Q. 다수의 선택을 따라 하는 군중 心理.

명 심리

ぐんしゅうしんり
群集心理   군중 심리

深夜 しんや

Q. 深夜 버스를 타고 새벽에 도착했다.
Q. 잠이 안 와서 深夜 영화 한 편 봤어.

명 심야

しんやりょうきん
深夜料金   심야 요금

書(き)取り かきとり

Q. 한자는 書(き)取り 하면서 외워야 제대로 외울 수 있어.
Q. 숙제를 깜빡해서 친구의 노트를 書(き)取り 하기로 했다.

명 베껴 쓰기, 받아쓰기

かんじのかきとり
漢字の書き取り   한자 받아쓰기

Q

種¹ たね

q. 밭에 복숭아 種 를 심었다.

q. 바람 따라 퍼지는 민들레 種.

味方 みかた

q. 적군과 味方 를 혼동하지 마.

q. 국제 사회에서는 영원한 적도, 영원한 味方 도 없다.

赤ん坊 あかんぼう

q. 赤ん坊 에게 젖을 먹이는 엄마.

q. 赤ん坊 들이 인큐베이터에 누워있다.

息子 むすこ

q. 딸 하나와 息子 하나가 있습니다.

q. 저기 서 있는 남자아이가 제 息子 입니다.

目下¹ めした

q. 目下 의 사람이라고 함부로 대하지 마라.

q. 目下 의 사람이 윗사람에게 하는 인사법입니다.

楽器 がっき

q. 그는 음악에 재능이 있어서 못 다루는 楽器 가 없다.

q. 楽器 하나 정도는 연주할 줄 아는 게 좋아. 기타는 어때?

悪夢 あくむ

q. 간밤에 귀신이 나오는 悪夢 에 시달렸다.

q. 스트레스 때문인지 매일 밤 悪夢 에 시달렸다.

握手 あくしゅ

q. 두 사람은 손을 내밀어 握手 를 나눴다.

q. 그는 정다운 握手 로 반겨 주었다.

悪化 あっか

q. 건강 상태가 점점 悪化 하여 죽음이 임박했다.

q. 기상 상황이 悪化 하여 출항이 취소되었다.

A

명 씨앗

たねをまく
種を蒔く　　　　씨를 뿌리다

명 아군

たのもしいみかた
頼もしい味方　　믿음직한 아군

명 갓난아기, 젖먹이

あかんぼうのなきごえ
赤ん坊の泣き声　　갓난아기의 울음소리

명 아들

むすこのへや
息子の部屋　　　　아들의 방

명 아랫사람, 손아래

めしたのもの
目下の者　　　　　아랫사람

명 악기

がっきてん
楽器店　　　　　악기점

명 악몽

あくむにうなされる
悪夢に魘される　　악몽에 시달리다

명 악수

あくしゅをもとめる
握手を求める　　악수를 청하다

명 악화

じょうきょうあっか
状況悪化　　　　상황 악화

お知らせ おしらせ

_{Q.} 수업이 취소되었다는 お知らせ 가 붙어 있었다.

_{Q.} 면접 합격 여부는 추후 お知らせ 하겠습니다.

图 **공지, 알림**

ごうかくのおしらせ
合格のお知らせ　　　합격통지

暗記 あんき

_{Q.} 수학 공식을 달달 暗記 했다.

_{Q.} 네 전화번호는 이미 暗記 했어.

图 **암기**

あんきりょく
暗記力　　　암기력

野球 やきゅう

_{Q.} 오늘 한 野球 경기에서 홈런이 열 번이나 나왔다.

_{Q.} 野球 의 삼진은 타자가 스트라이크를 세 번 당하는 것.

图 **야구**

やきゅうしあい
野球試合　　　야구 경기

物語 ものがたり

_{Q.} 내가 들었던 物語 들 중 가장 슬프다.

_{Q.} 내가 재미있는 物語 하나 들려줄까?

图 **이야기**

いそっぷものがたり
イソップ物語　　　이솝 이야기

屋外 おくがい

_{Q.} 屋外 광고판을 설치했다.

_{Q.} 넓은 정원과 屋外 수영장이 있는 저택에서 살고 싶다.

图 **옥외, 야외**

おくがいこうこくぶつ
屋外広告物　　　옥외광고물

薬局 やっきょく

_{Q.} 약을 사러 薬局 에 갔어요.

_{Q.} 두통약을 사고 싶은데 가장 가까운 薬局 가 어디인가요?

图 **약국**

もよりのやっきょく
最寄りの薬局　　　근처 약국

薬指 くすりゆび

_{Q.} 왼손 薬指 에 끼는 결혼반지.

_{Q.} 차례대로 엄지, 검지, 중지, 薬指, 새끼손가락이야.

图 **약지**

ひだりてのくすりゆび
左手の薬指　　　왼손 약지

量 りょう

_{Q.} 量 보다는 질이 중요해.

_{Q.} 이렇게 많은 量 를 먹을 줄 알았으면 뷔페를 갈걸.

图 **양**

りょうがおおい
量が多い　　　양이 많다

日当(た)り ひあたり

_{Q.} 내가 죽으면 日当(た)り 바른 곳에 묻어주게.

_{Q.} 日当(た)り 가 잘 되어 빨래가 금방 마른다.

图 **볕이 듦, 양지**

ひあたりのよいばしょ
日当たりの良い場所　　　양지바른 곳

Q ——————————— A ———————————

両側 りょうがわ

Q. 両側 의 말을 다 들어본 후 판단하자.

Q. 도로 両側 에 가로수가 늘어서 있다.

명 양측, 양편

どうろのりょうがわ
道路の両側　　　　　도로의 양쪽

拝見 はいけん

Q. 선생님의 뛰어난 작품, 전시회를 통해 잘 拝見 했습니다.

Q. 탑승하시기 전에 승차권을 拝見 하겠습니다.

명 배견[삼가서 봄]

はいけんいたしました
拝見いたしました　　　삼가 보았습니다

＊ 見る 의 겸양어

別れ わかれ

Q. 그는 입대를 앞두고 애인에게 別れ 하자고 말했다.

Q. 공항에서 가족과 눈물의 別れ 를 했다.

명 헤어짐

わかれのとき
別れの時　　　　　　이별할 때

言語 げんご

Q. 言語 는 인간의 기본적인 의사소통 수단이다.

Q. 조지 6세는 言語 장애가 있음에도 연설을 해냈다.

명 언어

げんごしょうがい
言語障害　　　　　　언어 장애

笑顔 えがお

Q. 아이의 笑顔 를 보자 나도 웃음이 났다.

Q. 항상 밝은 笑顔 로 손님을 맞이하는 점원.

명 웃는 얼굴

きれいなえがお
奇麗な笑顔　　　　　예쁜 미소

無 む

Q. 無 에서 유를 창조했다.

Q. 無 보수로 3일간 자원봉사를 했다.

명 무, 없음

うむ
有無　　　　　　　　유무

最低 さいてい

Q. 最低 임금 만 원을 요구하는 시위를 벌였다.

Q. 저렴한 만큼 품질은 最低 였다.

명 최저, 형편없음

さいていちんぎん
最低賃金　　　　　　최저 임금

女子 じょし

Q. 女子 와 남자 모두 이용할 수 있는 남녀겸용 티셔츠.

Q. 女子 화장실은 1층, 남자 화장실은 2층에 있습니다.

명 여자

じょしこうせい
女子高生　　　　　　여고생

旅 たび

Q. 어느 날 훌쩍 旅 를 떠나고 싶어졌다.

Q. 주말에 당일치기 旅 를 다녀올 생각이야.

명 여행

ひとりたび
一人旅　　　　　　　혼자 여행

年間 ねんかん

ᵠ 年間 매출액 3조의 대기업.

ᵠ 해마다 年間 10%의 성장률을 기록했다.

명 **연간**

ねんかんしょとく
年間所得   연간 소득

研究 けんきゅう

ᵠ 커피의 성분과 효능을 研究 한 결과를 발표했다.

ᵠ 빙하가 녹을 때 지구에 끼칠 영향에 대해 研究 했다.

명 **연구**

けんきゅうしつ
研究室   연구실

演劇 えんげき

ᵠ 저분은 영화보다는 演劇 무대에 많이 서는 배우야.

ᵠ 대학로에서 演劇 한 편 볼래요?

명 **연극**

えんげきだいほん
演劇台本   연극 대본

煙 けむり

ᵠ 공장 굴뚝에서 쉴 새 없이 煙 를 내뿜고 있다.

ᵠ 덤불에 불이 나서 煙 가 피어올랐다.

명 **연기**

たばこのけむり
タバコの煙   담배 연기

恋 こい

ᵠ 첫눈에 恋 에 빠졌다.

ᵠ 원래 恋 에 빠지면 콩깍지가 씐다고들 하잖아.

명 **사랑, 연애**

こいにおちる
恋に落ちる   사랑에 빠지다

恋人 こいびと

ᵠ 친구 이상 恋人 미만인 애매한 사이다.

ᵠ 다정해 보이는 恋人 가 공원에서 데이트하고 있다.

명 **연인**

こいびとどうし
恋人同士   연인 사이

演奏 えんそう

ᵠ 자신이 만든 피아노곡을 직접 演奏 하는 자리.

ᵠ 바이올리니스트의 즉흥적인 演奏 에 모두가 감탄했다.

명 **연주**

えんそうかい
演奏会   연주회

年中 ねんじゅう

ᵠ 年中 무휴 도서관.

ᵠ 年中 내내 비가 내리는 지역.

명 **연중**

ねんじゅうむきゅう
年中無休   연중무휴

年始 ねんし

ᵠ 연말과 年始 에는 흔히 한해의 목표를 세우곤 한다.

ᵠ 年始 가 되자마자 세운 1년 목표 중 이룬 것이 없다.

명 **연시, 연초**

ねんまつねんし
年末年始   연말연시

Q

宴会 えんかい

Q. 타국의 대통령이 방문하여 국빈 宴会 를 열고 대접했다.

Q. 시상식이 끝나자 먹고 마시는 축하 宴会 가 열렸다.

連休 れんきゅう

Q. 추석 連休 동안 그냥 집에서 쉬었어요.

Q. 징검다리 連休 라서 해외여행은 힘들어.

熱中 ねっちゅう

Q. 한 가지 일에 熱中 하면 주변이 보이지 않는 사람.

Q. 시험 기간이 다가오니 다들 수업에 熱中 하고 있다.

英文 えいぶん

Q. 영국에 보낼 문서를 英文 으로 번역했다.

Q. 한글 이력서와 英文 이력서를 함께 보내주세요.

水着 みずぎ

Q. 수영장 갈 때 水着 와 물안경을 챙겨라.

Q. 비키니 水着 는 민망해서 못 입겠다.

栄養 えいよう

Q. 아프리카에는 栄養 실조에 시달리는 아이들이 많다.

Q. 필수 栄養 소를 빠짐없이 담은 건강식.

永遠 えいえん

Q. 할아버지는 스르르 눈을 감고 永遠 히 잠들었다.

Q. 언젠가는 늙어 죽기 때문에, 永遠 한 삶이란 없다.

予防 よぼう

Q. 화재 予防 를 위해 차 안에 인화 물질을 보관하지 말자.

Q. 요즘 유행이라는 독감 予防 접종을 하고 왔어.

予報 よほう

Q. 일기 予報 를 확인하지 않아서 우산을 못 가져왔다.

Q. 일기 予報 에 따르면 오늘 하루는 화창할 예정이다.

A

명 연회

えんかいじょう
宴会場   연회장

명 연휴

れんきゅうあけ
連休明け   연휴가 끝난 직후

명 열중

しゅみにねっちゅうする
趣味に熱中する   취미에 열중하다

명 영문

えいぶんわやく
英文和訳   영문 일어 번역

명 수영복

みずぎすがた
水着姿   수영복 차림

명 영양

えいようかがたかい
栄養価が高い   영양가가 높다

명 영원

えいえんのあい
永遠の愛   영원한 사랑

명 예방

よぼうちゅうしゃ
予防注射   예방 주사

명 예보

てんきよほう
天気予報   일기 예보

予算 よさん

^{Q.} 재난 피해자들을 돕기 위해 긴급 予算 을 편성했다.

^{Q.} 성과가 없는 부서의 予算 을 삭감하기로 했다.

명 예산

よさんあん
予算案　　　　　　　　예산안

予想 よそう

^{Q.} 과거의 자료를 이용한 미래의 인구수 予想.

^{Q.} 매출이 우리의 予想 를 넘어섰다.

명 예상

よそうがい
予想外　　　　　　　　예상외

芸術 げいじゅつ

^{Q.} 芸術 의 전당 한가람 미술관에서 전시가 열린다.

^{Q.} 미술, 음악, 문학, 공예 등 芸術 의 분야는 다양하다.

명 예술

そうごうげいじゅつ
総合芸術　　　　　　　종합 예술

例外 れいがい

^{Q.} 例外 없이 모두에게 적용되는 규칙.

^{Q.} 이번만 例外 로 용서해줄게. 다음에는 안 봐줄 거야.

명 예외

れいがいをみとめる
例外を認める　　　　　예외를 인정하다

本日 ほんじつ

^{Q.} 우리 가게는 개인 사정으로 本日 휴업합니다.

^{Q.} 교수님이 결근하셔서 本日 는 휴강합니다.

명 금일, 오늘

ほんじつきゅうぎょう
本日休業　　　　　　　금일 휴업

上り のぼり

^{Q.} 우리는 위로 올라갈 거니까 上り 에스컬레이터를 타야 해.

^{Q.} 산길이라 上り 길과 내리막길이 번갈아 나와 힘들었다.

명 오름

みちがのぼりになる
道が上りになる　　　길이 오르막이 되다

誤解 ごかい

^{Q.} 바람피운 게 아니라 그냥 후배라니까! 誤解 하지 마!

^{Q.} 그 말은 誤解 의 소지가 있다.

명 오해

ごかいをとく
誤解を解く　　　　　　오해를 풀다

温度 おんど

^{Q.} 温度 가 높은 여름에는 음식이 금방 상한다.

^{Q.} 아기가 너무 춥지 않도록 적정 温度 를 유지했다.

명 온도

おんどじょうしょう
温度上昇　　　　　　　온도 상승

温室 おんしつ

^{Q.} 겨울에도 温室 에서 식물을 키울 수 있다.

^{Q.} 温室 속의 화초처럼 자란 아이.

명 온실

おんしつこうか
温室効果　　　　　　　온실효과

Q

温泉 おんせん

Q. 지하에서 뜨거운 물이 솟아 나오는 温泉.

Q. 이 温泉 에서 목욕하면 피부가 좋아진대.

手伝い てつだい

Q. 이사하는 친구의 手伝い 를 하러 갔다.

Q. 혼자서는 힘든데 네가 좀 手伝い 를 해 주면 안 될까?

完了 かんりょう

Q. 기한 내에 일을 完了 하기 위해 당분간 야근하기로 했다.

Q. 대원들은 임무를 完了 하고 귀환했다.

完成 かんせい

Q. 오랫동안 만들어온 작품의 完成 가 머지않았다.

Q. 주문한 양복이 完成 되었다는 전화를 받고 찾아갔다.

往復 おうふく

Q. 往復 와 편도 중에 어떤 티켓으로 하시겠습니까?

Q. 가는 데 2시간 걸리니 往復 하면 이동 시간만 4시간이다.

王子 おうじ

Q. 왕의 아들을 王子 라고 부릅니다.

Q. 王子 가 태어나자 왕은 크게 기뻐하며 축제를 열었다.

外出 がいしゅつ

Q. 아버지께서는 잠깐 外出 하셔서 집에 안 계세요.

Q. 바람 쐬러 잠깐 外出 좀 하고 올게요.

要求 ようきゅう

Q. 거래처가 터무니 없는 조건을 要求 해서 계약을 파기했다.

Q. 고난도의 기술을 要求 하는 작업이다.

料金 りょうきん

Q. 저희 가게는 배달 料金 이 무료입니다.

Q. 제주도 및 산간지방은 추가 料金 이 청구됩니다.

A

명 온천

おんせんりょこう
温泉旅行 　　　　온천여행

명 도와줌

おてつだいさん
お手伝いさん 　　　　가정부

명 완료

じゅんびかんりょう
準備完了 　　　　준비 완료

명 완성

かんせいひん
完成品 　　　　완성품

명 왕복

おうふくうんちん
往復運賃 　　　　왕복 차비

명 왕자

おうじさまとおひめさま
王子様とお姫様 　　　왕자님과 공주님

명 외출

がいしゅつきんし
外出禁止 　　　　외출 금지

명 요구

ようきゅうをこばむ
要求を拒む 　　　　요구를 거부하다

명 요금

りょうきんひょう
料金表 　　　　요금표

用件 ようけん

Q. 무슨 用件 으로 오셨나요?
Q. 별 用件 없이 매일 전화하는 친구.

명 용건

いそぎのようけん
急ぎの用件　　　　　급한 용건

用 よう

Q. 무슨 用 로 여기까지 찾아왔어?
Q. 어디에 쓰는 건지 用 를 알 수 없는 물건.

명 용도, 용건

ようがある
用がある　　　　　용건이 있다

勇気 ゆうき

Q. 勇気 를 내서 데이트 신청해 봐!
Q. 勇気 를 내서 번지점프를 하고 나니 기분이 상쾌했다.

명 용기

ゆうきをだす
勇気を出す　　　　　용기를 내다

用途 ようと

Q. 공금을 개인적인 用途 로 사용해서는 안 된다.
Q. 파티, 세미나 등 다양한 用途 로 사용되는 장소이다.

명 용도

とくしゅなようと
特殊な用途　　　　　특수한 용도

使用料 しようりょう

Q. 시설 使用料 를 내고 자연휴양림에서 야영했다.
Q. 그는 음악의 저작권 使用料 만으로 평생 먹고살 수 있다.

명 사용료

しようりょうをとる
使用料を取る　　　　사용료를 받다

友情 ゆうじょう

Q. 삼각관계로 인해 두 친구의 오랜 友情 에 금이 갔다.
Q. 어릴 적부터 함께 지낸 友情 가 두터운 친구.

명 우정

ゆうじょうがふかい
友情が深い　　　　　우정이 두텁다

郵便 ゆうびん

Q. 원서는 이메일이 아닌 郵便 으로 보내 주세요.
Q. 집배원이 내 앞으로 온 郵便 물을 배달했다.

명 우편

ゆうびんはいたつ
郵便配達　　　　　우편배달

運賃 うんちん

Q. 여객선 運賃 이 인상되었다.
Q. 철도 運賃 요금은 얼마인가요?

명 운임

うんちんひょう
運賃表　　　　　운임표

運河 うんが

Q. 배의 운항을 위해 만든 인공수로를 運河 라고 한다.
Q. 수에즈 運河, 파나마 運河.

명 운하

うんがをひらく
運河を開く　　　　　운하를 뚫다

Q | A

生年月日 せいねんがっぴ

Q. 生年月日 와 이름을 적으세요.

Q. 사주를 보려면 生年月日 와 태어난 시간을 알아야 한다.

명 생년월일

せいねんがっぴをきにゅう
生年月日を記入　　　　　생년월일을 기입

目上 めうえ

Q. 너는 目上 에 대한 예의도 없어?

Q. 유교 문화권에서는 目上 인 사람을 공경한다.

명 윗사람, 연장자

めうえのひと
目上の人　　　　　　　　웃어른

★ 지위·나이·계급이 위인 사람을 뜻함

割 わり

Q. 10분의 3을 3 割 라고 한다.

Q. 야구에서 4 割 는 꿈의 타율이라 불린다.

명 (비율 단위인) 할

いちわり
一割　　　　　　　　　　1할

雰囲気 ふんいき

Q. 가족적인 雰囲気 의 식당.

Q. 긴장된 雰囲気 가 감도는 마을.

명 분위기

よいふんいき
良い雰囲気　　　　　　　좋은 분위기

見舞(い) みまい

Q. 친구가 입원해서 병원에 見舞(い) 를 갔다.

Q. 군부대에 見舞(い) 공연하러 간다.

명 문안, 문병, 위문

みまいきゃく
見舞い客　　　　　　　　문병객

違反 いはん

Q. 주차 違反 이 적발되어 벌금을 물었다.

Q. 규정 속도를 違反 하고 달리다가 벌금을 물었다.

명 위반

そくどいはん
速度違反　　　　　　　　속도위반

有料 ゆうりょう

Q. 안내는 무료지만 상담은 有料 입니다.

Q. 有料 주차장이라서 하루 15,000원의 요금을 받는다.

명 유료

ゆうりょうちゅうしゃじょう
有料駐車場　　　　　　　유료주차장

留学 りゅうがく

Q. 외국에서 留学 를 마치고 돌아온 인재입니다.

Q. 미국 留学 를 위해 필요한 비자를 취득했다.

명 유학

りゅうがくせい
留学生　　　　　　　　　유학생

流行 りゅうこう

Q. 최근 들어 복고풍이 다시 流行 를 하고 있다.

Q. 요즘 독감이 流行 한다고 하니 다들 감기 조심해.

명 유행

りゅうこうおくれ
流行遅れ　　　　　　　　유행에 뒤처짐

歩道橋 ほどうきょう

Q. 횡단보도가 없어서 건너가려면 歩道橋 를 이용해야 한다.

Q. 歩道橋 가 높다고 불평하며 무단횡단을 하다 사고가 났다.

명 육교

ほどうきょうをわたる
歩道橋を渡る　　　　　육교를 건너다

育児 いくじ

Q. 출산하고 나서 育児 부담으로 회사를 그만두는 여성들.

Q. 출산과 育児 를 위한 실효성 있는 정책이 필요하다.

명 육아

いくじきゅうぎょう
育児休業　　　　　육아휴직

失業 しつぎょう

Q. 한순간에 직업을 잃고 失業 자가 되었다.

Q. 失業 하여 새로운 일을 구할 때까지는 생계가 막막했다.

명 실업[생업을 잃음]

しつぎょうりつ
失業率　　　　　실업률

無地 むじ

Q. 아무 무늬도 없는 無地 옷을 즐겨 입는다.

Q. 깔끔한 흰색 無地 천으로 된 식탁보.

명 무지

むじのぬの
無地の布　　　　　무늬 없는 천

★ 한 가지 색으로, 무늬가 없음을 뜻함

梅雨² ばいう

Q. 梅雨 전선이 북상하여 큰비가 예상됩니다.

Q. 梅雨 전선이 남하하여 남부지역에 호우 특보 발령.

명 장마

ばいうぜんせん
梅雨前線　　　　　장마 전선

★ '장마전선'과 같이 다른 단어와 붙여 쓰는 경우
ばいう 로 발음

次回 じかい

Q. 次回 예고편을 보니 다음 주도 재미있겠다.

Q. 오늘 모임은 이만 마치고 次回 에 다시 모이도록 하지요.

명 다음번

じかいよこく
次回予告　　　　　차회 예고

応募 おうぼ

Q. 応募 하시면 추첨하여 다양한 상품을 드립니다.

Q. 내일부터 작품 応募 가 시작됩니다. 많은 지원 바랍니다.

명 응모

おうぼきかん
応募期間　　　　　응모 기간

医療 いりょう

Q. 医療 보험 덕분에 적은 금액으로 진료를 받았다.

Q. 정전으로 환자들이 있는 医療 시설에 비상이 걸렸다.

명 의료

いりょうせんたー
医療センター　　　　　의료 센터

疑問 ぎもん

Q. 갑자기 疑問 의 죽음을 맞이했다.

Q. 믿을만한 사람인지 疑問 이 들었다.

명 의문

ぎもんてん
疑問点　　　　　의문점

Q

幼児 ようじ

Q. 유치원을 다닐 나이의 幼児 들을 위한 작은 가방.
Q. 幼児 때부터 집에서 영어 동요를 틀어주고 있어.

従兄弟 いとこ

Q. 설날에 従兄弟 동생과 윷놀이를 하며 놀았다.
Q. 이모의 딸이면 나에게는 従姉妹 이지.

理科 りか

Q. 문과와 理科 의 수능 점수 분포표.
Q. 과학자가 되고자 문과가 아닌 理科 를 선택했다.

引(っ)越し ひっこし

Q. 새집에 引(っ)越し 하고 나서 며칠 뒤 집들이를 했다.
Q. 포장 引(っ)越し 전문업체.

以前 いぜん

Q. 아무리 늦어도 두시가 되기 以前 에 도착할 거야.
Q. 택배를 결혼하기 以前 에 살던 주소로 잘못 신청했다.

道理 どうり

Q. 은혜를 입었으면 갚는 것이 사람의 道理 가 아니겠는가.
Q. 부모에게 자식의 道理 를 다한다.

理解 りかい

Q. 네 맘은 理解 하지만 이런 짓을 하면 안 되는 거야.
Q. 너는 저게 무슨 말인지 理解 가 가니?

離婚 りこん

Q. 그 결혼은 2년 전 합의 離婚 으로 끝이 났다.
Q. 자주 다투던 그 부부가 결국 離婚 을 한다고 들었어.

以後 いご

Q. 크게 싸운 以後 로 그는 나에게 말도 걸지 않았다.
Q. 밤 10시 以後 에는 외출 금지야!

A

명 유아

ようじくらす
幼児クラス　　　　유아 클래스

★ 초등학교 취학 전까지의 아동을 뜻함

명 사촌

いとこどうし
従兄弟同士　　　　사촌 간

★ 従兄弟 표기는 사촌 형과 남동생 사이를 뜻함
★ 표기 차이 従姉妹, 従兄, 従弟, 従姉, 従妹, 従兄妹, 従姉弟

명 이과

りかのじゅぎょう
理科の授業　　　　이과 수업

명 이사

ひっこしのにづくり
引っ越しの荷造り　　이삿짐 꾸리기

명 이전

いぜんとおなじじょうたい
以前と同じ状態　　이전과 같은 상태

명 도리, 이치

どうりにあう
道理に合う　　　　도리에 맞다

명 이해

しんじょうをりかいする
心情を理解する　　심정을 이해하다

명 이혼

りこんてつづき
離婚手続き　　　　이혼 절차

명 이후

しちじいご
七時以後　　　　　7시 이후

人間 にんげん

Q. 기계가 人間 의 일자리를 대체하게 될까?

Q. 그는 교통사고로 인해 식물 人間 이 되고 말았다.

명 인간

にんげんかんけい
人間関係   인간관계

人気 にんき

Q. 출간되자마자 엄청난 人気 를 얻은 소설.

Q. 현재 최고의 人気 를 누리고 있는 여배우.

명 인기

にんきとうひょう
人気投票   인기투표

歩道 ほどう

Q. 횡단 歩道 를 건널 때는 반드시 신호를 지키자.

Q. 차가 歩道 를 덮쳐 길을 걷던 사람들이 크게 다쳤다.

명 보도, 인도

おうだんほどう
横断歩道   횡단보도

印象 いんしょう

Q. 회사에 입사하면서 만났는데 첫 印象 가 좋은 사람이었죠.

Q. 함께 영화를 보고 印象 적인 장면에 관해 얘기를 나눴다.

명 인상

だいいちいんしょう
第一印象   첫인상

人生 じんせい

Q. 사람의 삶을 人生 라고 부른다.

Q. 앞으로 어떻게 살아가야 하나요? 人生 상담 좀 해 주세요.

명 인생

じんせいそうだん
人生相談   인생 상담

刷り すり

Q. 서류의 刷り 가 선명하지 않아서 읽기 힘들다.

Q. 흑백 刷り 된 몽타주였지만 누구인지 한눈에 알아봤다.

명 인쇄

いっしょくずり
一色刷り   단색 인쇄

人種 じんしゅ

Q. 피부색으로 사람을 차별하는 人種 차별주의자.

Q. 해외여행을 갔다가 人種 차별을 당해서 매우 불쾌했다.

명 인종

じんしゅさべつ
人種差別   인종 차별

祭日 さいじつ

Q. 과거 祭日 였던 사방절은 현재 설날로 변했다.

Q. 주말, 祭日 는 쉽니다.

명 제일

さいじつはきゅうぎょうとします
祭日は休業とします   제일은 휴업합니다

* 일본 황실의 제사를 지내는 날로 현재는 폐지되어
공휴일로 통합됨

日本 にほん

Q. 日本 의 국기는 흰색과 빨간색만으로 표현이 가능하다.

Q. 日本 은 지진이 잦아서 가까운 한국에도 경각심을 준다.

명 일본

にほんれっとう
日本列島   일본 열도

一部 いちぶ

Q. 一部 지역은 비가 오지 않아 심한 가뭄을 겪고 있다.

Q. 전부가 아닌 一部 의 문제일 뿐이다.

명 일부

いちぶをしゅうせいする
一部を修正する   일부를 수정하다

日常 にちじょう

Q. 日常 생활에서 사용할 수 있는 고사성어 모음.

Q. 매일 반복되는 日常 가 지겹다.

명 일상

にちじょうさはんじ
日常茶飯事   일상에 있는 보통 일

日程 にってい

Q. 저희가 3박 4일로 다녀온 실제 여행 日程 를 공유합니다.

Q. JLPT 시험 日程 를 확인하시고 계획적으로 공부하세요.

명 일정

にっていをくむ
日程を組む   일정을 짜다

送料 そうりょう

Q. 5만 원 이상 주문하시면 送料 가 무료입니다.

Q. 제주도 및 도서 산간 지역은 추가적인 送料 가 있습니다.

명 송료[발송 운임]

そうりょうむりょう
送料無料   배송비 무료

親友 しんゆう

Q. 그는 초등학교부터 사귄 오랜 親友 이다.

Q. 말하기 어려운 고민도 털어놓을 수 있는 진정한 親友.

명 친우

しんゆうとのりょこう
親友との旅行   절친과의 여행

★ 특히 친한 친구임을 강조할 때 씀

市場¹ いちば

Q. 오일장이 서는 날이라 市場 가 떠들썩했다.

Q. 대형 마트로 인해 전통 市場 는 매출에 타격을 입었다.

명 시장

うおいちば
魚市場   어시장

入浴 にゅうよく

Q. 탕에 入浴 하기 전에 샤워하고 들어가세요.

Q. 목욕을 할 때 入浴 제를 쓰면 향기도 좋고 피부에도 좋다.

명 입욕

にゅうよくざい
入浴剤   입욕제

入場 にゅうじょう

Q. 6세 미만의 入場 는 무료입니다.

Q. 술집은 미성년자 入場 불가다.

명 입장

にゅうじょうりょう
入場料   입장료

板 いた

Q. 오코노미야키를 무쇠로 된 板 위에서 구워주었다.

Q. 나무 板 를 자르고 못을 박아 작은 선반을 만들었다.

명 판, 판자

きのいた
木の板   나무판자

足跡 あしあと

Q. 눈 위에 남은 사슴의 足跡 를 보고 뒤를 쫓았다.

Q. 실수로 덜 마른 시멘트 위를 밟아 足跡 가 남고 말았다.

명 발자취, 발자국

あしあとをのこす
足跡を残す　　　　발자국을 남기다

自慢 じまん

Q. 부장님이 또 아들 自慢 을 시작하셨군.

Q. 그는 성적이 높게 나와도 自慢 하지 않는다.

명 자랑

うでじまん
腕自慢　　　　솜씨 자랑

資料 しりょう

Q. 숙제 때문에 인터넷에서 資料 를 검색하고 수집했다.

Q. 여론조사기관의 통계를 참고 資料 로 제출했다.

명 자료

しりょうをさくせいする
資料を作成する　　　　자료를 작성하다

縁¹ ふち

Q. 연못의 縁 에 서서 물속을 잠시 들여다보았다.

Q. 입술이 닿는 컵의 縁 부분을 잘 닦아야 해.

명 가장자리

いけのふち
池の縁　　　　연못가

自習 じしゅう

Q. 8시에서 9시 사이는 학생들의 아침 自習 시간이다.

Q. 선생님이 늦으셔서 自習 시간을 가졌다.

명 자습

じしゅうしつ
自習室　　　　자습실

作家 さっか

Q. 그녀는 베스트셀러 作家 이다.

Q. 애거사 크리스티는 유명한 추리소설 作家 이다.

명 작가

どうわさっか
童話作家　　　　동화 작가

作曲 さっきょく

Q. 작사부터 作曲 까지 직접 하는 싱어송라이터.

Q. 이 노래는 作曲 와 작사를 각각 다른 사람이 했다.

명 작곡

さっきょくか
作曲家　　　　작곡가

作業 さぎょう

Q. 홍수로 도로가 유실되어 복구 作業 에 들어갔다.

Q. 눈이 그치지 않아 군인들이 제설 作業 에 투입되었다.

명 작업

さぎょうほうこくしょ
作業報告書　　　　작업 보고서

作者 さくしゃ

Q. 춘향전과 같은 고전 소설은 作者 미상인 경우가 많다.

Q. 영화화된 소설의 원 作者 가 응원 메시지를 보내왔다.

명 작자

さくしゃふしょう
作者不詳　　　　작자 불명

長男 ちょうなん

Q. 집안의 長男 에게 재산이 전부 상속됐다.

Q. 제가 집안의 長男 이라서 제사를 지내야 해요.

명 장남

ちょうなんにうまれる
長男に生まれる　　　장남으로 태어나다

入場料 にゅうじょうりょう

Q. 한복을 입은 사람은 고궁 入場料 가 무료입니다.

Q. 놀이공원에는 入場料 를 내고 들어가야 한다.

명 입장료

にゅうじょうりょうをはらう
入場料を払う　　　입장료를 내다

場面 ばめん

Q. 마지막 전투 場面 이 인상적인 영화.

Q. 그 드라마의 명 場面 은 몇 번을 봐도 질리지 않는다.

명 장면

めいばめん
名場面　　　명장면

商売 しょうばい

Q. 요즘 불경기라 우리 가게도 商売 가 안돼.

Q. 商売 가 하도 잘돼서 지점을 늘리기로 했어요.

명 장사

しょうばいじょうず
商売上手　　　장사를 잘함

長所 ちょうしょ

Q. 역이 가까워 교통이 편리한 것이 이 집의 長所 다.

Q. 長所 는 살리고 단점은 보완해나가야 한다.

명 장점

ちょうしょとたんしょ
長所と短所　　　장점과 단점

才能 さいのう

Q. 악기를 자유자재로 다루는 걸 보니 음악에 才能 가 있다.

Q. 그는 타고난 才能 가 있었지만, 노력은 하지 않았다.

명 재능

おんがくのさいのう
音楽の才能　　　음악의 재능

材料 ざいりょう

Q. 이 테이블을 만들 때 주로 사용한 材料 는 나무다.

Q. 모든 材料 를 냄비에 넣고 푹 끓여주세요.

명 재료

りょうりのざいりょう
料理の材料　　　요리 재료

再生¹ さいせい

Q. 이건 우유갑을 再生 해서 만든 휴지야.

Q. 스마트폰을 스피커에 연결하고 음악을 再生 했다.

명 재생

さいせいし
再生紙　　　재생지

再生² さいせい

Q. 그는 건달이었지만 이제 再生 를 하고 성실하게 산다.

Q. 그는 교도소 재소자들을 반성과 再生 의 길로 이끌었다.

명 갱생

さいせいのみち
再生の道　　　갱생의 길

彼此 あれこれ

Q. 그냥 彼此 닥치는 대로 해보려고요.

Q. 가리는 거 없이 彼此 다 먹는다.

🔟 이것저것

あれこれかんがえる
彼此考える　　　　　이것저것 생각하다

貯金 ちょきん

Q. 돼지 모양 貯金 통을 누가 통째로 들고 갔어.

Q. 월급의 30%는 은행에 貯金 을 한다.

🔟 저금

ちょきんばこ
貯金箱　　　　　저금통

方方¹ ほうぼう

Q. 方方 에서 질문들이 쏟아졌다.

Q. 시간이 될 때마다 세계 方方 를 여행했다.

🔟 여기저기

しょしょほうぼう
所所方方　　　　　방방곡곡

* 오도리지 方々

方方² かたがた

Q. 공원을 이용하시는 方方 께 안내 말씀드립니다.

Q. 여기 계신 方方 앞에 맹세합니다.

🔟 여러분

ごらいじょうのかたがた
ご来場の方方　　　　　와주신 여러분

* 오도리지 方々

事前 じぜん

Q. 행인에게 事前 에 양해를 구하고 촬영을 시작했다.

Q. 테러 시도가 事前 에 발각되어 용의자들이 체포되었다.

🔟 사전[일이 일어나기 전]

じぜんにてをまわす
事前に手を回す　　　　　사전에 손을 쓰다

専攻 せんこう

Q. 철학 専攻 이지만 부전공은 경영학입니다.

Q. 専攻 과목의 이수 학점이 부족해서 졸업을 못 했다.

🔟 전공

せんこうぶんや
専攻分野　　　　　전공 분야

電球 でんきゅう

Q. 電球 가 깜빡거려서 새것으로 교환했다.

Q. 에디슨은 빛이 오래가는 電球 를 발명했다.

🔟 전구

でんきゅうのつけかえ
電球の付け替え　　　　　전구 갈아 끼우기

先日 せんじつ

Q. 아, 先日 에는 정말 실례가 많았습니다.

Q. 겨우 先日 에 벼락치기를 하고도 좋은 점수를 받았다.

🔟 전일, 요전, 전번

せんじつのやくそく
先日の約束　　　　　전날의 약속

展示 てんじ

Q. 문화재가 해외 박물관 展示 를 위해 반출되었다.

Q. 빈센트 반 고흐의 展示 회가 다음 달에 열린대.

🔟 전시

てんじかい
展示会　　　　　전시회

全身 ぜんしん

Q. 큰 수술이어서 全身 마취를 했다.

Q. 온몸이 뻐근해서 全身 마사지를 받았다.

명 전신

ぜんしんますい
全身麻酔　　　　　　전신 마취

伝染 でんせん

Q. 병의 伝染 을 막기 위해 감염자들을 격리했다.

Q. 공기로도 伝染 이 가능한 균으로 각별한 주의가 필요하다.

명 전염

でんせんびょう
伝染病　　　　　　전염병

全員 ぜんいん

Q. 全員 빠짐없이 참석해 주기 바랍니다.

Q. 조회 시간에는 운동장에 학생 全員 이 집합한다.

명 전원

ぜんいんしゅうごう
全員集合　　　　　　전원 집합

戦い たたかい

Q. 실제 戦い 를 방불케 하는 훈련.

Q. 이 선거는 두 후보자 간의 戦い 였다.

명 싸움, 전쟁

たたかいをいどむ
戦いを挑む　　　　　　싸움을 걸다

四季 しき

Q. 우리나라는 四季 가 뚜렷한 기후다.

Q. 四季 중에는 봄을 가장 좋아해.

명 사계[네 계절]

しきのへんか
四季の変化　　　　　　사계의 변화

節約 せつやく

Q. 전기세를 節約 하기 위해 사용하지 않는 콘센트를 뽑았다.

Q. 난방비 節約 를 위해 집에서도 옷을 두껍게 입는다.

명 절약

じかんのせつやく
時間の節約　　　　　　시간 생활

皿 さら

Q. 여우는 두루미에게 납작한 皿 에 담은 음식을 대접했다.

Q. 皿 물에 코 박고 죽다.

명 접시

さらをこわす
皿を壊す　　　　　　접시를 깨뜨리다

応接間 おうせつま

Q. 손님을 応接間 로 안내했습니다.

Q. 応接間 로도 쓰이는 거실.

명 응접실

おうせつまにみちびく
応接間に導く　　　　　　응접실로 안내하다

定期 ていき

Q. 도시가스 定期 점검 왔습니다.

Q. 定期 여객선 운항표.

명 정기

ていきけんしん
定期健診　　　　　　정기 검진

整理 せいり

ᵠ 문 닫기 전에 점포 整理 세일 중이다.

ᵠ 연말에 재고 整理 세일 중인 점포.

몡 정리

せいりせいとん
整理整頓   정리 정돈

向(か)い むかい

ᵠ 친구가 찻길 向(か)い 에서 날 발견하고 손을 흔들었다.

ᵠ 저 강 向(か)い 에 있는 마을에 가려면 다리를 건너야 해.

몡 맞은편, 정면

むかいがわ
向かい側   맞은편

正面 しょうめん

ᵠ 正面 을 응시하고 똑바로 서라.

ᵠ 마주 오던 차량과 正面 충돌하는 끔찍한 사고가 일어났다.

몡 정면

しょうめんしょうとつ
正面衝突   정면충돌

正門 せいもん

ᵠ 正門 이 닫혀 있어 후문으로 몰래 들어갔다.

ᵠ 학교 正門 옆에 수위실이 보일 거예요.

몡 정문

せいもんからはいる
正門から入る   정문으로 들어가다

情報 じょうほう

ᵠ 경찰은 살인사건 피의자의 신상 情報 를 공개하기로 했다.

ᵠ 해킹으로 인해 고객의 개인 情報 가 대량으로 유출되었다.

몡 정보

じょうほうしゅうしゅう
情報収集   정보 수집

正式 せいしき

ᵠ 인턴 생활을 거쳐 正式 로 채용되었다.

ᵠ 태권도가 올림픽 正式 종목으로 채택되었다.

몡 정식

せいしきのてつづき
正式の手続き   정식 절차

正午 しょうご

ᵠ 낮 12시를 正午 라고 합니다.

ᵠ 正午 가 지나면 오후가 됩니다.

몡 정오

しょうごごろ
正午頃   정오 때

定員 ていいん

ᵠ 이 엘리베이터의 定員 은 20명입니다.

ᵠ 짐을 싣자 엘리베이터 定員 초과로 경고음이 울렸다.

몡 정원

ていいんおーばー
定員オーバー   정원 초과

停電 ていでん

ᵠ 갑자기 停電 이 되면서 컴퓨터가 꺼졌다.

ᵠ 전기를 너무 많이 쓰면 停電 이 되기도 한다.

몡 정전

ていでんじ
停電時   정전 시

Q

停車 ていしゃ

q. 이번 停車 역은 강남역입니다. 내리실 문은 오른쪽입니다.
q. 브레이크 고장으로 停車 가 불가능했다.

時間割り じかんわり

q. 수강 신청을 마치고 時間割り 를 확인해 보았다.
q. 다음 수업이 뭐였지? 時間割り 를 봐야겠다.

文化祭 ぶんかさい

q. 학교 文化祭 때 우리 반은 일일 찻집을 하기로 했다.
q. 우리 학교 文化祭 때는 외부인도 놀러 올 수 있다.

題名 だいめい

q. 영화 題名 를 맞추는 초성 퀴즈 놀이를 했다.
q. 그 책 題名 가 뭐였더라?

制服 せいふく

q. 군인들이 입는 制服 를 군복이라고 한다.
q. 학생이 입는 制服 는 교복이다.

祭(り)¹ まつり

q. 할머니의 기일에 祭(り) 를 지냈다.
q. 우리 집은 기독교라서 祭(り) 를 지내지 않아.

祭(り)² まつり

q. 공연도 하고 폭죽도 터뜨리는 祭(り) 분위기.
q. 보령에서 머드 祭(り) 가 열렸다.

提案 ていあん

q. 거래처의 提案 을 받아들였다.
q. 단호하게 그 提案 을 거절했다.

提出 ていしゅつ

q. 마감 기한이 얼마 남지 않아 급히 신청서류를 提出 했다.
q. 경찰서에 고소장을 提出 했다.

A

명 정차

ていしゃえき 停車駅	정차역

명 수업 시간표, 예정표

じかんわりをくむ 時間割りを組む	시간표를 짜다

명 문화제, 학교 축제

がっこうのぶんかさい 学校の文化祭	학교 축제

명 제목

だいめいのないえいが 題名のない映画	제목이 없는 영화

명 제복

せいふくすがた 制服姿	제복 차림

명 제사

まつりのひ 祭りの日	제삿날

명 축제

なつまつり 夏祭り	여름 축제

명 제안

ていあんしょ 提案書	제안서

명 제출

ていしゅつきかん 提出期間	제출 기간

製品 せいひん

^{Q.} 제조과정을 거쳐야만 製品 이므로 보험은 상품에 속한다.

^{Q.} 이번에 새로 나온 신 製品 인데 없어서 못 파는 거야.

명 제품

せいひんかいはつ
製品開発   제품 개발

条件 じょうけん

^{Q.} 회사가 더 유리한 条件 으로 계약을 했다.

^{Q.} 10만 원 이상 결제를 条件 으로 만원을 할인해 주는 쿠폰.

명 조건

じょうけんつき
条件付   조건부

瓶詰(め) びんづめ

^{Q.} 음식물을 병에 넣고 밀봉한 것을 瓶詰(め) 라 한다.

^{Q.} 병에 과일과 설탕을 넣어 瓶詰(め) 를 만들었다.

명 병조림

もものびんづめ
桃の瓶詰め   복숭아 병조림

調査 ちょうさ

^{Q.} 여론 調査 에 따르면 대통령 지지율은 40%를 웃돌았다.

^{Q.} 문제의 원인을 파악하기 위한 調査 를 실시하겠습니다.

명 조사

ちょうさけっか
調査結果   조사 결과

笑い わらい

^{Q.} 그의 농담에 모두가 笑い 를 터뜨렸다.

^{Q.} 놀이터에서 아이들의 즐거운 笑い 소리가 들려온다.

명 웃음, 조소

わらいごえ
笑い声   웃음소리

調整 ちょうせい

^{Q.} 각 부서와 의견 調整 가 필요한 프로젝트.

^{Q.} 라디오가 잘 들리지 않아서 음량을 調整 했다.

명 조정

いけんのちょうせい
意見の調整   의견의 조정

種類 しゅるい

^{Q.} 여러 種類 의 질병을 치료할 수 있는 종합 병원.

^{Q.} 세 가지 種類 의 케이크 중 하나를 골라라.

명 종류

しゅるいべつ
種類別   종류별

終点 しゅうてん

^{Q.} 기사 아저씨가 잠이 든 나를 終点 에서 깨웠다.

^{Q.} 이번 역은 終点 이니 한 분도 빠짐없이 내려주십시오.

명 종점

しゅうてんでおりる
終点で降りる   종점에서 내리다

総合 そうごう

^{Q.} 온갖 과자가 든 総合 선물 세트를 샀다.

^{Q.} 온갖 병을 달고 다녀서 별명이 総合 병원이다.

명 종합

そうごうびょういん
総合病院   종합병원

Q ──────────────── A ────────────────

仲良し なかよし

Q. 우리 부모님은 여전히 仲良し 다.

Q. 10년째 알고 지내는 仲良し 인 친구들.

몡 사이가 좋음

> なかよしふうふ
> 仲良し夫婦　　　　사이 좋은 부부

座席 ざせき

Q. 제 座席 에 앉아계시네요. 비켜 주실래요?

Q. 座席 배치도를 보고 관람하기 좋은 자리로 예매했다.

몡 좌석

> ざせきをしていする
> 座席を指定する　　　좌석을 지정하다

週末 しゅうまつ

Q. 한 주의 끝인 토요일과 일요일을 두고 週末 라고 부른다.

Q. 다들 週末 잘 보내고 월요일에 보자.

몡 주말

> しゅうまつのけいかく
> 週末の計画　　　　주말 계획

注目 ちゅうもく

Q. 뛰어난 외모로 注目 받고 있는 신인.

Q. 여러분! 여기를 注目 하십시오. 곧 신제품이 공개됩니다.

몡 주목

> ちゅうもくのまと
> 注目の的　　　　주목의 대상

注文 ちゅうもん

Q. 메뉴는 정하셨나요? 注文 하시겠습니까?

Q. 인터넷으로 제품을 注文 하니 편하다.

몡 주문

> ちゅうもんをうける
> 注文を受ける　　　주문을 받다

住民 じゅうみん

Q. 건물 住民 만 주차 가능.

Q. 이 지역의 住民 이 증가하고 있다.

몡 주민

> じゅうみんとうひょう
> 住民投票　　　　주민 투표

周辺 しゅうへん

Q. 집 周辺 에 울타리를 쳤다.

Q. 학교 周辺 의 불량식품 집중 단속에 들어갔다.

몡 주변

> がっこうのしゅうへん
> 学校の周辺　　　　학교 주변

周り まわり

Q. 사람들이 추운 날씨에 모닥불 周り 로 모여들었다.

Q. 건물 周り 에 경찰을 배치할 예정이다.

몡 주위, 주변

> いえのまわり
> 家の周り　　　　집 주변

主婦 しゅふ

Q. 어머니는 전업 主婦 셔서 집에 계실 때가 많다.

Q. 평범한 가정 主婦 에서 사업가로 성공한 여성.

몡 주부

> せんぎょうしゅふ
> 専業主婦　　　　전업주부

注射 ちゅうしゃ

Q. 독감 예방 注射 를 맞다.

Q. 간호사가 내 팔뚝에 注射 를 놓았다.

명 주사

よぼうちゅうしゃ
予防注射 　　　　　　　예방 주사

周囲 しゅうい

Q. 경찰들은 범인의 周囲 를 둘러싸고 체포를 시도했다.

Q. 우울증은 周囲 사람들의 관심이 필요한 질병이다.

명 주위

しまのしゅうい
島の周囲 　　　　　　　섬의 주위

大家¹ おおや

Q. 大家 가 방을 빼라는데 너희 집에서 잠깐만 지내도 돼?

Q. 大家 와 교섭해서 집세를 조금 깎았다.

명 셋집 주인

おおやとけいやくをした
大家と契約をした 　집주인과 계약을 했다

主張 しゅちょう

Q. 그는 끝까지 자신의 무죄를 主張 했다.

Q. 이 안건에 대한 상대의 主張 에도 일리는 있다.

명 주장

じこしゅちょう
自己主張 　　　　　　　자기주장

中間 ちゅうかん

Q. 中間 고사는 망쳤지만, 기말고사는 잘 볼 거야.

Q. 대전은 서울과 부산의 中間 즈음에 있다.

명 중간

ちゅうかんほうこく
中間報告 　　　　　　　중간보고

中古 ちゅうこ

Q. 돈이 없어서 中古 차를 구매했다.

Q. 中古 서점에서 샀지만 새 책처럼 깨끗했다.

명 중고

ちゅうこしゃ
中古車 　　　　　　　　중고차

中国 ちゅうごく

Q. 中国 는 세계에서 인구가 가장 많은 나라다.

Q. 中国 의 사대기서 중 가장 유명한 소설 삼국지연의.

명 중국

ちゅうごくにむかう
中国に向かう 　　　중국으로 떠나다

中級 ちゅうきゅう

Q. 실력에 따라 초급, 中級, 상급으로 구분한다.

Q. 빨리 中級 레벨을 마치고 고급반에 들어가고 싶다.

명 중급

ちゅうきゅうえいご
中級英語 　　　　　　　중급 영어

中年 ちゅうねん

Q. 40대쯤으로 보이는 中年 의 남성.

Q. 40~50대 中年 의 이혼율이 크게 늘었다.

명 중년

ちゅうねんそう
中年層 　　　　　　　　중년층

中旬 ちゅうじゅん

Q. 한 달의 中旬 이란 11일에서 20일까지를 말한다.

Q. 오늘이 15일이야? 벌써 이번 달 中旬 이구나.

명 중순

にがつのちゅうじゅん
2月の中旬　　　　　　　2월 중순

重視 じゅうし

Q. 실용성보다는 디자인 重視 의 제품.

Q. 학력보다 실력을 重視 하고자 블라인드 채용을 시행했다.

명 중시

がくばつじゅうし
学閥重視　　　　　　　학벌 중시

中心 ちゅうしん

Q. 지구의 가장 中心 에는 내핵이 있다.

Q. 이기적인 사람을 자기 中心 적이라고 부르기도 한다.

명 중심

せかいのちゅうしん
世界の中心　　　　　　세상의 중심

中央 ちゅうおう

Q. 中央 집권 국가로 발전한 고구려.

Q. 中央 분리대를 들이받고 반대편 차선까지 날아갔다.

명 중앙

ちゅうおうしゅうけん
中央集権　　　　　　　중앙 집권

中学 ちゅうがく

Q. 초등학교를 졸업하면 中学 로 진학한다.

Q. 中学 때는 키가 작았지만, 고등학교에 와서 갑자기 커졌다.

명 중학

ちゅうがくのきょうし
中学の教師　　　　　　중학교 교사

鼠 ねずみ

Q. 너는 이제 독 안에 든 鼠 다.

Q. 鼠 의 천적으로 가장 유명한 것은 고양이다.

명 쥐

ふくろのねずみ
袋の鼠　　　　　　　　독 안에 든 쥐

痛み いたみ

Q. 진통제를 먹으면 痛み 가 덜해질 거야.

Q. 손톱의 傷み 가 심하네요. 관리를 받으셔야겠어요.

명 아픔

しつれんのいたみ
失恋の痛み　　　　　　실연의 아픔

* 표기 차이 傷み: 물건이나 머리카락·손톱처럼 통각이 없는
부위가 손상·변질할 때 쓰임

証明 しょうめい

Q. 대학교 재학 証明 서를 발급받아 제출했다.

Q. 사진관에서 찍은 証明 사진을 이력서에 붙였다.

명 증명

しょうめいしゃしん
証明写真　　　　　　　증명사진

症状 しょうじょう

Q. 가슴 통증은 위경련의 전형적인 症状 다.

Q. 그 질병의 초기 症状 는 고열과 두통이다.

명 증상

しょうじょうあっか
症状悪化　　　　　　　증상 악화

産 さん

Q. 필리핀 産 바나나.

Q. 호주 産 소고기.

명 ~산

べいこくさん	
米国産	미국산

★ 산지나 출신지를 뜻함

遅刻 ちこく

Q. 遅刻 하지 말고 최소한 5분 전까지는 오렴.

Q. 세 번 遅刻 를 하면 한번 결석한 거로 치겠다.

명 지각

ちこくしたりゆう	
遅刻した理由	지각한 이유

地球 ちきゅう

Q. 地球 는 둥그니까 자꾸 걸어 나가면.

Q. 우리가 사는 행성 地球.

명 지구

ちきゅうおんだんか	
地球温暖化	지구 온난화

指導 しどう

Q. 리더십은 指導 력이라는 의미로 사용된다.

Q. 아이의 학습 指導 를 위해 과외선생님을 고용했다.

명 지도

がくしゅうしどう	
学習指導	학습 지도

地面 じめん

Q. 地面 이 울퉁불퉁해서 차를 몰기 힘들었다.

Q. 더운 날씨에 地面 에서 아지랑이가 피어올랐다.

명 지면

ひらたいじめん	
平たい地面	평평한 지면

地名 ちめい

Q. 부산의 옛 地名 는 동래이다.

Q. 용이 누운 것처럼 보여서 와룡산이라는 地名 가 되었다.

명 지명

ちめいのゆらい	
地名の由来	지명의 유래

地方 ちほう

Q. 강원 산간 地方 에는 최고 30cm의 폭설이 내렸다.

Q. 地方 자치 단체를 줄여서 흔히 지자체라고 부른다.

명 지방

ちほうしゅっしん	
地方出身	지방 출신

指示 しじ

Q. 저도 指示 를 받고 일하는 입장이라 많은 권한이 없어요.

Q. 화가 난 그는 상사의 指示 를 무시했다.

명 지시

しじをうける	
指示を受ける	지시를 받다

知人 ちじん

Q. 일본에 사는 知人 이 있어서 그분 집에 묵을까 해.

Q. 여기저기 발이 넓은 사람이라 知人 이 많아.

명 지인

ちじんのしょうかい	
知人の紹介	지인의 소개

Q

支店 してん

Q. 그 매장은 전국에 支店 을 두고 있다.

Q. 매니저님은 다른 지역의 支店 으로 전근했어요.

指定 してい

Q. 기관장이 자기 후임자를 指定 했다.

Q. 국립공원으로 指定 된 곳.

地下 ちか

Q. 보통 건물 地下 에는 주차장이 있다.

Q. 地下 단칸방에 살면서도 꿈을 포기하지 않았다.

直線 ちょくせん

Q. 直線 의 미와 곡선의 미가 조화로운 작품.

Q. 여기서부터는 커브 없는 直線 도로라서 운전하기 쉬워.

職業 しょくぎょう

Q. 그는 변호사를 職業 로 택했다.

Q. 그녀는 職業 군인이다.

職場 しょくば

Q. 새로 입사한 職場 에서 새로운 동료들과 일하게 되었다.

Q. 평생 職場 라는 마음으로 일하고 있어요.

直前 ちょくぜん

Q. 회사 경영이 어려워 파산 直前 인 상황이다.

Q. 기차가 출발하기 直前 에 간신히 탑승했다.

直接 ちょくせつ

Q. 그 사람이랑 直接 얘기하고 싶어요. 불러주세요.

Q. 내가 直接 하게 경험해 본 일이라 잘 알아.

直通 ちょくつう

Q. 사장님 直通 전화번호를 알려드릴게요.

Q. 역세권 直通 아파트는 단지와 역이 연결되어있다.

A

명 지점

| してんちょう 支店長 | 지점장 |

명 지정

| していせき 指定席 | 지정석 |

명 지하

| ちかてつ 地下鉄 | 지하철 |

명 직선

| ちょくせんどうろ 直線道路 | 직선도로 |

명 직업

| しょくぎょうぐんじん 職業軍人 | 직업 군인 |

명 직장

| しょくばのどうりょう 職場の同僚 | 직장 동료 |

명 직전

| しゅっぱつちょくぜん 出発直前 | 출발 직전 |

명 직접

| ちょくせつとりひき 直接取引 | 직접 거래 |

명 직통

| ちょくつうでんわ 直通電話 | 직통 전화 |

直後 ちょくご

Q. 사고 直後 의 참담한 모습을 담은 사진.

Q. 시합에서 승리한 直後 에 사람들이 환성을 질렀다.

명 직후

じけんのちょくご
事件の直後　　　　　　　　사건 직후

進歩 しんぽ

Q. 과학 기술의 급속한 進歩 가 인류의 삶을 바꿔놓았다.

Q. 進歩 정당과 보수 정당.

명 진보

きゅうそくなしんぽ
急速な進歩　　　　　　　　급속한 진보

本物 ほんもの

Q. 이것은 本物 의 보석이 틀림없어요.

Q. 모형으로 만든 과일이 本物 인 줄 알고 먹을 뻔했어.

명 진짜

ほんものそっくり
本物そっくり　　　　진짜와 똑 닮음

診察 しんさつ

Q. 의사는 청진기를 사용해 환자의 증상을 診察 했다.

Q. 빈혈 증상이 있어 병원에 가서 診察 를 받았어.

명 진찰

しんさつしつ
診察室　　　　　　　　진찰실

進学 しんがく

Q. 이 점수로 명문대 進学 는 힘들어.

Q. 가정 형편이 어려워 대학 進学 는 포기했다.

명 진학

しんがくりつ
進学率　　　　　　　　진학률

泥 どろ

Q. 논두렁에 빠져서 泥 가 잔뜩 묻은 장화.

Q. 흙탕물 위를 뛰어다닌 강아지가 泥 투성이야.

명 진흙

どろだらけ
泥だらけ　　　　　　진흙투성이

家賃 やちん

Q. 보증금 1,000만 원에 家賃 이 40만 원인 집을 구했다.

Q. 家賃 이 밀려 집주인의 눈치를 보았다.

명 집세

やちんがとどこおる
家賃が滞る　　　　집세가 밀리다

車庫 しゃこ

Q. 전원주택 지하의 개인 車庫 에 차를 주차했다.

Q. 이 車庫 에는 차가 두 대까지 들어간다.

명 차고

いえのしゃこ
家の車庫　　　　　　집의 차고

違い ちがい

Q. 비즈니스석과 일반석의 違い 가 무엇인가요?

Q. 두 사람은 성격의 違い 로 이혼하게 되었다고 밝혔다.

명 차이

まちがい
間違い　　　　　　　틀림, 잘못

Q

漸漸 ぜんぜん
Q. 배는 바다 너머로 漸漸 멀어져 보이지 않게 되었다.
Q. 약을 계속 먹으니까 병이 漸漸 호전되었다.

今後 こんご
Q. 회의실에 모여 今後 의 회사 방침에 대해 논의했다.
Q. 이번에는 눈감아 주겠지만 今後 는 이러면 안 돼.

間違い まちがい
Q. 이 거짓말쟁이. 너를 믿은 것이 나의 間違い 야.
Q. 間違い 된 번호로 거신 것 같은데요. 다시 확인해 주세요.

警察官 けいさつかん
Q. 警察官 이 어젯밤에 범인을 검거했다.
Q. 경찰서에 가면 당연히 警察官 이 있죠.

警察署 けいさつしょ
Q. 警察署 에는 나쁜 사람들을 잡는 경찰이 있어요.
Q. 警察署 에 가서 자수하자.

参加 さんか
Q. 봉사활동에 우리 반 전원이 参加 하기로 했다.
Q. 신약의 임상 시험 参加 자를 모집했다.

嚔 くしゃみ
Q. 감기에 걸려서 온종일 嚔 를 했어.
Q. 꽃가루 알레르기 때문에 계속 嚔 가 나와.

採点 さいてん
Q. 답안지 수거 후 바로 採点 을 했다.
Q. 피겨스케이트의 採点 방식이 바뀌었다.

責任 せきにん
Q. 너 때문에 이렇게 됐으니 네가 責任 을 져라.
Q. 그는 맡은 일에 責任 을 다 하기 위해 노력했다.

A

名 점점, 차차
ぜんぜんとすすむ
漸漸と進む　　　점점 앞으로 나아가다
★ 오도리지 漸々 발음 차이 やくやく

名 앞으로, 차후
こんごのけいかく
今後の計画　　　앞으로의 계획

名 틀림, 잘못, 착각
まちがいない
間違いない　　　틀림없다

名 경찰관
しふくけいさつかん
私服警察官　　　사복경찰관

名 경찰서
けいさつしょちょう
警察署長　　　경찰서장

名 참가
さんかにんずう
参加人数　　　참가 인원

名 재채기
くしゃみをする
嚔をする　　　재채기하다
★ 발음 차이 くさめ: 우아한 표현

名 채점
とうあんをさいてんする
答案を採点する　　답안을 채점하다

名 책임
せきにんをはたす
責任を果たす　　　책임을 다하다

天国 てんごく

^{Q.} 돌아가신 우리 할머니는 天国 에 계실 거야.

^{Q.} 하와이는 흔히 태평양의 天国 라고 합니다.

명 천국

てんごくとじごく
天国と地獄　　　　　천국과 지옥

鉄道 てつどう

^{Q.} 어릴 적에 은하 鉄道 999라는 만화를 좋아했다.

^{Q.} 열차가 鉄道 위를 달린다.

명 철도

てつどうびん
鉄道便　　　　　철도편

私鉄 してつ

^{Q.} 일본은 철도 민영화로 국철이 없고 私鉄 만 존재한다.

^{Q.} 일본 철도는 민간이 운영하는 私鉄 이어서 요금이 비싸다.

명 민영 철도

してつえんせん
私鉄沿線　　　　　민영철도 연선

渡り鳥 わたりどり

^{Q.} 渡り鳥 와 텃새의 차이점.

^{Q.} 철원은 대표적인 渡り鳥 의 도래지이다.

명 철새

わたりどりのとらい
渡り鳥の渡来　　　　　철새의 도래

青年 せいねん

^{Q.} 青年 실업률이 높아지면서 많은 청춘이 방황하고 있다.

^{Q.} 소년은 자라서 青年 이 되었다.

명 청년

せいねんしつぎょう
青年失業　　　　　청년 실업

青春 せいしゅん

^{Q.} 꽃다운 青春 을 허비하지 말자.

^{Q.} 나의 青春 을 바친 회사.

명 청춘

せいしゅんじだい
青春時代　　　　　청춘 시절

腹¹ はら

^{Q.} 아까 먹은 음식이 상했으나 봐. 腹 가 너무 아파.

^{Q.} 腹 가 고픈데 근처에서 밥이라도 먹고 가자.

명 (신체 부위인) 배

はらがいたい
腹が痛い　　　　　배가 아프다

腹² はら

^{Q.} 腹 를 터놓고 이야기할 사람은 너뿐이야.

^{Q.} 일본에서는 음험한 사람을 두고 腹 가 검다고 표현한다.

명 속마음

はらぐろなひと
腹黒な人　　　　　음험한 사람

故郷 こきょう

^{Q.} 나의 살던 故郷 는 꽃피는 산골.

^{Q.} 어린 시절 故郷 를 떠나 서울로 왔다.

명 문어체 고향

こきょうをさる
故郷を去る　　　　　고향을 떠나다

Q ——————— A ———————

行き¹ いき

Q. 우선 도쿄 行き 신칸센을 타고 가기로 했다.

Q. 行き 는 비행기, 돌아올 때는 배를 타기로 했다.

명 구어체 감 ☺ ✲

いきとかえり
行きと帰り　　　　갈 때와 돌아올 때

行き² ゆき

Q. 학교에 行き 하거나 돌아올 때는 버스를 이용합니다.

Q. 대구 行き 열차 시간표.

명 문어체 감

とうきょうゆきれっしゃ
東京行き列車　　　　도쿄행 열차

体力 たいりょく

Q. 50세이지만 20세의 体力 를 가지고 있다.

Q. 体力 측정에서 1급을 받았다.

명 체력 💚

たいりょくそくてい
体力測定　　　　체력측정

体温 たいおん

Q. 거센 눈보라로 인해 등산객들은 저 体温 증에 걸렸다.

Q. 体温 이 40도에 가까워 구급차를 불렀어.

명 체온

たいおんちょうせつ
体温調節　　　　체온 조절

体育 たいいく

Q. 학교 体育 시간에 배구를 했어.

Q. 학교 体育 대회에서 달리기 선수로 뽑혔다.

명 체육

たいいくかん
体育館　　　　체육관

体重 たいじゅう

Q. 体重 계에 올라가더니 살이 쪘다고 울상이었다.

Q. 体重 를 감량하기 위해 운동과 식이요법을 병행한다.

명 체중

たいじゅうけい
体重計　　　　체중계

逮捕 たいほ

Q. 범인에게 수갑을 채워 逮捕 했다.

Q. 그는 범행을 인정하며 순순히 逮捕 되었다.

명 체포

きんきゅうたいほ
緊急逮捕　　　　긴급 체포

(お)酢 おす

Q. 냉면에 (お)酢 를 많이 넣어서 너무 셔.

Q. 냉면에 겨자는 안 넣지만 (お)酢 는 넣어 먹는다.

명 초, 식초

りんごす
りんご酢　　　　사과 식초

超過 ちょうか

Q. 주어진 시간을 10분이나 超過 했다.

Q. 많은 참여로 모금액이 목표액을 2배 넘게 超過 달성했다.

명 초과

ちょうかりょうきん
超過料金　　　　초과 요금

初級 しょきゅう

Q. 아직 初級 단계라서 히라가나 밖에 읽을 줄 모릅니다.

Q. 서두르지 말고 가장 初級 단계부터 차근차근 공부했다.

명 초급

しょきゅうこうざ
初級講座 　　　　　　　　초급 강좌

下書(き) したがき

Q. 자기소개서 下書(き) 를 쓴 뒤 첨삭 서비스를 받았다.

Q. 아직 下書(き) 단계이므로 퇴고가 더 필요합니다.

명 초고, 초안

えんぜつのしたがき
演説の下書き 　　　　　　연설의 초안

最高 さいこう

Q. 제자리멀리뛰기에서 내가 우리 반 最高 기록을 세웠어!

Q. 내가 지금까지 본 영화 중 最高 로 재미있었어.

명 최고

さいこうきおん
最高気温 　　　　　　　　최고 기온

思い出 おもいで

Q. 첫사랑의 思い出 는 미화되기 마련이다.

Q. 여행의 思い出 를 남기기 위해 다 함께 사진을 찍었다.

명 추억

おもいでづくり
思い出作り 　　　　　　　추억만들기

籤 くじ

Q. 신학기가 되자 籤 뽑기를 해서 바꿀 자리를 정했다.

Q. 경찰관의 입회하에 복권 籤 가 시작되었다.

명 제비, 추첨

くじびき
籤引き 　　　　　　　　　제비뽑기

縮小 しゅくしょう

Q. 선발 인원을 縮小 했다가 응시생들의 반발을 샀다.

Q. 경제가 좋지 않아 기업들이 신규채용을 縮小 했다.

명 축소

きぼしゅくしょう
規模縮小 　　　　　　　　규모 축소

出勤 しゅっきん

Q. 우리 회사는 出勤 이 늦고 퇴근은 빠른 좋은 직장이다.

Q. 出勤 시간은 9시, 퇴근 시간은 6시입니다.

명 출근

しゅっきんにっすう
出勤日数 　　　　　　　　출근일수

出身 しゅっしん

Q. 감독 중에는 선수 出身 이 많다.

Q. 영국 出身 인데 당연히 영어 잘하겠지.

명 출신

おおさかしゅっしん
大阪出身 　　　　　　　　오사카 출신

出入り でいり

Q. 이 박물관의 出入り 는 무료입니다.

Q. 회원들만 出入り 가 허용되는 모임입니다.

명 출입

でいりぐち
出入り口 　　　　　　　　출입구

Q

出場 しゅつじょう

q. 반칙을 저질러 다섯 경기 出場 정지 처분을 받았다.
q. 올림픽 出場 를 위해 치열하게 연습 중인 선수들.

出版 しゅっぱん

q. 자신의 첫 장편소설이 책으로 出版 되자 기뻤다.
q. 은퇴한 뒤 자서전을 出版 한 유명인.

出現 しゅつげん

q. 새로운 과학 기술의 出現 으로 더 편한 삶이 가능해졌다.
q. 도시에 괴물이 出現 해 날뛰기 시작했다.

出血 しゅっけつ

q. 과다 出血 로 사망했다.
q. 出血 가 심한 부위를 붕대로 감쌌다.

虫歯 むしば

q. 이가 아파서 치과에 갔더니 虫歯 가 많이 생겼대.
q. 단것을 많이 먹으면 치아에 虫歯 가 생긴다.

就職 しゅうしょく

q. 드디어 就職 해서 백수를 탈출했다.
q. 고등학교를 졸업하자마자 就職 를 해서 일을 했다.

好み このみ

q. 향신료가 너무 강한 음식은 내 好み 가 아니야.
q. 저 남자의 얼굴은 완벽한 나의 好み 다.

測量 そくりょう

q. 測量 사들이 도착해서 개발 예정 토지의 면적을 확인했다.
q. 나라마다 測量 단위가 다를 수 있다.

測定 そくてい

q. 음주 測定 기를 불자 면허 취소 수치가 나왔다.
q. 강우량을 測定 하는 기구.

A

명 출장, 출전

しゅつじょうていししょぶん
出場停止処分　　　출장 정지 처분

명 출판

しゅっぱんしゃ
出版社　　　출판사

명 출현

しゅつげんかくりつ
出現確率　　　출현 확률

명 출혈

しゅっけつりょう
出血量　　　출혈량

명 충치

むしばのちりょう
虫歯の治療　　　충치 치료

명 취직

しゅうしょくかつどう
就職活動　　　취직 활동

명 좋아함, 취향 Ⓐ〉Ⓑ

わたしのこのみだ
私の好みだ　　　내 취향이다

명 측량

そくりょうせっけい
測量設計　　　측량 설계

명 측정

そくていけっか
測定結果　　　측정 결과

Q

A

DAY 22

日帰り ひがえり

ᵃ 내일은 출근해야 하니 日帰り 여행이나 다녀와야지.

ᵃ 서울 근교에 가볍게 日帰り 여행을 갔다 왔어.

📖 당일치기

ひがえりりょこう
日帰り旅行 　　　당일치기 여행

幼稚園 ようちえん

ᵃ 幼稚園 을 졸업하고 초등학교에 입학한 아이.

ᵃ 어린아이들을 좋아해서 幼稚園 선생님이 되었다.

📖 유치원

ようちえんきょうゆ
幼稚園教諭 　　　유치원 교사

嗽 うがい

ᵃ 하루 세 번, 식후에도 含嗽 를 하자!

ᵃ 일어나면 가장 먼저 세수와 含嗽 를 한다.

📖 양치질

うがいすい
嗽水 　　　양칫물

友 とも

ᵃ 이 녀석은 제 友 입니다. 어릴 때부터 친했어요.

ᵃ 오랫동안 사귀었던 내 정든 友 여.

📖 친구

ともとあそぶ
友と遊ぶ 　　　친구와 놀다

友人 ゆうじん

ᵃ 알고 지낸 友人 의 모친이 돌아가셔서 장례식에 참석했다.

ᵃ 오랜 友人 과 오랜만에 만나 술자리를 가졌다.

📖 친구

きやすいゆうじん
気安い友人 　　　허물없는 친구

親類 しんるい

ᵃ 가까운 이웃이 먼 親類 보다 낫다잖아.

ᵃ 늑대는 개의 親類 다.

📖 친척, 친척뻘

おおかみはいぬのしんるい
狼は犬の親類 　　　늑대는 개의 친척뻘

親戚 しんせき

ᵃ 아버지의 먼 親戚 라는데 나는 본 적이 없어.

ᵃ 명절에 親戚 들이 한 자리에 모였다.

📖 친척

しんせきかんけい
親戚関係 　　　친척 관계

医師 いし

ᵃ 의대에 가서 외과 医師 가 되는 것이 꿈이다.

ᵃ 동물을 고치는 수 医師 가 되고 싶어요.

📖 의사

じゅういし
獣医師 　　　수의사

★ 의사라는 직업에 대한 공식 명칭

新幹線 しんかんせん

ᵃ 新幹線 은 세계 최초의 상업용 고속철도 시스템이다.

ᵃ 1930년대 일본의 탄환 열차 계획이 新幹線 의 시초이다.

📖 신칸센

しんかんせんにのる
新幹線に乗る 　　　신칸센에 타다

豆 まめ

Q. 豆 로 메주를 쑨다 해도 안 믿는다.

Q. 우유와 달리 두유는 豆 로 만든다.

명 콩

こーひーまめ
コーヒー豆   커피콩

留守番 るすばん

Q. 가족들이 외출하면 留守番 을 담당하는 커다란 개.

Q. 혼자 留守番 을 무서워하는 아이 때문에 곧장 집에 갔다.

명 집 보기, 집 지키기

るすばんをする
留守番をする   집 보기를 하다

洗濯物 せんたくもの

Q. 洗濯物 를 널어서 말려야 해.

Q. 洗濯物 를 색깔별로 나눠서 세탁한다.

명 세탁물

せんたくものをほす
洗濯物を干す   세탁물을 말리다

誕生 たんじょう

Q. 일본에서는 생일을 誕生 일이라고 부른다.

Q. 한 국가의 誕生 부터 멸망까지를 다룬 책.

명 탄생

たんじょうび
誕生日   생일

理想 りそう

Q. 현실과 理想 의 괴리가 너무나 크다.

Q. 현실과 타협하지 않는 理想 주의자.

명 이상[가장 완전한 상태]

りそうしゅぎしゃ
理想主義者   이상주의자

態度 たいど

Q. 그는 성공한 뒤 친구들에게 거만한 態度 를 취하곤 했다.

Q. 그는 시종일관 떳떳한 態度 로 재판에 임했다.

명 태도

きょうまんなたいど
驕慢な態度   교만한 태도

毛糸 けいと

Q. 목도리를 짜려고 毛糸 와 뜨개바늘을 샀다.

Q. 어머니는 毛糸 로 스웨터를 떠 주셨다.

명 털실

けいとのくつした
毛糸の靴下   털실 양말

兎 うさぎ

Q. 깡충깡충 뛰는 兎.

Q. 달에서 兎 가 떡방아를 찧고 있다는 옛날이야기.

명 토끼

かいうさぎ
飼兎   집토끼

土地 とち

Q. 박경리가 지은 장편소설 土地 는 총 5부로 이루어져 있다.

Q. 시에서 土地 를 매입해 공원을 조성하기 시작했다.

명 토지

とちをたがやす
土地を耕す   땅을 갈다

統計 とうけい

Q. 統計 자료에 따르면 자동차 교통사고는 늘어나는 추세다.

Q. 統計 자료를 그래프로 보여주세요.

명 통계

とうけいしりょう
統計資料   통계 자료

通過 つうか

Q. 시험을 가까스로 通過 했다.

Q. 태풍이 중부지방을 通過 할 것으로 예측되었다.

명 통과

よせんつうか
予選通過   예선 통과

通勤 つうきん

Q. 회사 通勤 시간은 1시간 정도입니다.

Q. 지하철이나 버스를 타고 회사 通勤 을 합니다.

명 통근

つうきんじかん
通勤時間   통근 시간

大統領 だいとうりょう

Q. 미국의 첫 번째 흑인 大統領 오바마.

Q. 우리나라는 5년마다 大統領 를 새로 뽑는다.

명 대통령

だいとうりょうせんきょ
大統領選挙   대통령 선거

通信 つうしん

Q. 라디오, 전화, 위성 등은 모두 通信 에 해당한다.

Q. 한국의 인터넷 通信 환경은 세계 최고 수준이다.

명 통신

つうしんとぜつ
通信途絶   통신 두절

通訳 つうやく

Q. 해외의 한국 대사관에서 외국인과의 通訳 를 부탁했다.

Q. 동시 通訳 는 외국어 실력과 순발력이 필요하다.

명 통역

どうじつうやく
同時通訳   동시통역

通帳 つうちょう

Q. 인터넷 뱅킹 때문에 通帳 를 들고 다니는 사람이 줄었다.

Q. 주민등록증과 급여를 받을 通帳 사본을 준비해 주세요.

명 통장

よきんつうちょう
預金通帳   예금 통장

通行 つうこう

Q. 우리나라에서는 우측 通行 를 합니다.

Q. 고속도로 톨게이트에서는 通行 료를 징수한다.

명 통행

つうこうりょうきん
通行料金   통행요금

退職 たいしょく

Q. 그는 정년 退職 후 경비원으로 취업을 했다.

Q. 정년 退職 후에는 시골에 내려가 조용히 살고 싶다.

명 퇴직

ていねんたいしょく
定年退職   정년퇴직

Q

退学 たいがく
Q. 그녀는 15세 때 학교에서 退学 당했다.
Q. 교내에서 폭력 사건을 일으켜 退学 처분을 받았다.

街角 まちかど
Q. 街角 를 돌면 건물이 바로 보일 거예요.
Q. 街角 에서 갑자기 튀어나온 차에 부딪혔다.

特売 とくばい
Q. 장사를 접게 되어 남은 물건들을 特売 로 팔았다.
Q. 지금부터 5분간만 50% 저렴하게 特売 로 판매합니다.

特色 とくしょく
Q. 여행을 가면 그 나라의 特色 있는 음식을 즐긴다.
Q. 이 음식점은 평범하고 特色 없는 메뉴뿐이야.

波 なみ
Q. 해변으로 밀려오는 波 소리에 마음이 평온해진다.
Q. 거친 波 에 배가 뒤집힐 뻔했다.

黒板 こくばん
Q. 黒板 의 분필 자국을 지웠다.
Q. 黒板 에 이름을 쓰고 자기소개하는 선생님.

販売 はんばい
Q. 마트에서는 다양한 제품을 販売 합니다.
Q. 예쁜 그릇을 販売 하는 가게.

負け まけ
Q. 負け 를 깨끗이 인정하고 진심 어린 박수를 보냈다.
Q. 동점이었지만 경기 종료 직전 골을 먹으면서 負け 했다.

書留 かきとめ
Q. 이 편지는 중요한 거니까 書留 로 부쳐라.
Q. 우편물을 書留 로 보내면 분실 시 손해배상이 가능하다.

A

명 퇴학

たいがくしょぶん
退学処分　　　　　퇴학 처분

명 길모퉁이

まちかどのかふぇ
街角のカフェ　　　길모퉁이의 카페

명 특매

とくばいせーる
特売セール　　　　특매 세일

명 특색

とくしょくをいかす
特色を生かす　　　특색을 살리다

명 파도

うみのなみ
海の波　　　　　　바다의 파도

명 흑판[칠판]

こくばんけし
黒板消し　　　　　칠판지우개

명 판매

はんばいてすうりょう
販売手数料　　　　판매 수수료

명 패배

まけずぎらい
負けず嫌い　　　　지기 싫어함

명 등기 (우편)

かきとめゆうびん
書留郵便　　　　　등기 우편

速達 そくたつ

Q. 급한 우편물을 速達 로 보낼 때는 추가 요금을 내야 한다.

Q. 한국의 速達 제도는 현재는 익일 특급 등으로 바뀌었다.

명 속달 (우편)

そくたつびん
速達便　　　　　　속달 우편

片道 かたみち

Q. 片道 티켓밖에 못 구해서 돌아올 때가 걱정이다.

Q. 왕복 티켓이 매진이라서 片道 티켓으로 예약했어.

명 편도

かたみちこうくうけん
片道航空券　　　　편도 항공권

編集 へんしゅう

Q. 출연자의 범죄 논란이 일자 해당 분량이 통 編集 되었다.

Q. TV프로 등에서 사실을 고의로 왜곡하는 악마의 編集.

명 편집

へんしゅうしゃ
編集者　　　　　　편집자

平均 へいきん

Q. 의학의 발달로 인간의 平均 수명이 늘고 있다.

Q. 반 平均 점수보다 낮은 녀석은 보충 수업을 들어야 해.

명 평균

へいきんじゅみょう
平均寿命　　　　　평균 수명

一生 いっしょう

Q. 아이작 뉴턴은 一生 동안 독신으로 살았다.

Q. 그는 자신이 태어난 고향에서 一生 를 마쳤다.

명 일생, 평생

いっしょうのねがい
一生の願い　　　　평생의 소원

不断 ふだん

Q. 그는 不断 다른 사람 탓을 자주 해.

Q. 오늘도 不断 대로 일어나 출근했다.

명 평소

ふだんどおり
不断通り　　　　　평소대로

平日 へいじつ

Q. 平日 인데도 사람이 정말 많구나. 휴일에는 못 오겠어.

Q. 런치 메뉴 할인은 平日 점심 한정입니다.

명 평일

へいじつときゅうじつ
平日と休日　　　　평일과 휴일

幅 はば

Q. 한강은 幅 가 넓은 편이라서 다리도 길다.

Q. 공간이 얼마 없어서 幅 가 좁은 진열장이 필요해.

명 폭

はばがひろい
幅が広い　　　　　폭이 넓다

表面 ひょうめん

Q. 아폴로 11호는 달 表面 에 무사히 착륙했다.

Q. 원석의 울퉁불퉁한 表面 을 갈아서 매끈하게 만들었다.

명 표면

つきのひょうめん
月の表面　　　　　달의 표면

Q

表情 ひょうじょう
- 심판의 편파 판정에 불만스러운 表情 를 감추지 못했다.
- 왜 그렇게 침울한 表情 를 짓고 있어? 무슨 일 있니?

見出し みだし
- 신문의 見出し 는 보통 헤드라인이라고 부른다.
- 내용과 동떨어진 見出し 로 비판받는 신문 기사.

表紙 ひょうし
- 겉 表紙 는 화려한데 내용물은 별거 없네.
- 表紙 가 두꺼운 책.

表現 ひょうげん
- 혐오 발언도 表現 의 자유인가에 대하여 토론을 했다.
- 애정 表現 에 서툰 무뚝뚝한 사람.

売(り)切れ うりきれ
- 입장권이 3분 만에 売(り)切れ 되다니! 엄청난 인기야.
- 그 메뉴는 오늘 재료가 떨어져 売(り)切れ 상태입니다.

品 しな
- 어디서나 팔고 있는 흔한 品 뿐이라 실망했다.
- 비싼 명품이어서 뛰어난 品 를 자랑한다.

風景 ふうけい
- 탁 트인 초원에 앉아 風景 화를 그렸다.
- 기차를 타고 가면서 창밖의 風景 를 내다보았다.

扇風機 せんぷうき
- 에어컨이 고장 나서 扇風機 로 버텨야 한다.
- 너무 더워서 扇風機 에서도 더운 바람이 나온다.

被害 ひがい
- 화재로 인해 막심한 재산 被害 를 입었다.
- 이번 태풍으로 인한 인명 被害 가 몹시 크다.

A

명 표정
かたいひょうじょう
固い表情 　　　　　굳은 표정

명 표제
しんぶんのみだし
新聞の見出し 　　　　신문의 표제

명 표지
ほんのひょうし
本の表紙 　　　　책 표지

명 표현
ひょうげんのじゆう
表現の自由 　　　　표현의 자유

명 품절
うりきれしょうひん
売り切れ商品 　　　매진된 상품

명 물건
しなくだる
品下る 　　　　품질이 나쁘다
* '품질'을 뜻하기도 함

명 풍경
ふうけいしゃしん
風景写真 　　　　풍경 사진

명 선풍기
せんぷうきのこしょう
扇風機の故障 　　　선풍기 고장

명 피해
ひがいをだす
被害を出す 　　　피해를 내다

筆記 ひっき

Q. 초등학교에 입학하는 아이에게 筆記 도구를 사주었다.
Q. 강의를 들으며 요점을 꼼꼼하게 筆記 했다.

명 필기

ひっきしけん
筆記試験　　　　　　　　필기시험

地下水 ちかすい

Q. 천연 암반 地下水 로 만든 생수.
Q. 빗물이 땅에 스며들어 地下水 가 된다.

명 지하수

ちかすいおせん
地下水汚染　　　　　　　지하수 오염

下旬 げじゅん

Q. 8월 下旬 인데도 아직 폭염의 기세가 대단하다.
Q. 벌써 12월 下旬 이라니, 곧 한 살을 더 먹겠구나.

명 하순

しがつげじゅん
4月下旬　　　　　　　　4월 하순

河川 かせん

Q. 홍수로 마을 河川 이 범람했다.
Q. 한 공장이 폐수를 河川 에 몰래 방류하다 적발되었다.

명 하천

かせんのおせん
河川の汚染　　　　　　　하천 오염

欠伸 あくび

Q. 영화가 지루해서 欠伸 가 나온다.
Q. 수업이 너무 지루해서 나도 모르게 欠伸 를 했다.

명 하품

あくびがでる
欠伸が出る　　　　　　　하품이 나다

下り くだり

Q. 下り 에스컬레이터를 타고 2층에서 1층으로 내려갔다.
Q. 상행 열차와 下り 열차.

명 내려감, 하행

くだりしゃせん
下り車線　　　　　　　　하행 차선

高等学校 こうとうがっこう

Q. 중학교를 졸업하고 高等学校 에 입학했다.
Q. 高等学校 때 열심히 공부해서 명문대에 갔어.

명 고등학교

こうりつこうとうがっこう
公立高等学校　　　　　공립 고등학교

学力 がくりょく

Q. 저의 최종 学力 는 대졸입니다.
Q. 초졸의 学力 이지만 뛰어난 사업수완으로 기업을 일으켰다.

명 학력

きそがくりょく
基礎学力　　　　　　　　기초 학력

学問 がくもん

Q. 수학은 수에 관한 学問 이라는 뜻이다.
Q. 심리학은 인간의 행동과 심리 과정을 연구하는 学問 이다.

명 학문

がくもんたいけい
学問体系　　　　　　　　학문 체계

学部 がくぶ

ᵠ 学部 란, 대학의 학사 과정을 뜻한다.

ᵠ 学部 를 마치고 대학원에 진학하기로 했다.

몡 학부

けいざいがくぶ
経済学部   경제학부

学習 がくしゅう

ᵠ 외국어는 듣고 말하면서 공부하는 것이 学習 효과가 좋다.

ᵠ 이 학생은 学習 능력이 뛰어난 우등생입니다.

몡 학습

がくしゅうこうか
学習効果   학습 효과

学者 がくしゃ

ᵠ 스티븐 호킹은 천재 물리 学者 로 유명하다.

ᵠ 고고 学者 라고 하면 보통 인디아나 존스를 떠올린다.

몡 학자

ぶつりがくしゃ
物理学者   물리학자

限界 げんかい

ᵠ 마라톤 대회에서 체력의 限界 를 느껴 기권하고 말았다.

ᵠ 내 인내심이 限界 를 넘었다.

몡 한계

げんかいをこえる
限界を超える   한계를 넘다

韓国 かんこく

ᵠ 韓国 의 전통의상은 한복이다.

ᵠ 韓国 는 남한과 북한으로 분단되어 있다.

몡 한국

かんこくりょうり
韓国料理   한국 요리

限度 げんど

ᵠ 통장의 1회 송금 限度 를 100만 원으로 정했다.

ᵠ 돈이 없어서 학자금 대출 限度 를 알아보고 있어.

몡 한도

げんどがく
限度額   한도액

割引 わりびき

ᵠ 단체 관람객에게는 割引 가 적용됩니다.

ᵠ 대량으로 구매하시면 割引 해 드립니다.

몡 할인

そうちょうわりびき
早朝割引   조조할인

伝言 でんごん

ᵠ 아빠는 지금 안 계신데 伝言 이 있으시면 전해 드릴게요.

ᵠ 관계자의 伝言 에 따르면 반응이 아주 뜨겁다고 한다.

몡 전언[말을 전함]

でんごんをたのむ
伝言を頼む   전언을 부탁하다

住居 じゅうきょ

ᵠ 교외 지역에 住居 를 마련하고 서울로 출근한다.

ᵠ 많은 노인이 열악한 住居 환경에서 살아가고 있다.

몡 주거

じゅうきょしんにゅう
住居侵入   주거 침입

★ 주로 사는 곳이나 현주소를 뜻함

一斉 いっせい

Q. 일렬로 선 소총수들의 一斉 사격에 적병들이 쓰러졌다.
Q. 대치하고 있던 병사들이 나팔소리에 一斉 히 진격했다.

명 일제

いっせいしゃげき
一斉射撃 　　　　　일제 사격

* 부사적으로도 흔히 쓰임

合格 ごうかく

Q. 품질 테스트에서 合格 를 받아 정식으로 납품하게 되었다.
Q. 공무원 시험 合格 자 명단에서 내 이름을 발견했다.

명 합격

ごうかくしゃはっぴょう
合格者発表 　　　　합격자 발표

合同 ごうどう

Q. 한미 合同 군사 훈련이 시작되었다.
Q. 육군, 해군, 공군이 모두 참여하는 合同 작전.

명 합동

ごうどうさくせん
合同作戦 　　　　　합동 작전

合流 ごうりゅう

Q. 두 갈래 길이 하나로 合流 하는 지점이 있다.
Q. 헤어졌던 일행과 무사히 合流 했다.

명 합류

ごうりゅうちてん
合流地点 　　　　　합류 지점

各項 かっこう

Q. 설문지의 各項 에 빠짐없이 답하세요.
Q. 일반 세균, 대장균 등 10개 各項 에서 모두 합격했습니다.

명 각 항, 각 항목

かっこうもく
各項目 　　　　　　각 항목

* 발음 차이 かくこう

解決 かいけつ

Q. 이 문제는 제가 解決 할 테니 맡겨 주세요.
Q. 사건 解決 의 실마리를 잡았다.

명 해결

じけんのかいけつ
事件の解決 　　　　사건의 해결

解説 かいせつ

Q. 뛰어난 입담으로 축구 경기의 解説 를 맡았다.
Q. 문제에 대한 解説 가 상세하게 되어 있는 문제집.

명 해설

かいせつしゃ
解説者 　　　　　　해설자

海外 かいがい

Q. 국내가 아닌 海外 에 거주한다.
Q. 1년간 海外 에서 근무하고 귀국했다.

명 해외

かいがいしゅっちょう
海外出張 　　　　　해외 출장

行動 こうどう

Q. 말과 行動 의 일치.
Q. 무단횡단은 매우 위험한 行動 다.

명 행동

こうどうをとる
行動を取る 　　　　행동을 취하다

真似 まね

ㅇ. 동물 울음소리를 真似 내는 재주가 있다.

ㅇ. 주제넘은 真似 하지 말고 가만히 있거라.

명 흉내, 행동

へんなまねをする
変な真似をする　　이상한 짓을 하다

列 れつ

ㅇ. 이렇게 사람이 많다니! 맨 앞 列 에 있는 사람이 부러워.

ㅇ. 앞에서 다섯 번째 列 에 앉아 있어.

명 열, 행렬

れつをつくる
列を作る　　열을 짓다

行事 ぎょうじ

ㅇ. 치킨집이 오픈 기념 行事 로 만원을 할인해 주고 있다.

ㅇ. 올림픽은 국가적인 行事 다.

명 행사

がっこうぎょうじ
学校行事　　학교 행사

許可 きょか

ㅇ. 건축 許可 를 받자마자 빠르게 건물을 올렸다.

ㅇ. 수입이 許可 되지 않은 물건이므로 들여올 수 없다.

명 허가

しゅつにゅうきょか
出入許可　　출입 허가

腰 こし

ㅇ. 이 바지는 腰 사이즈가 너무 커서 벨트 없이는 못 입어.

ㅇ. 잘못된 자세는 腰 디스크를 유발할 수 있다.

명 허리

こしをおる
腰を折る　　허리를 굽히다

名¹ な

ㅇ. 호랑이는 죽어서 가죽을 남기고, 사람은 名 를 남긴다.

ㅇ. 名 도 모르는 꽃이지만 아름다워 사진으로 남겼다.

명 이름

このはなのな
この花の名　　이 꽃의 이름

★ 名前 의 문어체이며 격식 있는 표현

名² な

ㅇ. 놀라운 실력으로 세계적인 名 를 떨친 골키퍼.

ㅇ. 나도 名 있는 명문 대학교에 가고 싶었다.

명 명성

なをひろめる
名を広める　　명성을 떨치다

凡そ およそ

ㅇ. 오늘은 일단 凡そ 의 계획만 세우고 나중에 결정하자.

ㅇ. 어떻게 된 일인지 凡そ 알겠으니 설명 안 해도 돼.

명 대략, 대강, 대충

3.1415926…
3.14

およそけんとうがつく
凡そ見当がつく　　대강 짐작이 가다

★ 大体 보다 격식을 차린 표현

抱っこ だっこ

ㅇ. 아이를 품에 抱っこ 하고 앉아 있는 여인.

ㅇ. 아이가 엄마에게 抱っこ 를 해달라며 두 팔을 벌렸다.

명 안음, 안김

だっこして
抱っこして　　안아줘

★ 아이 같은 표현

Q

A

現金 げんきん

Q. 복권은 現金 으로만 살 수 있다.
Q. 카드보다 現金 으로 사면 더 싸다.

명 현금
げんきんとりひき
現金取引　　　현금 거래

現代 げんだい

Q. 現代 의학으로도 아직 해결하지 못한 불치병.
Q. 악플러들은 現代 판 마녀사냥을 벌이고 있다.

명 현대
げんだいしゃかい
現代社会　　　현대 사회

現実 げんじつ

Q. 꿈에서 깨어 現実 를 직시하라.
Q. 나의 바람이 現実 가 되었다.

명 현실
げんじつとうひ
現実逃避　　　현실 도피

現在 げんざい

Q. 과거에 매달리지 말고 現在 에 충실하기로 했다.
Q. 3년 전에 現在 의 위치로 이전해 왔습니다.

명 현재
げんざいのじょうきょう
現在の状況　　　현재 상황

協力 きょうりょく

Q. 때로는 경쟁 업체와도 協力 를 해야 한다.
Q. OECD는 경제 協力 개발기구의 약자이다.

명 협력
きょうりょくがいしゃ
協力会社　　　협력 회사

看護師 かんごし

Q. 의사는 看護師 와 함께 일합니다.
Q. 나이팅게일 같은 看護師 가 되고 싶어요.

명 간호사
いしゃかんごし
医師や看護師　　　의사나 간호사

*발음 차이 看護士 : 과거 남자 간호사를 칭할때 씀

湖 みずうみ

Q. 차이콥스키의 3대 발레 음악 중 하나인 백조의 湖.
Q. 이 湖 는 크기가 정말 커서 꼭 바다 같아.

명 호수
みずうみがわ
湖側　　　호수 쪽

混乱 こんらん

Q. 대공황은 전 세계를 混乱 에 빠트렸다.
Q. 전쟁이 끊이지 않는 混乱 스러운 시대.

명 혼란
こんらんにおちいる
混乱に陥る　　　혼란에 빠지다

混雑 こんざつ

Q. 출퇴근 시간에는 사람이 몰려 교통이 混雑 하다.
Q. 사람들이 너무 많아 거리가 混雑 했다.

명 혼잡
こうつうのこんざつ
交通の混雑　　　교통 혼잡

Q ——————— A ———————

画家 がか

Q. 천재 画家 빈센트 반 고흐의 일생을 담은 영화.
Q. 궁정 画家 는 왕족들의 초상화를 주로 그렸다.

명 화가

ゆうめいながか
有名な画家　　　　　유명한 화가

受話器 じゅわき

Q. 受話器 를 들자마자 끊어진 전화.
Q. 통화를 하다 화가 나서 受話器 를 쾅 하고 내려놓았다.

명 수화기

じゅわきをとる
受話器を取る　　　　수화기를 들다

火傷 かしょう

Q. 3도 火傷 로 인한 흉터.
Q. 뜨거운 물에 火傷 를 입었다.

명 화상

かしょうのちりょう
火傷の治療　　　　　화상 치료

★ 발음 차이 やけど

化粧 けしょう

Q. 눈을 강조하는 스모키 化粧 를 해서 인상이 강해 보인다.
Q. 너무 짙은 化粧 는 보는 이를 부담스럽게 한다.

명 화장

けしょうひん
化粧品　　　　　　　화장품

火災 かさい

Q. 火災 가 발생하면 먼저 소방서에 신고한다.
Q. 소방관들이 火災 를 진화하느라 애쓰고 있다.

명 화재

かさいがおこる
火災が起こる　　　　화재가 일어나다

話題 わだい

Q. 대화의 話題 를 전환하다.
Q. 그 음식점은 TV에 소개된 뒤 맛집으로 話題 가 되었다.

명 화제

わだいのえいが
話題の映画　　　　　화제의 영화

化学 かがく

Q. 세균 무기와 같은 생 化学 무기 사용을 금지하는 협약.
Q. 공장이 폭발하여 대량의 유해 化学 물질이 새어 나왔다.

명 화학

かがくぶっしつ
化学物質　　　　　　화학 물질

仲直り なかなおり

Q. 싸운 상대와 악수하고 仲直り 했다.
Q. 냉랭했던 양국은 회담을 통해 仲直り 하는 분위기였다.

명 화해

なかなおりさせる
仲直りさせる　　　　화해시키다

拡大 かくだい

Q. 실제보다 1,000배 拡大 된 박테리아 사진.
Q. 어깨에 앉은 벌레가 보일 만큼 사진을 크게 拡大 했다.

명 확대

かくだいしゅくしょう
拡大縮小　　　　　　확대 축소

確認 かくにん

Q. 본인 確認 을 위해 비밀번호를 한 번 더 입력하세요.

Q. 화재 사망자의 신원이 確認 되어 유족들에게 연락했다.

명 확인

みもとかくにん
身元確認　　　　　　　　　신원 확인

環境 かんきょう

Q. 낯선 環境 에 적응하기 힘들다.

Q. 環境 친화적인 전기자동차.

명 환경

しぜんかんきょう
自然環境　　　　　　　　　자연환경

患者 かんじゃ

Q. 의사 선생님은 患者 를 진찰 중입니다.

Q. 오늘 입원한 患者.

명 환자

にゅういんかんじゃ
入院患者　　　　　　　　　입원 환자

両替 りょうがえ

Q. 일본 여행을 가려고 엔화로 両替 를 했다.

Q. 은행에서 외화와 원화를 바꿔주는 両替 업무를 하고 있다.

명 환전

りょうがえてすうりょう
両替手数料　　　　　　　환전 수수료

活気 かっき

Q. 손님이 줄어 점차 活気 를 잃고 있는 재래시장.

Q. 장날이 되자 시장에 活気 가 넘친다.

명 활기

かっきをうしなう
活気を失う　　　　　　　활기를 잃다

働き はたらき

Q. 오류가 발생하여 기계의 働き 가 중단되었다.

Q. 연휴도 끝이다. 내일이면 또 働き 하러 나가야 해.

명 작동, 활동, 일

はたらきしだい
働き次第　　　　　　　　일하기 나름

活動 かつどう

Q. 학교 졸업 후 취직 活動 를 하고 있다.

Q. 친구들과 함께 양로원에 봉사 活動 를 하러 왔다.

명 활동

ぼらんてぃあかつどう
ボランティア活動　　　　자원봉사 활동

会館 かいかん

Q. 마을 会館 에 어르신들을 모시고 잔치를 열었다.

Q. 교내 학생 会館 에서 신입생 환영회가 열린다.

명 회관

しみんかいかん
市民会館　　　　　　　　시민 회관

回収 かいしゅう

Q. 제조사는 사과문을 작성한 뒤 불량품을 전량 回収 했다.

Q. 인공위성을 발사한 뒤 바다에 떨어진 로켓을 回収 했다.

명 회수

はいひんかいしゅうぎょうしゃ
廃品回収業者　　　　　폐품 회수 업자

Q ─────────────── A ───────────────

会員 かいいん

- Q. 산악회 会員 들과 함께 등산하는 날이다.
- Q. 会員 가입을 하기 전에 약관을 잘 살펴보세요.

명 회원

せいかいいん
正会員　　　　　　　　　정회원

回り まわり

- Q. 팽이의 回り 를 보고 있기만 해도 신이 났다.
- Q. 한 잔인데 취하네. 오늘은 술기운의 回り 가 빠른걸!

명 돎, 회전

さけのまわり
酒の回り　　　　　　술기운이 돎

会合 かいごう

- Q. 1인 기업인들이 모여 会合 를 가졌다.
- Q. 서울에서 열린 G20 会合.

명 회합

かいごうのばしょ
会合の場所　　　　　회합의 장소

横断 おうだん

- Q. 무단 横断 을 하지 말고 초록 불에 건너라.
- Q. 초록 불이라도 주변을 잘 살핀 뒤 横断 보도를 건너자.

명 횡단

おうだんほうどう
横断報道　　　　　　　횡단보도

効果 こうか

- Q. 좋다는 약은 모두 먹어봤지만 별 効果 가 없었다.
- Q. 이 크림을 꾸준히 바르면 주름 개선 効果 가 있다고 한다.

명 효과

こうかをあげる
効果を上げる　　　　효과를 거두다

孝行 こうこう

- Q. 부모님이 살아계시는 동안 孝行 를 다하려 노력했다.
- Q. 자식이 행복하게 사는 것이 부모에 대한 孝行 라는 말씀.

명 효행, 효도

こうこうむすこ
孝行息子　　　　　　　　효자

効力 こうりょく

- Q. 계약해지 통지서는 상대방이 받은 순간 効力 가 발생한다.
- Q. 진통제의 効力 가 뛰어나 두통이 바로 나았다.

명 효력

くすりのこうりょく
薬の効力　　　　　　　약의 효력

後輩 こうはい

- Q. 그는 後輩 들을 잘 챙겨주는 좋은 선배이다.
- Q. 대학교 後輩 를 데리고 나와 밥을 사주었다.

명 후배

せんぱいとこうはい
先輩と後輩　　　　　선배와 후배

休暇 きゅうか

- Q. 여름 休暇 를 내고 하와이로 여행을 떠났다.
- Q. 우수 훈련병으로 뽑혀 포상 休暇 를 받았다.

명 휴가

ゆうきゅうきゅうか
有給休暇　　　　　　　유급 휴가

携帯 けいたい

Q. 영화 관람 중 携帯 전화는 진동으로 해 주시기 바랍니다.
Q. 携帯 가 간편한 미니 칫솔 세트.

명 휴대

けいたいでんわ
携帯電話　　　　　　　휴대전화

休憩 きゅうけい

Q. 10분 休憩 후 경기를 재개하겠습니다.
Q. 3시간 내내 공부했으니까 조금 休憩 하고 나서 하자.

명 휴게, 휴식

きゅうけいしょ
休憩所　　　　　　　휴게소

休養 きゅうよう

Q. 리조트 호텔의 休養 시설.
Q. 온천은 대표적인 休養 시설이다.

명 휴양

きゅうようしせつ
休養施設　　　　　　휴양시설

休業 きゅうぎょう

Q. 개인 사정으로 금일 休業 입니다.
Q. 공장은 임시 休業 에 들어갔다.

명 휴업

ほんじつきゅうぎょう
本日休業　　　　　　금일 휴업

休日 きゅうじつ

Q. 오늘은 평일이지만 공 休日 라서 학교 안 가요.
Q. 내일은 休日 니까 아무 데도 안 가고 집에서 쉴 거야.

명 휴일

ろーまのきゅうじつ
ローマの休日　　　　로마의 휴일

希望 きぼう

Q. 그건 그저 나의 希望 사항일 뿐이야.
Q. 이 과자의 希望 소비자 가격은 1,500원이다.

명 희망

きぼうをもつ
希望を持つ　　　　　희망을 품다

御 ご

Q. 김씨 집안 御 께서 시키신 물건입니다.
Q. 조만간 御 인사드리러 찾아뵙겠습니다.

명 옛날, 여성을 높이어 부르던 말

ごあんないもうしあげる
御案内申し上げる　　안내해 드리다

★ 접사로 쓰여 '존경, 겸손'을 나타내기도 함
★ 발음 차이 お: 일상에서 자주 쓰이는 말일 때의 발음

リットル りっとる

Q. 1.5 リットル 콜라 하나만 사 와.
Q. 이 차의 リットル 당 주행거리는 얼마인가요?

명 (부피 단위인) 리터　　유래 liter [리터]

いちりっとる
1リットル　　　　　　1리터

イコール いこーる

Q. 두 식이나 수가 같음을 나타내는 부호 イコール.
Q. a イコール b는 a와 b가 같다는 의미이다.

명 등호, 같음[동등함]　　유래 equal [이퀄]

AいこーるB
AイコールB　　　　　A와 B가 같음

Q ———————

プラス ぷらす
Q. 2 プラス 1은 3이야.
Q. プラス 가 아니라 minus를 입력했으니 계산이 틀리지.

オフィス おふぃす
Q. 사무를 보는 곳을 영어로 オフィス 라고 한다.
Q. 집에서 オフィス 가 멀지 않아서 금방 출근해요.

マイナス まいなす
Q. 5 マイナス 2 는 3이야.
Q. マイナス 통장은 수시로 입출금이 가능한 대출상품이다.

アンテナ あんてな
Q. 라디오와 텔레비전 수신용 アンテナ 를 설치했다.
Q. 위성방송을 보기 위해 アンテナ 를 설치했다.

エンジン えんじん
Q. 자동차 エンジン 이 갑자기 꺼져 도로에 멈춰서고 말았다.
Q. 자동차 エンジン 오일은 주기적으로 갈아줘야 한다.

キャンパス きゃんぱす
Q. 크고 아름다운 キャンパス 를 가진 대학교.
Q. 대학생들의 낭만적인 キャンパス 라이프.

キャンプ きゃんぷ
Q. 친구들과 キャンプ 를 가서 텐트를 치고 바비큐를 했다.
Q. 지진으로 집을 잃고 대피한 사람들이 모인 난민 キャンプ.

サッカー さっかー
Q. サッカー 는 공을 차서 골대에 넣는 경기입니다.
Q. 골키퍼만 손을 쓸 수 있는 게 サッカー 경기의 규칙이다.

ストレス すとれす
Q. 매운 음식을 먹으니 ストレス 가 확 풀리는 것 같았다.
Q. ストレス 해소를 위해 명상을 합니다.

A ———————

명 더하기, 보탬 　　유래 plus [플러스]

ぷらすまいなす
プラスマイナス　　플러스 마이너스

명 사무소, 회사 　　유래 office [오피스]

おふぃすわーく
オフィスワーク　　사무일

명 빼기, 감함 　　유래 minus [마이너스]

まいなすいおん
マイナスイオン　　마이너스 이온

명 안테나 　　유래 antenna [안테나]

そうしんあんてな
送信アンテナ　　송신 안테나

명 엔진 　　유래 engine [엔진]

えんじんおいる
エンジンオイル　　엔진 오일

명 캠퍼스 　　유래 campus [캠퍼스]

きゃんぱすらいふ
キャンパスライフ　　대학 생활

명 야영 　　유래 camp [캠프]

きゃんぷふぁいやー
キャンプファイヤー　　캠프파이어

명 축구 　　유래 soccer [사커]

さっかーせんしゅ
サッカー選手　　축구 선수

명 스트레스 　　유래 stress [스트레스]

すとれすかいしょう
ストレス解消　　스트레스 해소

スペイン　すぺいん

Q. スペイン 의 수도는 마드리드이다.
Q. 매년 투우 축제가 열리는 スペイン.

명 **스페인** 유래 spain [스페인]

すぺいんりょこう
スペイン旅行 스페인 여행

スペイン語　すぺいんご

Q. スペイン語 는 에스파냐어라고도 한다.
Q. スペイン語 는 스페인을 포함 22개국의 공용어로 쓰인다.

명 **스페인어** 유래 spain [스페인] + 語 [ご]

すぺいんごのきょうし
スペイン語の教師 스페인어 교사

スモールサイズ　すもーるさいず

Q. 체격이 작아서 スモールサイズ 옷만 입어요.
Q. 기성복에는 スモールサイズ 의 약어로 S를 표시한다.

명 **작은 크기** 유래 small size [스몰 사이즈]

すもーるさいずのふく
スモールサイズの服 스몰사이즈 옷

センター　せんたー

Q. センター 에 넣는 삼발이가 피자를 눌어붙지 않게 한다.
Q. 일본의 멜로 영화 세상의 センター 에서 사랑을 외치다.

명 **중앙, 중심** 유래 center [센터]

かるちゃーせんたー
カルチャーセンター 문화 센터

★ 총합 시설을 의미하기도 함

タオル　たおる

Q. 찜질방에 가면 1인당 한 장씩 タオル 를 준다.
Q. 샤워를 하고 タオル 를 꺼내 물을 닦았다.

명 **수건** 유래 towel [타월]

ばすたおる
バスタオル 목욕 수건

チケット売(り)場　ちけっとうりば

Q. チケット売(り)場 에서 표를 사고 입장하시기 바랍니다.
Q. チケット売(り)場 앞에 기다리는 줄 좀 봐!

명 **매표소** 유래 ticket [티켓] + 売(り)場 [うりば]

ちけっとうりばをさがす
チケット売り場を捜す 매표소를 찾다

データ　でーた

Q. 발표를 준비하면서 많은 データ 를 모았다.
Q. 컴퓨터에 저장해놓은 データ 가 다 날아갔다.

명 **자료** 유래 data [데이터]

でーたーしゅうせき
データー集積 데이터 수집

テニスコート　てにすこーと

Q. テニスコート 에서 테니스를 쳤다.
Q. テニスコート 와 배드민턴 코트는 크기부터 다르다.

명 **테니스 코트** 유래 tennis court [테니스 코트]

おくがいてにすこーと
屋外テニスコート 야외 테니스 코트

トンネル　とんねる

Q. トンネル 는 어둡고 위험하므로 차선 변경을 금지했다.
Q. 산을 뚫어 トンネル 를 만들고 있다.

명 **터널** 유래 tunnel [터널]

とんねるこうじ
トンネル工事 터널 공사

Q ——————— A

ノック のっく
- 남의 방에 *ノック* 도 안 하고 들어오면 어떡해!
- 문을 반드시 3번 *ノック* 하신 다음 들어오세요.

명 노크　유래 knock [노크]

| のっくしてはいる | |
| ノックして入る | 노크하고 들어가다 |

バスケット ばすけっと
- 멋진 덩크슛은 *バスケット* 의 묘미 중 하나이다.
- 구기 종목 중에서도 *バスケット* 선수들은 키가 큰 편이야.

명 농구　유래 basketball [바스켓볼]

| ばすけっとぼーる | |
| バスケットボール | 농구공 |

パブ ぱぶ
- *パブ* 에서 시원하게 맥주 한잔 어때?
- 월드컵 때 *パブ* 에 모여 함께 술을 마시며 응원했다.

명 술집　유래 pub [펍]

| ぱぶでびーるをのむ | |
| パブでビールを飲む | 펍에서 맥주를 마시다 |

ビデオ びでお
- *ビデオ* 테이프에 녹화된 충격적인 장면.
- 결혼식에 *ビデオ* 카메라를 가져가 영상을 촬영했다.

명 비디오　유래 video [비디오]

| びでおてーぷ | |
| ビデオテープ | 비디오 테이프 |

ファーストフード ふぁーすとふーど
- *ファーストフード* 는 주문하면 금방 먹을 수 있다는 뜻.
- *ファーストフード* 의 대명사인 햄버거.

명 즉석식품　유래 fast food [패스트 푸드]

| ふぁーすとふーどてん | |
| ファーストフード店 | 패스트푸드점 |

フランス ふらんす
- *フランス* 여행을 가서 에펠탑을 실제로 봤다.
- *フランス* 에서 유학 생활을 한 덕에 불어를 잘한다.

명 프랑스　유래 france [프랑스]

| ふらんすぱん | |
| フランスパン | 프랑스 빵 |

ブレーキ ぶれーき
- 자동차 *ブレーキ* 가 고장 나서 속도를 줄일 수가 없어!
- 갑자기 사람이 튀어나와서 급 *ブレーキ* 를 밟았다.

명 제동　유래 brake [브레이크]

| きゅうぶれーき | |
| 急ブレーキ | 급브레이크 |

ポルトガル ぽるとがる
- *ポルトガル* 의 식민지였던 브라질.
- *ポルトガル* 의 수도는 리스본이다.

명 포르투갈　유래 portugal [포르투갈]

| ぽるとがるのぞくりょう | |
| ポルトガルの属領 | 포르투갈의 식민지 |

マラソン まらそん
- 40km 넘게 달려야 하는 *マラソン* 대회.
- 이봉주는 우리나라에서 가장 유명한 *マラソン* 선수다.

명 마라톤　유래 marathon [마라톤]

| まらそんたいかい | |
| マラソン大会 | 마라톤대회 |

ミルク みるく

Q. 우유를 탄 홍차를 ミルク 티라고 부른다.

Q. 유제품은 ミルク 를 가공한 것으로 치즈, 연유 등이 있다.

명 우유　　　　　유래 milk [밀크]

みるくをのむ
ミルクを飲む　　　우유를 마시다

ヨーロッパ よーろっぱ

Q. ヨーロッパ 국가들은 EU라는 공동체를 결성했어.

Q. 프랑스, 독일 같은 ヨーロッパ 를 여행할 거야.

명 유럽 　　유래 europe [유럽]

よーろっぱりょこう
ヨーロッパ旅行　　유럽 여행

ランチ らんち

Q. 평일 낮의 ランチ 타임에만 먹을 수 있는 할인 메뉴.

Q. 우리 병원의 ランチ 시간은 12시부터 1시까지입니다.

명 점심 식사　　　유래 lunch [런치]

らんちめにゅー
ランチメニュー　　런치메뉴

ランチタイム らんちたいむ

Q. 저희 음식점의 ランチタイム 는 11시부터 2시까지예요.

Q. 이 가게는 ランチタイム 에 메뉴를 저렴하게 판매한다.

명 점심시간　　유래 lunch time [런치 타임]

らんちたいむめにゅー
ランチタイムメニュー　런치타임 메뉴

ランニング らんにんぐ

Q. 매일 퇴근 후 헬스장에서 ランニング 머신을 탄다.

Q. 토끼와 거북이는 ランニング 시합을 했습니다.

명 경주　　　　유래 running [러닝]

らんにんぐしあい
ランニング試合　　달리기 시합

ロシア ろしあ

Q. ロシア 를 가로지르는 시베리아 철도.

Q. ロシア 의 대문호 톨스토이.

명 러시아　　　유래 russia [러시아]

ろしあれんぽう
ロシア連邦　　　러시아 연방

ソファー そふぁー

Q. 휴일 내내 가죽 ソファー 에 앉아 TV를 봤다.

Q. ソファー 에 몸을 파묻고 앉아있다가 잠깐 졸았다.

명 소파　　　　유래 sofa [소파]

そふぁーとてーぶる
ソファーとテーブル　소파랑 책상

カーペット かーぺっと

Q. 겨울이 되니 추워서 거실 바닥에 カーペット 를 깔았어.

Q. 시상식에 참가하기 위해 레드 カーペット 위를 걸었다.

명 카펫　　　　유래 carpet [카펫]

れっどかーぺっと
レッドカーペット　　레드카펫

ファイル ふぁいる

Q. 검토해야 할 서류 ファイル 들이 책상 위에 쌓여 있다.

Q. 인터넷에서 유용한 ファイル 를 내려받았다.

명 서류철, 컴퓨터 자료 　유래 file [파일]

ふぁいるめい
ファイル名　　　　파일명

リング りんぐ

Q. 결혼 リング 는 보통 왼손 약지에 낀다.

Q. 소설 원작의 판타지 영화 リング 의 제왕.

명 반지 　　　　　　　　　　유래 ring [링]

えんげーじりんぐ
エンゲージリング　　　　약혼반지

ダイヤモンド だいやもんど

Q. 무색에 가까울수록 가치가 있는 보석 ダイヤモンド.

Q. ダイヤモンド 는 천연 광물 중 경도가 가장 높다.

명 다이아몬드 　　　유래 diamond [다이아몬드]

もぞうのだいやもんど
模造のダイヤモンド　　모조 다이아몬드

ビタミン びたみん

Q. 레몬에는 ビタミン c가 풍부하게 함유되어 있다.

Q. ビタミン a, b, c, d, e 등이 모두 함유된 종합 영양제.

명 비타민 　　　　　　　유래 vitamin [비타민]

そうごうびたみん
総合ビタミン　　　　　종합 비타민

イメージ いめーじ

Q. 그는 겉으로 보이는 イメージ 를 중요하게 여긴다.

Q. 회사의 대외적 イメージ 를 높이기 위한 노력.

명 인상 　　　　　　　　유래 image [이미지]

ぶらんどいめーじ
ブランドイメージ　　　브랜드 이미지

キウイ きうい

Q. 껍질은 갈색에 털이 있고, 과육은 연두색인 キウイ.

Q. 과일인 キウイ 와 똑같은 이름의 새도 있다.

명 키위 　　　　　　　　유래 kiwi [키위]

きういふるーつ
キウイフルーツ　　　　키위 프루트

レンズ れんず

Q. 난 안경 대신에 レンズ 를 껴.

Q. 카메라 レンズ 는 휴대폰 앞뒷면에 다 있어요.

명 렌즈 　　　　　　　　유래 lens [렌즈]

れんずくりーなー
レンズクリーナー　　　렌즈 클리너

瓶ビール びんびーる

Q. 난 캔맥주보다 瓶ビール 가 더 좋아.

Q. 瓶ビール 의 병은 소주와 달리 갈색이다.

명 병맥주 　　　유래 瓶[びん] + beer [비어]

びんびーるとかんびーる
瓶ビールと缶ビール　　병맥주와 캔맥주

クーラー くーらー

Q. 날씨가 너무 더우니 창문 닫고 クーラー 를 틀자.

Q. 이제 선풍기만으로는 안 돼. クーラー 를 틀어야 해.

명 냉각기, 냉방 장치 　　유래 cooler [쿨러]

るーむくーらー
ルームクーラー　　　　실내 냉방 장치

ジャケット じゃけっと

Q. 날씨가 쌀쌀하니 ジャケット 를 걸치고 나가렴.

Q. 가죽 ジャケット 를 입고 선글라스를 낀 터프가이.

명 짧은 상의 　　　　　유래 jacket [재킷]

さふぁりじゃけっと
サファリジャケット　　사파리 재킷

ドライブ どらいぶ

Q. 날씨도 좋은데 내 차 끌고 ドライブ 나 갈래?

Q. 패스트푸드점의 ドライブ 스루에서 햄버거를 샀다.

명 **차량 운전**   유래 drive [드라이브]

どらいぶするー
ドライブスルー   드라이브 스루

マフラー まふらー

Q. 날이 쌀쌀해서 목에 マフラー 를 둘렀어요.

Q. 할머니께서 직접 뜨개질해 주신 マフラー.

명 **목도리**   유래 muffler [머플러]

あたたかいまふらー
温かいマフラー   따뜻한 머플러

ミス みす

Q. 너를 믿은 것이 나의 ミス 였다.

Q. 우리 팀 선수의 ミス 로 자살골을 넣고 말았다.

명 **실패, 실수**   유래 miss [미스]

みすをおかす
ミスを犯す   실수를 범하다

パーセント ぱーせんと

Q. 순도 99 パーセント 의 금으로 밝혀졌다.

Q. 1 パーセント 의 가능성만 있어도 도전할 거야.

명 **퍼센트**   유래 percent [퍼센트]

ひゃくぱーせんと
百パーセント   백 퍼센트

カナダ かなだ

Q. 빨간 단풍잎이 그려져 있는 カナダ 국기.

Q. カナダ 여행에서 기념품으로 메이플 시럽을 사 왔어.

명 **캐나다**   유래 canada [캐나다]

かなだのれきし
カナダの歴史   캐나다의 역사

シロップ しろっぷ

Q. 나는 단맛이 싫어서 아메리카노에도 シロップ 를 안 넣어.

Q. 팬케이크는 메이플 シロップ 를 뿌려야 제맛이지!

명 **시럽**   유래 syrup [시럽]

しろっぷをいれる
シロップを入れる   시럽을 넣다

半ズボン はんずぼん

Q. 이렇게 더운 날은 半ズボン 을 입는 게 편해.

Q. 그는 무릎까지 오는 검은색 半ズボン 을 입고 있었어요.

명 **반바지**

はんずぼんをはく
半ズボンをはく   반바지를 입다

アイスクリーム あいすくりーむ

Q. 올 때 편의점에서 멜론 アイスクリーム 좀 사 와.

Q. アイスクリーム 가 녹기 전에 빨리 먹자.

명 **아이스크림**   유래 ice cream [아이스 크림]

いちごあいすくりーむ
苺アイスクリーム   딸기 아이스크림

ショッピング しょっぴんぐ

Q. 계절이 바뀌기 전에 ショッピング 몰에서 옷 좀 사야지.

Q. 요즘은 백화점에 가지 않고 인터넷 ショッピング 를 한다.

명 **쇼핑**   유래 shopping [쇼핑]

しょっぴんぐもーる
ショッピングモール   쇼핑몰

メンバー めんばー

Q. 동아리 メンバー 수는 총 20명.
Q. 나는 학교 테니스 클럽의 メンバー 다.

명 구성원   유래 member [멤버]

めんばーのなまえ
メンバーの名前   구성원 이름

カーブ かーぶ

Q. 산길 도로는 꼬불꼬불한 カーブ 가 많아서 멀미가 났다.
Q. カーブ 를 그리며 날아가는 공.

명 커브   유래 curve [커브]

あうとかーぶ
アウトカーブ   아웃 커브

キー きー

Q. 자동차 キー 를 안 가져와서 차 문을 열 수가 없어.
Q. 집 キー 를 잃어버려서 현관 밖에서 부모님을 기다렸다.

명 열쇠   유래 key [키]

きーほるだー
キーホルダー   키홀더

ブラウス ぶらうす

Q. 면접을 위해 하얀 ブラウス 와 정장 치마를 샀어.
Q. 여성 오피스룩에서 상의로 선호되는 흰 ブラウス.

명 블라우스   유래 blouse [블라우스]

ぶらうすとすかーと
ブラウスとスカート   블라우스와 스커트

インターネット いんたーねっと

Q. 모르는 건 インターネット 로 검색해 봐.
Q. インターネット 뱅킹으로 집에서 입금했다.

명 인터넷   유래 internet [인터넷]

いんたーねっとさいと
インターネットサイト   인터넷 사이트

スカーフ すかーふ

Q. 가을에는 スカーフ, 겨울에는 털목도리를 두른다.
Q. 실크로 된 スカーフ 를 목에 두르고 선글라스를 썼다.

명 스카프   유래 scarf [스카프]

きぬのすかーふ
絹のスカーフ   실크 스카프

アンケート あんけーと

Q. 대선 결과를 예상하기 위해 アンケート 를 시행했다.
Q. 그 후보가 압승할 것이라는 アンケート 결과가 나왔다.

명 질문, 조사   유래 enquete [앙케트]

あんけーとちょうさ
アンケート調査   앙케트 조사

ベルト べると

Q. 바지가 조금 커서 ベルト 를 꽉 조였다.
Q. 차에 타면 안전 ベルト 를 반드시 매야 해.

명 혁대   유래 belt [벨트]

あんぜんべると
安全ベルト   안전벨트

ファスナー ふぁすなー

Q. 바지의 ファスナー 가 고장 나서 올릴 수가 없어.
Q. 가방 ファスナー 를 닫지 않고 맸다가 물건이 쏟아졌다.

명 지퍼   유래 fastener [패스너]

ふぁすなーたいぷ
ファスナータイプ   지퍼 타입

デザート でざーと

Q. 배가 불러서 デザート 는 사양할게요.

Q. 요리를 먹은 후에 커피와 함께 デザート 를 즐겼다.

图 후식 　　유래 dessert [디저트]

でざーとよう デザート用	디저트용

ポスター ぽすたー

Q. 벽에 공모전 모집을 알리는 ポスター 가 붙어 있다.

Q. 선거 ポスター 를 훼손하면 처벌받는다.

图 포스터　　유래 poster [포스터]

えいがぽすたー 映画ポスター	영화 포스터

グループ ぐるーぷ

Q. 올해 데뷔한 신인 아이돌 グループ 가 큰 인기를 끌었다.

Q. 재벌 グループ 의 회장이 별세하고 후계자가 뒤를 이었다.

图 집단, 단체　　유래 group [그룹]

あいどるぐるーぷ アイドルグループ	아이돌 그룹

ハイキング はいきんぐ

Q. 호숫가의 산책로를 따라 ハイキング 를 할 계획이다.

Q. 히치 ハイキング 는 여행 중 남의 차를 빌려 타는 것이다.

图 자연을 즐기며 걷기　　유래 hiking [하이킹]

はいきんぐこーす ハイキングコース	하이킹 코스

ダイエット だいえっと

Q. ダイエット 를 시작한지 한 달 만에 10kg을 감량했다.

Q. 끼니를 거르면서 하는 무리한 ダイエット 는 몸을 망친다.

图 다이어트　　유래 diet [다이어트]

だいえっとしょくひん ダイエット食品	다이어트 식품

カロリー かろりー

Q. 살찔까 봐 カロリー 가 높은 음식은 안 먹어.

Q. 고단백 저 カロリー 의 음식.

图 칼로리　　유래 calorie [칼로리]

かろりーせいげん カロリー制限	칼로리 제한

スケート すけーと

Q. 생일선물로 받은 롤러 スケート 한 켤레.

Q. 피겨 スケート 경기에서 금메달을 땄다.

图 스케이트　　유래 skate [스케이트]

すけーとりんく スケートリンク	스케이트장

インド いんど

Q. 간디는 インド 독립을 위해 비폭력 무저항 운동을 했다.

Q. インド 의 신분 제도인 카스트 제도.

图 인도　　유래 india [인디아]

いんどぞう インド象	인도 코끼리

トップ とっぷ

Q. 세계적으로 실력을 인정받는 トップ 클래스의 선수.

Q. 모르는 사람이 없는 유명한 トップ 스타.

图 첫째, 선두, 정상　　유래 top [톱]

とっぷくらす トップクラス	최상위

Q _____   A _____

クイズ くいず

Q. 친구가 나에게 난센스 クイズ 를 냈다.

Q. 이 クイズ 의 정답을 맞히시면 상품을 드립니다.

명 퀴즈 　유래 quiz [퀴즈]

くいずばんぐみ
クイズ番組　　퀴즈 방송

アウト あうと

Q. 스트라이크 3개로 삼진 アウト!

Q. 시험의 합격 점수에 미달하여 アウト 되었다.

명 실격, 실패 　유래 out [아웃]

あうとになる
アウトになる　　아웃이 되다

カバー かばー

Q. 시트 カバー 에 오줌을 싼 강아지.

Q. 이불 カバー 를 벗겨내서 빨아야겠어.

명 덮개, 뚜껑 　유래 cover [커버]

かばーをかける
カバーを掛ける　　커버를 씌우다

マヨネーズ まよねーず

Q. 케첩과 달리 マヨネーズ 는 약간 느끼한 맛이 나.

Q. 참치 マヨネーズ 김밥이 좋아.

명 마요네즈 　유래 mayonnaise [마요네즈]

けちゃっぷとまよねーず
ケチャップとマヨネーズ 케첩과 마요네즈

クリーニング くりーにんぐ

Q. 세탁소에 드라이 クリーニング 를 맡겼다.

Q. 세탁소에서 クリーニング 를 하고 나니 새 옷처럼 깨끗해.

명 세탁 　유래 cleaning [클리닝]

どらいくりーにんぐ
ドライクリーニング　　드라이클리닝

スケジュール すけじゅーる

Q. 친구들과 상의해서 여행 スケジュール 를 짰다.

Q. 빡빡한 スケジュール 였지만 제때 일을 마쳤다.

명 일정 　유래 schedule [스케줄]

すけじゅーるがつまる
スケジュールが詰まる　　스케줄이 꽉 차다

カップル かっぷる

Q. CC는 캠퍼스 カップル 의 약자이다.

Q. 한강엔 데이트를 나온 カップル 들이 많았다.

명 커플 　유래 couple [커플]

かっぷるりんぐ
カップルリング　　커플링

スクール すくーる

Q. 의무교육을 통해 국민 누구나 スクール 를 다닐 수 있다.

Q. スクール 존에서는 주행 속도가 30km로 제한된다.

명 학교 　유래 school [스쿨]

すくーるばす
スクールバス　　스쿨버스

アルバム あるばむ

Q. 오래된 アルバム 속에 있는 내 돌사진.

Q. 그 아이돌 가수의 새 アルバム 가 발매됐어요.

명 앨범 　유래 album [앨범]

そつぎょうあるばむ
卒業アルバム　　졸업 앨범

パス¹ ぱす

Q. 재수 생활 끝에 원하는 대학을 パス 할 수 있었다.

Q. 어려운 시험이었지만 간신히 パス 했다.

명 합격, 통과   유래 pass [패스]

しけんにぱすした
試験にパスした   시험에 통과하다

パス² ぱす

Q. 오사카 주유 パス 2일권.

Q. 도쿄 메트로 パス 는 24시간 동안 이용할 수 있다.

명 승차권, 입장권 🎫   유래 pass [패스]

しゅうゆうぱす
周遊パス   주유 패스

ミディアムサイズ みでぃあむさいず

Q. 기성복의 M 표시는 ミディアムサイズ 라는 뜻이다.

Q. ミディアムサイズ 도 크니까 스몰 사이즈를 입어 봐.

명 중간 크기   유래 medium size [미디엄 사이즈]

みでぃあむさいずのふく
ミディアムサイズの服   미디엄 사이즈 옷

ラージサイズ らーじさいず

Q. 피자 ラージサイズ 를 시켰더니 혼자 먹기 힘들다.

Q. ラージサイズ 도 작으니 엑스라지 사이즈를 사야겠다.

명 커다란 크기   유래 large size [라지 사이즈]

らーじさいずのこーら
ラージサイズのコーラ   라지 사이즈 콜라

スタイル すたいる

Q. 요즘 유행하는 헤어 スタイル 라서 어딜 가든 보인다.

Q. 아메리칸 スタイル 로 꾸미고 미국 음식을 파는 음식점.

명 모습, 양식   유래 style [스타일]

へあすたいる
ヘアスタイル   헤어스타일

サラリーマン さらりーまん

Q. 나는 월급 받으며 사는 サラリーマン 의 삶에 만족해.

Q. 아버지는 회사에 다니는 サラリーマン 이십니다.

명 봉급 생활자 💰

유래 salary man [샐러리맨]

しんまいさらりーまん
新米サラリーマン   신참 샐러리맨

インク いんく

Q. 펜에 インク 가 떨어져서 글씨를 쓸 수가 없다.

Q. 프린터기의 インク 가 다 떨어졌는지 인쇄가 안 된다.

명 잉크   유래 ink [잉크]

いんくのしみ
インクの染み   잉크의 얼룩

サービス さーびす

Q. 음식은 좋았지만 サービス 는 별로였어.

Q. 튀김은 サービス 로 드리는 겁니다. 맛있게 드세요.

명 서비스[봉사]   유래 service [서비스]

さーびすまんてん
サービス満点   서비스 만점

＊ '할인' 혹은 '덤'을 뜻하기도 함

ストップ すとっぷ

Q. 음향 장치에 문제가 생겨 공연이 잠시 ストップ 되었다.

Q. ストップ 워치로 달리기 기록을 쟀다.

명 정지 (動)   유래 stop [스톱]

すとっぷうぉっち
ストップウォッチ   스톱워치

Q — A

セール せーる

q. 이 옷은 セール 할 때 싸게 샀어.

q. 백화점이 セール 중이래. 다 팔리기 전에 어서 가자.

명 (할인) 판매   유래 sale [세일]

せーるきかん
セール期間 세일 기간

ルーム るーむ

q. 방 하나짜리 원 ルーム 에서 살고 있어.

q. 하룻밤 묵어가려는데 빈 ルーム 가 있을까요?

명 방 유래 room [룸]

るーむさーびす
ルームサービス 룸서비스

ケース けーす

q. 안경을 벗어 ケース 에 넣고 잠깐 눈을 붙였다.

q. 지난번과 같은 ケース 입니다. 동일범의 소행 아닐까요?

명 상자 혹은 특정한 경우 유래 case [케이스]

ぺんけーす
ペンケース 펜 케이스

カラー からー

q. 내가 가장 좋아하는 カラー 는 빨간색이야.

q. 한 살이라도 젊을 때 튀는 カラー 로 염색해 봐야겠다.

명 색 유래 color [컬러]

ちーむからー
チームカラー 팀 컬러

サイズ さいず

q. 피자 라지 サイズ 를 주문해서 가족들과 함께 먹었다.

q. 옷의 サイズ 에 따라 디자인이 조금 달라집니다.

명 크기 유래 size [사이즈]

さいずがあう
サイズが合う 사이즈가 맞다

ダイヤル だいやる

q. ダイヤル 를 돌려서 전화를 거는 옛날 방식 전화기.

q. 라디오 방송을 들으려고 ダイヤル 를 맞춘다.

명 다이얼 유래 dial [다이얼]

だいやるをまわす
ダイヤルを回す 다이얼을 돌리다

チャンス ちゃんす

q. 역전할 수 있는 절호의 チャンス.

q. 큰돈을 벌 チャンス 라고 생각했는데 사기였을 줄이야.

명 기회 유래 chance [찬스]

らすとちゃんす
ラストチャンス 마지막 기회

ネックレス ねっくれす

q. 알이 큰 진주를 이어 만든 ネックレス 를 목에 걸었다.

q. 목에 거는 장신구를 ネックレス 라고 해요.

명 목걸이 유래 necklace [네크리스]

しんじゅのねっくれす
真珠のネックレス 진주 목걸이

プラン ぷらん

q. 주말에 プラン 이 없으면 나랑 같이 놀러 갈래?

q. 여행지가 바뀌어서 プラン 을 처음부터 다시 짜기로 했다.

명 계획 유래 plan [플랜]

ぷらんをねる
プランを練る 계획을 짜다

メニュー めにゅー

Q. 음식을 주문하려고 メニュー 를 훑어보았다.

Q. 가게에 있는 メニュー 중에서 가장 비싼 걸 주문했다.

🅜 식단   유래 menu [메뉴]

せっとめにゅー
セットメニュー   세트 메뉴

ビル びる

Q. 저희 계산하겠습니다. ビル 를 주세요.

Q. 오늘 계산하신 ビル 를 가져오셔서 사은품에 응모하세요.

🅜 계산서, 청구서   유래 bill [빌]

びるおねがいします
ビルお願いします   계산서 주세요

ショップ しょっぷ

Q. 펫 ショップ 에 가지 않고 유기동물을 입양하기로 했다.

Q. 저 신발 ショップ 에서 내 맘에 드는 구두를 팔고 있어.

🅜 상점   유래 shop [숍]

ぎふとしょっぷ
ギフトショップ   기프트 숍

ダム だむ

Q. 천만 톤의 물을 저수할 수 있는 ダム.

Q. ダム 가 붕괴하여 아래에 있는 마을에 홍수가 났다.

🅜 댐   유래 dam [댐]

だむけんせつ
ダム建設   댐 건설

マンション まんしょん

Q. 고급 マンション 의 꼭대기 층에 사는 부자이다.

Q. 내가 사는 マンション 의 지하 1층은 주차장이다.

🅜 맨션   유래 mansion [맨션]

こうきゅうまんしょん
高級マンション   고급 맨션

ブラジル ぶらじる

Q. ブラジル 는 펠레, 호나우두 등을 배출한 축구 강국이다.

Q. 해마다 삼바축제가 열리는 ブラジル.

🅜 브라질   유래 brazil [브라질]

ぶらじるのさんば
ブラジルのサンバ   브라질 삼바

インタビュー いんたびゅー

Q. 그는 기자의 インタビュー 에 응하여 질문에 답변했다.

Q. 잡지에 실린 유명 가수의 インタビュー 기사.

🅜 회견   유래 interview [인터뷰]

いんたびゅーきじ
インタビュー記事   인터뷰 기사

ボーナス ぼーなす

Q. 월급 외에 연 3회의 ボーナス 를 받습니다.

Q. 회사에서 연말에 급여 외 ボーナス 를 받았다.

🅜 상여금   유래 bonus [보너스]

ぼーなすしきゅう
ボーナス支給   보너스 지급

ブラシ ぶらし

Q. 칫 ブラシ 사용법을 제대로 알아야 충치를 막을 수 있다.

Q. ブラシ 로 머리카락을 빗었다.

🅜 솔, 빗   유래 brush [브러시]

はぶらし
歯ブラシ   칫솔

Q

カード かーど

- ᵠ 지금 현금이 없어서 신용 카드 할부로 살게요.
- ᵠ 옐로 카드 를 두 번 받아서 퇴장당했다.

ソース そーす

- ᵠ 탕수육에 ソース 를 찍어 먹을까, 부어 먹을까?
- ᵠ 토마토 ソース 로 만든 스파게티.

エネルギー えねるぎー

- ᵠ 태양열 발전을 통해 エネルギー 를 얻을 수 있어요.
- ᵠ エネルギー 원 중 가장 대표적인 것은 전기다.

リボン りぼん

- ᵠ リボン 이라고 하면 나비매듭 형태를 흔히 떠올린다.
- ᵠ 선물상자에 リボン 을 둘러 나비 모양으로 묶었다.

ピザ ぴざ

- ᵠ 이탈리아에 왔으면 파스타랑 ピザ 는 먹어봐야지.
- ᵠ 나는 페퍼로니를 올린 치즈크러스트 ピザ 를 좋아해.

チップ ちっぷ

- ᵠ 과자 중에선 포테이토 チップ 를 제일 좋아한다.
- ᵠ 전자 チップ 가 들어 있는 전자 카드.

トールサイズ とーるさいず

- ᵠ 표준보다 약간 키가 큰 사람에 맞춘 トールサイズ 양복.
- ᵠ 몸집이 커서 トールサイズ 의 옷을 찾고 있습니다.

アマチュア あまちゅあ

- ᵠ 이게 프로와 アマチュア 의 실력 차이지!
- ᵠ アマチュア 골프 대회에서 두각을 보이며 프로를 노린다.

パスポート ぱすぽーと

- ᵠ 해외여행을 갈 때는 パスポート 가 필수야.
- ᵠ 여행 중에 パスポート 를 잃어버려서 대사관에 방문했다.

A

명 카드 　　　　　　　　　　유래 card [카드]

ぽいんとかーど
ポイントカード　　　　포인트 카드

명 소스 　　　　　　　　　　유래 sauce [소스]

とまとそーす
トマトソース　　　　토마토소스

명 에너지 　　　　　　　　　유래 energy [에너지]

えねるぎーげん
エネルギー源　　　　에너지원

명 장식띠 　　　　　　　　　유래 ribbon [리본]

りぼんをむすぶ
リボンを結ぶ　　　　리본을 묶다

명 피자 　　　　　　　　　　유래 pizza [피자]

ぴざきじ
ピザ生地　　　　피자 반죽

명 칩 　　　　　　　　　　　유래 chip [칩]

ぽてとちっぷ
ポテトチップ　　　　감자 칩

명 라지 사이즈보다 큰 특수 사이즈
　　　　　　　　　　　　유래 tall size [톨 사이즈]

とーるさいずすーつ
トールサイズスーツ　　톨 사이즈 양복

명 비전문가 　　　　　　　　유래 amateur [아마추어]

あまちゅあしゃしんか
アマチュア写真家　　아마추어 사진가

명 여권 　　　　　　　　　　유래 passport [패스포트]

ぱすぽーとしんせい
パスポート申請　　　여권 신청

ロビー ろびー

Q. 호텔 ロビー 에 있는 직원에게 물어봐.
Q. 마중 나온 사람들로 공항 ロビー 가 가득 찼다.

명 로비 　　　　　유래 lobby [로비]
ほてるのろびー
ホテルのロビー　　　호텔 로비

ドアマン どあまん

Q. 호텔 문 앞에 ドアマン 이 서 있다.
Q. 호텔 ドアマン 이 차 문을 열어줬다.

명 문지기 　　　　　유래 doorman [도어맨]
ほてるのどあまん
ホテルのドアマン　　호텔의 도어맨

トレーニング とれーにんぐ

Q. 강팀과의 경기에 앞서 혹독한 トレーニング 를 받았다.
Q. 꾸준히 トレーニング 를 해서 근력과 체력을 유지한다.

명 훈련, 연습 　　　　유래 training [트레이닝]
とれーにんぐにはげむ
トレーニングに励む　　훈련에 힘쓰다

アドバイス あどばいす

Q. 전문가에게 효율적인 공부를 위한 アドバイス 를 받았다.
Q. 돈을 절약할 수 있는 アドバイス 를 해줄게.

명 조언 　　　　　유래 advice [어드바이스]
あどばいすをうける
アドバイスを受ける　　조언을 받다

ギャラリー ぎゃらりー

Q. 국립 ギャラリー 에서 다양한 작품 전시 행사가 열린다.
Q. 지역 ギャラリー 에 나의 미술 작품을 내걸었다.

명 화랑, 미술관 　　　유래 gallery [갤러리]
ぎゃらりーかんらん
ギャラリー観覧　　　갤러리 관람

ジョーク じょーく

Q. 그냥 ジョーク 일 뿐이야. 진지하게 받아들이지 마.
Q. 그는 ジョーク 라고 했지만, 진심이 담긴 것 같았어.

명 농담 　　　　　유래 joke [조크]
ぶらっくじょーく
ブラックジョーク　　블랙 조크

チャンピオン ちゃんぴおん

Q. チャンピオン 을 쓰러뜨리고 벨트를 차지한 도전자.
Q. 도전자를 물리치고 チャンピオン 자리를 방어했다.

명 챔피언 　　　　　유래 champion [챔피언]
ちゃんぴおんべると
チャンピオンベルト　　챔피언 벨트

デスク ですく

Q. 내 デスク 위에 올려놨던 서류 못 봤어?
Q. 건물 1층에 있는 안내 デスク 에서 일하고 있어요.

명 (사무용) 책상 　　　유래 desk [데스크]
ですくのうえ
デスクの上　　　책상 위

＊ 접수처를 뜻하기도 함

トーチ とーち

Q. トーチ 와 독립선언서를 든 자유의 여신상.
Q. 올림픽 トーチ 를 봉송하는 주자들.

명 횃불 　　　　　유래 torch [토치]
とーちをもつ
トーチを持つ　　　횃불을 들다

Q _____ A _____

バブル　ばぶる

^{Q.} 샤워 타올로 バブル 를 잔뜩 내서 몸을 문질렀다.

^{Q.} 비누를 문질러서 バブル 를 냈다.

명 거품　　　　　　　유래 bubble [버블]

ばぶるけいざい バブル経済	거품 경제

ヒストリー　ひすとりー

^{Q.} 업적을 세워 ヒストリー 에 이름을 남기고 싶다.

^{Q.} 오늘은 학교에서 근현대의 ヒストリー 를 배웠어.

명 역사　　　　　　　유래 history [히스토리]

ひすとりーふぁいる ヒストリーファイル	히스토리 파일

ベランダ　べらんだ

^{Q.} 거실 ベランダ 에 내놓은 화분에 물을 줬어.

^{Q.} ベランダ 와 발코니는 비슷하지만 다른 개념이다.

명 베란다　　　　　　유래 veranda [베란다]

べらんだがーでん ベランダガーデン	베란다 정원

ホワイト　ほわいと

^{Q.} ホワイト 와 검은색을 섞으면 회색.

^{Q.} 눈이 내려서 세상이 온통 ホワイト 색으로 변했어요.

명 흰색　　　　　　　유래 white [화이트]

ほわいとのいず ホワイトノイズ	백색 소음

モンキー　もんきー

^{Q.} 대표적인 モンキー 캐릭터 손오공.

^{Q.} 바나나를 좋아하고 나무를 잘 타는 동물 モンキー.

명 원숭이　　　　　　유래 monkey [몽키]

もんきーはんぐ モンキーハング	원숭이처럼 매달리기

ライオン　らいおん

^{Q.} ライオン 은 동물의 왕이라고 불린다.

^{Q.} ライオン 수컷은 암컷과 달리 머리 주변에 갈기가 있다.

명 사자　　　　　　　유래 lion [라이온]

ひゃくじゅうのおうらいおん 百獣の王ライオン	백수의 왕 사자

ワールド　わーるど

^{Q.} 돈을 많이 모아서 ワールド 일주를 떠나는 게 꿈이야.

^{Q.} 앨범을 낼 때마다 ワールド 투어를 하는 슈퍼스타이다.

명 세계　　　　　　　유래 world [월드]

わーるどれこーど ワールドレコード	세계 기록

ウエディング　うえでぃんぐ

^{Q.} 양가의 가족들만 모여서 작은 ウエディング 를 치렀다.

^{Q.} 하객들의 축하 속에 성대한 ウエディング 를 올렸어요.

명 결혼　　　　　　　유래 wedding [웨딩]

うえでぃんぐどれす ウエディングドレス	웨딩드레스

アウトサイド　あうとさいど

^{Q.} 건물 안쪽은 깔끔하지만, アウトサイド 는 낡아 보인다.

^{Q.} 창문이 잘 안 닦여서 다시 보니 アウトサイド 쪽이었어.

명 바깥쪽　　　　　　유래 outside [아웃사이드]

あうとさいどぽけっと アウトサイドポケット	겉주머니

セレクト せれくと

Q. 하나만 고른다면 이쪽을 セレクト 하겠어요.
Q. 까다로운 신입사원 セレクト 기준.

명 선택, 선발   유래 select [셀렉트]

| せれくとしょっぷ
セレクトショップ | 셀렉트 숍 |

ピーク ぴーく

Q. 그 배우의 인기는 나날이 치솟아 이제 ピーク 에 달했다.
Q. 기름값이 점점 오르더니 올해 기준 ピーク 에 다다랐다.

명 정점   유래 peak [피크]

| ぴーくにたっする
ピークに達する | 극에 달하다 |

キャップ きゃっぷ

Q. キャップ 를 눌러 쓰고 마스크로 얼굴을 가린 범죄자.
Q. 야구 투수들은 キャップ 를 쓰고 경기를 해요.

명 모자, 뚜껑   유래 cap [캡]

| きゃっぷをかぶる
キャップを被る | 모자를 쓰다 |

アニメーション あにめーしょん

Q. 움직이는 만화를 アニメーション 이라고 부른다.
Q. 해외의 유명 アニメーション 스튜디오 픽사.

명 애니메이션   유래 animation [애니메이션]

| あにめーしょんえいが
アニメーション映画 | 애니메이션 영화 |

スタディー すたでぃー

Q. 그는 졸업 후에도 전공의 スタディー 를 계속했습니다.
Q. 오늘 수업에서는 우리나라 역사에 대해 スタディー 했다.

명 연구, 학습   유래 study [스터디]

| すたでぃーぷろぐらむ
スタディープログラム | 스터디 프로그램 |

ネック ねっく

Q. 목이 긴 스웨터를 터틀 ネック 니트라고 한다.
Q. 추워서 ネック 에 머플러를 둘렀어요.

명 목, 목깃   유래 neck [넥]

| らうんどねっく
ラウンドネック | 라운드 넥 |

ストーリー すとーりー

Q. 그건 내가 들었던 ストーリー 들 중 가장 슬프다.
Q. 그거 지어낸 ストーリー 지? 실화라니 믿을 수 없어.

명 이야기   유래 story [스토리]

| へいばんなすとーりー
平板なストーリー | 단조로운 스토리 |

バレーボール ばれーぼーる

Q. バレーボール 는 공이 상대편 코트의 바닥에 닿아야 한다.
Q. 해변에서 하는 공놀이를 비치 バレーボール 라고 부른다.

명 배구   유래 volleyball [발리볼]

| ばれーぼーるこーと
バレーボールコート | 배구 코트 |

アレルギー あれるぎー

Q. 갑각류 アレルギー 때문에 새우는 못 먹는다.
Q. 고양이 アレルギー 가 있어 고양이를 키울 수가 없다.

명 알레르기   유래 allergie [알레르기]: 독일어

| あれるぎーはんのう
アレルギー反応 | 알레르기 반응 |

Q ——————

ウイルス うぃるす
- Q. 독감 ウイルス 가 유행하고 있으니 미리 백신을 맞으렴.
- Q. 컴퓨터가 악성 ウイルス 에 감염된 거 같아.

ハンド はんど
- Q. 주부습진이 생길 것 같아 ハンド 크림을 발랐다.
- Q. ハンド 볼은 손을 사용하는 구기 스포츠다.

フェンス ふぇんす
- Q. 사슴이 밭을 헤집어놔서 주변에 フェンス 를 둘렀다.
- Q. 말이 フェンス 를 뛰어넘어 도망쳤다.

ダイアリー だいありー
- Q. 매일 밤 오늘 있었던 일을 ダイアリー 에 쓴다.
- Q. 독일 출신 유대인 소녀 안네의 ダイアリー.

カメレオン かめれおん
- Q. 몸 색깔을 바꿀 수 있는 파충류 カメレオン.
- Q. カメレオン 과 같은 연기 변신을 보여준 배우.

キャンセル きゃんせる
- Q. 몸살로 앓아눕는 바람에 약속을 キャンセル 했다.
- Q. 폭우로 인해 행사가 キャンセル 되었다.

イングリッシュ いんぐりっしゅ
- Q. 영국에서 온 원어민에게 イングリッシュ 를 배웠어.
- Q. イングリッシュ 머핀은 작고 납작한 식사용 빵이다.

エア えあ
- Q. 날씨가 좋으니 밖에 나가서 신선한 エア 를 쐬고 싶어.
- Q. 교통사고가 났지만 エア 백 덕분에 많이 다치지 않았다.

ハーブ はーぶ
- Q. 캐모마일은 진정작용이 있는 ハーブ 입니다.
- Q. 그 가게에선 재스민을 우려낸 ハーブ 티를 물 대신 준다.

A ——————

명 바이러스 　　　유래 virus [바이러스]
しんしゅのういるす
新種のウイルス 　　　신종 바이러스

명 손 　　　유래 hand [핸드]
はんどくりーむ
ハンドクリーム 　　　핸드크림

명 울타리, 담 　　　유래 fence [펜스]
がーどふぇんす
ガードフェンス 　　　가드펜스

명 일기, 일기장 　　　유래 diary [다이어리]
こうかんだいありー
交換ダイアリー 　　　교환 일기

명 카멜레온 　　　유래 chameleon [카멜레온]
かめれおんのしいく
カメレオンの飼育 　　　카멜레온 사육

명 취소 　　　유래 cancel [캔슬]
よやくをきゃんせるする
予約をキャンセルする 　　　예약을 취소하다

명 영어 　　　유래 english [잉글리시]
いんぐりっしゅまふぃん
イングリッシュマフィン 　　　잉글리시 머핀
★ 형용사로 쓰여 '영국의, 영어의'를 뜻하기도 함

명 공기 　　　유래 air [에어]
えあばっぐ
エアバッグ 　　　에어백

명 허브 　　　유래 herb [허브]
はーぶてぃー
ハーブティー 　　　허브 티

テレフォン てれふぉん

Q. 그 사람 명함 없어? テレフォン 번호 기억 안 나?

Q. 옛날에는 다이얼을 돌려서 거는 テレフォン 이 있었어.

명 전화, 전화기 📞 유래 telephone [텔레폰]

てれふぉんかーど
テレフォンカード　　　공중전화 카드

オーディオ おーでぃお

Q. 카 オーディオ 를 크게 틀고 시내를 달리는 자동차.

Q. 음악을 내보내 줄 オーディオ 장비를 공연장에 설치했다.

명 라디오·TV 등의 음성 부분 🎙
유래 audio [오디오]

かーおーでぃお
カーオーディオ　　　카 오디오

オムレツ おむれつ

Q. 프랑스식 달걀부침을 オムレツ 라고 부른다.

Q. 플레인 オムレツ 는 달걀만으로 만든 요리다.

명 오믈렛 　　　　　유래 omelette [오믈렛]

ぷれーんおむれつ
プレーンオムレツ　　　플레인 오믈렛

オフ おふ

Q. 불이 オフ 되어 있어서 실내가 어둡다.

Q. 장치가 オフ 상태여서 버튼을 눌러 켰다.

명 스위치가 꺼져 있음 💡 유래 off [오프]

でんげんをおふにする
電源をオフにする　　　전원을 끄다

ドール どーる

Q. 처키로 유명한 호러 영화 사탄의 ドール.

Q. 배를 누르면 녹음된 대사가 나오는 ドール 장난감.

명 인형 　　　　　　유래 doll [돌]

どーるはうす
ドールハウス　　　인형의 집

アドレス あどれす

Q. 소포 보낼 곳의 アドレス 좀 알려주세요.

Q. 자료를 보낼 테니까 이메일 アドレス 알려줘.

명 주소 🏠 　　　유래 address [어드레스]

いーめーるあどれす
イーメールアドレス　　이메일 주소

フット ふっと

Q. 신발도 안 신고 맨 フット 로 뛰쳐나갔다.

Q. 오래 걸었더니 フット 에 물집이 생겼어.

명 발 🦶 　　　　　　유래 foot [풋]

ふっとぶれーき
フットブレーキ　　　발로 밟는 브레이크

グリーン ぐりーん

Q. 신호등이 グリーン 색으로 바뀌었다.

Q. 소나무의 잎은 사시사철 グリーン 색입니다.

명 녹색, 녹지 🌳 　　유래 green [그린]

ぐりーんてぃー
グリーンティー　　　녹차

レフト れふと

Q. 심장이 있는 쪽이 レフト 이다.

Q. 우리나라는 운전석이 レフト 에 있는 자동차를 사용한다.

명 왼쪽 🔙 　　　　유래 left [레프트]

れふとふっく
レフトフック　　　레프트 훅

Q

アーモンド あーもんど
- 견과류 중 떨어지는 물방울 모양처럼 생긴 アーモンド.
- 땅콩은 싫어하지만 アーモンド 는 좋아한다.

ミステリー みすてリー
- 피라미드는 세계 7대 ミステリー 중 하나이다.
- 우주의 탄생은 아직 밝혀지지 않은 ミステリー 다.

フード ふーど
- 아프리카는 フード 부족으로 기아가 심각해.
- 간편하게 데워 먹는 즉석 フード.

シューズ しゅーず
- 양말을 신고 나서 シューズ 를 신어요.
- シューズ 는 벗고 들어오세요.

マネー まねー
- 여행을 가기 위해 マネー 를 저축하고 있어.
- 제 계좌에 マネー 가 정확히 얼마나 남아 있나요?

ペーパー ぺーぱー
- 프린터에 잉크는 있는데 ペーパー 가 다 떨어졌다.
- 신문은 영어로 뉴스 ペーパー 라고 한다.

タウン たうん
- 젊은이들이 도시로 나가 활력을 잃고 있는 산골 タウン.
- 전주 한옥 タウン 에서 구경도 하고 맛있는 것도 먹었어.

ドリンク どりんく
- ドリンク 는 주스와 우유 중 무엇으로 하시겠어요?
- 코카콜라는 내가 가장 좋아하는 ドリンク 다.

ゴッド ごっど
- 제우스는 그리스 신화에서 최고의 ゴッド 다.
- 그는 ゴッド 를 믿지 않아서 종교가 없다.

A

명 아몬드 　유래 almond [아몬드]

あーもんどちょこれーと
アーモンドチョコレート　아몬드 초콜릿

명 신비, 괴기 　유래 mystery [미스터리]

みすてりーえいが
ミステリー映画　미스터리 영화

명 음식물 　유래 food [푸드]

ふーどこーと
フードコート　푸드 코트

명 신발 　유래 shoes [슈즈]

ばれーしゅーず
バレーシューズ　발레 슈즈

명 돈 　유래 money [머니]

ぶらっくまねー
ブラックマネー　검은돈

명 종이 　유래 paper [페이퍼]

にゅーすぺーぱー
ニュースペーパー　뉴스 페이퍼

명 마을, 거리, 도시 　유래 town [타운]

にゅーたうん
ニュータウン　뉴타운

명 음료 　유래 drink [드링크]

どりんくざい
ドリンク剤　드링크제

명 신 　유래 god [갓]

おーまいごっど
オーマイゴッド　오 마이 갓

クリップ くりっぷ

Q. 종이 여러 장을 모아서 クリップ 로 고정했다.
Q. 미용사는 헤어 クリップ 로 머리카락을 고정했다.

명 핀, 클립 　유래 clip [클립]

のーずくりっぷ
ノーズクリップ　　　　코 집게

ノベル のべる

Q. 좋아하는 소설가의 신작 ノベル 가 나왔다.
Q. 나는 만화보다는 ノベル 를 읽는 게 좋아.

명 소설 📖　유래 novel [노블]

らいとのべる
ライトノベル　　　　라이트 노벨

ファーム ふぁーむ

Q. 주말마다 ファーム 에 가서 농사일을 돕습니다.
Q. 제주도 감귤 ファーム 에서 귤을 따는 체험을 했다.

명 농장, 양식장　유래 farm [팜]

ぱいろっとふぁーむ
パイロットファーム　　실험 농장

ランタン らんたん

Q. 지하실은 어두우니까 ランタン 을 들고 가.
Q. ランタン 의 건전지가 떨어져 불이 꺼지자 암흑이 되었다.

명 손전등, 전등　유래 lantern [랜턴]

がすらんたん
ガスランタン　　　　가스 랜턴

ウインク ういんく

Q. 그는 나를 보자 남들 모르게 찡긋 ウインク 를 했다.
Q. 사진을 찍을 때 한쪽 눈을 감아 ウインク 를 했다.

명 윙크　유래 wink [윙크]

ういんくする
ウインクする　　　　윙크하다

ライト らいと

Q. ライト 그레이 색은 진한 회색보다 산뜻한 느낌이 든다.
Q. ライト 노벨은 가볍게 오락 삼아 보는 청소년 소설이다.

명 밝음, 가벼움 💡　유래 light [라이트]

らいとぐれい
ライトグレイ　　　　라이트 그레이

ミサイル みさいる

Q. 탄도 ミサイル 를 발사했다.
Q. 수 발의 ミサイル 가 적진을 향해 날아간다.

명 유도탄　유래 missile [미사일]

みさいるはっしゃきち
ミサイル発射基地　　미사일 발사 기지

ニット にっと

Q. 털실 ニット 는 정전기가 심하고 피부를 자극하기도 해.
Q. 날이 추워 털실로 짠 두꺼운 ニット 를 입었다.

명 편물, 뜨개질　유래 knit [니트]

にっとかーでぃがん
ニットカーディガン　　니트 카디건

オペラ おぺら

Q. 가면을 쓴 팬텀이 인상적인 オペラ 의 유령.
Q. オペラ 는 음악을 중심으로 한 종합 무대예술이다.

명 오페라　유래 opera [오페라]

おぺらかしゅ
オペラ歌手　　　　　오페라 가수

Q   A

クッション くっしょん
Q. 푹신한 クッション 을 등에 대고 앉았다.
Q. クッション 이 좋은 소파라서 몸이 아늑해.

명 푹신하고 탄력 있는 물건
유래 cushion [쿠션]

えあくっしょん
エアクッション   에어쿠션

エンジョイ えんじょい
Q. 한 번뿐인 인생 마음껏 エンジョイ 하며 살자.
Q. 승패에 집착하지 않고 エンジョイ 하니 즐거웠다.

명 즐김, 향락
유래 enjoy [엔조이]

えんじょいする
エンジョイする   즐기다

カウント かうんと
Q. 새해맞이 カウント 를 세기 시작했다.
Q. 다이어트를 위해 칼로리를 カウント 하면서 먹는다.

명 계산, 셈
유래 count [카운트]

のーかうんと
ノーカウント   득점으로 치지 않음

キャラメル きゃらめる
Q. キャラメル 마키아토를 한 잔 주문했다.
Q. 설탕, 물엿 등으로 만든 갈색의 끈적한 캔디 キャラメル.

명 캐러멜
유래 caramel [캐러맬]

みるくきゃらめる
ミルクキャラメル   밀크 캐러멜

キャンピング きゃんぴんぐ
Q. キャンピング 장에 텐트를 치고 고기를 구워 먹었다.
Q. 냇가 근처에 텐트를 치고 キャンピング 를 즐겼다.

명 야영
유래 camping [캠핑]

きゃんぴんぐかー
キャンピングカー   캠핑카

クリア くりあ
Q. 참가자가 미션을 クリア 할 때마다 상금이 적립된다.
Q. 안개가 걷히고 시야가 クリア 해졌다.

명 목표를 넘음
유래 clear [클리어]

なんかんをくりあする
難関をクリアする   난관을 클리어하다

＊ な형용사로 쓰여 '분명한'을 뜻하기도 함

クリック くりっく
Q. 버튼을 クリック 하자 문이 열렸다.
Q. 링크를 クリック 하시면 다음 페이지로 넘어갑니다.

명 단추를 누름
유래 click [클릭]

だぶるくりっく
ダブルクリック   더블 클릭

グローブ ぐろーぶ
Q. 한 손에 グローブ 를 낀 투수가 공을 던졌다.
Q. 권투선수가 グローブ 를 끼고 링 위에 올랐다.

명 장갑
유래 globe [글로브]

やきゅうのぐろーぶ
野球のグローブ   야구 글러브

ソウル そうる
Q. 대한민국의 수도는 ソウル 다.
Q. 조선 시대에는 한양, 지금은 ソウル 라고 한다.

명 서울
유래 seoul [서울]

そうるしみん
ソウル市民   서울 시민

ダイナマイト だいなまいと

Q. ダイナマイト を爆ぜて 鉱山 入구를 무너뜨렸다.
Q. 1866년 노벨은 ダイナマイト 를 발명했다.

명 **다이너마이트** 유래 dynamite [다이너마이트]

だいなまいとでばくは
ダイナマイトで爆破 다이너마이트로 폭파

ダンプ だんぷ

Q. 모래를 가득 실은 ダンプ 가 공사 현장에 도착했다.
Q. 자재를 가득 실은 ダンプ 가 도로에 넘어지는 대형사고.

명 **덤프 카, 덤프트럭** 유래 dump car [덤프 카]

じゅっとんだんぷかー
10トンダンプカー 10톤 덤프트럭

チキン ちきん

Q. 치맥은 チキン 과 맥주를 뜻한다.
Q. チキン 은 닭고기 혹은 닭튀김이라는 뜻으로 쓰인다.

명 **닭고기** 유래 chicken [치킨]

ふらいどちきん
フライドチキン 프라이드치킨

ドーナツ どーなつ

Q. ドーナツ 는 가운데에 구멍이 뚫린 고리 모양의 빵이다.
Q. 중앙이 잘 익지 않아 구멍을 뚫은 빵이 ドーナツ 라는 설.

명 **도넛** 유래 donut [도넛]

やきどーなつ
焼きドーナツ 구운 도넛

トレーナー とれーなー

Q. 헬스장에 등록해서 トレーナー 에게 개인 지도를 받았다.
Q. 짖는 버릇 때문에 애견 トレーナー 에게 훈련을 맡겼다.

명 **트레이너** 유래 trainer [트레이너]

ぱーそなるとれーなー
パーソナルトレーナー 개인 트레이너

トレンチコート とれんちこーと

Q. 영국의 토머스 버버리가 トレンチコート 를 개발했다.
Q. トレンチコート 는 바바리코트라고도 불린다.

명 **트렌치코트** 유래 trench coat [트렌치 코트]

とれんちこーとつうはん
トレンチコート通販 트렌치코트 통판

ヌード ぬーど

Q. 김 대신 밥이 겉으로 나온 김밥을 ヌード 김밥이라고 한다.
Q. 옷을 걸치지 않은 ヌード 모습의 조각상.

명 **나체** 유래 nude [누드]

ぬーどもでる
ヌードモデル 누드모델

ネット ねっと

Q. 테니스공이 자꾸 ネット 에 걸려서 자세 교정이 필요해.
Q. ネット 에 구멍이 나서 물고기가 전부 빠져나가 버렸다.

명 **그물** 유래 net [네트]

へあーねっと
ヘアーネット 머리망

ハート はーと

Q. ハート 모양은 마음 혹은 심장을 상징하기도 한다.
Q. 밸런타인데이라 분홍색 ハート 모양의 초콜릿을 샀다.

명 **하트** 유래 heart [하트]

はーとがた
ハート型 하트 모양

ハプニング はぷにんぐ

Q. 두 사람의 열애설은 단순한 ハプニング 로 끝났다.

Q. 무책임한 언론이 만들어낸 ハプニング 였다.

명 **우발 사건, 웃음거리**　유래 happening [해프닝]

はぷにんぐがおこった ハプニングが起こった	해프닝이 일어났다

ファイアー ふぁいあー

Q. 야영지의 캠프 ファイアー 앞에서 밤새 이야기를 나눴다.

Q. ファイアー 를 피워 놓고 고기를 구워 먹자.

명 **불** 🔥　유래 fire [파이어]

きゃんぷふぁいあー キャンプファイアー	캠프파이어

フィッシング ふぃっしんぐ

Q. 보이스 フィッシング 사기에 속아 큰돈을 날리고 말았다.

Q. フィッシング 를 해서 잡은 생선을 집에 가져왔다.

명 **낚시, 낚시질**　유래 fishing [피싱]

るあーふぃっしんぐ ルアーフィッシング	루어 낚시

ペイント ぺいんと

Q. 낡은 창고 벽은 군데군데 ペイント 칠이 벗겨져 있었다.

Q. ペイント 가 덜 말랐으니 벤치에 앉지 말라는 경고문.

명 **페인트**　유래 paint [페인트]

ゆせいぺいんと 油性ペイント	유성 페인트

ボーカル ぼーかる

Q. 아이돌 그룹에서 리드 ボーカル 를 맡은 멤버.

Q. 기타, 베이스, 드럼, ボーカル 로 이루어진 밴드.

명 **성악** 🎵　유래 vocal [보컬]

りーどぼーかる リードボーカル	리드 보컬

ホームページ ほーむぺーじ

Q. 갑자기 접속자가 몰려 ホームページ 가 다운되었다.

Q. 회사 홍보를 위해 인터넷에 ホームページ 를 개설했다.

명 **홈페이지** 🌐　유래 homepage [홈페이지]

ほーむぺーじをつくる ホームページを作る	홈페이지를 만들다

ボールド ぼーるど

Q. 중요한 단어는 ボールド 로 굵게 표시했다.

Q. 제목은 눈에 띄게 ボールド 글씨로 쓰고 색도 바꿨다.

명 **선이 굵은 글씨**　유래 bold [볼드]

せみぼーるど セミボールド	약간 굵은

ポップス ぽっぷす

Q. 한국의 음악은 외국에서 K-ポップス 로 알려져 있다.

Q. ポップス 는 대중가요라는 뜻이다.

명 **팝송** POP　유래 pop [팝]

ぽっぷすかしゅ ポップス歌手	팝송 가수

ポンド ぽんど

Q. ポンド 의 기호는 lb로 표기한다.

Q. 1 ポンド 는 16온스이며, 약 453그램이다.

명 **(무게 단위인) 파운드**　유래 pound [파운드]

いちぽんど 1ポンド	1파운드

マキシマム まきしまむ

Q. 최소 비용으로 マキシマム 의 효과 창출.

Q. 이 공간의 マキシマム 수용 인원은 50명입니다.

명 최대 ○ [10]   유래 maximum [맥시멈]

まきしまむにたっした	
マキシマムに達した	최대에 달하다

マダム まだむ

Q. 그 스낵바의 マダム 는 요리도 직접 하신다.

Q. 바를 홀로 운영하는 그 マダム 는 당찬 여성이다.

명 부인, 여주인   유래 madam [마담]

やとわれまだむ	
雇われマダム	얼굴마담

ミスター みすたー

Q. 여자는 미스, 남자는 ミスター 라고 한다.

Q. Mr는 영어 ミスター 의 약자이다.

명 남자 이름 앞에 붙여 부르는 말   유래 mister [미스터]

みすたーきむ	
ミスターキム	미스터 김

ミニマム みにまむ

Q. ミニマム 의 노력으로 최대의 효과.

Q. 필요한 ミニマム 의 생활비만으로 알뜰하게 살아간다.

명 최소량, 최소값 ○ [10]   유래 minimum [미니멈]

こすとみにまむ	
コストミニマム	최소 생산 원가

ユーターン ゆーたーん

Q. 불법 ユーターン 을 하던 차가 맞은편 차와 부딪혔다.

Q. 자동차 등이 U자 모양으로 방향을 트는 ユーターン.

명 유턴   유래 u-turn [유턴]

ゆーたーんきんし	
ユーターン禁止	유턴 금지

ライフ らいふ

Q. 워라밸이란 워크와 ライフ 의 밸런스를 의미한다.

Q. 일상 ライフ 속에서 자주 쓰이는 문장들.

명 인생, 생활   유래 life [라이프]

らいふさいくる	
ライフサイクル	라이프 사이클

ランキング らんきんぐ

Q. 이번 달 판매 ランキング 1위의 최고 인기 상품입니다.

Q. 여자 골프 세계 ランキング 1위에 빛나는 선수.

명 순위, 등급   유래 ranking [랭킹]

せかいらんきんぐ	
世界ランキング	세계 랭킹

リーダー りーだー

Q. 회사를 이끄는 リーダー 십.

Q. リーダー 의 탈퇴로 인해 그 밴드는 해산되었다.

명 지도자   유래 leader [리더]

りーだーしっぷ	
リーダーシップ	리더십

リサイクル りさいくる

Q. 덴마크에서는 85%의 폐종이를 リサイクル 한다고 해요.

Q. 다 쓴 후 リサイクル 할 수 있는 친환경적인 제품.

명 재활용   유래 recycle [리사이클]

りさいくるようき	
リサイクル容器	재활용 용기

Q ——————— A ———————

リスニング りすにんぐ

Q. 다음 시간에는 영어 リスニング 평가를 하겠습니다.
Q. 라이팅, 리딩은 되는데 リスニング 와 스피킹이 안된다.

명 듣기 유래 listening [리스닝]

りすにんぐてすと
リスニングテスト 리스닝 테스트

リフト りふと

Q. リフト 를 타고 보는 풍경도 스키장의 묘미 중 하나지.
Q. 설악산 リフト 를 타고 정상까지 편하게 올라갔다.

명 (스키장 등의) 승강기 유래 lift [리프트]

すきーりふと
スキーリフト 스키 리프트

リユース りゆーす

Q. 일회용 컵을 リユース 하는 건 위생상 좋지 않다.
Q. 필터만 교체하면 リユース 할 수 있는 마스크.

명 재이용, 재사용 유래 reuse [리유즈]

りゆーすじぎょう
リユース事業 재사용 사업

レインコート れいんこーと

Q. 비바람이 몰아쳐서 レインコート 를 입고 장화를 신었다.
Q. 우산, レインコート, 장화까지 완전 무장을 했다.

명 비옷 유래 raincoat [레인코트]

れいんこーとをきる
レインコートを着る 레인코트를 입다

ワイフ わいふ

Q. ワイフ 께서는 안 오시고 남편분 혼자 오셨습니다.
Q. 그 남자는 사고로 ワイフ 를 잃고 홀로 살고 있습니다.

명 아내 유래 wife [와이프]

かれのわいふ
彼のワイフ 그의 아내

ハンドバッグ はんどばっぐ

Q. ハンドバッグ 는 일반적으로 여성용 손가방을 의미한다.
Q. 어머니께 명품 ハンドバッグ 를 선물로 드렸다.

명 핸드백 유래 handbag [핸드백]

はんどばっぐのなか
ハンドバッグの中 핸드백 안

外す はずす

Q. 물병을 꺼내 뚜껑을 外す 했다.
Q. 쓰고 있던 안경을 外す 했다.

[타동] 떼다, 빼다, 벗다

めがねをはずす
眼鏡を外す 안경을 벗다

★ 딱 지워져 있는 것을 분리할 때 씀

出会う であう

Q. 10년 후 거리에서 그를 出会う 했다.
Q. 도서관에서 나의 가치관을 바꾼 책을 出合う 했다.

[자동] 만나다

とつぜんであう
突然出会う 갑자기 만나다

★ 좁은 뜻으로 사람과의 만남을 뜻함
★ 표기 차이 出合う: 좁은 뜻으로 사물·동물과의 만남을 뜻함

叫ぶ さけぶ

Q. "불이야!" 하고 크게 叫ぶ 했다.
Q. 갑자기 귀신이 튀어나와서 크게 叫ぶ 했다.

[자동] 외치다

おもいっきりさけぶ
思いっきり叫ぶ 마음껏 외치다

取(り)出す とりだす

Q. 가방에서 책을 取(り)出す 했다.
Q. 호주머니에서 지갑을 取(り)出す 했다.

 꺼내다

ほんをとりだす
本を取り出す　　　　　책을 꺼내다

味わう あじわう

Q. 국물을 떠서 간이 맞는지 味わう 했다.
Q. 승리의 기쁨을 味わう 할 새도 없이 다음 시합을 준비했다.

맛보다

すーぷをあじわう
スープを味わう　　　　국물을 맛보다

動かす うごかす

Q. 그의 연설은 사람의 마음을 動かす 했다.
Q. 바람이 불어 나뭇가지를 動かす 했다.

움직이다, 움직이게 하다

こころをうごかす
心を動かす　　　　　마음을 움직이다

言(い)出す いいだす

Q. 갑자기 그 얘기를 言(い)出す 하는 이유가 뭔데?
Q. 회의 때 최근 불거진 문제를 言(い)出す 했다.

말을 꺼내다

いきなりいいだす
行き成り言い出す　　갑자기 말을 꺼내다

扱う あつかう

Q. 깨지기 쉬운 물건이니까 조심스럽게 扱う 해 줘.
Q. 거칠게 扱う 하더니 기어코 부수고 마는군.

다루다

たいせつにあつかう
大切に扱う　　　　　소중히 다루다

迷う まよう

Q. 거리를 정처 없이 迷う 하다.
Q. 어떤 것을 선택해야 할지 迷う 하고 있었다.

헤매다, 망설이다

みちにまよう
道に迷う　　　　　　길을 헤매다

映す うつす

Q. 거울에 내 모습을 映す 해보았다.
Q. 이 영화는 당시의 시대상을 잘 映す 했다고 평가받는다.

비치게 하다, 투영하다

かがみにすがたをうつす
鏡に姿を映す　　　거울에 모습을 비추다

写る うつる

Q. 거울에 내 얼굴이 写る 하다.
Q. 공개방송에 갔다가 카메라에 얼굴이 写る 하고 말았다.

비치다

しゃしんにうつる
写真に写る　　　　　사진에 찍히다

★ '(사진에) 찍히다'를 뜻하기도 함

拭く ふく

Q. 걸레로 방을 拭く 했다.
Q. 휴지로 눈물을 拭く 했다.

닦다

てーぶるをふく
テーブルを拭く　　　　책상을 닦다

Q

散らかる ちらかる

Q. 방에는 쓰레기가 이리저리 散らかる 해 있었다.

Q. 민들레 씨앗이 바람에 날려 散らかる 했다.

囲む かこむ

Q. 밥상에 囲む 하여 식사를 시작했다.

Q. 적군이 성을 사방에서 囲む 하고 있었다.

濡らす ぬらす

Q. 계속 내린 비가 땅을 濡らす 했다.

Q. 눈물로 손수건을 濡らす 하는 이산가족.

仕上(が)る しあがる

Q. 공사가 무사히 仕上(が)る 했다.

Q. 10분만 있으면 요리가 仕上(が)る 하니까 기다려.

輝く かがやく

Q. 어두운 하늘 위에서 輝く 하는 별들처럼.

Q. 그는 내게 있어 변함없이 輝く 하는 북극성 같은 존재야.

思い込む¹ おもいこむ

Q. 고집이 세서 한번 思い込む 하면 남의 말을 듣지 않는다.

Q. 이번엔 꼭 일등을 하겠다고 思い込む 했다.

思い込む² おもいこむ

Q. 사실이라고 思い込む 했는데 헛소문이었다니.

Q. 나는 그가 좋은 사람이라고 굳게 思い込む 하고 있다.

支払う しはらう

Q. 공과금을 제때 支払う 해야 한다.

Q. 오늘 점심값은 내가 支払う 할게.

弾む はずむ

Q. 공을 바닥에 던지자 공이 높이 弾む 했다.

Q. 통통 弾む 하는 매력이 있는 사람이다.

A

1동 흩어지다

> あちらこちらちらかる
> 彼方此方散らかる　　　여기저기 흩어지다

1동 둘러싸다

> えんでかこむ
> 円で囲む　　　원으로 둘러싸다

1동 적시다

> みずにぬらす
> 水に濡らす　　　물에 적시다

1동 마무리되다, 완성되다

> りょうりがしあがる
> 料理が仕上がる　　　요리가 완성되다

1동 빛나다

> ほしがかがやく
> 星が輝く　　　별이 반짝이다

★ 지속해서 반짝이는 경우에 씀

1동 굳게 결심하다

> ひとりでおもいこむ
> 一人で思い込む　　　혼자서 굳게 결심하다

1동 꼭 믿다

> じじつだとおもいこむ
> 事実だと思い込む　　　사실이라고 꼭 믿다

1동 지불하다, 치르다

> だいきんをしはらう
> 代金を支払う　　　대금을 치르다

1동 (반동으로) 튀다

> ぼーるがはずむ
> ボールが弾む　　　공이 튀다

鳴らす¹ ならす

ᵠ 교회의 종을 鳴らす 하다.

ᵠ 산에서는 방울을 鳴らす 해서 곰을 쫓는다고 한다.

1동 소리를 내다

すずをならす
鈴を鳴らす　　　　방울을 울리다

鳴らす² ならす

ᵠ 뛰어난 실력으로 이름을 세상에 鳴らす 했다.

ᵠ 그는 용맹한 장군으로 이름을 천하에 鳴らす 했다.

1동 떨치다, 날리다

なをてんかにならす
名を天下に鳴らす　이름을 천하에 떨치다

埋(ま)る うまる

ᵠ 구덩이가 흙으로 다시 埋(ま)る 했다.

ᵠ 갈라진 틈이 시멘트로 埋(ま)る 했다.

1동 묻히다, 메워지다

つちのなかにうまる
土の中に埋まる　　흙 속에 묻히다

しゃがむ

ᵠ 구석에 しゃがむ 하고 앉아 울고 있는 아이.

ᵠ 책상 밑에서 しゃがむ 하고 뭐 하는 거니?

1동 웅크리다

ものかげにしゃがむ
物陰にしゃがむ　　몸을 숨기어 웅크리다

冷ます さます

ᵠ 국이 뜨거울 때는 후후 불어서 冷ます 해라.

ᵠ 너무 과열된 분위기를 좀 冷ます 합시다.

1동 식히다 🌀

あたまをさます
頭を冷ます　　　　머리를 식히다

示す しめす

ᵠ 탈출하는 사람이 그려진 팻말은 비상구를 示す 합니다.

ᵠ 사람들이 우리 회사 제품에 관심을 示す 해서 기쁘다.

1동 나타내다, 보이다

かんしんをしめす
関心を示す　　　　관심을 보이다

零す こぼす

ᵠ 零す 하지 말고 먹어. 바닥이 지저분해지잖아.

ᵠ 그가 밀치는 바람에 컵을 零す 하고 말았다.

1동 흘리다, 엎지르다 🪣

なみだをこぼす
涙を零す　　　　　눈물을 흘리다

流す ながす

ᵠ 그녀의 사망 소식에 하염없이 눈물을 流す 했다.

ᵠ 땀을 너무 많이 流す 해서 옷이 축축했다.

1동 흘리다, 흐르게 하다

ちをながす
血を流す　　　　　피를 흘리다

驚かす おどろかす

ᵠ 그의 갑작스러운 행동이 모두를 驚かす 했다.

ᵠ 그녀의 발명품은 세계를 驚かす 했다.

1동 놀래다, 놀라게 하다

ひとをおどろかす
人を驚かす　　　　사람을 놀라게 하다

掴む つかむ

Q. 떠나려는 그의 손목을 掴む 했다.

Q. 좋은 기회라면 망설이지 말고 掴む 해라.

🔟 잡다

ちゃんすをつかむ
チャンスを掴む　　　기회를 잡다

★ '(기회 등을) 잡는다'는 뜻으로도 쓰임

握る にぎる

Q. 그의 손목을 握る 했다.

Q. 연애의 주도권은 항상 그녀가 握る 하고 있다.

🔟 쥐다, 잡다

こぶしをにぎる
拳を握る　　　주먹을 쥐다

★ 수중에 있는 것을 제어한다는 뜻으로 씀

去る さる

Q. 정리해고 때문에 10년 동안 근무한 회사를 去る 했다.

Q. 겨울이 去る 하고 봄이 왔다.

🔟 떠나다

かいしゃをさる
会社を去る　　　회사를 떠나다

★ '지나다'라는 뜻으로도 쓰임

減る へる

Q. 요즘 밥을 못 챙겨 먹었더니 체중이 많이 減る 했다.

Q. 구두를 오래 신었더니 굽이 減る 했다.

🔟 줄다, 닳다

よさんがへる
予算が減る　　　예산이 줄어들다

立ち止(ま)る たちどまる

Q. 앞차가 갑자기 그 자리에 立ち止(ま)る 해서 부딪혔다.

Q. 뛰어가던 개가 갑자기 立ち止(ま)る 해서 냄새를 맡았다.

🔟 멈추어 서다

みせさきにたちどまる
店先に立ち止まる　가게 앞에 멈춰 서다

愛する あいする

Q. 하느님은 여러분을 愛する 하십니다.

Q. 이제 너를 愛する 하지 않아. 우리 헤어져.

🔟 사랑하다

こをあいする
子を愛する　　　아이를 사랑하다

散る¹ ちる

Q. 가을은 나뭇잎이 나무에서 散る 하는 계절이다.

Q. 어제 비가 많이 와서 벚꽃이 거의 散る 하고 없었다.

🔟 떨어지다, 흩어지다

さくらがちる
桜が散る　　　벚꽃이 지다

散る² ちる

Q. 유리잔이 깨지면서 파편이 바닥에 散る 했다.

Q. 도자기로 만든 공예품이 떨어져서 散る 하고 말았다.

🔟 산산이 흩어지다

はへんがちる
破片が散る　　　파편이 흩어지다

汚す よごす

Q. 우리 집안의 명예를 汚す 한 너를 용서할 수 없다.

Q. 주스를 쏟아서 옷을 汚す 했다.

🔟 더럽히다

ふくをよごす
服を汚す　　　옷을 더럽히다

Q — A —

重なる かさなる

ᑫ. 접시를 重なる 해서 쌓아놓았다.

ᑫ. 날짜를 착각해서 두 약속이 重なる 하고 말았다.

1통 포개지다, 겹치다

ふこうがかさなる
不幸が重なる　　　불행이 겹치다

冷やす ひやす

ᑫ. 아직 미지근하니 냉장고에 넣어 冷やす 해서 먹자.

ᑫ. 얼음을 넣어 冷やす 해서 마실까?

1통 차게 하다

あついからひやす
熱いから冷やす　　　뜨거우니까 식히다

移す うつす

ᑫ. 자리를 다른 곳으로 移す 했다.

ᑫ. 동생에게 감기를 移す 하고 말았다.

1통 옮기다

せきをうつす
席を移す　　　자리를 옮기다

結ぶ¹ むすぶ

ᑫ. 다른 나라와 군사 동맹을 結ぶ 하다.

ᑫ. 사과나무에 사과 열매가 結ぶ 하다.

1통 맺다

みをむすぶ
実を結ぶ　　　열매를 맺다

結ぶ² むすぶ

ᑫ. 셔츠를 입고 넥타이를 結ぶ 했다.

ᑫ. 몸에 밧줄을 단단히 結ぶ 하고 나서 뛰어내렸다.

1통 매다, 묶다, 잇다

ねくたいをむすぶ
ネクタイを結ぶ　　　넥타이를 매다

行(な)う おこなう

ᑫ. 나는 이론에 만족하지 않고 실험을 行(な)う 하기로 했다.

ᑫ. 우리 학교는 어제 졸업식을 行(な)う 했다.

1통 행하다

じっけんをおこなう
実験を行なう　　　실험을 하다

溶く とく

ᑫ. 유화용 물감을 테레빈유에 溶く 해서 유화를 그린다.

ᑫ. 밀가루를 물에 溶く 해서 반죽을 만들었다.

1통 풀다, 개다

たまごをとく
卵を溶く　　　계란을 풀다

見送る みおくる

ᑫ. 이제 가십니까? 역까지 見送る 해 드리겠습니다.

ᑫ. 역까지 가서 見送る 하면서 작별 인사를 건넸다.

1통 배웅하다

えきまでみおくる
駅まで見送る　　　역까지 배웅하다

倒す たおす

ᑫ. 그는 괴물을 倒す 하고 영웅이 되었다.

ᑫ. 전기톱으로 큰 나무를 倒す 하다.

1통 쓰러뜨리다

てきをたおす
敵を倒す　　　적을 쓰러뜨리다

Q ——————————————— A ———————————————

目立つ めだつ

q. 독특한 차림새여서 쉽게 目立つ 할 거야.

q. 흰옷이라 조그만 얼룩도 目立つ 한다.

眼 눈에 띄다

めだつふくそう
目立つ服装　　　　　눈에 띄는 복장

気付く きづく

q. 뒤늦게 속았다는 것을 気付く 했다.

q. 겨우 사태의 심각성을 気付く 하다.

眼 깨닫다, 눈치채다

とつぜんきづく
突然気付く　　　　　갑자기 깨닫다

潰す つぶす

q. 다 마신 음료 캔을 潰す 해서 버렸다.

q. 포도를 潰す 해서 포도즙을 짜냈다.

眼 찌부러뜨리다, 으깨다

とまとをつぶす
トマトを潰す　　　　토마토를 으깨다

申(し)込む もうしこむ

q. 마라톤 대회에 참가를 申(し)込む 했다.

q. 대사관에 가서 여행 비자를 申(し)込む 했다.

眼 신청하다

さんかをもうしこむ
参加を申し込む　　　참가를 신청하다

出来上(が)る できあがる

q. 이제 과일로 장식을 하면 케이크가 出来上(が)る 합니다.

q. 주문한 양복이 出来上(が)る 했다고 해서 왔는데요.

眼 완성하다, 제작이 끝나다

けーきができあがる
ケーキが出来上がる　케이크가 완성되다

横切る よこぎる

q. 다리가 강을 横切る 해서 놓여있다.

q. 숲을 横切る 하면 더 빠르지만 헤맬 수도 있어.

眼 가로지르다

どうろをよこぎる
道路を横切る　　　　도로를 횡단하다

表(わ)す あらわす

q. 네가 생각하는 것을 글로 表(わ)す 해보렴.

q. 그는 연신 고개를 숙이며 감사의 뜻을 表(わ)す 했다.

眼 나타내다, 표현하다

けいいをあらわす
敬意を表わす　　　　경의를 표하다

堕す だす

q. 매너리즘에 堕す 했다.

q. 방탕한 생활에 堕す 해서 정신을 못 차리다.

眼 빠지다

むげんじごくにだす
無間地獄に堕す　　　무간지옥에 빠지다

* **표기 차이** 堕する: 문어체

悩む なやむ

q. 며칠 밤을 지새우며 그 문제에 대해 悩む 했다.

q. 고등학교 졸업을 앞두고 앞으로의 진로를 悩む 했다.

眼 고민하다

ひとりでなやむ
独りで悩む　　　　　혼자서 고민하다

従う したがう

Q. 부당한 명령에 従う 하기를 거부했다.

Q. 규칙에 従う 하지 않으면 기숙사에서 내보낼 거야.

1통 따르다

るーるにしたがう
ルールに従う　규칙에 따르다

悲しむ かなしむ

Q. 장례식에 참석한 이들은 그의 죽음을 悲しむ 했다.

Q. 너무 悲しむ 하지 마. 또 좋은 사람 만나면 되지.

1통 슬퍼하다

いっしょにかなしむ
一緒に悲しむ　같이 슬퍼하다

取(り)消す とりけす

Q. 몸살로 약속을 取(り)消す 했다.

Q. 폭우로 행사를 取(り)消す 했다.

1통 취소하다

やくそくをとりけす
約束を取り消す　약속을 취소하다

量る はかる

Q. 운동을 마치고 체중계에 몸무게를 量る 했다.

Q. 몸의 치수를 測る 해서 옷을 맞췄다.

1통 (무게나 양을) 재다

たいじゅうをはかる
体重を量る　몸무게를 재다

＊ **표기 차이** 測る: 높이·길이·넓이 등을 측정하는 경우에 씀

転がす¹ ころがす

Q. 주사위를 転がす 해서 6이 나왔다.

Q. 마지막 공을 転がす 해서 볼링핀을 전부 쓰러뜨렸다.

1통 굴리다

ぼーるをころがす
ボールを転がす　공을 굴리다

転がす² ころがす

Q. 스트라이크란 볼링핀을 전부 転がす 하는 것이다.

Q. 물컵을 쳐서 転がす 하는 바람에 식탁이 다 젖었다.

1통 넘어트리다

かびんをころがす
花瓶を転がす　꽃병을 쓰러트리다

話(し)合う はなしあう

Q. 주먹부터 들지 말고 話(し)合う 해서 해결하자.

Q. 허심탄회하게 話(し)合う 하고 오해를 풀었다.

1통 이야기를 나누다

じゅうぶんにはなしあう
十分に話し合う　충분히 얘기하다

酔う¹ よう

Q. 술에 잔뜩 酔う 하여 비틀거렸다.

Q. 술보다 분위기에 먼저 酔う 하는 멋진 인테리어.

1통 취하다

ふんいきによう
雰囲気に酔う　분위기에 취하다

酔う² よう

Q. 버스나 택시를 타면 酔う 해서 지하철만 타고 다녀.

Q. 나는 배만 타면 酔う 해서 힘들어.

1통 멀미하다

ふねによう
船に酔う　뱃멀미하다

Q

片付く かたづく
ｱ. 방이 片付く 해서 깨끗하다.
ｱ. 골머리를 앓던 일이 片付く 해서 기분이 좋다.

散らかす ちらかす
ｱ. 강한 바람에 긴 머리카락이 마구 散らかす 했다.
ｱ. 방을 하도 散らかす 해놔서 어디에 뭐가 있는지 모른다.

沈む しずむ
ｱ. 비가 와서 그런지 아침부터 기분이 沈む 하고 우울했다.
ｱ. 신선한 달걀은 물에 沈む 하고 오래된 달걀은 물에 뜬다.

頰笑む ほほえむ
ｱ. 배우가 카메라를 향해 방긋 頰笑む 했다.
ｱ. 흐뭇한 광경에 나도 모르게 頰笑む 했다.

燃やす もやす
ｱ. 소각장에서 쓰레기를 燃やす 했다.
ｱ. 한일전을 앞두고 두 팀은 투지를 燃やす 했다.

降ろす おろす
ｱ. 버스는 손님을 降ろす 하고 다음 정류장으로 떠났다.
ｱ. 선반 위에 있던 상자를 下ろす 해서 열어보았다.

殺す ころす
ｱ. 그는 벌레 한 마리도 殺す 하지 못하는 사람이야.
ｱ. 다른 사람에게 들릴까 봐 목소리를 殺す 하고 속삭였다.

捕まる つかまる
ｱ. 도주하던 범인이 결국 경찰에 捕まる 했다.
ｱ. 미처 도망치지 못하고 捕まる 했다.

反する はんする
ｱ. 법에 反する 하는 행동을 했으니 처벌을 받으셔야죠.
ｱ. 규칙에 反する 하는 행동에 대해 경고 조치하겠습니다.

A

1통 정돈되다, 해결되다

つくえのうえがかたづく
机の上が片付く　　　책상 위가 정돈되다

1통 흩뜨리다, 어지르다

へやをちらかす
部屋を散らかす　　　방을 어지르다

1통 가라앉다

きがしずむ
気が沈む　　　기분이 울적해지다

1통 미소짓다 ☺

にっこりほほえむ
にっこり頰笑む　　　방긋이 웃다

1통 불태우다

しゃしんをもやす
写真を燃やす　　　사진을 태우다

1통 (탈것에서) 내리다, (지위에서) 물러나게 하다

かいちょうをおろす
会長を降ろす　　　회장을 물러나게 하다

＊**표기 차이** 下ろす: 위에서 아래로 내려가다

1통 죽이다

こえをころす
声を殺す　　　목소리를 죽이다

1통 잡히다

はんにんがつかまる
犯人が捕まる　　　범인이 잡히다

1통 위반되다

きそくにはんする
規則に反する　　　규칙에 위반되다

向く¹ むく

ᵠ 자, 사진 찍겠습니다. 이쪽을 向く 하고 웃으세요.

ᵠ 너희 집에 놀러 오라고? 기분이 向く 하면 갈게.

🈞 향하다, 향해 보다

> うえをむく
> 上を向く　　　　　　　　　위를 보다

* '(마음이) 향하다[내키다]'를 뜻하기도 함

向く² むく

ᵠ 트레이닝복은 운동하기에 向く 한 차림새이다.

ᵠ 몸집이 큰 사람이 입기에 向く 한 옷을 파는 전문점.

🈞 적합하다, 어울리다

> ちゅうねんにむくがら
> 中年に向く柄　　　　중년에 어울리는 무늬

暖まる あたたまる

ᵠ 보일러를 틀자 방이 暖まる 했다.

ᵠ 温まる 한 물로 족욕을 하며 피로를 풀었다.

🈞 따뜻해지다

> へやがあたたまる
> 部屋が暖まる　　　　　방이 따뜻해지다

* 표기 차이 温まる: '찬'의 반대말로 체온·액체 등에 쓰이며
몸의 일부로 느끼는 경우에 씀

掃く はく

ᵠ 빗자루로 바닥을 掃く 했다.

ᵠ 쌓인 눈이 얼기 전에 얼른 掃く 해야 한다.

🈞 쓸다

> おちばをはく
> 落ち葉を掃く　　　　　　낙엽을 쓸다

亡くす なくす

ᵠ 사고로 자식을 亡くす 한 부모의 깊은 슬픔.

ᵠ 많은 사람이 전쟁에서 목숨을 亡くす 했어요.

🈞 잃다

> こをなくす
> 子を亡くす　　　　　아이를 잃다 (죽음)

* 죽음에 한해 쓰는 표현

付き合う つきあう

ᵠ 헤어진 지 얼마나 됐다고 벌써 여자를 付き合う 하다니.

ᵠ 같은 반 남자아이와 付き合う 하고 있어요.

🈞 교제하다, 사귀다

> しんけんにつきあう
> 真剣に付き合う　　　　진지하게 사귀다

* 연애만이 아니라 사람과 어울리는 행위를 의미하기도 함

見下ろす¹ みおろす

ᵠ 산꼭대기에서 마을을 見下ろす 했다.

ᵠ 비행기 창문으로 땅을 見下ろす 했다.

🈞 내려다보다

> うえからみおろす
> 上から見下ろす　　　위에서 내려다보다

見下ろす² みおろす

ᵠ 상대가 약팀이라고 見下ろす 하다가 참패를 당했다.

ᵠ 키가 작다고 見下ろす 하다가 큰코다친다.

🈞 깔보다, 얕보다

> あいてをみおろす
> 相手を見下ろす　　　　상대를 얕보다

上る のぼる

ᵠ 강물을 거슬러 上る 하는 연어처럼.

ᵠ 전망대까지 가느라 계단을 힘겹게 上る 했다.

🈞 오르다, 올라가다

> かいだんをのぼる
> 階段を上る　　　　　　계단을 오르다

Q

預(か)る あずかる

Q. 금방 돌아올 테니 짐을 잠시만 預(か)る 해 주세요.

Q. 사표는 잠시 預(か)る 해 둘 테니 한 번 더 생각해보게.

受かる うかる

Q. 시험과 면접을 모두 受かる 하고 취직했다.

Q. 어학 자격증 시험에 고득점으로 受かる 했다.

追う おう

Q. 무작정 유행을 追う 하지 말고 내게 어울리는 옷을 입자.

Q. 현실을 무시하고 이상만을 追う 할 수는 없다.

見直す みなおす

Q. 그를 안 좋게 생각했었는데 선행이 드러나서 見直す 했어.

Q. 답안에 오타가 없는지 몇 번이나 見直す 하다.

腐る くさる

Q. 설탕을 너무 많이 먹으면 이가 腐る 한다.

Q. 여름 날씨에 오랫동안 밖에 둔 음식들이 腐る 했다.

溶かす とかす

Q. 설탕을 溶かす 해서 시럽을 만들었다.

Q. 높은 기온에 밤새 쌓인 눈이 解かす 하고 있다.

伝わる つたわる

Q. 소문이 여기까지 伝わる 해서 모두 다 알아.

Q. 한류가 지구 반대편까지 伝わる 하다.

叩く¹ たたく

Q. 그녀는 뜻밖의 선물에 손뼉을 叩く 하며 좋아했다.

Q. 병사들은 북을 叩く 하며 용감하게 진격했다.

畳む たたむ

Q. 비가 그쳐서 우산을 畳む 했다.

Q. 장사가 되지 않아 가게를 畳む 하고 내놓기로 했다.

A

동 맡다[보관하다], 보류하다

にもつをあずかる
荷物を預かる 　　　　　　 짐을 맡다

동 합격하다

しけんにうかる
試験に受かる 　　　　　　 시험에 합격하다

동 따르다, 쫓다, 추구하다 ←GOAL

りゅうこうをおう
流行を追う 　　　　　　 유행을 따르다

동 달리 보다, 다시 보다

とうあんをみなおす
答案を見直す 　　　　　　 답안을 다시 보다

동 썩다

たべものがくさる
食べ物が腐る 　　　　　　 음식이 썩다

동 녹이다

ゆきをとかす
雪を溶かす 　　　　　　 눈을 녹이다

　★ 사물을 가열하여 액상으로 만드는 경우에 씀
　★ 표기 차이 解かす: 녹아서 없어지는 경우에 쓰임

동 전해지다

うわさがつたわる
噂が伝わる 　　　　　　 소문이 전해지다

동 치다

てをたたく
手を叩く 　　　　　　 손뼉을 치다

동 접다

かさをたたむ
傘を畳む 　　　　　　 우산을 접다

振る ふる

ᵠ 창문을 열어 손을 振る 하며 작별 인사를 했다.

ᵠ 백기를 振る 하며 항복하겠다는 의사를 밝혔다.

1등 흔들다

はたをふる
旗を振る   기를 흔들다

溜まる たまる

ᵠ 하루 이틀 미룬 일기가 어느새 한 달 치 溜まる 했다.

ᵠ 돈이 貯まる 하는 재미에 열심히 적금을 부었다.

1등 모이다, 쌓이다

しゅくだいがたまる
宿題が溜まる   숙제가 쌓이다

＊ 표기 차이 貯まる: 모이는 것이 금품일 때 쓰임

浮く うく

ᵠ 튜브가 수면 위로 浮く 해 있다.

ᵠ 수영은커녕 물에 浮く 하지도 못해.

1등 뜨다, 들뜨다

ふねがうく
舟が浮く   배가 뜨다

効く きく

ᵠ 수면제가 効く 하는지 슬슬 졸리다.

ᵠ 그는 눈치가 利く 하는 사람이라서 이미 상황을 파악했다.

1등 듣다, 효과가 있다

くすりがきく
薬が効く   약이 듣다

＊ 표기 차이 利く: 할 수 있다, 가능하다

擤む かむ

ᵠ 수업 중이라 눈치가 보여 시원히 코를 擤む 하지 못했다.

ᵠ 감기로 계속 코를 擤む 했더니 코 옆이 다 헐었다.

1등 (코를) 풀다

はなをかむ
鼻を擤む   코를 풀다

飛(び)込む とびこむ

ᵠ 높은 다이빙대에서 물속으로 용감하게 飛(び)込む 했다.

ᵠ 비를 피해 가까운 카페로 飛(び)込む 했다.

1등 뛰어들다

うみにとびこむ
海に飛び込む   바다에 뛰어들다

奢る おごる

ᵠ 승진 기념으로 오늘은 내가 奢る 할게.

ᵠ 월급을 받아 동생에게 치킨을 奢る 했다.

1등 한턱내다

ごはんをおごる
ご飯を奢る   식사를 한턱내다

延ばす のばす

ᵠ 의학의 발달로 인간의 평균 수명은 延ばす 했다.

ᵠ 수술 시기를 더 延ばす 하면 환자의 생명이 위험하다.

1등 연기하다, 연장하다

きげんをのばす
期限を延ばす   기한을 미루다

間違う まちがう

ᵠ 시험 때 긴장해서 쉬운 계산을 間違う 했다.

ᵠ 間違う 한 자세로 앉아있으니까 허리가 아프지.

1등 잘못되다, 틀리다

けいさんをまちがう
計算を間違う   계산을 틀리다

Q _____ A _____

配る くばる

ᵟ· 신문을 무료로 配る 하다.

ᵟ· 가게를 새로 연 뒤 거리에서 광고지를 配る 했다.

🟫 나누어 주다

しんぶんをくばる
新聞を配る　　　　　　신문을 돌리다

折る おる

ᵟ· 아들의 끈질긴 설득에 결국 아버지가 고집을 折る 했다.

ᵟ· 종이를 반으로 한 번 折る 한 뒤 잘라서 이등분했다.

🟫 접다, 꺾다

かみをおる
紙を折る　　　　　　종이를 접다

育つ そだつ

ᵟ· 아이들은 하루가 다르게 무럭무럭 育つ 한다.

ᵟ· 그는 풍족한 환경에서 애정을 듬뿍 받고 育つ 했다.

🟫 성장하다, 자라다

けんこうにそだつ
健康に育つ　　　　　건강하게 자라다

怖がる こわがる

ᵟ· 아이들은 유령을 怖がる 한다.

ᵟ· 개한테 물린 적이 있어서 개를 怖がる 한다.

🟫 무서워하다

いぬをこわがる
犬を怖がる　　　　　개를 무서워하다

思い付く おもいつく

ᵟ· 아이디어가 불현듯 思い付く 했다.

ᵟ· 안 좋은 기억이 思い付く 했다.

🟫 떠오르다

ようじをおもいつく
用事を思い付く　　　　볼일이 생각나다

見舞う みまう

ᵟ· 옛날에는 자식들이 아침마다 부모에게 見舞う 했다.

ᵟ· 아침에 일어나면 부모님께 見舞う 하는 효자.

🟫 문안하다

おやをみまう
親を見舞う　　　　　부모를 문안하다

起(こ)る おこる

ᵟ· 반란이 起(こ)る 하는 등 사회가 혼란에 휩싸였다.

ᵟ· 그 사고는 어제 起(こ)る 했다.

🟫 일어나다, 발생하다

じけんがおこる
事件が起こる　　　　사건이 일어나다

転がる¹ ころがる

ᵟ· 언덕에서 넘어져 데굴데굴 転がる 했다.

ᵟ· 떨어뜨린 구슬이 転がる 해서 하수구에 빠졌어요.

🟫 구르다

さかでころがる
坂で転がる　　　　　언덕에서 구르다

転がる² ころがる

ᵟ· 돌부리에 발이 걸려 転がる 했다.

ᵟ· 강풍에 転がる 한 선간판을 다시 세웠다.

🟫 넘어지다

かいだんでころがる
階段で転がる　　　　계단에서 넘어지다

伸ばす¹ のばす

Q. 고무줄을 잡아당겨 길게 伸ばす 했다.

Q. 등을 伸ばす 하고 바른 자세로 걸어라.

1통 펴다, 늘리다

あしをのばす
脚を伸ばす　　　　　다리를 뻗다

伸ばす² のばす

Q. 근력을 伸ばす 하기 위해 아령 운동을 시작했다.

Q. 수염을 길게 伸ばす 했다.

1통 키우다, 기르다

かみのけをのばす
髪の毛を伸ばす　　　머리카락을 기르다

繰(り)返す くりかえす

Q. 능숙해질 때까지 연습에 연습을 繰(り)返す 했다.

Q. 앵무새처럼 같은 말만 繰(り)返す 하지 마.

1통 되풀이하다

れんしゅうをくりかえす
練習を繰り返す　　　연습을 되풀이하다

飛ばす¹ とばす

Q. 연을 만들어 하늘에 飛ばす 했다.

Q. 강한 바람이 모자를 飛ばす 했다.

1통 날리다, 날려 버리다

かみひこうきをとばす
紙飛行機を飛ばす　　종이비행기를 날리다

飛ばす² とばす

Q. 내용이 지루해서 중간에 飛ばす 하고 결말을 보았다.

Q. 실력이 좋아 2급을 飛ばす 하고 바로 1급 시험을 치렀다.

1통 건너뛰다

じゅんじょをとばす
順序を飛ばす　　　　순서를 건너뛰다

受(け)取る¹ うけとる

Q. 부탁하신 소포는 제가 受(け)取る 해 놨어요.

Q. 친구가 패스한 공을 受(け)取る 했다.

1통 받다

てがみをうけとる
手紙を受け取る　　　편지를 받다

★ 받았지만 내 것이 아닌 것에도 쓰임

受(け)取る² うけとる

Q. 나쁜 의미로 受(け)取る 하지 말아주세요.

Q. 그들은 네 친절을 참견으로 受(け)取る 할 수도 있어.

1통 받아들이다, 이해하다, 해석하다

わるいいみでうけとる
悪い意味で受け取る　나쁜 의미로 받아들이다

乾かす かわかす

Q. 가뭄이 계속되어 땅이 乾かす 했다.

Q. 외출하기 전에 머리를 감고 乾かす 했다.

1통 말리다

あせをかわかす
汗を乾かす　　　　　땀을 말리다

★ 물기를 완전히 없애는 경우에 씀

干す ほす

Q. 신발이 물에 젖어서 햇볕 아래에서 干す 했다.

Q. 빨래를 干す 하기 위해 베란다에 널어놓았다.

1통 말리다

せんたくものをほす
洗濯物を干す　　　　빨래를 말리다

Q

纏まる まとまる
Q. 오랜 토의 끝에 모두의 의견이 纏まる 되었다.
Q. 열두 시까지 역에 纏まる 해서 출발하자.

深まる ふかまる
Q. 여행을 함께 다녀온 뒤 두 사람의 사이는 더 深まる 했다.
Q. 가을이 深まる 하는 11월의 설악산.

追(い)越す おいこす
Q. 뒤에 있던 차가 내 차를 추월해서 追(い)越す 했다.
Q. 외국 기업들의 기술력을 追(い)越す 한 국내 기업.

教わる おそわる
Q. 원어민 교사에게 영어를 教わる 했다.
Q. 운전 교습소에서 운전하는 법을 教わる 했다.

除く のぞく
Q. 위험 요소를 사전에 파악하여 미리 除く 했다.
Q. 월요일만 除く 하고 아무 때나 만날 수 있어.

減らす へらす
Q. 톨게이트에서는 위험하니까 속도를 減らす 해라.
Q. 과도한 지출을 減らす 하고 저축액을 늘려라.

助かる たすかる
Q. 위험한 사고에서 가까스로 助かる 했다.
Q. 깊은 곳에 빠졌는데 수상 안전요원 덕분에 助かる 했다.

引(き)出す ひきだす
Q. 은행에 넣어둔 돈을 전부 引(き)出す 했다.
Q. 현금이 필요해 ATM 기기에서 만 원을 引(き)出す 했다.

積む つむ
Q. 이삿짐을 넣은 박스를 일단 방 한쪽에 積む 해 두었다.
Q. 인턴십에 참가하여 다양한 경험을 積む 했다.

A

1등 (뿔뿔이 된 것이) 하나로 뭉치다, 정리되다

いけんがまとまる
意見が纏まる　　　　의견이 통일되다

1등 깊어지다

かんけいがふかまる
関係が深まる　　　　관계가 깊어지다

1등 앞지르다

まえのくるまをおいこす
前の車を追い越す　　앞차를 앞지르다

1등 가르침을 받다

つくりかたをおそわる
作り方を教わる　　　만드는 법을 배우다

1등 제거하다, 제외하다

ざっそうをのぞく
雑草を除く　　　　　잡초를 제거하다

1등 줄이다

よさんをへらす
予算を減らす　　　　예산을 줄이다

1등 살아나다

おかげでたすかる
御蔭で助かる　　　　덕분에 살아나다

1등 꺼내다, 빼다

よきんをひきだす
預金を引き出す　　　예금을 꺼내다

1등 쌓다

けいけんをつむ
経験を積む　　　　　경험을 쌓다

落(ち)着く¹ おちつく

- Q. 떠돌이로 살았지만 이제 한 곳에 落(ち)着く 하기로 했다.
- Q. 언제까지 혼자 살래? 결혼해서 落(ち)着く 해야지.

1통 자리 잡다, 정착하다

けっこんしておちつく
結婚して落ち着く   결혼해서 자리 잡다

落(ち)着く² おちつく

- Q. 싸우려는 두 사람을 말리며 落(ち)着く 하라고 외쳤다.
- Q. 시험을 볼 때는 너무 긴장하지 말고 落(ち)着く 해.

1통 진정되다, 차분하다

きもちがおちつく
気持ちが落ち着く   마음이 진정되다

破る やぶる

- Q. 약속을 일방적으로 破る 하고 사과조차 하지 않다니!
- Q. 경찰 특수부대가 망치로 문을 破る 하고 들이닥쳤다.

1통 깨다, 어기다

やくそくをやぶる
約束を破る   약속을 깨다

寄越す よこす

- Q. 집배원이 방문하여 편지를 寄越す 했다.
- Q. 인질을 살리고 싶으면 나한테 돈을 寄越す 해라!

1통 보내다, 넘겨주다

かねをよこす
金を寄越す   돈을 내주다

★ 화자가 받는 경우에만 쓰이며 손윗사람에게 쓰면 안 됨

揃う¹ そろう

- Q. 11명의 인원이 揃う 해서 축구 대회에 나갈 수 있다.
- Q. 친한 친구들끼리 揃う 해서 놀이공원에 놀러 갔다.

1통 갖추어지다, 모이다

ぜんいんそろう
全員揃う   전원이 모이다

揃う² そろう

- Q. 젓가락 길이가 서로 揃う 하지 않아 젓가락질이 힘들다.
- Q. 둘은 쌍둥이라서 揃う 한 옷을 입으면 구분하기 힘들다.

1통 일치하다, 고르다

ながさがそろう
長さが揃う   길이가 일치하다

隠す かくす

- Q. 누가 훔쳐볼까 봐 일기장을 침대 밑에 隠す 했어요.
- Q. 해적 선장이 자신만 아는 곳에 보물을 隠す 했다.

1통 숨기다

しょうたいをかくす
正体を隠す   정체를 숨기다

稼ぐ かせぐ

- Q. 먹고 살기 위해 돈을 稼ぐ 했다.
- Q. 적군이 몰려오자 다리를 끊어서 잠시 시간을 稼ぐ 했다.

1통 벌다

おかねをかせぐ
お金を稼ぐ   돈을 벌다

覚ます さます

- Q. 떠들면 아기가 잠에서 覚ます 하니까 조용히 해.
- Q. 큰 소리가 나서 잠이 覚ます 했어.

1통 깨다

めをさます
目を覚ます   눈을 뜨다

Q

学ぶ まなぶ

- 작년부터 학원에서 피아노를 学ぶ 하고 있어.
- 아버지에게 운전을 学ぶ 했더니 자신감이 붙었어.

立(ち)上がる たちあがる

- 넘어진 뒤 立(ち)上がる 하다가 다시 넘어졌다.
- 영화가 끝나자 사람들이 관객석에서 立(ち)上がる 했다.

払(い)戻す はらいもどす

- 불량 제품이니 전액 払(い)戻す 해 드리겠습니다.
- 음식에서 이물질이 나와 음식값을 払(い)戻す 해 주었다.

広がる ひろがる

- 방화로 시작된 불이 산 전체로 広がる 했다.
- 강에 돌을 던지자 파문이 広がる 했다.

残す のこす

- 역사에 이름을 残す 한 큰 업적.
- 입맛이 없어서 밥을 残す 했다.

加わる¹ くわわる

- 대학생들에 이어 교수들이 시위 행렬에 加わる 했다.
- 얼음에 열이 加わる 하자 금세 물이 되었다.

加わる² くわわる

- 가만히 듣고 있던 그도 곧 우리 이야기에 加わる 했다.
- 너도 우리 팀에 加わる 해서 함께 시합에 나가자.

盛る もる

- 뷔페에서 음식을 잔뜩 盛る 했다가 먹지도 못하고 남겼다.
- 배가 고파서 밥그릇에 밥을 가득 盛る 했다.

抜く ぬく

- 제비뽑기 상자에서 종이를 抜く 해서 자리를 정했다.
- 심한 충치가 생겨 치과에 가서 이를 抜く 했다.

A

1등 배우다

うんてんをまなぶ
運転を学ぶ　　　　　운전을 배우다

1등 일어서다

いすからたちあがる
椅子から立ち上がる　의자에서 일어서다

1등 돌려주다, 환불하다

よきんをはらいもどす
預金を払い戻す　　　예금을 환불하다

1등 (중심에서 주변으로) 넓어지다, 넓게 퍼지다

かじがひろがる
火事が広がる　　　　화재가 번지다

1등 남기다

ごはんをのこす
ご飯を残す　　　　　밥을 남기다

1등 가해지다, 더해지다

ねつがくわわる
熱が加わる　　　　　열이 가해지다

1등 참여하다, 가담하다

はなしにくわわる
話に加わる　　　　　이야기에 끼어들다

1등 담다, 쌓아 올리다

めしをもる
飯を盛る　　　　　　밥을 담다

1등 (속에 든 것을) 뽑다

ねをぬく
根を抜く　　　　　　뿌리를 뽑다

断(わ)る ことわる

ᵠ 남이 부탁하면 断(わ)る 하지 못하는 소심한 성격.

ᵠ 말도 안 되는 제안을 듣고 단호하게 断(わ)る 했다.

1동 완곡하게 거절하다

えんきょくにことわる
婉曲に断る　　　정중하게 거절하다

誘う さそう

ᵠ 주말에 데이트하자고 誘う 했다.

ᵠ 친구들에게 겨울에 함께 여행을 가자고 誘う 했다.

1동 권하다, 유혹하다

でーとにさそう
デートに誘う　　데이트를 권하다

苦しむ くるしむ

ᵠ 실수로 사고를 낸 뒤 죄책감으로 苦しむ 했다.

ᵠ 느닷없는 복통으로 苦しむ 하다가 병원에 실려 갔다.

1동 괴로워하다

あくむでくるしむ
悪夢で苦しむ　　악몽으로 괴로워하다

過(ご)す すごす

ᵠ 주말 중 하루는 애인과 함께 過(ご)す 하기로 약속했다.

ᵠ 별장에서 홀로 過(ご)す 하며 새로운 소설을 집필했다.

1동 보내다, 지내다

いっしょにすごす
一緒に過ごす　　　　함께 보내다

招く まねく

ᵠ 친구를 집에 招く 해서 함께 놀았다.

ᵠ 부실 공사가 대형 참사를 招く 했다는 지적입니다.

1동 초대하다

ともだちをまねく
友達を招く　　　　친구를 초대하다

★ '초래하다'를 뜻하기도 함

巻く まく

ᵠ 김에 밥과 재료를 놓고 巻く 하면 김밥이 된다.

ᵠ 상처 부위에 붕대를 巻く 했다.

1동 감다, 싸다, 말다

ほうたいをまく
包帯を巻く　　　　붕대를 감다

呼(び)出す よびだす

ᵠ 주문하기 위해 웨이터를 呼(び)出す 했다.

ᵠ 친구 집 앞에 서서 전화로 친구를 呼(び)出す 했다.

1동 불러내다, 호출하다

でんわでよびだす
電話で呼出す　　　전화로 불러내다

増やす ふやす

ᵠ 선발 정원을 40명에서 50명으로 増やす 했습니다.

ᵠ 가게를 확장해 좌석 수를 増やす 할 수 있게 되었다.

1동 늘리다

ざいさんをふやす
財産を増やす　　　재산을 늘리다

★ 구체적으로 셀 수 있는 것에만 쓰임

移る うつる

ᵠ 가게 위치를 다른 곳으로 移る 하고 단골분들께 알렸다.

ᵠ 친구에게 감기를 移る 해서 정말 미안했다.

1동 옮기다

びょうきがうつる
病気が移る　　　　병이 옮다

Q ——————

載る¹ のる

Q. 자리에 돌아와 보니 책상 위에 상자가 載る 해 있었다.

Q. 의자 위에 載る 한 가방을 치우고 앉았다.

載る² のる

Q. 지도에도 載る 되어 있지 않은 작은 섬.

Q. 내가 쓴 글이 학교 신문에 載る 했다.

飛(び)出す¹ とびだす

Q. 불이 나자 당황한 사람들이 밖으로 飛(び)出す 했다.

Q. 부모님과 싸우고 집을 飛(び)出す 했다.

飛(び)出す² とびだす

Q. 깜짝 놀라서 눈알이 飛(び)出す 할 것만 같은 표정.

Q. 골목을 돌자 트럭이 갑자기 飛(び)出す 해서 사고가 났다.

透く すく

Q. 방충망이 透く 한 뒤로 모기가 많이 들어왔다.

Q. 이 사이가 透く 해서 발음이 샌다.

刻む¹ きざむ

Q. 고명으로 쓰기 위해 채소를 잘게 刻む 했다.

Q. 김장 속에 쓰기 위해 무를 刻む 했다.

刻む² きざむ

Q. 팔만대장경은 목판에 불경을 刻む 한 것이다.

Q. 선생님의 가르침을 마음속에 깊이 刻む 했다.

蹴る ける

Q. 축구공을 蹴る 해서 골대에 넣었다.

Q. 문을 발로 蹴る 하지 마라.

強まる つよまる

Q. 태풍이 다가오면서 바람이 서서히 強まる 했다.

Q. 여론이 악화하면서 반대 의견이 強まる 했다.

A ——————

1동 놓이다

つくえのうえにのる
机の上に載る　　　　책상 위에 놓이다

1동 실리다, 게재되다

しんぶんにのる
新聞に載る　　　　신문에 실리다

1동 뛰어나오다, 뛰쳐나가다

そとにとびだす
外に飛び出す　　　　밖으로 뛰쳐나가다

1동 튀어나오다

かえるがとびだす
蛙が飛び出す　　　　개구리가 튀어나오다

1동 틈이 나다, 벌어지다

はがすく
歯が透く　　　　이가 벌어지다

1동 잘게 썰다, 쪼개다

だいこんをきざむ
大根を刻む　　　　무를 잘게 썰다

1동 새기다

こころにきざむ
心に刻む　　　　마음에 새기다

1동 차다

ぼーるをける
ボールを蹴る　　　　공을 차다

1동 강해지다

かぜがつよまる
風が強まる　　　　바람이 강해지다

縛る しばる

Q. 머리가 풀어지지 않게 끈으로 縛る 했다.
Q. 밧줄로 나무에 몸을 꽁꽁 縛る 했다.

1통 묶다

ろーぷでしばる
ロープで縛る　　　　로프로 묶다

騙す だます

Q. 사기꾼에게 감쪽같이 騙す 해 넘어가서 전 재산을 날렸다.
Q. 역시 피는 못 騙す 해. 아버지와 아들이 똑같이 생겼잖아.

1통 속이다

ともだちをだます
友達を騙す　　　　친구를 속이다

好む このむ

Q. 피자보다는 치킨을 好む 한다.
Q. 고양이보다는 개를 好む 한다.

1통 선호하다 🅐＞🅑

どくしょをこのむ
読書を好む　　　　독서를 선호하다

楽しむ たのしむ

Q. 피할 수 없다면 楽しむ 해라.
Q. 올여름은 해수욕장에서 피서를 楽しむ 했다.

1통 즐기다

つりをたのしむ
釣りを楽しむ　　　　낚시를 즐기다

高まる たかまる

Q. 한 골을 넣은 후 팀의 사기가 高まる 했다.
Q. 영화의 성공으로 배우들의 인기도 高まる 했다.

1통 높아지다

きんちょうがたかまる
緊張が高まる　　　　긴장이 고조되다

済む すむ

Q. 기말시험이 済む 했으니 어디 놀러 가자.
Q. 저녁 식사를 済む 한 뒤 산책을 나왔다.

1통 완료되다, 해결되다

しけんがすむ
試験が済む　　　　시험이 끝나다

暮(ら)す くらす

Q. 한때 런던에 暮(ら)す 하면서 학교에 다닌 적이 있어요.
Q. 저는 부모님과 한집에서 暮(ら)す 하고 있어요.

1통 살다, 생활하다

へいわにくらす
平和に暮らす　　　　평화롭게 살다

下る くだる

Q. 해가 져서 어두워지기 전에 산에서 下る 하기로 했다.
Q. 밤사이 기온이 많이 下る 해서 쌀쌀해.

1통 내리다, 내려가다

さかをくだる
坂を下る　　　　언덕을 내려가다

映る うつる

Q. 거울에 映る 한 내 모습을 보며 포즈를 취했다.
Q. 물에 映る 한 얼굴이 수면을 따라 일렁였다.

1통 반영하다, 비치다

かがみにうつる
鏡に映る　　　　거울에 비치다

許す ゆるす

ᵠ 진심으로 뉘우친다면 너의 죄를 許す 할게.

ᵠ 내 잘못을 許す 해줄 수 있나요?

1番 용서하다

つみをゆるす
罪を許す   죄를 용서하다

嫌がる いやがる

ᵠ 겨울에는 찬 음식을 嫌がる 해서 잘 먹지 않아.

ᵠ 밖에 나가기 嫌がる 하는 친구를 억지로 데리고 나왔다.

1番 싫어하다

べんきょうをいやがる
勉強を嫌がる   공부를 싫어하다

★ 상황에 따라서 갖는 불쾌감을 나타낼 때 씀

混ざる まざる

ᵠ 여러 가지 과일을 混ざる 한 혼합 주스야.

ᵠ 흰색 공이 든 바구니에 빨간색 공이 쏟아져 交ざる 했다.

1番 섞이다

ざいりょうがまざる
材料が混ざる   재료가 섞이다

★ 표기 차이 交ざる: 섞였지만 동화되지 않고 구분 가능함
雑ざる: 섞여서 순수하지 않게 된 상태를 강조

蒸す¹ むす

ᵠ 밭에서 따온 옥수수를 냄비에 蒸す 해서 먹었다.

ᵠ 냄비에 蒸す 한 감자를 호호 불며 먹었다.

1番 찌다

もちをむす
餅を蒸す   떡을 찌다

蒸す² むす

ᵠ 날씨가 蒸す 해서 땀이 계속 난다.

ᵠ 한여름의 蒸す 한 날씨에 열사병으로 쓰러졌다.

1番 무덥다

ひどくむす
酷く蒸す   매우 무덥다

剝く¹ すく

ᵠ 가츠오부시는 가다랑어를 얇게 剝く 한 것이다.

ᵠ 머리카락을 군인처럼 짧게 剝く 했다.

1番 얇게 깎아내다

かみのけをすく
髪の毛を剝く   머리카락을 깎다

★ 표기 차이 剝く: 간소화된 글자, PC 환경에서 권장됨

注ぐ¹ そそぐ

ᵠ 커다란 화분에 물을 注ぐ 했다.

ᵠ 잔에 술이 넘칠 정도로 가득 注ぐ 했다.

1番 쏟다, 붓다

ふりそそぐ
降り注ぐ   쏟아져 내리다

抱く¹ だく

ᵠ 마트에서 인형을 抱く 하고 놓지 않으려는 아이.

ᵠ 암탉이 알을 抱く 하고 있다.

1番 안다, 품다

こどもをだく
子供を抱く   아이를 안다

★ いだく 보다 스스럼없는 표현

サボる さぼる

ᵠ 늦잠 잔 김에 수업을 サボる 하고 놀러 나왔다.

ᵠ 공부를 サボる 하고 한눈을 팔다가 걸렸다.

1番 게으름 피우다, 땡땡이치다

유래 sabotage [사보타주] : 프랑스어

じゅぎょうをさぼる
授業をサボる   수업을 빼먹다

Q

御座います ございます

- Q. 서방님. 이쪽을 보세요. 처음 보는 꽃이 御座います.
- Q. 안쪽에 다른 상품도 많이 御座います. 구경하고 가세요.

漬ける つける

- Q. 겨울이 오기 전에 김치를 漬ける 한다.
- Q. 무를 식초에 漬ける 해서 단무지를 만들었다.

煮る にる

- Q. 국물이 반으로 줄어들 때까지 煮る 하면 완성이다.
- Q. 닭 한 마리를 가마솥에 통째로 넣고 푹 煮る 하다.

現(わ)れる あらわれる

- Q. 고라니가 불쑥 現(わ)れる 했다.
- Q. 검색 결과가 화면에 現(わ)れる 했다.

高める たかめる

- Q. 국제대회에서 승리해 국위를 高める 했다.
- Q. 길거리에서 언성을 高める 하며 싸웠다.

立てる¹ たてる

- Q. 귀를 쫑긋 立てる 하고 경계하는 동물.
- Q. 쓰러진 팻말을 다시 立てる 했다.

立てる² たてる

- Q. 친구와 만나서 유럽 여행 계획을 立てる 했다.
- Q. 이런 가설을 立てる 해보는 건 어떨까?

立てる³ たてる

- Q. 계란을 저어서 거품을 立てる 한 다음 설탕과 섞어줍니다.
- Q. 누가 이런 얼토당토않은 소문을 立てる 한 거야?

通じる つうじる

- Q. 그런 속임수가 通じる 할 줄 알았어?
- Q. 금속성 물체는 전기가 通じる 한다.

A

동사 **표현** 있습니다

たくさんございます 沢山御座います	많이 있습니다

★ '동사+조동사' 구조의 연어

2동 담그다, 절이다

なをつける 菜を漬ける	야채를 절이다

2동 삶다, 끓이다, 조리다

なべでにる 鍋で煮る	냄비로 삶다

2동 나타나다

ゆうれいがあらわれる 幽霊が現われる	유령이 나타나다

2동 높이다

せいのうをたかめる 性能を高める	성능을 높이다

2동 세우다, 일으키다

たてふだをたてる 立て札を立てる	팻말을 세우다

2동 (계획·가설 등을) 세우다

けいかくをたてる 計画を立てる	계획을 세웠다

2동 내다

あわをたてる 泡を立てる	거품을 내다

2동 통하다, 연결되다

でんきがつうじる 電気が通じる	전기가 통하다

Q ——————— A

冷める さめる

Q. 기다리는 동안 커피가 冷める 해서 물을 다시 끓였다.

Q. 잇단 실수에 공연의 열기가 冷める 하고 말았다.

2통 (기온·기분 등이) 식다

ゆがさめる
湯が冷める　　　　더운물이 식다

炒める いためる

Q. 김치와 밥을 기름에 炒める 해서 김치볶음밥을 만들었다.

Q. 부엌에서 깨를 炒める 하는 고소한 냄새가 났다.

2통 기름에 볶다, 지지다

やさいをいためる
野菜を炒める　　　　야채를 볶다

茹でる ゆでる

Q. 몸보신하려고 약재를 넣고 닭을 茹でる 했다.

Q. 다이어트를 하려고 닭가슴살과 달걀을 물에 茹でる 했다.

2통 삶다

たまごをゆでる
卵を茹でる　　　　달걀을 삶다

取れる¹ とれる

Q. 군살을 取れる 하기 위해 매일 저녁 운동하고 있다.

Q. 빨래를 하니 옷에서 때가 取れる 했다.

2통 (붙어있던 것이) 떨어지다, 빠지다

ねつがとれる
熱が取れる　　　　열이 떨어지다

取れる² とれる

Q. 이 강에서 낚시하다 보면 은어가 取れる 합니다.

Q. 쌀이 많이 取れる 하는 곡창지대.

2통 잡히다, 수확되다

さかながとれる
魚が取れる　　　　물고기가 잡히다

取れる³ とれる

Q. 위험한 만큼 봉급을 많이 取れる 할 수 있는 직종.

Q. 시험에 통과해 자격증을 取れる 했다.

2통 얻다, 따다

めんじょうがとれる
免状が取れる　　　　면허를 따다

売れる うれる

Q. 날개 돋친 듯 売れる 하다.

Q. 올 한해 가장 많이 売れる 한 제품입니다.

2통 팔리다

よくうれるほん
良く売れる本　　　　잘 팔리는 책

伸びる¹ のびる

Q. 다림질하니 옷의 주름이 쭉 伸びる 했다.

Q. 허리를 伸びる 하고 바른 자세로 앉으렴.

2통 펴지다

よくのびる
良く伸びる　　　　잘 펴지다

伸びる² のびる

Q. 어느새 내 키 높이까지 伸びる 한 해바라기.

Q. 키가 작았지만 중학생이 되고 나서 20cm나 伸びる 했다.

2통 자라다

せがのびる
背が伸びる　　　　키가 자라다

伸びる³ のびる

Q. 유학을 다녀오더니 영어 실력이 굉장히 伸びる 했다.

Q. 가게가 명성을 얻자 매출이 점점 伸びる 하고 있다.

2동 발전하다, 신장하다

きろくがのびる
記録が伸びる　　기록이 향상되다

揃える そろえる

Q. 벗은 신발을 揃える 하고 들어갔다.

Q. 집들이 때 찾아올 손님 수만큼 식기를 揃える 했다.

2동 가지런히 하다, 준비해놓다

しょっきをそろえる
食器を揃える　　식기를 갖추다

統べる すべる

Q. 대통령은 국정을 統べる 한다.

Q. 부장은 업무를 統べる 하며 책임지는 자리이다.

2동 총괄하다

だいとうりょうがすべる
大統領が統べる　　대통령이 총괄하다

隠れる かくれる

Q. 더는 隠れる 할 곳도 도망갈 곳도 없었다.

Q. 곰을 발견하고 나무 뒤로 몸을 隠れる 했다.

2동 숨다

うしろにかくれる
後ろに隠れる　　뒤에 숨다

分(か)れる わかれる

Q. 여기서부터는 도로가 두 갈래로 分(か)れる 한다.

Q. 전문가들도 견해가 分(か)れる 하는 문제이다.

2동 갈라지다, 분기하다

みちがわかれる
道が分かれる　　길이 갈라지다

憧れる あこがれる

Q. 시골에서 살다 보니 서울 생활을 憧れる 해 왔다.

Q. 남자라면 누구나 憧れる 하는 근육질을 가진 연예인.

2동 동경하다, 그리워하다

じゆうにあこがれる
自由に憧れる　　자유를 동경하다

出迎える でむかえる

Q. 오실 때 미리 전화 주시면 역까지 出迎える 하겠습니다.

Q. 네가 공항에 가서 손님을 出迎える 해야겠다.

2동 마중 나가다

えきまででむかえる
駅まで出迎える　　역까지 마중 나가다

加える くわえる

Q. 양배추에 열을 加える 하면 영양소가 파괴된다.

Q. 음식이 싱거워 소금을 加える 해서 간을 맞췄다.

2동 더하다, 가하다

あじをくわえる
味を加える　　맛을 더하다

零れる こぼれる

Q. 목욕물이 零れる 하기 전에 물을 잠가라.

Q. 참지 못하고 그만 눈물이 零れる 했다.

2동 넘치다, 넘쳐흐르다

みずがこぼれる
水が零れる　　물이 넘치다

Q   A

進める すすめる

Q. 목적지를 향해 차를 進める 했다.

Q. 떠드는 아이들을 혼낸 뒤 수업을 계속 進める 했다.

2급 앞으로 나아가게 하다, 진행하다

かいぎをすすめる
会議を進める   회의를 진행하다

震える ふるえる

Q. 무서워서 손이 덜덜 震える 했다.

Q. 분노로 입술이 파르르 震える 했다.

2급 흔들리다

からだがふるえる
体が震える   몸이 떨리다

確かめる たしかめる

Q. 문을 잘 잠갔는지 한 번 더 確かめる 해볼게.

Q. 써주신 연락처가 맞는지 確かめる 해 주세요.

2급 확인하다

いきさきをたしかめる
行き先を確かめる   행선지를 확인하다

枯れる かれる

Q. 물을 주지 않고 오래 방치한 꽃이 枯れる 했다.

Q. 가뭄으로 농작물이 모두 枯れる 했다.

2급 마르다, 시들다, 시들어 죽다

きがかれる
木が枯れる   나무가 죽다

延びる のびる

Q. 논쟁이 길어져 회의 시간이 예정보다 延びる 했다.

Q. 의학의 발전으로 인간의 평균 수명이 延びる 하게 되었다.

2급 길어지다

じゅみょうがのびる
寿命が延びる   수명이 길어지다

深める ふかめる

Q. 밤새 이야기를 나누며 친구와의 우애를 深める 했다.

Q. 일본어를 배우며 일본에 대한 이해를 더욱 深める 했다.

2급 깊게 하다

しんぼくをふかめる
親睦を深める   친목을 돈독히 하다

明ける あける

Q. 날이 明ける 하도록 게임을 했다.

Q. 친구와 날이 明ける 할 때까지 술을 마셨다.

2급 (날이) 새다, 밝아지다

よがあける
夜が明ける   날이 새다

打付ける ぶつける

Q. 배가 암초에 打付ける 해서 침수되기 시작했다.

Q. 1회전에서 바로 라이벌팀과 打付ける 했다.

2급 부딪히다, 맞닥뜨리게 하다

あたまをぶつける
頭を打付ける   머리를 부딪치다

勧める すすめる

Q. 볼만한 책 좀 勧める 해 줘.

Q. 내 짝을 반장선거 후보로 勧める 했다.

2급 추천하다

ほんをすすめる
本を勧める   책을 추천하다

Q ——————————

挙げる あげる

ᵃ· 약혼식까지 挙げる 한 커플이었지만 헤어지고 말았다.

ᵃ· 지금부터 결혼식을 挙げる 하겠습니다.

2등 (의식·명령 등을) 행하다

しきをあげる
式を挙げる   의식을 거행하다

潰れる つぶれる

ᵃ· 상자가 潰れる 했는데 내용물이 괜찮을까?

ᵃ· 차가 담벼락에 부딪혀 앞이 조금 潰れる 했다.

2등 찌부러지다

はこがつぶれる
箱が潰れる   상자가 찌부러지다

引(き)受ける ひきうける

ᵃ· 하고 싶지 않은 일을 마지못해 引(き)受ける 하다.

ᵃ· 그 일은 제가 引(き)受ける 하고 마무리 짓겠습니다.

2등 떠맡다, 책임을 지다

むやみにひきうける
無闇に引き受ける   무턱대고 떠맡다

与える あたえる

ᵃ· 선생님이 학생들에게 숙제를 与える 했다.

ᵃ· 선생님이 떠드는 아이들에게 벌을 与える 했다.

2등 (윗사람이 아랫사람에게) 주다, 해주다

きかいをあたえる
機会を与える   기회를 주다

曲げる まげる

ᵃ· 초능력자가 숟가락을 曲げる 했다.

ᵃ· 그는 고집이 세서 절대 의견을 曲げる 하지 않는다.

2등 구부리다, 굽히다

しんねんをまげる
信念を曲げる   신념을 굽히다

草臥れる くたびれる

ᵃ· 높은 산을 쉬지 않고 올랐더니 草臥れる 했다.

ᵃ· 오랫동안 입어서 草臥れる 한 옷을 버리기로 했다.

2등 지치다, 피로하다

じんせいにくたびれる
人生に草臥れる   인생에 지치다

★ '낡다'를 뜻하기도 함

預ける あずける

ᵃ· 짐을 잠깐 預ける 하고 싶은데 가능한가요?

ᵃ· 어린이집에 아이를 預ける 하고 출근했다.

2등 (물건·사람 등을) 맡기다

ふくをあずける
服を預ける   옷을 맡기다

任せる まかせる

ᵃ· 너를 믿고 任せる 할게. 정말 중요한 일이야.

ᵃ· 회장은 전문경영인에게 회사를 任せる 했다.

2등 (일을) 맡기다

しごとをまかせる
仕事を任せる   일을 맡기다

浮(か)べる¹ うかべる

ᵃ· 시냇물에 돛단배 모형을 浮(か)べる 했다.

ᵃ· 그는 나를 보고 미소를 浮(か)べる 하며 손을 흔들었다.

2등 띄우다

ふねをうかべる
船を浮かべる   배를 띄우다

Q / A

浮(か)べる² うかべる

- 불현듯 좋은 아이디어가 浮(か)べる 했다.
- 사진을 보면 당시의 기억이 浮(か)べる 한다.

2급 떠오르다

おもいうかべる
思い浮かべる　　　　회상하다

暖める あたためる

- 집에 오자마자 난방을 넣어 실내 온도를 暖める 했다.
- 찬 음식을 전자레인지에 温める 해서 먹었다.

2급 따뜻하게 하다

へやをあたためる
部屋を暖める　　　　방을 따뜻하게 하다

★ **표기 차이** 温める: '찬'의 반대말로 체온·액체 등에 쓰이며 몸의 일부로 느끼는 경우에 씀

乗せる のせる

- 아빠가 목마 乗せる 해줄까?
- 취한 친구를 택시에 乗せる 했다.

2급 (탈 것에) 태우다

くるまにのせる
車に乗せる　　　　차에 태우다

合(わ)せる あわせる

- 천천히 박자에 合(わ)せる 해서 춤을 추세요.
- 그는 언제나 상대와 눈을 合(わ)せる 하고 대화한다.

2급 맞추다

ひょうしをあわせる
拍子を合わせる　　　　박자를 맞추다

溢れる あふれる

- 애교가 아주 흘러 溢れる 하네!
- 술이 잔에서 溢れる 하도록 가득 따랐다.

2급 넘치다

みずがあふれる
水が溢れる　　　　물이 넘치다

近づける ちかづける

- 불에 너무 近づける 했다가 옷이 살짝 그을렸다.
- 글씨가 잘 안 보였는지 얼굴을 신문에 近づける 했다.

2급 가까이하다

めをちかづける
目を近づける　　　　눈을 가까이하다

溜める ためる

- 방학 숙제를 溜める 하다 보니 어느새 개학일이 되었다.
- 여행을 가려고 월급을 貯める 하고 있어.

2급 모으다, 밀리게 하다

しごとをためる
仕事を溜める　　　　일을 쌓아두다

★ **표기 차이** 貯める: 모이는 것이 금품일 때 쓰임

広げる¹ ひろげる

- 여행지에 도착해 지도를 広げる 했다.
- 양팔을 옆으로 활짝 広げる 했다.

2급 펼치다

つばさをひろげる
翼を広げる　　　　날개를 펴다

広げる² ひろげる

- 정복 전쟁을 벌여 영토를 広げる 했다.
- 신메뉴 개발로 선택의 폭을 広げる 했다.

2급 넓히다

みちをひろげる
道を広げる　　　　길을 넓히다

怠ける なまける

ᵠ 열심히 일하는 개미와 怠ける 하는 배짱이.
ᵠ 뺀질뺀질 怠ける 하지 말고 공부를 해라.

2등 게으름 피우다

べんきょうをなまける
勉強を怠ける　　　　공부를 게으름 피다

★ 해야 할 일을 하지 않는 것을 뜻함

抜ける ぬける

ᵠ 항암 치료를 받으면 온몸의 털이 抜ける 한다.
ᵠ 충치 때문에 덜렁거리던 이가 결국 抜ける 했다.

2등 빠지다

はがぬける
歯が抜ける　　　　　이가 빠지다

病める やめる

ᵠ 갑자기 머리가 病める 해서 두통약을 먹었다.
ᵠ 남에게 털어놓지 못하고 혼자서 病める 하고 있다.

2등 아프다, 괴롭다

こころがやめる
心が病める　　　　　고민하다

強める つよめる

ᵠ 강도 사건이 다발하자 경비 체계를 더욱 強める 했다.
ᵠ 찌개가 끓지 않아 가스 불을 強める 했다.

2등 강하게 하다

けいかいをつよめる
警戒を強める　　　　경계를 강화하다

診る みる

ᵠ 의사가 환자를 診る 하고 있다.
ᵠ 의사는 병원에서 환자를 診る 하고 처방을 내린다.

2등 진찰하다

かんじゃをみる
患者を診る　　　　　환자를 진찰하다

覚める さめる

ᵠ 수술이 끝나고 마취에서 覚める 했다.
ᵠ 알람 소리에 단잠에서 覚める 했다.

2등 깨다, (눈이) 떠지다

よいがさめる
酔いが覚める　　　　취기가 깨다

仕上げる しあげる

ᵠ 3개월 동안 진행해온 프로젝트를 드디어 仕上げる 했다.
ᵠ 밤을 새워서 과제를 간신히 仕上げる 했다.

2등 일을 끝내다, 마무리하다

りょうりをしあげる
料理を仕上げる　　　요리를 완성하다

済ませる すませる

ᵠ 문제가 조금 있었는데 済ませる 했습니다. 안심하세요.
ᵠ 음식점에서 계산을 済ませる 한 뒤 밖으로 나왔다.

2등 끝내다, 해결하다

かんじょうをすませる
勘定を済ませる　　　계산을 마치다

終える おえる

ᵠ 이따가 일 終える 하고 만나자. 내가 밥 살게.
ᵠ 군 복무를 終える 하고 만기 전역했다.

2등 끝내다

へいえきをおえる
兵役を終える　　　　군 복무를 마치다

混ぜる¹ まぜる

Q. 완성된 스튜에 후추를 混ぜる 했다.

Q. 물에 기름을 混ぜる 했다.

[2동] 섞다, 추가하다

ざいりょうをまぜる
材料を混ぜる　　　　　재료를 섞다

★ 표기 차이 交ぜる: 섞였지만 동화되지 않고 구분 가능함
雑ぜる: 섞여서 순수하지 않게 된 상태를 강조

混ぜる² まぜる

Q. 줄 서 있던 사람들과 말을 混ぜる 하다 보니 친해졌다.

Q. 그는 우리가 말하는데 자꾸 混ぜる 하며 끼어들었다.

[2동] (말을) 주고받다, 말참견하다

ことばをまぜる
言葉を混ぜる　　　　　말을 섞다

数える かぞえる

Q. 일본어로 숫자를 얼마까지 数える 할 줄 아니?

Q. 하늘에 별이 다 数える 할 수 없을 만큼 많다.

[2동] 세다

すうじをかぞえる
数字を数える　　　　　숫자를 세다

破れる¹ やぶれる

Q. 쓰레기통에서 破れる 한 명함을 발견했다.

Q. 새로 산 옷이 튀어나온 못에 걸려 破れる 했다.

[2동] 찢어지다

かみがやぶれる
紙が破れる　　　　　종이가 찢어지다

破れる² やぶれる

Q. 야구공이 날아와 교실 유리창이 破れる 했다.

Q. 상대가 신기록을 세우면서 이전의 기록이 破れる 했다.

[2동] 깨지다

がらすがやぶれる
ガラスが破れる　　　　　유리가 깨지다

見掛ける みかける

Q. 등굣길에 종종 見掛ける 하는 친숙한 얼굴.

Q. 이 근처에서 이따금 見掛ける 하는 고양이의 모습.

[2동] 눈에 띄다

よくみかけるかお
よく見掛ける顔　　　　　종종 보는 얼굴

感じる かんじる

Q. 저는 제가 하는 일에 보람을 感じる 하고 있어요.

Q. 마취가 깨자 이를 뺀 자리에서 고통을 感じる 했다.

[2동] 느끼다

しあわせをかんじる
幸せを感じる　　　　　행복을 느끼다

載せる¹ のせる

Q. 우선 사 온 음식 재료를 식탁 위에 載せる 했다.

Q. 음료 위에 생크림 載せる 해 드릴까요?

[2동] 위에 놓다, 얹다

てーぶるにのせる
テーブルに載せる　　　　　책상 위에 놓다

載せる² のせる

Q. 인기 배우의 인터뷰를 載せる 한 잡지가 불티나게 팔렸다.

Q. 제가 쓴 소설을 문예지에 載せる 하게 되어 기쁩니다.

[2동] 게재하다, 싣다

ざっしにのせる
雑誌に載せる　　　　　잡지에 싣다

諦める あきらめる

^{Q.} 실패에도 諦める 하지 않고 계속 도전했다.

^{Q.} 더는 승산이 없어서 諦める 하기로 했다.

2등 체념하다

だいえっとをあきらめる
ダイエットを諦める　다이어트를 포기하다

重ねる¹ かさねる

^{Q.} 카디건 위에 점퍼를 重ねる 해서 입었다.

^{Q.} 두 손을 重ねる 해서 무릎 위에 얌전히 올려놓았다.

2등 포개다, 겹치다

てをかさねる
手を重ねる　　　　　손을 포개다

重ねる² かさねる

^{Q.} 그는 같은 실수를 重ねる 해서 잔뜩 기가 죽었다.

^{Q.} 영화는 반전에 반전을 重ねる 하며 결말로 나아갔다.

2등 거듭하다

としをかさねる
年を重ねる　　　　　해를 거듭하다

分ける わける

^{Q.} 케이크를 세 조각으로 分ける 해서 먹었다.

^{Q.} 현상금을 받으면 공평하게 1대 1로 分ける 하자.

2등 나누다

かねをわける
金を分ける　　　　　돈을 나누다

通り過ぎる とおりすぎる

^{Q.} 태풍이 쓸고 通り過ぎる 한 자리는 쑥대밭이 됐다.

^{Q.} 그냥 못 본 척 通り過ぎる 하기로 했다.

2등 지나가다

たいふうがとおりすぎる
台風が通り過ぎる　　태풍이 지나가다

見上げる みあげる

^{Q.} 하늘을 見上げる 해서 한 점 부끄럼 없다.

^{Q.} 저 사람은 남들이 見上げる 할 만한 성인군자이다.

2등 우러러보다

そらをみあげる
空を見上げる　　　하늘을 올려다보다

飽きる あきる

^{Q.} 단 음식을 너무 먹었더니 飽きる 해서 한동안 멀리했어.

^{Q.} 같은 헤어스타일이 飽きる 해서 파마를 시도해보았다.

2등 싫증 나다

あきるほどたべる
飽きるほど食べる　　물릴 만큼 먹다

燃える もえる

^{Q.} 화재가 일어나 홀랑 燃える 해버린 건물.

^{Q.} 불이 나서 나무가 燃える 하고 말았어.

2등 불타다

きがもえる
木が燃える　　　　나무가 타다

慌てる あわてる

^{Q.} 이럴 때일수록 慌てる 하지 말고 침착해야지.

^{Q.} 화재가 일어나자 慌てる 한 주민들이 뛰쳐나왔다.

2등 당황하다

かじであわてる
火事で慌てる　　　　화재로 당황하다

Q ——————————— A ———————————

纏める まとめる

Q. 흐트러진 짐들을 모아 방 한구석에 纏める 했다.

Q. 토론 끝에 여럿의 의견을 하나로 纏める 했다.

2동 (뿔뿔이 되어 있는 것을 하나로) 정리하다

いけんをまとめる
意見を纏める　　　　의견을 모으다

助ける たすける

Q. 불우 이웃을 助ける 하기 위한 모금 행사.

Q. 여기 사람이 빠졌어요! 助ける 해 주세요!

2동 구조하다, 돕다

いのちをたすける
命を助ける　　　　목숨을 구하다

挙げる あげる

Q. 이해하기 쉽도록 예를 挙げる 해서 설명했다.

Q. 과거 실적을 예로 挙げる 하며 자신의 유능함을 어필했다.

2동 (예를) 들다

れいをあげる
例を挙げる　　　　예를 들다

挙げる あげる

Q. 경찰은 끈질긴 추적 끝에 범인을 挙げる 했다.

Q. 주식 투자가 성공하여 막대한 수익을 挙げる 했다.

2동 얻다, 잡다

はんにんをあげる
犯人を挙げる　　　　범인을 검거하다

褪める さめる

Q. 오래된 책을 꺼냈더니 색이 褪める 해서 누렇게 되었다.

Q. 오래되어 색이 褪める 한 사진.

2동 퇴색하다, 바래다

いろがさめる
色が褪める　　　　색이 바래다

空ける あける

Q. 며칠 동안 집을 空ける 합니다. 찾지 말아 주세요.

Q. 집주인이 다음 달까지 방을 空ける 해달라고했다.

2동 비우다

いえをあける
家を空ける　　　　집을 비우다

得る¹ える

Q. 잘생기고 노래도 잘해서 큰 인기를 得る 했다.

Q. 사촌 형이 다 읽은 책을 거저 得る 했다.

2동 얻다, 획득하다

しんようをえる
信用を得る　　　　신용을 얻다

避ける¹ さける

Q. 남의 눈을 避ける 하며 골목으로 도망쳤다.

Q. 그는 확답을 避ける 하고 계속해서 화제를 돌렸다.

2동 피하다, 꺼리다

ひとめをさける
人目を避ける　　　　남의 눈을 피하다

★ 의식적·추상적 회피를 나타냄

埋める¹ うめる

Q. 한 달째 공석인 자리를 埋める 하기 위한 회의가 열렸다.

Q. 배의 구멍을 埋める 한 아버지는 다시 바다로 나갔다.

2동 묻다, 메우다

あなをうめる
穴を埋める　　　　구멍을 메우다

Q

A

DAY
28

気に入る きにいる

Q. 저 신발 너무 気に入る 한다. 가격이 얼마지?

Q. 딱히 気に入る 하는 물건이 없어서 빈손으로 나왔다.

동사 표현 마음에 들다

ひとめできにいる
一目で気に入る　　　한눈에 마음에 들다

★ '명사+조사+동사' 구조의 연어

お目に掛かる おめにかかる

Q. 전화보다는 직접 お目に掛かる 하고 설명해 드릴게요.

Q. 이렇게 お目に掛かる 해서 영광입니다. 사인 부탁드려요.

동사 표현 만나 뵙다

おめにかかります
お目に掛かります　　　만나 뵙습니다

★ '명사+조사+동사' 구조의 연어

就いて ついて

Q. 선생님과 대학과 진로에 就いて 상담했어.

Q. 영화에 就いて 이야기하는 것을 좋아한다.

동사 표현 대해서

そのことについて
その事に就いて　　　그 일에 대해

★ '동사+조사' 구조의 연어

下さい ください

Q. 꼭 사고 싶은 게 있어요. 용돈 좀 下さい.

Q. 제 이야기를 좀 들어 下さい.

동사 표현 주세요

ごらんください
ご覧下さい　　　보아주십시오

★ '동사+연용형' 구조의 연어

蒸(し)暑い むしあつい

Q. 8월은 蒸(し)暑い 하지 않은 날이 없다.

Q. 이런 蒸(し)暑い 한 날에는 에어컨을 틀지 않을 수 없다.

い형 무덥다

むしあついてんき
蒸し暑い天気　　　무더운 날씨

きつい

Q. きつい 한 일을 마치고 집에 오자마자 곯아떨어졌다.

Q. 돈이 없어 난방을 못 해서 きつい 한겨울을 보냈다.

い형 힘들다, 고되다

きついしごと
きつい仕事　　　고된 일

しつこい

Q. 형사의 しつこい 한 추궁에 결국 범인이 자백했다.

Q. しつこい 한 설득에 넘어갔다.

い형 끈질기다, 집요하다

しつこいようきゅう
しつこい要求　　　끈질긴 요구

喧しい¹ やかましい

Q. 집이 철도 근처라서 기차 소리가 喧しい 하다.

Q. 모기가 자꾸 喧しい 하게 굴어서 잠들지 못했다.

い형 시끄럽다, 성가시다

やかましくようきゅうする
喧しく要求する　　　성가시게 요구한다

★ 부정적이고 공격적인 뉘앙스로 씀

喧しい² やかましい

Q. 음식 맛에 喧しい 한 사람이라 같이 밥 먹기 피곤하다.

Q. 이것저것 요구하는 게 많은 喧しい 한 손님이었다.

い형 까다롭다, 엄격하다

やかましいきそく
喧しい規則　　　까다로운 규칙

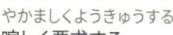

怪しい あやしい

Q. 怪しい 한 사람이 집 주위를 서성이고 있다.
Q. 공항에서 怪しい 한 가방을 발견해서 경찰에 신고했다.

い형 수상하다

あやしいじんぶつ
怪しい人物　　　　　　수상한 인물

緩い ゆるい

Q. 귀중품 경비가 너무 緩い 한 거 아니야?
Q. 緩い 한 밧줄을 팽팽하게 잡아당겼다.

い형 느슨하다

ひもがゆるい
紐が緩い　　　　　　줄이 느슨하다

下らない くだらない

Q. 그 정도는 작고 下らない 한 수치다.
Q. 무명 배우일 때는 下らない 한 단역을 맡았다.

い형 하찮다, 시시하다

くだらないじょうだん
下らない冗談　　　　시시한 농담

激しい はげしい

Q. 그 제의는 激しい 한 항의에 부딪혔다.
Q. 참가자들 사이에 激しい 한 논쟁이 벌어졌다.

い형 격심하다

はげしいいたみ
激しい痛み　　　　　격심한 통증

とんでもない

Q. 그런 とんでもない 한 이야기는 믿을 수 없다.
Q. 외국인에게 とんでもない 한 가격으로 바가지를 씌운다.

い형 터무니없다

とんでもないねだん
とんでもない値段　　터무니없는 가격

そそっかしい

Q. 그는 そそっかしい 한 성격이라 자주 물건을 잃어버린다.
Q. 우산을 또 깜빡하고 내리다니 정말 そそっかしい 해.

い형 덜렁거리다

そそっかしいせいかく
そそっかしい性格　　덜렁대는 성격

恐ろしい おそろしい

Q. 문신한 남자가 恐ろしい 한 표정으로 노려보았다.
Q. 이 근처에서 뱀이 나온대. 너무 恐ろしい 해.

い형 두렵다, 무섭다

おそろしいほど
恐ろしいほど　　　　두려울 정도로

臭い くさい

Q. 이를 닦아도 입에서 臭い 한 냄새가 나서 고민이다.
Q. 삭힌 홍어는 臭い 한 냄새 때문에 못 먹는 사람이 많아.

い형 고약한 냄새가 나다, 구리다

くさいいき
臭い息　　　　　　구린내 나는 입김

もうしわけない

Q. 너에게 잘못한 게 많아 もうしわけない 한 마음뿐이다.
Q. 손님 もうしわけない 합니다만, 오늘 영업은 끝났습니다.

い형 미안하다, 죄송하다

まことにもうしわけない
誠にもうしわけない　참으로 미안하다

Q _____ A _____

痒い かゆい

- Q. 모기에 물린 곳이 痒い 해.
- Q. 아토피 피부라서 살이 스치면 금방 붓고 痒い 했다.

い형 가렵다

むしにさされてかゆい
虫に刺されて痒い　　벌레에 물려서 가렵다

面倒臭い めんどうくさい

- Q. 面倒臭い 한 설거지를 서로에게 떠넘겼다.
- Q. 자취를 하니까 요리하기 面倒臭い 해서 라면만 먹는다.

い형 아주 귀찮다

めんどうくさいさぎょう
面倒臭い作業　　귀찮은 작업

有(り)難い ありがたい

- Q. 부모님께는 항상 有(り)難い 한 마음을 가지고 있다.
- Q. 정말 有(り)難い 한 제안이지만 거절하겠습니다.

い형 감사하다

ありがたいおことば
有り難いお言葉　　감사한 말씀

貧しい まずしい

- Q. 부모님은 貧しい 한 살림에도 나에게 뭐든 해 주려 하셨다.
- Q. 돈은 많았지만, 마음은 반대로 貧しい 했다.

い형 가난하다

まずしいかてい
貧しい家庭　　가난한 가정

★ 정신적으로 변변치 않은 경우에도 씀

詳しい くわしい

- Q. 詳しい 한 얘기는 이따 만나서 하자.
- Q. 근처 지리에 詳しい 한 노인이 길을 알려주었다.

い형 상세하다

にほんごにくわしい
日本語に詳しい　　일본어에 정통하다

★ '정통하다'를 뜻하기도 함

塩辛い しおからい

- Q. 젓갈 같은 맵고 塩辛い 한 음식은 조금만 먹어라.
- Q. 건강을 위해 塩辛い 한 음식을 피하고 되도록 싱겁게 먹자.

い형 짜다

しおからいあじ
塩辛い味　　짠맛

勇ましい いさましい

- Q. 군인들은 군가를 부르며 勇ましい 하게 행진했다.
- Q. 그는 맹수 앞에서도 물러서지 않고 勇ましい 하게 싸웠다.

い형 용감하다, 용맹스럽다

いさましいぐんじん
勇ましい軍人　　용감한 군인

濃い こい

- Q. 안개가 濃い 한 날엔 안전 운전하세요.
- Q. 너 화장이 너무 濃い 한 거 아니니?

い형 짙다, 진하다

こいくちべに
濃い口紅　　짙은 립스틱

可愛らしい かわいらしい

- Q. 저 꼬마애 너무 可愛らしい 하다!
- Q. 可愛らしい 한 내 딸 소연아. 잘 지내니?

い형 귀엽다, 사랑스럽다

かわいらしいこども
可愛らしい子供　　귀여운 아이

DAY 29

Q   A

醜い　みにくい

Q. 예쁜 얼굴로도 감출 수 없는 醜い 한 본성.
Q. 그는 醜い 한 얼굴을 지녔지만, 마음씨가 아름답다.

い형 추하다, 못생기다

みにくいこうい
醜い行為　　　　　　　　추악한 행위

鋭い　するどい

Q. 잘못된 정책을 비판하는 鋭い 한 지적이 쏟아졌다.
Q. 잘 갈아서 鋭い 한 칼날.

い형 날카롭다, 예리하다

するどいかん
鋭い勘　　　　　　　　날카로운 직감

若若しい　わかわかしい

Q. 이렇게 若若しい 한 나이인데 병을 달고 살다니.
Q. 학교를 졸업하자마자 부임해 若若しい 한 선생님.

い형 아주 젊다

わかわかしいせんせい
若若しい先生　　　　아주 젊은 선생님

★ 오도리지 若々しい

薄暗い　うすぐらい

Q. 지하에 있어서 낮에도 薄暗い 한 방이다.
Q. 가로등이 적어 薄暗い 한 골목길을 혼자 걷자니 겁난다.

い형 좀 어둡다

うすぐらいへや
薄暗い部屋　　　　　　어둑어둑한 방

重たい　おもたい

Q. 너무 重たい 한 짐은 무리하지 말고 함께 들자.
Q. 重たい 한 쌀가마니를 번쩍 들어 올릴 만큼 힘이 셌다.

い형 무겁다, 묵직하다

おもたいにもつ
重たい荷物　　　　　　무거운 짐

幼い　おさない

Q. 길에서 幼い 한 아이가 엄마를 찾으며 울고 있다.
Q. 幼い 한 시절의 추억이 담긴 초등학교 입학 사진.

い형 어리다

おさないころ
幼いころ　　　　　　　어린 시절

図図しい　ずうずうしい

Q. 잘못을 저지르고도 図図しい 한 태도에 기가 막힌다.
Q. 図図しい 한 사람을 두고 철면피라고 한다.

い형 뻔뻔스럽다

ずうずうしいせいかく
図図しい性格　　　　　뻔뻔한 성격

★ 오도리지 図々しい

暖かい　あたたかい

Q. 겨울치고는 暖かい 한 날씨라서 옷을 가볍게 입었다.
Q. 잠자기 전에 温かい 한 차 한 잔을 마셨다.

い형 따뜻하다

あたたかいてんき
暖かい天気　　　　　　따뜻한 날씨

★ 표기 차이 温かい: '찬'의 반대말로 체온·액체 등에 쓰이며
　　　　　　　　몸의 일부로 느끼는 경우에 씀

勿体無い　もったいない

Q. 제가 받기에는 勿体無い 한 상입니다.
Q. 겨우 한 입 먹고 버리다니 너무 勿体無い 해.

い형 과분하다, 아깝다

じかんがもったいない
時間が勿体無い　　　　시간이 아깝다

賢い かしこい

Q. 주인의 말을 알아듣는 賢い 한 개가 TV에 나왔다.

Q. 어릴 적부터 賢い 해서 영재라고 불렸다.

い형 **현명하다, 영리하다**

かしこいこども
賢い子供　　　　　영리한 아이

憎い にくい

Q. 憎い 한 놈 떡 하나 더 준다.

Q. 안데르센이 지은 유명한 동화 憎い 한 오리 새끼.

い형 **밉다**

にくいやつ
憎い奴　　　　　미운 녀석

険しい けわしい

Q. 산적처럼 険しい 하게 생겼지만 사실 마음씨가 고운 사람.

Q. 이런 険しい 한 산길에 구두를 신고 오다니!

い형 **험하다, 험악하다**

けわしいみちのり
険しい道のり　　　　　험한 여정

頼もしい たのもしい

Q. 頼もしい 한 아군이 있으니 어떤 적이 와도 이길 수 있어.

Q. 그는 젊지만 믿고 맡길 수 있는 頼もしい 한 사원입니다.

い형 **믿음직하다**

たのもしいせいねん
頼もしい青年　　　　　믿음직한 청년

羨ましい うらやましい

Q. 너무 행복해 보여서 羨ましい 한 친구 커플.

Q. 솔직히 부잣집에 사는 그 아이가 羨ましい 하기는 해.

い형 **부럽다**

うらやましいかっぷる
羨ましいカップル　　　　　부러운 커플

悔しい くやしい

Q. 패배해서 悔しい 한 마음도 들지만, 후회는 없다.

Q. 매진될 줄 알았으면 아까 사는 건데, 너무 悔しい 해!

い형 **분하다, 후회되다**

くやしいおもい
悔しい思い　　　　　분한 마음

青白い あおじろい

Q. 핏기가 없어서 青白い 한 얼굴.

Q. 얼굴이 마치 뱀파이어처럼 青白い 하다.

い형 **창백하다**

かおがあおじろい
顔が青白い　　　　　얼굴이 새파랗다

眩しい まぶしい

Q. 햇빛이 眩しい 해서 선글라스를 썼어.

Q. 커튼을 걷자 햇빛이 들어와 眩しい 했다.

い형 **눈부시다**

まぶしいたいよう
眩しい太陽　　　　　눈 부신 태양

辛い² つらい

Q. 열이 나고 기침이 멈추지 않아 주말 내내 辛い 했다.

Q. 올림픽 대회를 앞두고 辛い 한 훈련을 견디고 있다.

い형 **고통스럽다, 괴롭다, 맵다, 얼얼하다**

つらいくんれん
辛い訓練　　　　　고된 훈련

Q _____ A _____

詰まらない つまらない

Q. 왜 그랬을까? 그런 詰まらない 한 일로 다투다니!

Q. 화려한 예고편에 비해 詰まらない 한 영화였다.

형용사 표현 **하찮다, 시시하다**

つまらないはなし
詰まらない話　　　하찮은 이야기

★ '동사+조동사' 구조의 연어

止むを得ない やむをえない

Q. 일을 그만뒀습니다. 육아 때문에 止むを得ない 했어요.

Q. 止むを得ない 사정으로 당분간 가게를 쉽니다.

형용사 표현 **어쩔 수 없다**

やむをえないじじょう
止むを得ない事情　어쩔 수 없는 사정

★ '동사+조사+동사+조동사' 구조의 연어

不可能だ ふかのうだ

Q. 죽은 사람이 되살아나는 건 不可能だ 한 일입니다.

Q. 혼자서 하기에는 不可能だ 한 일이야.

な형 **불가능하다**

ふかのうなけいかく
不可能な計画　　　불가능한 계획

好調だ こうちょうだ

Q. 가게가 유명해져 매출도 好調だ 인 상태다.

Q. 우리 팀은 계속해서 연승을 거두는 好調だ 인 상태이다.

な형 **호조다[순조롭다]**

こうちょうなであし
好調な出足　　　　순조로운 출발

★ '어설픈, 대충'의 뜻으로도 쓰므로
문맥·어조에 따라 판단해야 함

適当だ てきとうだ

Q. 공식적인 행사에 입고 가기 適当だ 한 정장을 한 벌 샀다.

Q. 너 適当だ 한 소리 하지 마. 나를 속이려는 거 다 알거든?

な형 **적당하다**

てきとうなおおきさ
適当な大きさ　　　적당한 크기

★ "어설프다, 상황에 맞추다'는 뜻으로도 쓰므로
문맥·어조에 따라 판단해야 함

斜めだ ななめだ

Q. 가파르게 斜めだ 한 길은 자전거로 오르기 힘들다.

Q. 피사의 사탑은 斜めだ 한 모습으로 서 있다.

な형 **기울다**

ななめなみち
斜めな道　　　　　기울어진 길

個人的だ こじんてきだ

Q. 실례지만 個人的だ 인 질문 하나 해도 될까요?

Q. 여러분, 個人的だ 인 소지품은 각자 알아서 챙기세요.

な형 **개인적이다**

こじんてきなかんがえ
個人的な考え　　　개인적인 생각

正直だ しょうじきだ

Q. 거짓말을 하지 않는 正直だ 한 학생.

Q. 죄를 짓지 말고 正直だ 한 방식으로 돈을 벌어야 합니다.

な형 **정직하다**

しょうじきなひと
正直な人　　　　　정직한 사람

健康だ けんこうだ

Q. 요즘 밥을 잘 챙겨 먹어서 그런지 健康だ 한 모습이야.

Q. 심신이 모두 健康だ 한 바른 청년.

な형 **건강하다**

けんこうなしんしん
健康な心身　　　　건강한 심신

得意だ とくいだ

- Q. 경기에서 우승한 선수의 得意だ 한 표정.
- Q. 나의 得意だ 한 과목은 바로 수학이다.

な형 자신 있다, 득의양양하다

とくいなぶんや
得意な分野   잘하는 분야

なだらかだ

- Q. 비교적 경사가 なだらかだ 한 오르막길이라 다행이다.
- Q. 산세가 험하지 않고 なだらかだ 해서 누구든 갈 수 있다.

な형 완만하다

なだらかなさか
なだらかな坂   완만한 비탈

苦労だ くろうだ

- Q. 혼자서 아이를 키우며 苦労だ 한 사람.
- Q. 산 정상의 풍경을 보니 올라오느라 苦労だ 한 보람이 있다.

な형 고생하다

くろうなひと
苦労な人   고생한 사람

夢中だ むちゅうだ

- Q. 공부에 夢中だ 한 상태라 시간 가는 줄도 몰랐다.
- Q. 해가 지는 줄도 모르고 노는데 夢中だ 한 아이들.

な형 열중하다, 몰두하다

むちゅうなひと
夢中な人   열중한 사람

熱心だ ねっしんだ

- Q. 공부를 熱心だ 하게 하는 걸 보니 대견하구나.
- Q. 주말마다 골프를 치러 가는 熱心だ 인 골프광.

な형 열심이다

ねっしんなひと
熱心な人   열심인 사람

★ 일반적으로 타인을 평가할 때 씀

安易だ あんいだ

- Q. 그 순간만 모면하면 된다는 安易だ 한 생각을 버려라.
- Q. 지진에 대한 정부의 安易だ 한 대처가 피해를 불렀다.

な형 안이하다

あんいなかんがえ
安易な考え   안이한 생각

真っ赤だ まっかだ

- Q. 그건 真っ赤だ 한 거짓말이야.
- Q. 부끄러워서 真っ赤だ 한 얼굴이 되었다.

な형 새빨갛다

まっかなりんご
真っ赤なリンゴ   새빨간 사과

明白だ めいはくだ

- Q. 그것은 明白だ 한 거짓말이다.
- Q. 明白だ 한 허위사실이며 법적으로 대응하겠다고 밝혔다.

な형 명백하다

めいはくなじじつ
明白な事実   명백한 사실

朝寝坊だ あさねぼうだ

- Q. 머리가 엉망인 걸 보니 朝寝坊だ 한 모양이다.
- Q. 朝寝坊だ 한 형이 결국 그날 지각했다고 한다.

な형 아침에 늦잠을 자다

あさねぼうなひと
朝寝坊な人   늦잠 자는 사람

Q

消極的だ しょうきょくてきだ

Q. 그는 消極的だ 인 성격이라 먼저 나서지 못한다.
Q. 그런 消極的だ 인 자세로는 친구를 사귈 수 없어.

親切だ しんせつだ

Q. 親切だ 한 점원이 좋은 제품을 소개해 주었다.
Q. 이영애 주연의 영화 親切だ 한 금자씨를 보았다.

急だ きゅうだ

Q. 한밤중에 急だ 한 회의를 소집했다.
Q. 한시가 急だ 한 상황.

正常だ せいじょうだ

Q. 正常だ 인 생활이 어려울 만큼 크게 다쳤다.
Q. 인체의 正常だ 인 체온은 36.5도이다.

逆だ ぎゃくだ

Q. 나도 모르게 본심과 逆だ 인 말을 뱉고 말았다.
Q. 청개구리처럼 뭐든 逆だ 인 행동을 하는 사람.

平気だ へいきだ

Q. 어쩜 저렇게 平気だ 한 얼굴로 거짓말을 할 수 있지?
Q. 내진설계가 되어 지진에도 平気だ 한 안전한 건물입니다.

基本的だ きほんてきだ

Q. 상대를 보면 인사하는 건 基本的だ 인 예절이잖아.
Q. 基本的だ 인 대화가 가능한 수준까지는 공부하고 싶어요.

素直だ すなおだ

Q. 素直だ 하게 말해 봐. 너 나 싫어하지?
Q. 남의 말을 곧이곧대로 믿는 素直だ 한 사람.

迷惑だ めいわくだ

Q. 한밤중에 망치질이라니 이웃에 迷惑だ 한 행동이다.
Q. 타인에게 迷惑だ 한 줄도 모르고 거리에서 담배를 피운다.

A

な형 소극적이다

しょうきょくてきなしせい
消極的な姿勢　　　　소극적인 자세

な형 친절하다

しんせつなひと
親切な人　　　　친절한 사람

な형 급하다, 갑작스럽다

きゅうなようじ
急な用事　　　　급한 볼일

な형 정상이다

せいじょうなじょうたい
正常な状態　　　　정상인 상태

な형 반대되다

ぎゃくにいえば
逆に言えば　　　　거꾸로 말하면

な형 개의치 않다, 태연하다

へいきなふり
平気な振り　　　　아무렇지 않은 척

な형 기본적이다

きほんてきなことがら
基本的な事柄　　　　기본적인 사항

な형 솔직하다, 순수하다

すなおなたいど
素直な態度　　　　고분고분한 태도

な형 폐가 되다, 성가시다

となりにめいわくをかける
隣に迷惑をかける　　　이웃에 폐를 끼치다

利口だ りこうだ

Q. 내가 제일 똑똑해! 利口だ 한 견종 순위.

Q. 사람의 말을 잘 알아듣는 利口だ 한 강아지.

な형 영리하다, 요령이 좋다

りこうなひと
利口な人　　　　　　　　영리한 사람

意地悪だ いじわるだ

Q. 동생에게 意地悪だ 하게 굴지 말고 친하게 지내야지!

Q. 意地悪だ 한 장난을 쳐서 미안해.

な형 심술궂다

いじわるないいかた
意地悪な言い方　　　　심술궂은 말투

幸運だ こううんだ

Q. 늦잠을 잤는데 휴강이 되었다니 幸運だ 인 날이다.

Q. 큰 사고에서 살아남은 幸運だ 인 사람.

な형 행운이다

こううんなひと
幸運な人　　　　　　　운 좋은 사람

相当だ そうとうだ

Q. 다행히 相当だ 한 액수의 기금이 모였다.

Q. 프로 요리사에 못지않은 相当だ 한 솜씨였다.

な형 상당하다

そうとうなきんがく
相当な金額　　　　　　상당한 금액

別別だ べつべつだ

Q. 마지막 날은 別別だ 하게 하고 싶은 일을 하기로 했다.

Q. 왜 같이 나가서 別別だ 하게 돌아왔니?

な형 따로따로다

べつべつにはらう
別別に払う　　　　　따로따로 지불하다

★ 오도리지 別々だ

高級だ こうきゅうだ

Q. 명품이라 그런지 소재부터 高級だ 한 느낌이야.

Q. 비싸고 高級だ 한 스포츠카를 샀다.

な형 고급스럽다

こうきゅうなしょくざい
高級な食材　　　　　고급 식자재

明確だ めいかくだ

Q. 그날이 언제였는지 明確だ 한 날짜가 떠오르질 않는다.

Q. 정계에 복귀하지 않겠다고 明確だ 하게 선을 그었다.

な형 명확하다

めいかくなひづけ
明確な日付　　　　　명확한 날짜

幸せだ しあわせだ

Q. 幸せだ 한 신혼 생활을 즐기고 있어.

Q. 유복한 가정에서 태어나 幸せだ 한 유년 시절을 보냈다.

な형 행복하다 ☺

しあわせなけつまつ
幸せな結末　　　　　행복한 결말

平和だ へいわだ

Q. 平和だ 한 가정을 위해 서로 배려할 줄 알아야 한다.

Q. 은퇴 후 시골로 내려가 平和だ 한 여생을 보냈다.

な형 평화롭다

へいわなじんせい
平和な人生　　　　　평화로운 인생

Q _____   # A _____

国際的だ こくさいてきだ

- ᵠ 세계평화를 위해 国際的だ 인 노력이 필요하다.
- ᵠ 20개국이 참여하는 国際的だ 인 학술회의가 열려요.

な형 국제적이다

こくさいてきなしや
国際的な視野   국제적인 시야

欲張りだ よくばりだ

- ᵠ 뭐든 자기가 많이 가져야 하는 欲張りだ 한 성격.
- ᵠ 보수를 혼자서 챙기려 하다니 欲張りだ 한 녀석이야.

な형 욕심이 많다

よくばりなせいかく
欲張りな性格   욕심이 많은 성격

完全だ かんぜんだ

- ᵠ 김구는 우리나라의 完全だ 한 자주독립을 원했다.
- ᵠ 북한의 完全だ 한 비핵화를 바란다고 전했다.

な형 완전하다

かんぜんなかたち
完全な形   완전한 형태

けちだ

- ᵠ 밥값 내는 것에 너무 けちだ 한 상사.
- ᵠ 그 교수는 점수 주는 것에 けちだ 해서 원성을 듣는다.

な형 인색하다

けちをする
     인색하게 굴다

空っぽだ からっぽだ

- ᵠ 아무것도 없이 空っぽだ 한 방 안.
- ᵠ 그 상자는 내용물 없이 空っぽだ 한 상태였다.

な형 텅 비다

からっぽなさいふ
空っぽな財布   텅 빈 지갑

真っ黒だ まっくろだ

- ᵠ 별빛 하나 없이 真っ黒だ 한 밤하늘이었다.
- ᵠ 얼룩 하나 없이 真っ黒だ 한 털을 지닌 검은 고양이.

な형 새까맣다

まっくろなけむり
真っ黒な煙   새까만 연기

遠回りだ とおまわりだ

- ᵠ 그는 빙빙 돌려 말하는 遠回りだ 인 화법을 사용한다.
- ᵠ 다니던 길이 공사 중이어서 遠回りだ 인 길로 갔다.

な형 멀리 돌아가다, 우회하다

とおまわりなほうほう
遠回りな方法   우회적인 방법

素敵だ すてきだ

- ᵠ 결혼기념일을 맞아 素敵だ 한 레스토랑에서 식사했다.
- ᵠ 素敵だ 한 깃털을 펼치고 있는 공작새.

な형 매우 근사하다

すてきなれすとらん
素敵なレストラン   근사한 레스토랑

直接的だ ちょくせつてきだ

- ᵠ 스페인을 바로 향하는 直接的だ 인 항공편.
- ᵠ 당뇨병과 비만의 直接的だ 인 연관성.

な형 직접적이다

ちょくせつてきなひょうげん
直接的な表現   직접적인 표현

真っ白だ まっしろだ

ᵃ· 쌓인 눈으로 온통 真っ白だ 한 세상.
ᵃ· 신부의 真っ白だ 한 웨딩드레스.

な형 새하얗다
まっしろなぬの
真っ白な布 새하얀 천

面倒だ めんどうだ

ᵃ· 아, 面倒だ 한 일에 엮이고 말았어.
ᵃ· 만사가 面倒だ 한 상태라 손도 까딱하기 싫다.

な형 귀찮다
めんどうなしごと
面倒な仕事 귀찮은 일

下品だ げひんだ

ᵃ· 쩝쩝대면서 밥을 먹는 것은 下品だ 한 행동이다.
ᵃ· 욕설이 섞인 下品だ 한 말투는 그의 트레이드 마크다.

な형 천하다, 상스럽다
げひんなことばづかい
下品な言葉遣い 상스러운 말투

幸福だ こうふくだ

ᵃ· 가족들과 함께 여행지에서 幸福だ 한 시간을 보냈다.
ᵃ· 무럭무럭 자라는 손자를 보며 幸福だ 한 여생을 보냈다.

な형 행복하다 ☺
こうふくなじんせい
幸福な人生 행복한 인생

当(た)り前だ あたりまえだ

ᵃ· 죄를 지었으면 벌을 받는 게 当(た)り前だ 한 일이다.
ᵃ· 욕을 먹고 화가 나는 건 当(た)り前だ 한 일이다.

な형 당연하다
あたりまえなこと
当たり前なこと 당연한 것

正確だ せいかくだ

ᵃ· 비행기가 연착돼서 正確だ 한 도착 시각을 알 수 없다.
ᵃ· 질병의 正確だ 한 원인을 파악해야 한다.

な형 정확하다
せいかくなはんだん
正確な判断 정확한 판단

満足だ まんぞくだ

ᵃ· 오체가 満足だ 하지 못했던 장애인 오토다케 히로타다.
ᵃ· 높은 점수는 아니지만, 그는 결과에 満足だ 한 모양이다.

な형 만족하다
まんぞくなけっか
満足な結果 만족한 결과

不満だ ふまんだ

ᵃ· 이 상황이 마음에 들지 않는지 不満だ 인 표정이다.
ᵃ· 회사의 어설픈 대응에 고객들은 不満だ 인 상태.

な형 불만이다
ふまんなかお
不満な顔 불만인 얼굴

明らかだ あきらかだ

ᵃ· 수법을 보니 이것은 明らかだ 한 사기 사건이다.
ᵃ· 보름달이 明らかだ 해서 조명 없이도 걸을 수 있었다.

な형 밝다, 분명하다
あきらかなじじつ
明らかな事実 명백한 사실

Q ——— A

自然だ しぜんだ

Q. 한 듯 안 한 듯 自然だ 한 화장을 좋아한다.

Q. 피곤하면 잠이 오는 건 自然だ 한 현상이다.

な형 자연스럽다

しぜんなどうさ
自然な動作　　　　　　자연스러운 동작

間接だ かんせつだ

Q. 책을 읽으면 間接だ 인 인생 경험을 할 수 있다.

Q. 비흡연자가 間接だ 인 흡연으로 폐암에 걸리다.

な형 간접적이다

かんせつわほう
間接話法　　　　　　　간접 화법

平凡だ へいぼんだ

Q. 저는 그냥 平凡だ 한 사람입니다. 초능력은 없어요.

Q. 딱히 눈에 띄는 일 없던 平凡だ 한 학생이다.

な형 평범하다

へいぼんなじんぶつ
平凡な人物　　　　　　평범한 인물

真っ暗だ まっくらだ

Q. 가로등도 없는 真っ暗だ 한 길을 혼자 걸으니 불안했다.

Q. 내가 시한부 판정을 받다니! 눈앞이 真っ暗だ 했다.

な형 아주 캄캄하다

まっくらなへや
真っ暗な部屋　　　　　캄캄한 방

重要だ じゅうようだ

Q. 시험에 자주 나오는 重要だ 한 단어입니다. 꼭 외우세요.

Q. 참고서를 보면서 重要だ 한 부분에 밑줄을 쳤다.

な형 중요하다

じゅうようなしごと
重要な仕事　　　　　　중요한 일

冷静だ れいせいだ

Q. 얼음처럼 冷静だ 한 사람.

Q. 상처받지 않을 테니 冷静だ 하고 솔직하게 평가해 주세요.

な형 냉정하다

れいせいなたいおう
冷静な対応　　　　　　냉정한 대응

楽だ らくだ

Q. 집에 혼자 있을 때는 楽だ 한 자세로 쉬고 있다.

Q. 시험 문제가 너무 楽だ 해서 시시할 지경이다.

な형 편안하다, 쉽다

らくなしせい
楽な姿勢　　　　　　　편한 자세

真っ青だ まっさおだ

Q. 추워서 真っ青だ 하게 질린 얼굴을 보니 안쓰러웠다.

Q. 구름 한 점 없는 真っ青だ 한 가을 하늘이 보기 좋다.

な형 새파랗다

まっさおなかお
真っ青な顔　　　　　새파랗게 질린 얼굴

上品だ じょうひんだ

Q. 상류층 모임은 말투와 복장이 上品だ 한 사람들이 많다.

Q. 우아하고 上品だ 한 사람이었다.

な형 고상하다, 품위 있다

じょうひんなこうしょう
上品な好尚　　　　　　고상한 취미

不足だ ふそくだ

Q. 새벽에야 겨우 잠이 들어서 수면이 不足だ 한 상태야.

Q. 不足だ 한 비타민을 채우기 위해 종합비타민제를 먹었다.

な형 부족하다

ふそくなにんずう
不足な人数　　　　　부족한 인원수

御洒落だ おしゃれだ

Q. 패션쇼 무대 위의 御洒落だ 한 모델들의 모습.

Q. 어제 입은 御洒落だ 한 코트 어디서 산 거야? 비싼 거지?

な형 멋지다

おしゃれなかふぇ
御洒落なカフェ　　　멋진 카페

不正直だ ふしょうじきだ

Q. 하는 말마다 거짓말인 不正直だ 한 친구.

Q. 관광지에서 바가지를 씌우는 不正直だ 한 상인.

な형 정직하지 않다

ふしょうじきなひと
不正直な人　　　　　정직하지 못한 사람

可哀相だ かわいそうだ

Q. 강아지가 可哀相だ 하게도 버려졌나 봐. 데려다 키울까?

Q. 재난에 부모를 잃은 可哀相だ 한 아이.

な형 불쌍하다

かわいそうにみえる
可哀相に見える　　　불쌍해 보인다

好い加減だ いいかげんだ

Q. 그의 好い加減だ 한 일 처리 방식에 질렸다.

Q. 목욕물이 딱 好い加減だ 한 온도다.

な형 무책임하다, 어중간하다

いいかげんなへんじ
好い加減な返事　　　무책임한 대답

★ '적당한, 알맞은'의 뜻으로도 쓰므로
문맥·어조에 따라 판단해야 함

ラッキーだ らっきーだ

Q. 너처럼 좋은 사람을 만나다니 난 ラッキーだ 인 남자야.

Q. 두 번이나 복권에 당첨된 ラッキーだ 인 사람.

な형 행운이다　　　유래 lucky [럭키]

らっきーなひと
ラッキーな人　　　　운 좋은 사람

スイートだ すいーとだ

Q. 가끔 꿀처럼 スイートだ 한 게 먹고 싶다.

Q. 아이들은 スイートだ 한 맛을 좋아해서 설탕을 찾는다.

な형 달콤하다　　　유래 sweet [스위트]

すいーとなけーき
スイートなケーキ　　달콤한 케이크

ビッグだ びっぐだ

Q. 혼자 먹기 힘들 만큼 ビッグだ 한 생선을 잡았어.

Q. 내 앞날을 결정지을 ビッグだ 한 도전이야.

な형 크다　　　유래 big [빅]

びっぐなゆめ
ビッグな夢　　　　　커다란 꿈

★ '중요도가 크다'는 데서 '중요하다'는 뜻으로도 씀

ハードだ はーどだ

Q. ハードだ 한 훈련을 받으며 몸도 마음도 지쳐갔다.

Q. ハードだ 한 임무이지만 최선을 다하기로 했어.

な형 엄격하다, 어렵다　　　유래 hard [하드]

はーどなすけじゅーる
ハードなスケジュール　　하드한 스케줄

クイックだ くいっくだ

Q. 차로 가면 더 クイックだ 하지만 걸어서도 갈 만하다.

Q. 따라잡을 수 없을 만큼 クイックだ 한 움직임.

な형 빠르다 유래 quick [퀵]

くいっくなこうか
クイックな効果 빠른 효과

スリムだ すりむだ

Q. 키가 크고 スリムだ 한 그녀가 부러워.

Q. 이 책은 スリムだ 해서 금방 읽어요.

な형 가냘프다, 마르다 유래 slim [슬림]

すりむなたいけい
スリムな体型 날씬한 체형

ハッピーだ はっぴーだ

Q. 모두가 축하해 주는 ハッピーだ 한 생일.

Q. 좋은 일만 생기는 ハッピーだ 한 날.

な형 행복하다, 즐겁다 유래 happy [해피]

はっぴーなじんせい
ハッピーな人生 행복한 인생

ハイだ はいだ

Q. 무슨 좋은 일 있어? 왜 그렇게 ハイだ 한 기분이야?

Q. 여행의 기대에 부풀어 다들 ハイだ 한 모습이었다.

な형 기분이 들뜨다 유래 high [하이]

はいなきぶん
ハイな気分 좋은 기분

コミックだ こみっくだ

Q. 개그맨의 コミックだ 인 표정에 객석에서 웃음이 터졌다.

Q. 찰리 채플린은 コミックだ 인 슬랩스틱 연기의 달인이다.

な형 희극적이다 유래 comic [코믹]

こみっくなやくがら
コミックな役柄 코믹한 역할

スタンダードだ すたんだーどだ

Q. 면접에는 정장과 같은 スタンダードだ 인 차림이 무난해.

Q. 유행을 타지 않는 スタンダードだ 인 스타일의 코트.

な형 표준적이다 유래 standard [스탠더드]

すたんだーどなほうほう
スタンダードな方法 표준적인 방법

大した たいした

Q. 그의 죽음은 우리 모두에게 大した 충격이었다.

Q. 그렇게 大した 한 솜씨는 아니네. 나도 할 수 있겠어.

형(연체사) 대단한

たいしたうでまえ
大した腕前 대단한 솜씨

徒 ただ

Q. 확률을 생각하면 로또 당첨은 徒 꿈이다.

Q. 아무런 성과도 내지 못했으니 徒 수고였다.

형(연체사) 헛된

ただならず
徒ならず 범상치 않다

然る可き しかるべき

Q. 然る可き 때가 오면 연락드리겠습니다.

Q. 먼저 공격한 이들에게 然る可き 조치를 취했을 뿐입니다.

형(연체사) 표현 적당한, 마땅한

しかるべきひと
然る可き人 적당한 사람

のろのろ

Q. のろのろ 한 자동차들로 도로가 꽉 막힌 퇴근 시간.

Q. 거북이가 のろのろ 하게 걸어간다.

📖 느릿느릿

のろのろうんてん
のろのろ運転　　　거북이 운전

ぴかぴか

Q. ぴかぴか 한 새 자동차를 구경했다.

Q. 진열장은 ぴかぴか 한 구두로 가득 차 있었다.

📖 반짝반짝

ぴかぴかにみがく
ぴかぴかに磨く　　반짝반짝하게 닦다

まごまご

Q. 지도가 없어서 길을 못 찾고 まごまご 했다.

Q. 계산대 앞에서 지갑을 못 찾아 まごまご 했다.

📖 우왕좌왕, 우물쭈물

まごまごしている
　　　　　　　　우물쭈물하고 있다

さっさと

Q. 꾸물거리지 말고 さっさと 걸어.

Q. 남은 일거리를 さっさと 해치우고 퇴근하자!

📖 빨리, 척척

さっさとおわらせよう
さっさと終わらせよう　빨리 끝내자

ぐっすり

Q. 걱정하지 말고 ぐっすり 쉬세요.

Q. 꿈도 안 꾸고 ぐっすり 잤더니 머리가 개운했다.

📖 푹

ぐっすりねる
ぐっすり寝る　　　　푹 자다

★ 깊이 잠든 모양을 나타냄

ほっと

Q. 일을 마치고 소파에 앉아 ほっと 하고 한숨을 돌렸다.

Q. 사건이 해결되어 ほっと 했다.

📖 휴

ほっとする
　　　　　　　　　안심하다

★ 한숨을 쉬거나 안심하는 모양을 나타냄

がっかり

Q. 공연 티켓을 구하지 못해서 がっかり 한 표정을 지었다.

Q. 응원하던 팀의 패배에 관중들은 がっかり 한 모습이었다.

📖 실망

がっかりです
　　　　　　　　　실망입니다

生き生き いきいき

Q. 관심 분야 이야기가 나오니 生き生き 한 눈빛을 띠었다.

Q. 갓 잡아 올린 生き生き 한 생선.

📖 싱싱, 생생

いきいきとしたさかな
生き生きとした魚　　싱싱한 생선

行き成り いきなり

Q. 공연은 예고 없이 行き成り 시작했다.

Q. 行き成り 들이닥친 자전거에 부딪히고 말았다.

📖 갑자기

いきなりはじまる
行き成り始まる　　　갑자기 시작하다

単に たんに

Q. 그건 単に 하게 소문일 뿐이야.

Q. 이것은 単に 하게 시작에 불과합니다.

🔲 단지

たんにきいてみただけ
単に聞いてみただけ　　단지 물어본 것뿐

常に つねに

Q. 그는 常に 다른 사람 탓을 해.

Q. 환절기에는 감기에 걸리지 않도록 常に 조심해야 한다.

🔲 늘

つねにまえむき
常に前向き　　늘 긍정적

苛苛 いらいら

Q. 그만한 일로 苛苛 해 할 필요 없다.

Q. 그것 때문에 苛苛 해 한다고 바뀌는 건 없다.

🔲 초조

いらいらする
苛苛する　　짜증 나다

＊오도리지 苛々

案外 あんがい

Q. 다 찍었는데 案外 하게 좋은 성적이 나와 어리둥절했다.

Q. 중간고사가 案外 쉬워서 성적이 잘 나왔다.

🔲 뜻밖에

あんがいなけつまつ
案外な結末　　뜻밖의 결말

染染 しみじみ

Q. 크게 다툰 이후 대화의 필요성을 染染 깨달았다.

Q. 영어 공부의 필요성을 染染 느꼈다.

🔲 절실히

しみじみかんじる
染染感じる　　절실히 느끼다

＊오도리지 染々

ばったり

Q. 기운이 빠져 ばったり 주저앉았다.

Q. 그날 이후 그 애의 소식이 ばったり 끊겼다.

🔲 털썩, 딱, 뚝

ばったりあう
ばったり会う　　딱 만나다

既に すでに

Q. 영화 티켓은 네가 오기 전에 既に 사 두었다.

Q. 既に 다 팔렸다는 게 정말인가요?

🔲 이미, 벌써

すでにもっている
既に持っている　　이미 갖고 있다

ぶらぶら¹

Q. 나뭇가지가 바람에 ぶらぶら 흔들리다.

Q. 울타리에 걸터앉아 다리를 ぶらぶら 흔들다.

🔲 흔들흔들

えだがぶらぶら
枝がぶらぶら　　가지가 흔들흔들

ぶらぶら²

Q. 불량배들이 거리에서 ぶらぶら 하고 있다.

Q. 2년 동안 취직을 못 하고 ぶらぶら 놀고 있다.

🔲 어슬렁어슬렁, 빈둥빈둥

いえでぶらぶら
家でぶらぶら　　집에서 빈둥빈둥

徐徐に じょじょに

Q. 한 번에 세게 밟지 말고 徐徐に 속도를 올려.
Q. 기차가 徐徐に 속력을 냈다.

📖 서서히
じょじょにかいふくする
徐徐に回復する　　서서히 회복하다
* 오도리지 徐々に

少しも すこしも

Q. 넌 어렸을 때랑 少しも 변하지 않았구나!
Q. 그는 남에게 少しも 양보 안 하려는 성격이다.

📖 조금도
すこしもゆずらない
少しも譲らない　조금도 양보하지 않는다

最も もっとも

Q. 몸집이 커서 우리 반에서 最も 많이 먹는 친구.
Q. 우리 반에서 最も 달리기가 빠른 친구.

📖 가장, 제일
もっともてきする
最も適する　　　가장 적합하다

大して たいして

Q. 大して 마음에 들진 않았지만 받아들였다.
Q. 大して 커 보이진 않았다.

📖 그다지
たいしてとおくない
大して遠くない　　그다지 멀지 않다

突然 とつぜん

Q. 突然 한 질문에 당황했다.
Q. 突然 한 사고에 대비해 보험을 들었다.

📖 돌연
とつぜんのじこ
突然の事故　　　돌연한 사고

こっそり

Q. 동생의 비밀 일기를 こっそり 읽어봤다.
Q. 수업 시간에 こっそり 만화책을 읽다가 들켰다.

📖 (소리·목소리가) 살짝, 몰래
こっそりはいる
こっそり入る　　조용히 들어가다

長長 ながなが

Q. 어린 시절부터 長長 간직해온 꿈.
Q. 손님, 長長 기다리시게 해서 죄송합니다.

📖 오랫동안
ながながとしゃべる
長長としゃべる　　장황하게 말하다
* 오도리지 長々

多少 たしょう

Q. 성적이 多少 오르기는 했지만, 아직 합격점은 멀었다.
Q. 그 맹수를 잡으려면 多少 의 위험이 따를 것이다.

📖 조금, 약간, 얼마쯤
たしょうちがう
多少違う　　　　다소 다르다

態と わざと

Q. 실수로 떨어뜨렸어. 態と 부순 게 아니야.
Q. 누가 봐도 態と 행한 반칙이었다.

📖 고의로
わざとこわす
態と壊す　　　일부러 부수다

Q

ぎっしり

q. 바구니에 사과를 ぎっしり 담아서 아주 무거웠다.

q. 책장에 책이 ぎっしり 들어차서 새 책장을 샀다.

ざっと

q. 방금 뭔가 ざっと 지나가지 않았어?

q. 회의 전에 자료를 ざっと 훑어보았다.

たっぷり

q. 밥을 산처럼 たっぷり 퍼주셨어.

q. 우리 엄마의 사랑이 たっぷり 담긴 도시락이야.

別に べつに

q. 別に 어렵지 않아요.

q. 別に 하고 싶지 않아서 거절할래요.

斯う こう

q. 연 매출 20억의 맛집은 斯う 해서 성공했다. 비법 공개!

q. 코감기 때문에 고생이라면 斯う 해보세요.

斯うして こうして

q. 斯うして 여기 누워서 별을 보면 추억이 떠올라.

q. 이 문제는 斯うして 풀면 돼.

少なくとも すくなくとも

q. 少なくとも 나는 너처럼 거짓말은 안 했다.

q. 길이 막혀서 少なくとも 1시간 이상은 걸릴 거 같아요.

続続 ぞくぞく

q. 손님들이 続続 들어오기 시작하네.

q. 잘못된 설계의 문제점이 続続 드러나고 있다.

そっと

q. 지금 삐졌으니까 당분간 そっと 놔둬.

q. 부모님이 주무실 때 そっと 빠져나왔다.

A

📖 **가득**

ぎっしりとつまる
ぎっしりと詰まる　　　　　가득 차다

📖 **휙, 대충**

ざっとめをとおす
ざっと目を通す　　　　　대충 훑어보다

📖 **듬뿍, 많이**

たっぷりもる
たっぷり盛る　　　　　듬뿍 담다

📖 **별로, 딱히**

べつにほしくない
別に欲しくない　　　　　별로 원지 않아

📖 **이렇게**

こうすればよい
斯うすれば良い　　　　　이렇게 하면 돼

📖 **이렇게**

こうしてみると
斯うして見ると　　　　　이렇게 보니

📖 **적어도**

すくなくともいちじかん
少なくとも一時間　　　　　적어도 한 시간

📖 **속속**

ぞくぞくととうちゃくする
続続と到着する　　　　　속속 도착하다

* 오도리지 続々

📖 **살짝, 가만히, 몰래**

そっとしておく
　　　　　가만히 내버려 두다

Q ———————————————

A ————————

遂に ついに

- ^{q.} 긴 고생 끝에 遂に 그 일이 마무리되었다.
- ^{q.} 경찰이 遂に 범인을 붙잡았다.

📺 드디어, 마침내

ついにとうちゃくする
遂に到着する　　　　드디어 도착하다

矢っ張り やっぱり

- ^{q.} 矢っ張り 내 예측대로다.
- ^{q.} 아버지랑 음식 취향이 같다니, 矢っ張り 피는 못 속여!

📺 역시

やっぱりむり
矢っ張り無理　　　　역시 무리

* やはり 의 구어체

きちんと

- ^{q.} 면접을 보는 날이니까 きちんと 한 옷차림으로 나가야지.
- ^{q.} 노느라 어지럽힌 방을 きちんと 정리해 놓았다.

📺 정확히, 깔끔히

きちんとしたみなり
きちんとした身なり　　깔끔한 옷차림

どきどき

- ^{q.} 심장이 どきどき 거렸다.
- ^{q.} 아직도 가슴이 どきどき 뛴다.

📺 두근두근

どきどきする
　　　　　　　　　　두근거리다

はきはき

- ^{q.} 아이는 신이 나서 네! 하고 はきはき 하게 대답했다.
- ^{q.} 우물쭈물하지 않고 はきはき 하게 대답하는 활달한 아이.

📺 시원시원, 또렷또렷

はきはきとこたえる
はきはきと答える　　시원하게 대답하다

じっと

- ^{q.} 두 총잡이는 じっと 하고 서서 서로를 노려보았다.
- ^{q.} 머리를 깎아줄 테니 じっと 하고 있으렴.

📺 꼼짝 않고

じっとみつめる
じっと見つめる　　　가만히 응시하다

実は じつは

- ^{q.} 도난당한 건 実は 모조품입니다. 진짜는 창고에 숨겨놨죠.
- ^{q.} 너에게만 말하는 건데, 実は 접시를 깬 건 나야.

📺 실은

じつはぜんぶうそだ
実は全部嘘だ　　실은 전부 거짓말이다

変に へんに

- ^{q.} 전쟁에서 겪은 트라우마로 정신이 変に 된 군인.
- ^{q.} 나쁜 사람 같은데 変に 끌리는 남자.

📺 이상하게

きがへんになる
気が変になる　　정신이 이상해지다

のんびり

- ^{q.} 말년에는 낚시나 하면서 のんびり 하게 살고 싶다.
- ^{q.} 휴가 때는 휴양지에 놀러 가서 のんびり 하게 쉬었다.

📺 느긋하게, 한가롭게

のんびりくつろぐ
　　　　　　　　느긋하게 쉬다

Q _____

偶偶[1] たまたま

Q. 주말에 偶偶 만나서 저녁을 같이 먹는다.

Q. 술을 좋아하지 않아서 어쩌다 偶偶 한잔합니다.

偶偶[2] たまたま

Q. 버스를 타고 가다가 偶偶 고등학교 동창을 만났다.

Q. 밤에 길을 가던 중 偶偶 사건 현장을 목격했다.

ぴったり

Q. 신발을 새로 샀는데 맞춘 것처럼 사이즈가 ぴったり 야.

Q. 이 넥타이가 너한테 ぴったり 하게 어울려.

暫く しばらく

Q. 자리에 앉아서 暫く 기다려 주시겠어요?

Q. 暫く 만나지 못했던 친구와 길에서 우연히 마주쳤다.

大いに おおいに

Q. 입소문을 타고 大いに 히트한 영화.

Q. 오랜만에 다 함께 모여 놀았더니 大いに 즐거웠다.

真逆 まさか

Q. 真逆 탈락자가 나는 아니겠지?

Q. 우산 안 챙겼는데 真逆 비가 오진 않겠지?

そっくり

Q. 이 마을은 예전이랑 そっくり 네. 변한 게 없어.

Q. 진짜와 구별이 안 될 만큼 そっくり 한 모조품.

漸く ようやく

Q. 모금이 끝나기 직전에 漸く 목표 금액을 모았다.

Q. 힘들었던 등산이 끝나고 漸く 정상에 도착했다.

ちゃんと

Q. 엎드려 있지 말고 ちゃんと 앉으세요.

Q. 아침밥을 ちゃんと 먹지 않으면 기운이 나지 않는다.

A _____

📖 가끔

たまたまみかけるひと
偶偶見かける人　　　　가끔 보는 사람

★ 오도리지 偶々

📖 우연히

たまたまもくげきした
偶偶目撃した　　　　우연히 목격했다

★ 오도리지 偶々

📖 꼭, 착

あしにぴったりあう
足にぴったり合う　　　　발에 딱 맞는다

★ 착 들러붙는 모양이나 알맞은 모양일 때 씀

📖 당분간, 잠깐, 한동안

しばらくぶり
暫くぶり　　　　오래간만

📖 매우, 대단히, 많이

おおいにきょうちょうする
大いに強調する　　　　대단히 강조하다

📖 설마

まさかのとき
真逆の時　　　　만일의 경우

📖 전부, 그대로

むかしとそっくり
昔とそっくり　　　　옛날 그대로

★ 형용동사로 쓰여 '똑같다'를 뜻하기도 함

📖 겨우

ようやくかんせいした
漸く完成した　　　　겨우 완성했다

📖 제대로

ちゃんとしたしょくぎょう
ちゃんとした職業　　　　제대로 된 직업

ぶつぶつ

ᵠ 불만이 많은지 구석에서 혼자 ぶつぶつ 거린다.

ᵠ 미친 사람처럼 혼잣말을 ぶつぶつ 거리다.

🔲 중얼중얼, 투덜투덜

ぶつぶついう
ぶつぶつ言う   투덜거리다

思わず おもわず

ᵠ 너무 깜짝 놀라 思わず 비명을 질렀다.

ᵠ 상대의 기세에 눌려 思わず 뒷걸음질을 쳤다.

🔲 무의식중에

おもわずびしょうする
思わず微笑する   무심결에 미소짓다

薩張¹ さっぱり

ᵠ 실컷 울었더니 답답했던 기분이 薩張 해졌다.

ᵠ 땀을 흘려서 찝찝했는데 목욕을 하고 나오니 薩張 하다.

🔲 후련한 모양

きもちがさっぱりした
気持ちがさっぱりした   마음이 후련하다

薩張² さっぱり

ᵠ 이 문제 너무 어려워서 薩張 모르겠어. 풀 엄두가 안 나.

ᵠ 대중들은 薩張 몰랐던 스타의 이중생활.

🔲 전혀, 조금도

さっぱりわからない
薩張分からない   전혀 모르겠다

相変わらず あいかわらず

ᵠ 십 년 만에 만났지만, 그녀는 相変わらず 아름다웠다.

ᵠ 입추가 지났지만, 날씨는 相変わらず 더웠다.

🔲 변함없이

あいかわらずげんきだ
相変わらず元気だ   변함없이 건강하다

うろうろ¹

ᵠ 화재가 일어나자 사람들이 うろうろ 하며 출구를 찾았다.

ᵠ 난생처음 겪는 강진에 사람들이 うろうろ 하고 있었다.

🔲 허둥지둥, 우왕좌왕

あわててうろうろする
         당황해서 허둥지둥하다

うろうろ²

ᵠ 할 일이 없어서 시내를 うろうろ 하고 있었다.

ᵠ 수상한 남자가 건물 근처를 うろうろ 하고 있다.

🔲 이리저리 돌아다님

まちなかをうろうろする
町中をうろうろする   시내를 어슬렁거리다

追い追い おいおい

ᵠ 겨울이 끝나가는지 날씨가 追い追い 따뜻해지고 있다.

ᵠ 심호흡을 하니 追い追い 흥분이 가라앉았다.

🔲 점차, 차차

おいおいあたたかくなる
追い追い暖かくなる   점차 따뜻해지다

好い加減 いいかげん

ᵠ 닭가슴살만 계속 먹었더니 好い加減 질렸어.

ᵠ 好い加減 화해하는 게 어떻겠니?

🔲 꽤, 이제 슬슬, 적당히

いいかげんつかれた
好い加減疲れた   이제 지쳤다

Q ——————— A ———————

次次 つぎつぎ

- Q. 학생들을 한 명씩 次次 호명했다.
- Q. 건조한 날씨에 전국 곳곳에서 화재가 次次 발생했다.

📋 **차례차례, 계속함, 잇따름** ⇨

つぎつぎにおこる
次次に起こる　　　연달아 발생한다

★ 오도리지 次々

必ずしも かならずしも

- Q. 돈이 있다고 해서 必ずしも 행복한 건 아니다.
- Q. 어른의 말씀이라고 해서 必ずしも 옳지는 않다.

📋 **반드시**

かならずしもただしくはない
必ずしも正しくはない　반드시 옳지는 않다

★ 부정 표현과 함께 씀

うっかり

- Q. うっかり 하고 우산을 가게에 두고 나왔다.
- Q. 정신이 없어서 친구와의 약속을 うっかり 잊고 말았다.

📋 **깜빡**

うっかりわすれる
うっかり忘れる　　　깜빡 잊다

しいんと

- Q. 교실 안은 물을 끼얹은 듯 しいんと 해졌다.
- Q. 선생님이 등장하자 교실은 しいんと 해졌다.

📋 **아주 고요하게** 😵

しいんとしている
　　　　　쥐 죽은 듯이 조용히 있다

にっこり

- Q. にっこり 웃는 아기.
- Q. にっこり 미소짓는 아가씨.

📋 **생긋** 😊

にっこりわらう
にっこり笑う　　　생긋 웃다

あ

- Q. あ, 알았다.
- Q. あ, 거기 당신, 저랑 얘기 좀 해요.

감동사 **아**

あ、しまった
　　　　　아, 아뿔싸

★ 사람을 부르거나 대답의 말로 씀

ああ

- Q. ああ, 당연하지. 숙제 도와주는 대신 밥 한 번 사줘.
- Q. ああ, 그러셨구나. 진작 말씀하시지.

감동사 **아아**

ああ、それ
　　　　　아아, 그거

★ 긍정·승낙을 나타내는 말

うん

- Q. うん, 알겠어.
- Q. うん, 그렇지.

감동사 **응** ✋

うん、わかった
うん、分かった　　응, 알겠어

★ 긍정·승낙을 나타내는 말

おい

- Q. おい, 어딜 가는 거지?
- Q. おい, 여기에 김철수란 사람 있나?

감동사 **이봐, 여봐** 😀😶

おい、きみ
おい、君　　　　여봐, 너

け

Q. 맞아, 어릴 땐 그랬 け.

Q. 네가 저번에 소개해준 친구 이름이 미영이였 け?

조사 ~었지, ~었던가

そうだっけ

그랬었지

こと

Q. 어머, 정말 아름다운 꽃 こと.

Q. 정말 받아도 괜찮은 こと?

조사 인걸, 거야

これでいいこと

이것으로 됐지요

* 여성이 주로 쓰며 감동·의문·동의·권유를 나타냄

けれど

Q. 이 옷은 예쁘긴 けれど 너무 비싸다.

Q. 미안 けれど 난 이만 돌아갈게. 급한 볼일이 생겼어.

조사 하지만

すきだけれど
好きだけれど

좋아하지만

乍ら ながら

Q. 다 같이 노래를 하 乍ら 신나게 걸어갔다.

Q. 알고 있으 乍ら 모르는 척하지 마.

조사 ~면서

たべながら
食べ乍ら

먹으면서

此れから これから

Q. 내가 퇴사하면 此れから 는 너 혼자 해야 할 일이야.

Q. 그동안 실컷 놀았으니 此れから 공부할 거야.

조사 표현 이제부터

これからも
此れからも

앞으로도

* '대명사+조사' 구조의 연어

出来れば できれば

Q. 出来れば 빨리 처리해 주시면 감사하겠습니다.

Q. 出来れば 자연 분만하고 싶어요.

접속사 표현 가능하면

できればきょうちゅうに
出来れば今日中に

가능하면 오늘 안에

* '동사+조사' 구조의 연어

だけど

Q. 그는 몸이 아팠다. だけど, 정상 출근했다.

Q. 서점에 갔어. だけど, 그날은 쉬는 날이었어.

접속사 하지만

ざんねんだけど
残念だけど

아쉽지만

だが

Q. 그는 무뚝뚝 だが, 마음씨는 따뜻하다.

Q. 쉽지 않은 상황이다. だが 방법은 있다.

접속사 그렇지만, 하지만, 그러나

だがことわる
だが断る

하지만 거절하다

それから

Q. 그래서? それから 어떻게 됐어?

Q. 축구 먼저 하고 それから 농구를 했다.

접속사 그다음에, 그 이래

それからにねんご
それから1年後

그로부터 1년 후

본문에 포함되지 않은 **단어**

신체

눈썹	眉 まゆ
속눈썹	睫 まつげ
수염	髭 ひげ
턱	顎 あご
뺨	頬 ほお
목	首 くび
어깨	肩 かた
등	背中 せなか
허리	腰 こし
겨드랑이	脇 わき
팔꿈치	肘 ひじ
손목	手首 てくび
무릎	膝 ひざ
넓적다리, 허벅지	股 もも
엉덩이	尻 しり
피부, 살결	肌 はだ

손

손바닥	手のひら てのひら
손가락	指 ゆび
엄지손가락	親指 おやゆび
집게손가락	人差し指 ひとさしゆび
중지	中指 なかゆび
약지	薬指 くすりゆび
소지	小指 こゆび

맛

오미	五味 ごみ
달다	甘い あまい
짜다 *관서지방 표현	塩辛い しおからい
짜다 *관동지방 표현	塩っぱい しょっぱい
시다	酸っぱい すっぱい
쓰다	苦い にがい
맵다	辛い からい
감칠맛	うま味 うまみ

조미료

소금		塩 しお
설탕		砂糖 さとう
된장		味噌 みそ
간장		醤油 しょうゆ
식초		(お)酢 おす
후추		胡椒 こしょう
케첩		ケチャップ けちゃっぷ
마요네즈		マヨネーズ まよねーず
버터		バター ばたー
마가린		マーガリン まーがりん
크림		クリーム くりーむ
잼		ジャム じゃむ
시치미		七味唐辛子 しちみとうがらし
고추기름		ラーユ らーゆ
와사비		わさび わさび
계핏가루		シナモンパウダー しなもんぱうだー

향신료

허브	ハーブ はーぶ
민트	ミント みんと

식사

밥, 식사		飯 御飯 めし ごはん
즙, 국, 국물		汁 しる
죽		(お)粥 おかゆ
면, 국수		麺 めん
가락국수, 우동		饂飩 うどん
메밀, 메밀국수		蕎麦 そば
덮밥, 덮밥 그릇		丼 どんぶり

본문에 포함되지 않은 **단어**

육류

소고기	牛肉 ぎゅうにく
돼지고기	豚肉 ぶたにく
닭고기, 새고기	鳥肉 とりにく
오리고기	鴨肉 かもにく
햄	ハム はむ
스테이크	ステーキ すてーき
미디엄 레어	ミディアムレア みでぃあむれあ
미디엄 웰던	ミディアムウェルダン みでぃあむうぇるだん
웰던	ウェルダン うぇるだん

패스트푸드

햄버거	ハンバーガー はんばーがー
감자튀김	フライドポテト ふらいどぽてと
핫도그	ホットドッグ ほっとどっぐ
피자	ピザ ぴざ
샌드위치	サンドイッチ さんどいっち

요리

카레	カレー かれー
오믈렛	オムレツ おむれつ
지진 달걀	スクランブルエッグ すくらんぶるえっぐ
함박 스테이크	ハンバーグ はんばーぐ
파스타	パスタ ぱすた
수프	スープ すーぷ
쇠고기덮밥	牛丼 ぎゅうどん
초밥	鮨 すし
주먹밥	お握り｜(お)結び おにぎり｜おむすび
우메보시 ＊매실장아찌	梅干(し) うめぼし

사이즈

작은 크기	スモールサイズ すもーるさいず
중간 크기	ミディアムサイズ みでぃあむさいず
커다란 크기	ラージサイズ らーじさいず
라지 사이즈보다 큰 특수 사이즈	トールサイズ とーるさいず

음료

물	水 みず
우유	牛乳 ぎゅうにゅう
주스	ジュース じゅーす
콜라	コーラ こーら
홍차	紅茶 こうちゃ
핫쵸코	ホットチョコレート ほっとちょこれーと
커피	コーヒー こーひー
에스프레소	エスプレッソ えすぷれっそ

주류

맥주	ビール びーる
병맥주	瓶ビール びんびーる
생맥주	生ビール なまびーる
와인	ワイン わいん
보드카	ウォッカ うぉっか
위스키	ウイスキー ういすきー
진	ジン じん

간식

껌	ガム がむ
사탕, 엿	飴 あめ
별사탕	金平糖 こんぺいとう
캐러멜	キャラメル きゃらめる
모찌[떡]	餅 もち
푸딩	プディング ぷでぃんぐ
마카롱	マカロン まかろん
쿠키	クッキー くっきー

본문에 포함되지 않은 **단어**

과일

딸기	いちご / いちご
포도	葡萄 / ぶどう
사과	リンゴ / りんご
배	御中 / なし
감	柿 / かき
귤	ミカン / みかん
유자	柚子 / ゆず
복숭아	桃 / もも
바나나	バナナ / ばなな
파인애플	パイナップル / ぱいなっぷる
오렌지	オレンジ / おれんじ
레몬	レモン / れもん
키위	キウイ / きうい
망고	マンゴー / まんごー
멜론	メロン / めろん
체리	チェリー / ちぇりー

동물

여우	狐 / きつね
늑대	狼 / おおかみ
말	馬 / うま
양	未羊 / み｜よう
염소	山羊 / やぎ
사슴	鹿 / しか

국가

아르헨티나	アルゼンチン / あるぜんちん
남아프리카공화국	南アフリカ共和国 / みなみあふりかきょうわこく
사우디아라비아	サウジアラビア / さうじあらびあ
터키	トルコ / とるこ
인도	インド / いんど
베트남	ベトナム / べとなむ
인도네시아	インドネシア / いんどねしあ

도형

점	点 てん
선	線 せん
동그라미	丸 まる
삼각	三角 さんかく
사각	四角 しかく
정방형, 정사각형	正方形 せいほうけい
직사각형	長方形 ちょうほうけい
타원	楕円 だえん

의류

넥타이	ネクタイ ねくたい
나비넥타이	ボータイ ぼーたい
리본	リボン りぼん
타이츠	タイツ たいつ
투피스	ツーピース つーぴーす
짧은 상의	ジャケット じゃけっと
트렌치코트	トレンチコート とれんちこーと

주요 단위

四人
よにん

나이 8 → 30

한살	一歳	いっさい
두살	二歳	にさい
세살	三歳	さんさい
네살	四歳	よんさい
다섯살	五歳	ごさい
여섯살	六歳	ろくさい
일곱살	七歳	ななさい
여덟살	八歳	はっさい
아홉살	九歳	きゅうさい
열살	十歳	じゅっさい

번호, 순서 12345 67890

1번	一番	いちばん
2번	二番	にばん
3번	三番	さんばん
4번	四番	よんばん
5번	五番	ごばん
6번	六番	ろくばん
7번	七番	ななばん
8번	八番	はちばん
9번	九番	きゅうばん
10번	十番	じゅうばん

사람

한 명	一人	ひとり
두 명	二人	ふたり
세 명	三人	さんにん
네 명	四人	よにん
다섯 명	五人	ごにん
여섯 명	六人	ろくにん
일곱 명	七人	ななにん/しちにん
여덟 명	八人	はちにん
아홉 명	九人	きゅうにん/くにん
열 명	十人	じゅうにん

개수

한 개	一個	いっこ
두 개	二個	にこ
세 개	三個	さんこ
네 개	四個	よんこ
다섯 개	五個	ごこ
여섯 개	六個	ろっこ
일곱 개	七個	ななこ
여덟 개	八個	はっこ
아홉 개	九個	きゅうこ
열 개	十個	じゅっこ

횟수

1회	一回	いっかい
2회	二回	にかい
3회	三回	さんかい
4회	四回	よんかい
5회	五回	ごかい
6회	六回	ろっかい
7회	七回	ななかい
8회	八回	はっかい
9회	九回	きゅうかい
10회	十回	じゅっかい

점수

1점	一点	いってん
2점	二点	にてん
3점	三点	さんてん
4점	四点	よんてん
5점	五点	ごてん
6점	六点	ろくてん
7점	七点	ななてん
8점	八点	はってん
9점	九点	きゅうてん
10점	十点	じゅってん

집

한 채	一軒	いっけん
두 채	二軒	にけん
세 채	三軒	さんげん
네 채	四軒	よんけん
다섯 채	五軒	ごけん
여섯 채	六軒	ろっけん
일곱 채	七軒	ななけん
여덟 채	八軒	はっけん
아홉 채	九軒	きゅうけん
열 채	十軒	じゅっけん

층

1층	一階	いっかい
2층	二階	にかい
3층	三階	さんか(が)い
4층	四階	よんかい
5층	五階	ごかい
6층	六階	ろっかい
7층	七階	ななかい
8층	八階	はっかい
9층	九階	きゅうかい
10층	十階	じゅっかい

숙박

1박	一泊	いっぱく
2박	二泊	にはく
3박	三泊	さんぱく
4박	四泊	よんはく
5박	五泊	ごはく
6박	六泊	ろっぱく
7박	七泊	ななはく
8박	八泊	はっぱく
9박	九泊	きゅうはく
10박	十泊	じゅっぱく

탈 것, 기계

한 대	一台	いちだい
두 대	二台	にだい
세 대	三台	さんだい
네 대	四台	よんだい
다섯 대	五台	ごだい
여섯 대	六台	ろくだい
일곱 대	七台	ななだい
여덟 대	八台	はちだい
아홉 대	九台	きゅうだい
열 대	十台	じゅうだい

옷

한 벌	一着	いっちゃく
두 벌	二着	にちゃく
세 벌	三着	さんちゃく
네 벌	四着	よんちゃく
다섯 벌	五着	ごちゃく
여섯 벌	六着	ろっちゃく
일곱 벌	七着	ななちゃく
여덟 벌	八着	はっちゃく
아홉 벌	九着	きゅうちゃく
열 벌	十着	じゅっちゃく

신발

한 켤레	一足	いっそく
두 켤레	二足	にそく
세 켤레	三足	さんそく
네 켤레	四足	よんそく
다섯 켤레	五足	ごそく
여섯 켤레	六足	ろっそく
일곱 켤레	七足	ななそく
여덟 켤레	八足	はっそく
아홉 켤레	九足	きゅうそく
열 켤레	十足	じゅっそく

술잔, 컵

한 잔	一杯	いっぱい
두 잔	二杯	にはい
석 잔	三杯	さんばい
넉 잔	四杯	よんはい
다섯 잔	五杯	ごはい
여섯 잔	六杯	ろっぱい
일곱 잔	七杯	ななはい
여덟 잔	八杯	はっぱい
아홉 잔	九杯	きゅうはい
열 잔	十杯	じゅっぱい

접시

한 접시	一皿	ひとさら
두 접시	二皿	ふたさら
세 접시	三皿	さんさら
네 접시	四皿	よさら/よんさら
다섯 접시	五皿	ごさら
여섯 접시	六皿	ろっさら
일곱 접시	七皿	ななさら
여덟 접시	八皿	はち(はっ)さら
아홉 접시	九皿	きゅうさら
열 접시	十皿	じゅっさら

책

한 권	一冊	いっさつ
두 권	二冊	にさつ
세 권	三冊	さんさつ
네 권	四冊	よんさつ
다섯 권	五冊	ごさつ
여섯 권	六冊	ろっさつ
일곱 권	七冊	ななさつ
여덟 권	八冊	はっさつ
아홉 권	九冊	きゅうさつ
열 권	十冊	じゅっさつ

평평하고 얇은 것

한 장	一枚	いちまい
두 장	二枚	にまい
세 장	三枚	さんまい
네 장	四枚	よんまい
다섯 장	五枚	ごまい
여섯 장	六枚	ろくまい
일곱 장	七枚	ななまい
여덟 장	八枚	はちまい
아홉 장	九枚	きゅうまい
열 장	十枚	じゅうまい

가늘고 긴 물건

한 자루	一本	いっぽん
두 자루	二本	にほん
세 자루	三本	さんぼん
네 자루	四本	よんほん
다섯 자루	五本	ごほん
여섯 자루	六本	ろっぽん
일곱 자루	七本	ななほん
여덟 자루	八本	はっぽん
아홉 자루	九本	きゅうほん
열 자루	十本	じゅっぽん